Joe Vogel

Tierische Notnahrung

Survivalwissen für Extremsituationen

pietsch

Einbandgestaltung und Titelbilder: Patricia Braun

Bildnachweis: Alle Bilder und Illustrationen stammen, sofern nicht anders angegeben, von Johannes Vogel und Patricia Braun.

Für Patricia

ISBN 978-3-613-50973-3

1. Auflage 2024. Dieses Buch ist eine überarbeitete und erweiterte Neuauflage der Ausgabe von 2017.

Sie finden uns im Internet unter:
www.pietsch-verlag.de

Lektorat: Niko Schmidt
Innengestaltung: Patricia Braun
Druck und Bindung: PBtisk a.s. Pribram
Printed in Czech Republic

Inhalt

Verweise auf andere Bände der Buchreihe

Mit den folgenden Symbolen wird – jeweils mit Angabe der Kapitelnummer – auf weiterführende Informationen verwiesen, die in den Bänden »Pflanzliche Notnahrung«, »Outdoor Survival mit dem Messer«, »Outdoor- und Survivalmedizin« bzw. »Trinkwasserversorgung in Extremsituationen« zugänglich sind.

Pflanzliche Notnahrung (ISBN 978-3-613-50763-0)

Outdoor-Survival nur mit dem Messer (ISBN 978-3-613-50816-3)

Outdoor- und Survivalmedizin (ISBN 978-3-613-50835-4)

Trinkwasserversorgung in Extremsituationen (ISBN 978-3-613-50852-1)

Zu dieser Neuauflage

Ihnen liegt die zum dritten Mal vollständig überarbeitete und erweiterte Ausgabe der »Tierischen Notnahrung« vor, die in ihrer allerersten Form vor bald 20 Jahren verfasst und 2006 endlich veröffentlicht worden war.

Was nur Wenige wissen: Dieses Buch hat meinen gesamten weiteren Lebensweg bestimmt. Ich studierte damals mit mäßigem Interesse Maschinenbau und saß in den Vorlesungen zur Höheren Mathematik. Nicht etwa über meinem Matheskript, sondern über Biologiebüchern bei der Recherche zur »Tierischen Notnahrung«. Obwohl ich im Gymnasium Biologie zugunsten von Mathematik und Physik abgewählt hatte, wechselte ich den Studiengang mit der neu entdeckten Lust am Lebenden und begann mit größter Begeisterung Biologie zu studieren. Die Idee zu diesem Buch hat aus mir letztendlich einen Diplom-Biologen gemacht, und keinen Maschinenbauingenieur.

Das seinerzeit im Demand-Verfahren gedruckte Schwarzweiß-Pamphlet war nicht nur mein prägendes Erstlingswerk, sondern wurde auch ein kleines Experiment: Wie sehr interessieren sich Leser wirklich für das Verarbeiten von eher ungewöhnlichen Tieren als Lebensmittel? Wie würden sie auf die neue, vom makabren aber fotogenen »Nehbergschen-Würmeressen« abgewandten, eher wissenschaftliche Herangehensweise reagieren?

War nur das Groteske von Interesse? Die makabre Lust am Beobachten dieser scheinbaren Widerlichkeiten – oder gab es wirklich Bedarf zu verstehen, welche der zahlreichen krabbelnden, kriechenden, hüpfenden und fliegenden Lebewesen zur Ernährung herangezogen werden können und wie man es am besten anstellt? Für Fernreisen, Expeditionen oder den wie auch immer gearteten Survival-Notfall?

Würde »mein Buch« die zweihundertfünfzig Käufer finden, die ich zum Refinanzieren der Investition und Wiederauffüllen meines klammen Studentenbudgets benötigte?

Mehrere Nachdrucke, Neuauflagen und Überarbeitungen, viele tausend verkaufte Exemplare und die Veröffentlichung zahlreicher anderer Bücher über Survival später wusste ich es sicher.

Das Interesse bestand nicht nur – es entwickelte sich vielmehr eine ganze neue Survivalszene, die sich mit ernsthaftem Interesse den Techniken widmete, die unsere Vorfahren noch anzuwenden wussten. Entsprechend konnte jede neue Aufarbeitung des Buchs thematisch breiter, präziser in den Anleitungen und eindeutiger in den Beschreibungen werden.

Das hier aufgeführte Wissen, die Techniken und Methoden, sind ein Teil unseres gemeinsamen Kulturguts, das hierzulande allerdings schon lange in Vergessenheit geraten oder verdrängt worden ist. Manche Inhalte sind um neu verfügbares Wissen erweitert, viele Techniken aus verschiedenen Gegenden der Welt zusammengetragen und das eine oder andere optimiert worden. Um notwendiges Wissen besser nachvollziehbar zu machen, habe ich mich außerdem entschieden, Bilder, die für vorherige Auflagen zu »heftig« waren, in diesem Band als »Step-by-Step«-Anleitung abzubilden. Sie sind für das Verständnis wichtig, und ich glaube, dass jemand, der Wurst und Schnitzel isst, auch den Anblick von inneren Organen ertragen kann.

1 Vorwort

Vor vielen Hunderttausend Jahren, als der Mensch sein Dasein noch in einer frühen Entwicklungsstufe fristete, begann er mit dem Fleischverzehr, lange noch bevor er vom sprichwörtlichen »Baum der Erkenntnis« kosten konnte.

Tatsächlich war der Verzehr von Fleisch und anderen nahrhaften tierischen Nahrungsbestandteilen überhaupt erst die Voraussetzung, um kognitive Fähigkeiten auszubilden, die für uns heute selbstverständlich sind. Aufgrund seines Lebens in warmen Savannen und subtropischen Wäldern, einer Lebensweise, die relativ wenig Wärmeenergie benötigt, stand dem Menschen durch das sprichwörtliche »Abluchsen« von Raubtierbeute, aber auch durch die Verwertung der liegengebliebenen Kadaver ein Übermaß an Energie zur Verfügung.

Diese Dekadenz blieb nicht ohne Folgen. Anstatt sich zu fetten Primaten-Tönnchen zu entwickeln, die flusspferdgleich faul und vollgefressen im Schatten liegen, erlaubte der Frühmensch sich einen weiteren Energieverbraucher, besser gesagt -verschwender: ein aufgeblasenes, riesiges Gehirn.

Natürlich haben während der Entwicklung zum Menschen auch Pflanzen eine große Rolle in der Ernährung gespielt, aber erst die verbesserte Effizienz (Energie durch die Nahrungspyramide sammeln zu lassen, statt selbst am Waldrand zu äsen) gab den Anstoß zur schnellen Entwicklung.

Erst sehr viel später, vor rund zehn- bis Zwanzigtausend Jahren, wurde letztendlich begonnen, pflanzliche Nahrung zu züchten. Die sogenannte Neolithische Revolution, während der aus einem nomadischen »Jäger und Sammler« der sesshafte »Züchter und Bauer« wurde, ermöglichte erst intensiven Ackerbau, der genügend Nahrung erzeugte – aber viele Monate Vorarbeit an einer bestimmten Stelle erforderte.

Im Notfall und auf Reisen sind wir jedoch nicht diese frühen Bauern, sondern werden bei unserer Ernährung mit genau jenen Problemen konfrontiert, die unsere nomadischen Vorfahren hatten.

Den enormen Energiebedarf des Menschen in unbekannten Gegenden zu decken, ist anspruchsvoll und zeitraubend. Es gibt allerdings auch heute noch Kulturen, die sich auf jene Art von Nahrungsversorgung verlassen und von denen wir einiges über »Jagen und Sammeln« lernen können.

Begonnen hat mein intensives Interesse an Notnahrung, als ich im australischen Busch auf der Suche nach »Bush Tucker«, der Buschnahrung, war. »Bush Tucker« ist nicht nur ein Überbegriff für allerlei essbare Pflanzenteile wie Früchte, Knollen und Nüsse, sondern auch für tierische Bestandteile wie Würmer, Reptilien und Insekten.

Die Frage stellte sich, warum es für mich nicht überall auf der Welt möglich sein sollte, Nahrung aller Art aus der Natur zu sammeln.

Mir waren mittlerweile einige Bücher in die Hände gefallen, die sich mit Wildpflanzen als Nahrung befassten (mittlerweile habe ich selbst zwei Bücher zu diesem Thema verfasst). Doch ein »tierisches Pendant« zu den Pflanzenbüchern fehlte. Mit dem nun vorliegenden Buch will ich beide Themen verbinden. Es soll zusammen mit den Werken über pflanzliche Notnahrung dem Wildniswanderer ermöglichen, sich vollständig aus der Natur zu versorgen. Dieses Buch soll Ihnen helfen, auf der Suche nach Essen die größtmögliche Bandbreite an geeigneter Nahrung zu kennen, und Ihnen sagen, wie Sie diese richtig zubereiten. Die Beschreibungen sollen dem in Not Geratenen in gleicher Weise hilfreich im Überlebenskampf sein wie dem Waldläufer, der einige Zeit in und vor allem von der na-

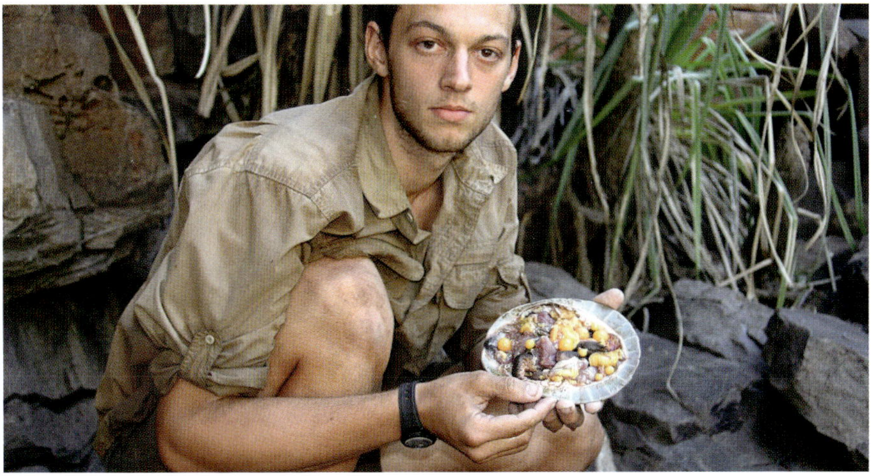

türlichen Umwelt leben will. Um sich ausgeglichen zu ernähren, muss man sowohl pflanzliche als auch tierische Nahrungsbestandteile zu sich nehmen.

Dieses Buch ist also nicht nur für den Nahrungsnotfall gedacht, sondern auch als Denkanstoß für Outdoor-Reisende und Überlebenstechniker, die ihren Horizont erweitern möchten. Kein Buch der Welt kann die tierische Notnahrung in all ihrer Fülle beschreiben. Freilich wäre es sehr bequem, einen Katalog zu besitzen, der alle essbaren Tierarten aufzählt. Genau diese Auflistungen sind in vielen Büchern über pflanzliche Notnahrung üblich. Doch das hat einen Grund. Bei unbekannten Pflanzen gibt es keine äußeren Indikatoren, die anzeigen, ob sie essbar sind oder hoch giftig. Mit einer essbaren Pflanze nahe verwandte Arten können tödlich giftig sein.

Im Gegensatz hierzu sind alle Tierklassen der Welt ähnlich aufgebaut. Sicherlich gibt es exotische Ausnahmen wie Beuteltiere oder eierlegende Säugetiere. Doch grundsätzlich können wir unser Wissen über die einheimischen Arten auf ihre weltweiten Verwandten übertragen.

Dieses Buch erhebt also explizit *nicht* den Anspruch auf Vollständigkeit. Zu jeder behandelten Tiergruppe werden jedoch die entsprechenden Übertragungsmöglichkeiten betrachtet.

Dieses Werk entstand innerhalb von drei Jahren und wurde nun fast zehn Jahre nach seiner Ersterscheinung neu aufbereitet. Jeden Tag begegne ich neuen Aspekten im Bezug auf Notnahrung, die das Thema erweitern.

Es liegt mir viel daran, dass Sie den Mut finden, Ihr mit diesem Buch neu erworbenes Wissen draußen zu testen, wobei Sie dem Tierschutz immer den gebührenden Respekt zollen müssen. Sie werden Möglichkeiten zum Üben finden, ohne dabei mit dem Gesetz in Konflikt zu geraten oder wilde Tiere verletzen zu müssen. Häufig schlich ich mich zum Beispiel mit einer imaginär in der Hand gehaltenen →Jagdkeule an Tiere an, überraschte sie und dachte, während sie im Unterholz verschwanden oder wegflatterten, »So, dich hätte ich gehabt«.

Sie werden dabei viel Zeit draußen verbringen und von den neu erfahrenen natürlichen Zusammenhängen hoffentlich genauso begeistert sein, wie ich es bin. Es wäre schön, wenn Sie sich die nötige Zeit und Ruhe nähmen, um die Natur genauer zu betrachten. Viel Erfolg und Freude dabei wünscht Ihnen

Ihr Joe Vogel

2 Ein wenig Ernährungslehre

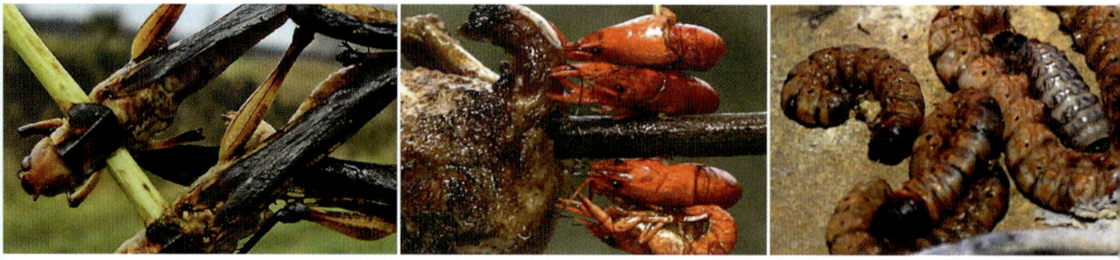

Um die Notwendigkeit des Sammelns tierischer Notnahrung und das Essen von Fleisch zu begründen, machen wir einen kleinen Exkurs in die Ernährungslehre. Während viele Waldläufer schon alleine aus »Einstellungs- und Zunftgründen« tierische Nahrungsbestandteile essen, ist es oft nicht ganz so einfach, den sich bewusst gesund ernährenden Stadtmenschen von den Vorteilen einer Gemischtkosternährung im Wald und im Notfall zu überzeugen.

Wir gehen davon aus, dass ein Notnahrungssuchender im Überlebenskampf Schwerstarbeit leisten muss. Dabei verbrauchen Menschen je nach Geschlecht und Statur zwischen 500 und 800 Kilojoule pro Stunde. Ein Joule ist eine Energienorm, die einem Newtonmeter, beziehungsweise dem Bewegen von einem Newton um einen Meter (äquivalent: 100 Gramm um einen Meter anheben), entspricht. Mit der Energie von rund 4,2 Joule lässt sich ein Gramm Wasser um 1° Celsius erwärmen, was einer Kalorie entspricht.

Der Körper hat gewisse Energiepuffer, die einen kurzzeitig höheren Energiebedarf ausgleichen können. Bei dauernder Mangelernährung baut er jedoch nicht nur Fettzellen ab, sondern bevorzugt Muskelzellen. Dies hat zur Folge, dass der Hungernde schwächer wird und nach und nach auszehrt, bis er nicht mehr in der Lage ist, sich selbst mit Nahrung zu versorgen. Möglicherweise ist Ihnen die »letale Dreierregel« bekannt. Danach stirbt ein Mensch nach drei Minuten ohne Luft, drei Tagen ohne Wasser oder drei Wochen ohne Nahrung. Tatsächlich kann ein durchschnittlicher Mensch wochenlang fasten, bis er einen Leistungsabfall bemerkt. Meist befinden sich Fastende jedoch nicht in der kalten Natur, müssen sich keinen Weg zurück in die Zivilisation suchen, werden nicht von Insekten oder Raubtieren angegriffen und werden auch nicht von Feinden verfolgt. Sie gehen einer meist ruhigen Tätigkeit nach.

HINWEIS:

Es wird im Notfall immer schwierig sein, den gesamten Energiebedarf durch Selbstgesammeltes oder Gefangenes zu decken.

Natürlich ist der Mensch durch seine Entwicklungsgeschichte sehr gut für immer wiederkehrende »Hungerzeiten« ausgerüstet. Dieses Schutzsystem erkennen Sie am Jojo-Effekt nach Reduktionsdiäten sowie an Heißhungerattacken nach einseitiger Mangelernährung. Der Organismus baut schnell wieder Reservespeicher auf, die bei der nächsten »Hungersnot« als Bonus dienen sollen. Während des Hungerns verändert sich der Stoffwechsel nach einigen Tagen. Ein Zeichen des Mangels nach dieser Stoffwechselumstellung – insbesondere, wenn sie nicht regelmäßig durch Fasten »geübt«

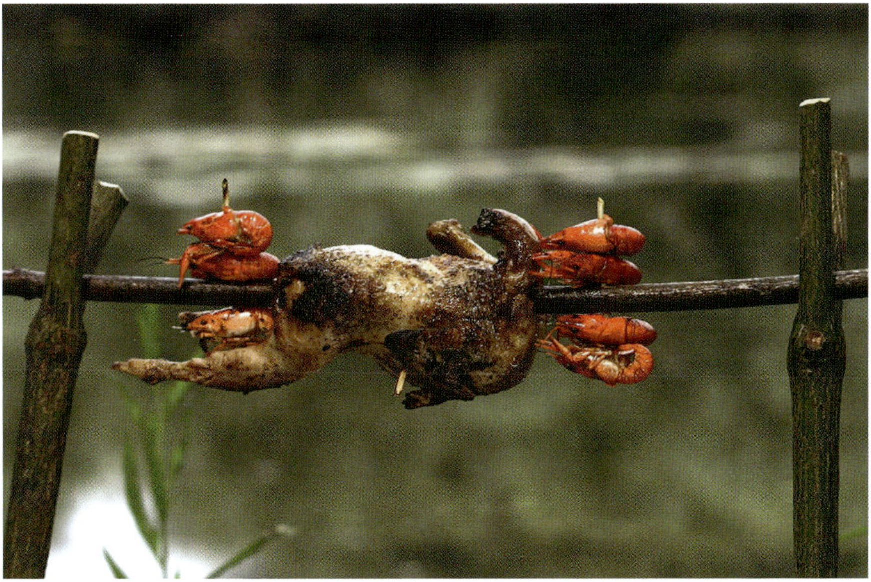

Tierische Notnahrung hat mehrere Vorteile gegenüber pflanzlichen Bestandteilen: Es gibt praktisch keine Unverträglichkeiten gegen tierische Nahrung (von Allergien abgesehen). Korrekt zubereitet sind unzählbar viele Tiergruppen essbar und nicht zuletzt: Es schmeckt, riecht gut und sieht ansprechend aus.

ist – ist der schnell abfallende Blutzuckerspiegel. Vor allem, wenn schnelle und kraftvolle Arbeiten wie Feuerbohren oder Jagd anfallen, leidet die Ausdauer beträchtlich. Auch wenn Sie beim längeren Fasten morgens mit großer Energie aufwachen, ist die Leistungsfähigkeit innerhalb weniger Stunden wieder im Keller.

Neben den Muskeln und dem Kreislauf ist allerdings noch ein ganz anderes – oft viel wichtigeres – Körpersystem durch Zuckermangel negativ beeinflusst: Nervenzellen, also auch das Hirn, können nur mit Zucker arbeiten. Bei sinkendem Blutzuckerspiegel nimmt nicht nur die Konzentration schnell ab, sondern auch Motivation und Durchhaltevermögen.

Gemeinsam mit einer reduzierten Wärmeerhaltung kann dieser Kreislauf auch nach wenigen Tagen zu »indirektem« Verhungern führen: Sie frieren in der Nacht ohne Feuer und gute Notunterkunft und verlieren hierdurch viel Energie – das Kälteempfinden steigert sich über die nächsten Tage durch das Fasten. Dabei benötigt der Bau einer anständigen Notunterkunft (*K 11*) einiges an Planung und oft auch schwerer Konstruktionsarbeit – ebenso die Herstellung und Aufrechterhaltung eines Feuers. So kann nach einer sehr kalten Nacht die Handlungsfähigkeit schon so sehr eingeschränkt und geschwächt sein, dass Sie kaum die notwendige »minimale Infrastruktur« korrekt und in kurzer Zeit aufbauen können. Haben Sie nicht die Kraft, eine warme Hütte zu zimmern oder Feuer zu entzünden (*K 8*), folgt in kühlen Regionen unausweichlich der schnelle und stetige Auszehrungs- bzw. Kältetod. Dieser wird in der Statistik als »Unterkühlung« auftauchen, da es sicherlich kein Verhungern war, sondern die Unfähigkeit, den Energiemangel auszugleichen und sich selbst zu helfen.

Vor allem, weil das derzeitige Schönheitsideal für viele bedeutet, kein Gramm Fett zu viel auf den Rippen haben zu dürfen (eigentlich ein notwendiger »Schutzpanzer« für das Überleben in der Natur), ist die schnelle und zielführende Ernährung notwendig. Nicht zuletzt hilft die Aussicht auf eine leckere gebratene Ratte am Abend, die Stimmung und damit die Motivation für die harte Arbeit der nächsten Tage deutlich zu heben.

Sollten Sie wirklich einmal in Not geraten, warten Sie also bitte nicht, bis Sie merken, dass Sie Substanz abbauen, sondern kümmern Sie sich rechtzeitig um Ihre Ernährung!

Eine Nahrungszufuhr von etwa 12 bis 15 Megajoule, also 12 bis 15 Millionen Joule, pro Tag ist der Bedarf eines Erwachsenen, der einer anstrengenden Tätigkeit nachgeht. Die notwendige Energiemenge, die der Körper benötigt, um nicht auszuzehren, ist oft kaum zu erreichen – und wenn, dann am einfachsten in Form von Fetten.

Grundsätzlich lässt sich Nahrung in fünf wichtige Bestandteile aufgliedern. In Fette, Proteine (Eiweiße), Kohlenhydrate sowie Vitamine und Mineralstoffe.

Fett hat einen physiologischen Nährwert von 38,9 Kilojoule pro Gramm (kJ/g), Proteine und Kohlenhydrate haben dagegen nur 17,2 kJ/g. Durch tierische Nahrungsbestandteile werden Sie meist nur geringe Mengen von Kohlenhydraten aufnehmen können (in der Leber ist allerdings eine Menge Glykogen enthalten – bei kleinen Tieren sind das dennoch im Vergleich zu einer Speicherwurzel wenig Kohlenhydrate).

Proteine aus der Nahrung werden vom Körper in ihre Untereinheiten, die Aminosäuren, gespalten und teilweise *anabol* in körpereigene Proteine umgesetzt. Wir benötigen diese als Bausteine zur Produktion zum Beispiel von Blutzellen, Muskeln, Haut, Wundverschluss sowie als Enzyme für den Stoffwechsel. Während die meisten Aminosäuren vom Körper selbst hergestellt werden können (wir sagen auch synthetisiert), gibt es acht *essentielle* Aminosäuren, die vergleichbar mit Vitaminen dem Menschen von außen zugeführt werden müssen. Die Aufnahme von Aminosäuren in der Nahrung wird durch die Menge und das Verhältnis der in den Proteinen vorkommenden essentiellen Aminosäuren eingeschränkt. Je menschenähnlicher also das Protein ist, desto vollständiger kann es der Körper ohne Umsatz von eigenen Proteinen umbauen und verwerten (✚ *K 12*).

Genau dies ist die große Schwierigkeit, wenn Tiere nicht verfügbar sind und man auf pflanzliche Nahrung zurückgreifen muss. Es ist in der freien Natur nicht möglich, aus Wildpflanzen die notwendigen Aminosäuren aufzunehmen, vielmehr finden Sie bei diesen praktisch keine nennenswerte Mengen von essbaren Proteinen, da im Pflanzenreich Stickstoff als notwendiges Element für den Proteinaufbau ein absoluter Mangelstoff ist (*K 3*) – völlig anders als bei Tieren.

Auch für den Vitaminhaushalt ist Fleisch im Bezug auf die fast ausschließlich in tierischen Lebensmitteln vorkommenden B-Vitamine, speziell Vitamin B12, sowie die Aufnahme fettlöslicher Vitamine besonders wichtig. Letztendlich nehmen wir mit tierischen Produkten eine Vielzahl wichtiger Mineralien und Spurenelemente wie Kalium, Calcium, Magnesium, Eisen, Phosphor und Jod (besonders bei Meeresfischen) auf. Dagegen findet sich in Tieren kaum Vitamin C.

HINWEIS:

Für eine ausgewogene Ernährung und zum Erhalt der Leistungsfähigkeit sind besonders im Notfall tierische und pflanzliche Bestandteile ähnlich wichtig.

Wichtige Nährwerte tierischer Lebensmittel

Art	Energie in kJ	Protein in Gramm	Fett in Gramm
Wild und Geflügel			
Kaninchenfleisch	490	15,0	6,0
Hase	390	18,0	2,0
Wildgeflügel	555	20,0	6,0
Ente	755	14,0	14,0
Taube	944	16,4	18,0
Gans	890	10,0	20,0
Truthahn	650	20,0	8,0
Gänsefett	3690	0,0	100,0
Hühnerei	570	11,0	10,0
Eianlagen (Dotter)	1460	16,0	32,0
Tierische Nebenprodukte			
Leber	580	20,0	5,0
Knochen*, ausgekocht	250	0,0	6,0
Hirn*	460	10,1	7,6
Speck* (Speicherfett)	2920	9,0	65,0
Fischprodukte			
Aal	810	11,0	18,0
Forelle	220	10,0	1,0
Karpfen	250	9,0	3,0
Hecht	190	10,0	0,4
Fischrogen	580	26,0	3,0
Krebs	300	20,0	7,0
Tintenfisch	400	12,6	4,5
Miesmuschel	250	15,0	4,5
Sonstiges			
Heuschrecke	320	23,0	4,0
Käferlarven	410	20,0	15,0
Froschfleisch	288	16,4	0,3
Schildkrötenfleisch	320	17,5	0,7
Schnecke	250	16,0	1,0
Bienenhonig	1280	0,0	0,0

Ausgewählte Nährwerte: Tierische Nahrung stellt eine wertvolle Energiequelle dar. Je nach Art können die Nährwerte und Bestandteile stark variieren. Hier sind die Nährwerte ausgewählter Nahrungsmittel bezogen auf 100 g Frischware aufgelistet. (*durchschnittliches Säugetier)

3 Insekten, Larven, Würmer, Spinnen

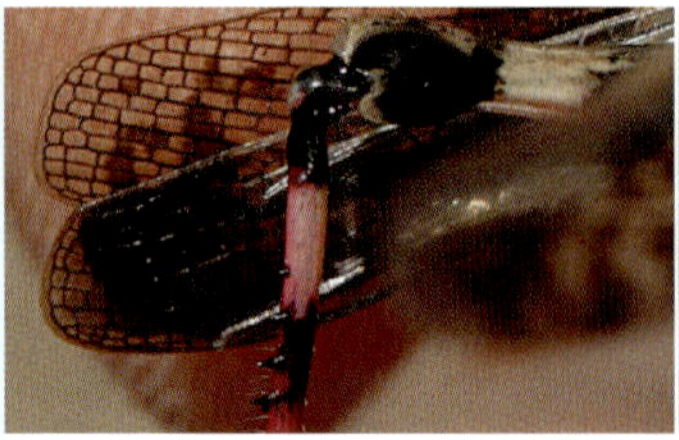
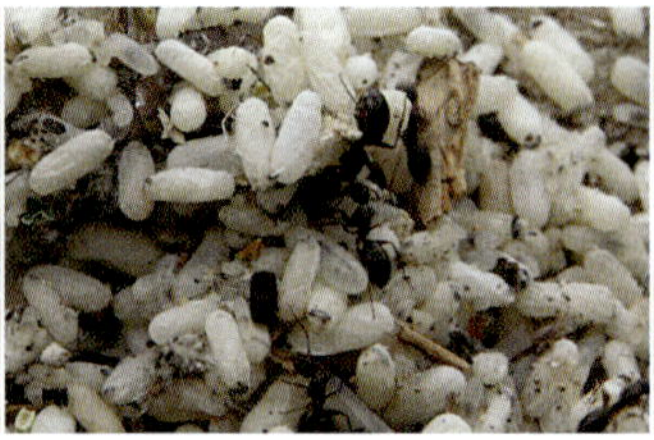
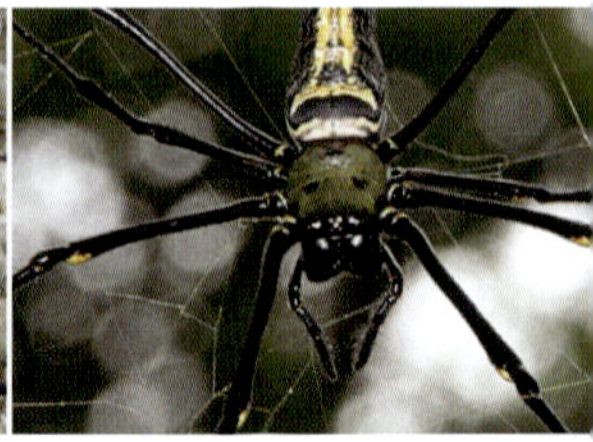

Insekten gehören zu der artenreichsten Tiergruppe überhaupt. Seit Millionen von Jahren sind viele Insektenarten unverändert geblieben oder haben sich ständig weiter perfektioniert. Sie besiedeln fast die gesamte Welt mit Ausnahme der Polkappen von Arktis und Antarktis. Aufgrund des reichen Vorkommens eignen sich Lebewesen aus dieser Gruppe hervorragend als Bestandteil tierischer Notnahrung. Insekten und Insektenartige werden in diesem Buch deshalb sehr ausführlich beschrieben. Sicherlich ist in unserer westlichen Kultur kaum eine andere Nahrung so sehr tabuisiert worden wie Insekten und Würmer.

Streng genommen unterscheidet der Biologe zwischen Würmern, Spinnen und Insekten. Wir kategorisieren einfacher, indem wir über alle sogenannten Gliederfüßer sagen: *Tiere mit sechs Beinen sind* **Insekten**. *Zu segmentartig aufgebauten, wurmartigen Formen ohne Beine* sagen wir schlicht **Würmer**. Genau genommen handelt es sich hierbei meist um den Stamm der Ringelwürmer. Normalerweise gehören Larven und Würmer zu unterschiedlichen Stämmen. Larven müssten zusammen mit Insekten abgehandelt werden, da sie nichts anderes sind, als *die Vorstufe der Insekten im Verlauf ihrer Metamorphose*. In der Verarbeitung und im Fang sind Larven den Würmern jedoch weit ähnlicher als den Insekten, weshalb sie im gleichen Kapitel beschrieben werden. *Tiere mit acht Beinen ohne Fühler am Kopfteil* klassifizieren wir als **Spinnen**.

Ich möchte in diesem Kapitel weniger Wert auf die genaue Spezifizierung als auf die Betrachtung legen, welche dieser Tiere essbar sind und welche ungenießbar sein können. Der geneigte Entomologe wird sicher besser zu differenzieren wissen und kann trotzdem bestätigen, dass es kaum großer Mühe bedarf, um eine Menge von Insekten zu sammeln. Allerdings sollten Sie sich beim Sammeln im besten Fall auf die zahlreich vorkommenden »Take-away«-Tiere konzentrieren, die man beim Marsch über die Wiese, beim Sammeln von Feuerholz oder während Pausen problemlos unter Holz oder Steinen absammeln kann. Zeitraubende »Jagd« auf Insekten zu machen, lohnt sich außer bei Massenvorkommen selten.

Insekten

Grundsätzlich sind Insekten überall auf der Welt gleich aufgebaut, was uns ein Übertragen unseres Wissens auf Arten anderer Breiten vereinfacht. Insekten besitzen ein festes bis zäh flexibles äußeres Skelett aus Chitin, einer Variation der uns von Pflanzen bekannten Zellulose. Ausgewachsene Insekten sind meist klar erkennbar in drei Segmente eingeteilt: in das Kopfsegment, in Brust oder

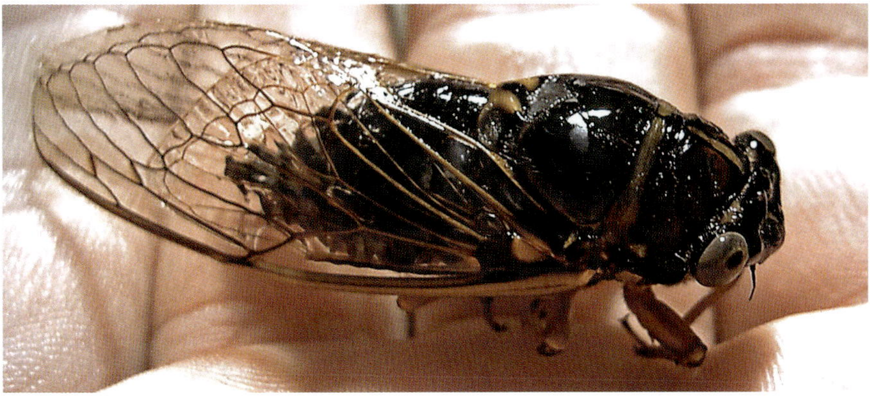

Besonders in südlichen Ländern lassen sich riesige Zikaden fangen. Sie sitzen auf der Borke von Bäumen und können schon von Weitem an ihrem Gesang erkannt werden. Zikaden sind ideal als Notnahrung geeignet.

Thorax und den Hinterleib, das Abdomen. Form und Größe können stark variieren. Exemplarisch werden in diesem Buch Käfer, Heuschrecken, Bienen, Wespen und Fliegen beschrieben.

Käfer

Käfer oder Tiere mit ähnlicher Form sind die typischen Vertreter der Insekten. Meistens haben sie zwei von harten Panzerdeckeln geschützte Flügel. Fast alle Käfer können trotz ihrer manchmal enormen Größen fliegen.

Käfer gehören zu jenen Tieren, bei denen man sich nicht sicher sein kann, ob sie als Nahrung dienen können. Das hat den Grund, dass viele Käfer und andere Insekten Stinkdrüsen zur Verteidigung besitzen. Typische Beispiele hierfür sind die gemeine Stinkwanze, Ölkäfer (Spanische Fliege) oder der Marienkäfer, bei denen sicherlich niemand auf die Idee käme, sie zu essen. Trotzdem gibt es viele essbare Käferarten. Sehr schmackhaft sind zum Beispiel einige Vertreter der Blatthornkäfer, zu denen auch die im Frühjahr häufig vorkommenden Maikäfer gehören. Die für uns wertvollen Bestandteile der Käfer liegen in Thorax und Abdomen. In diesen Segmenten befinden sich Gewebeflüssigkeit und Organe. Uninteressant hingegen sind meist Beinchen, Kopf und Flügeldeckel sowie Flügel. Diese Teile sind nur unnötige, schwer verdauliche Ballaststoffe aus Chitin, die entfernt werden sollten, wenn man große Mengen der Käfer verzehrt.

Die Käferjagd ist denkbar einfach. Oft beobachtet man in der Dämmerung an Waldrändern riesige Schwärme von Hirsch-, Mai- oder Junikäfern, die von der »Tagweide« in den schützenden Wald zurückkehren. Man sucht sich nach Möglichkeit einen einfachen Hang aus und legt sich etwa 30 bis 50 Meter entfernt vom Waldrand auf die Lauer (da die Tiere meist eher tief fliegen, aber die Kronen der Bäume ansteuern, sollte man nicht näher

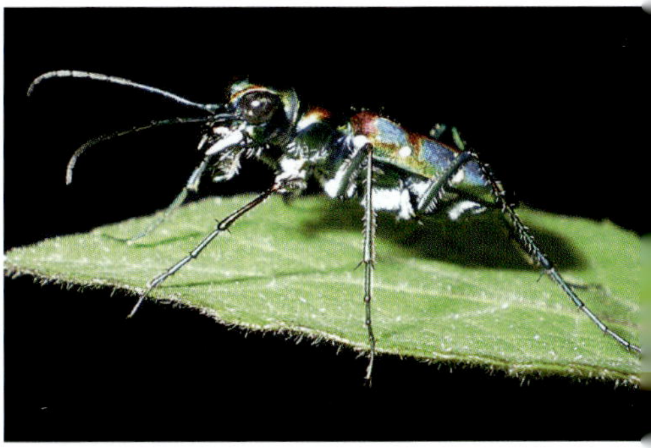

Sandlaufkäfer sind dafür bekannt, außerordentlich gut zwicken zu können. Ein so hübsches Exemplar würde allerdings auch bei mir nicht im Kochtopf landen.

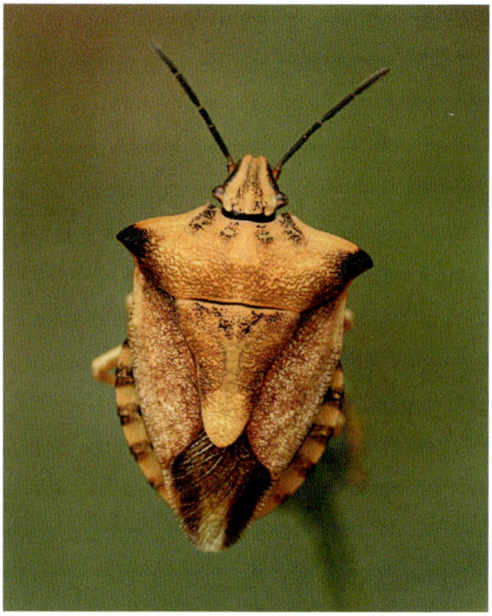

Wanzen sind bei Weitem nicht die einzigen, doch bestimmt die bekanntesten Insekten mit Wehrdrüsen. Auch einheimische Insekten wie Marien- oder Ölkäfer können unerwartet stark giftig sein. Diese Wehrstoffe riechen Sie in aller Regel deutlich.

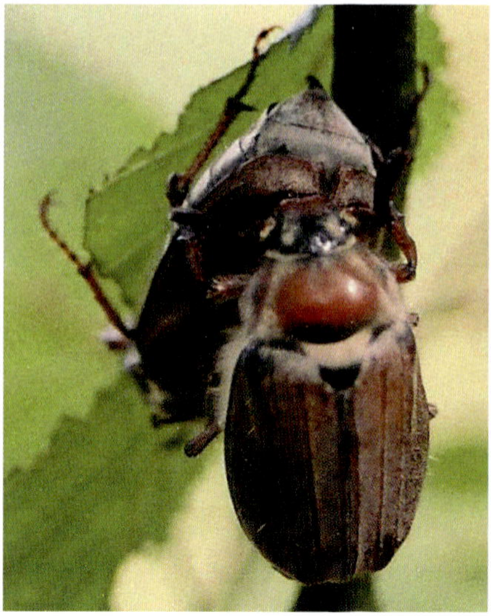

Maikäfer treten im Frühjahr in Buchenmischwäldern in großen Mengen auf. Da sie keine Stinkdrüsen besitzen, können sie als Notnahrung verwertet werden. Vor dem Verzehr sollten die Flügel, Flügeldeckel und Beinchen entfernt werden.

an den Waldrand, da sie sonst unerreichbar hoch fliegen).

Sobald die ersten Tiefflieger ankommen, heißt es etwas sportlich sein: Wie beim Badminton können die Käfer im Flug mit der Hand, einem Topfdeckel oder einer Mütze aus der Luft auf den Boden geschlagen und dann aufgesammelt werden. Auf diese Weise lassen sich im Frühsommer an einem Abend ohne Schwierigkeit 50 bis 100 der Tiere *erlegen*.

Sehr häufig sind Käfer an der Verwertung abgestorbener Pflanzen beteiligt. Vor allem in humiden, lockeren Böden lassen sich einige Exemplare mit wenig Aufwand aus dem Wald- oder Wiesenboden scharren. Gerne halten sich Käfer auch auf Totholz oder unter faulender oder morscher Borke auf.

Vor allem beim Wenden von Holzteilen achte man auf rasch davonkrabbelnde Käfer. In Wiesen sitzen sie nicht selten auf kleinen Pflanzen in Blütennähe. In wärmeren Regionen Südeuropas findet man große, essbare Zikaden auf der Borke von Bäumen. Im Frühjahr lassen sich Zikadenlarven an vielen Pflanzen sammeln. Sie saugen an Stängeln und Blättern den Pflanzensaft und verstecken sich dabei in einem Schaumtropfen, der auch Kuckucksspeichel genannt wird. Auch im Wasser lassen sich viele essbare Vertreter aufstöbern. Geeignet sind für uns Raubkäfer wie →Rückenschwimmer, Gelbrandkäfer und →Wasserskorpione.

Die Verarbeitung von Käfern als Nahrungsmittel ist im Grunde bei allen Arten ähnlich. Zuallererst muss getestet werden, ob das Tier bei Stress unangenehm riechende oder giftige Sekrete absondert. Dies können Sie machen, indem Sie den Käfer entweder zwischen Daumen und Zeigefinger oder mit einem flexiblen Holzspan gegen den Boden drücken, nicht jedoch so stark, dass Sie ihn womöglich zerquetschen, sondern um ihn zur Verteidigung zu reizen.

Hat der Käfer die Möglichkeit, so wird er mit der Sekretion beginnen. Ist dies der Fall,

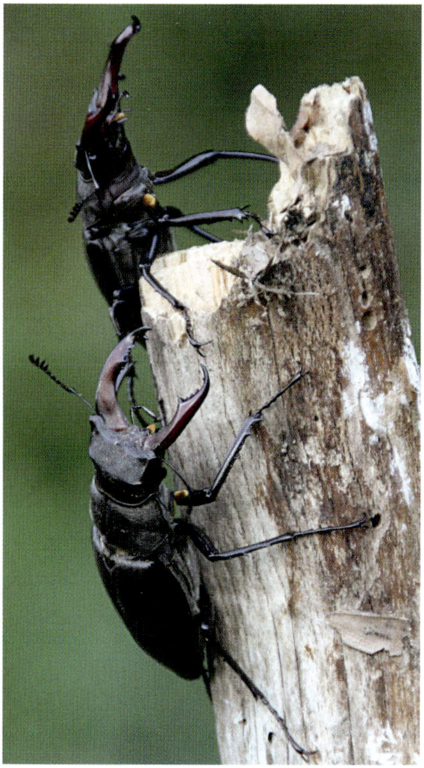

Viele essbare Käferarten wie Hirschkäfer (diesen sollten Sie natürlich nur im Notfall essen) schwärmen in der Dämmerung der warmen Monate in Massen.

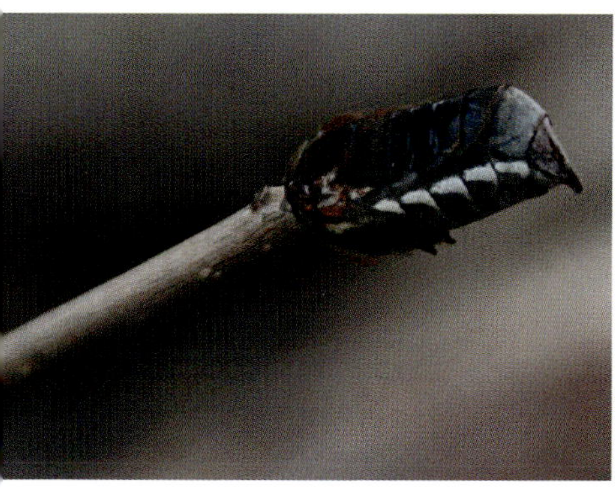

Verzehrt wird von einem Käfer nur der Körper ohne Flügel und Beinchen. Wenn Sie große Mengen davon essen, kann das Chitin Bauchschmerzen hervorrufen.

können Sie das recht schnell riechen. Der Käfer ist dann nicht verwertbar und kann unbeschädigt freigelassen werden. Verzichten Sie auch im Notfall auf den Verzehr solcher ungenießbarer Exemplare. Im wagemutigen Selbstversuch zeigte sich, dass auch geringe Mengen zu Übelkeit und damit möglicherweise zum Erbrechen führen können. Und nichts ist in einer Nahrungsnotsituation schädlicher als das ungewollte Entleeren des Magens.

HINWEIS:

Einige Käferarten können nicht nur gesundheitsschädliche, sondern auch tödlich giftige Stoffe abgeben.

Ist der Käfer geeignet, tötet man ihn am besten erst direkt vor der Zubereitung. Dies geschieht durch Zerquetschen des Kopfteils mit dem Fingernagel. Soll die Zubereitung erst später erfolgen, können Käfer längere Zeit in verschlossenen, jedoch belüfteten Behältern transportiert und gehalten werden. Ihr Chitinpanzer ist nahezu vollständig wasserdicht, weswegen sie auch längere Zeit ohne Nahrung und Flüssigkeitsaufnahme überleben. Nach dem Töten werden alle losen Teile entfernt. Der so entstandene Torso enthält den Hauptteil der für uns verwertbaren Masse.

Käfer können entweder roh oder besser geröstet genossen werden. Ist man in der Lage, Wasser zu kochen, bietet sich auch das Garen und anschließende Zerstoßen an. Beim Kochen ist darauf zu achten, dass nur so wenig Wasser wie nötig verwendet und dieses anschließend nicht weggeschüttet, sondern weiterverarbeitet wird. Aus den Käfern tritt während des Kochens teilweise die eiweißreiche Körperflüssigkeit aus.

Zu beachten ist, dass Käfer oft sehr kräftige, beißend-kauende Mundwerkzeuge besitzen, von welchen Sie unangenehm gezwickt werden können. Der Käfersammelnde schützt seine Finger am besten durch Blätter, Stoff oder Handschuhe.

Heuschrecken

Von allen Insekten besitzen für mich Heuschrecken und Verwandte, wie zum Beispiel Grillen, den höchsten Stellenwert als Notnahrung. Vor allem die Wanderheuschrecke, die in einigen Ländern in gigantischer Zahl vorkommt, ist sehr willkommen. Während viele Insekten einen teilweise üblen Geschmack besitzen und wirklich nur im Notfall verwendet werden, sind Heuschrecken für mich nahezu gleichwertig mit der gewohnten Nahrung. Heuschrecken ernähren sich bevorzugt von grünen Pflanzenteilen, manche Arten leben jedoch auch räuberisch. Sie haben einen lang gezogenen Körper, der durch einen teilweise verhärteten Chitinpanzer geschützt wird.

Sie können sich durch Sprünge über sehr weite Strecken fortbewegen. Ich beobachtete in Australien bei leichtem Wind einen mehrere hundert Meter weiten Sprung einer großen Heuschrecke. Während des Sprungs öffnen diese flugfähigen Insekten ihre Flügel und vergrößern durch Flattern ihren Sprungradius. Heuschrecken haben zumeist zwei kleine Häkchen an den Füßen, mit denen sie sich fast überall festhalten können. Besonders erwähnenswert ist das sehr große, beißend-kauende Mundwerkzeug.

Obwohl diese Tiere sehr schnell sind und weit springen können, sind sie relativ einfach zu fangen. Beim Fang von kleineren Heuschreckenarten, die auf Grashalmen oder auf der Erde sitzen, nutzen wir den Sprungreflex aus. Sobald sich etwas dem Tier schnell nähert, werden die in einer Arretierung vorgespannten Sprungbeine gelöst, die das Tier so aus der Gefahrenzone katapultieren. Will man eine Heuschrecke fangen, darf man aus diesem Grund mit der Hand nicht direkt nach dem Tier dorthin, wo es sitzt, greifen, sondern man muss etwas oberhalb des Insekts zugreifen. Bei dieser schwingenden Armbewegung wird die geöffnete Hand etwas über der Stelle geschlossen, wo sich das Tier befand. Das Insekt springt einem bei seinem Fluchtversuch sozusagen in die Hand und kann im Fluge erfasst werden. Mit etwas Übung und Geschick lässt sich so in kürzester Zeit genügend Nahrung für eine Mahlzeit sammeln.

Bei Tieren, die auf Grashalmen sitzen, wird diese Fangmethode etwas abgewandelt vollzogen. Statt über das Tier hinweg, schlägt man in diesem Fall genau darauf zu und wischt es dabei vom Halm. Hier nutzt man den physikalischen Umstand aus, dass das Tier beim Absprung nur eine kleine

Springt diese Heuschrecke ab, drückt sie dabei das Blatt elastisch nach unten. Durch diese Verzögerung steht das Tier für einen Moment auf der Stelle. Deshalb schlägt man direkt danach und nicht darüber.

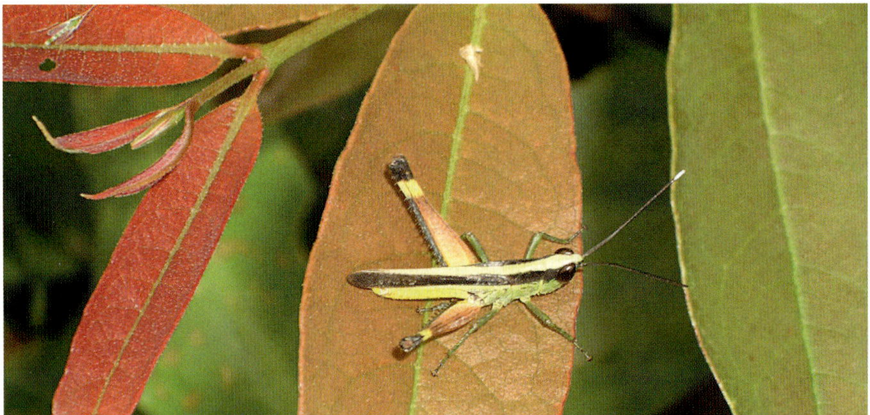

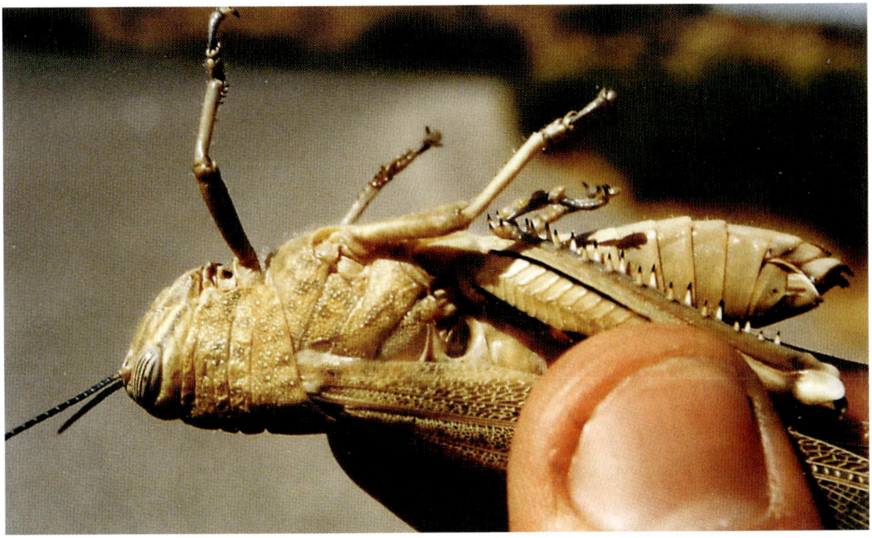

Damit eine große Heuschrecke den Fänger nicht beißen kann, wird sie an den eingeklappten Sprungbeinen gehalten. Ist sie dennoch in der Lage, die Sprungbewegung durchzuführen, können kleine und schlecht heilende Wunden die Folge sein.

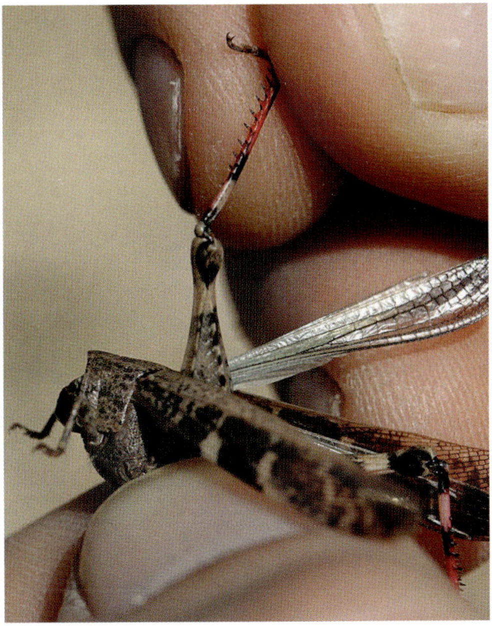

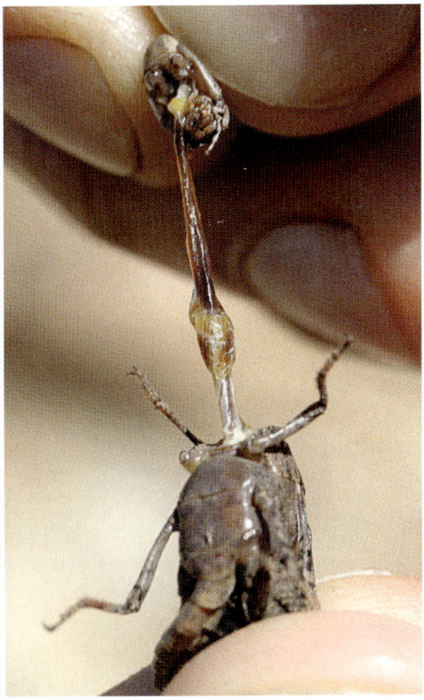

Bevor die Heuschrecke verzehrt werden kann, werden Flügel, Beinhaken und Springbeine entfernt *(links)*. Durch das vorsichtige Abdrehen des Kopfes lässt sich außerdem der Verdauungskanal aus dem Körper ziehen *(rechts)*.

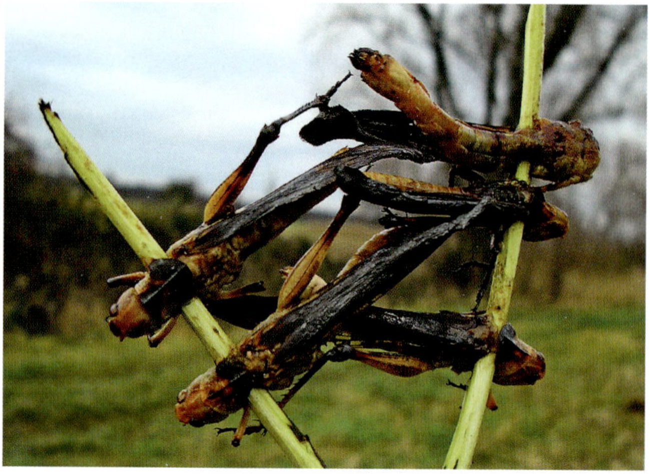

Große Insekten können über dem Feuer geröstet werden. Sie erhalten dabei einen sehr angenehmen Geschmack, der an unreife Haselnüsse erinnert. Hierzu können die Tiere in die heiße Asche gelegt oder auf einem kleinen Spieß über der Glut platziert werden.

Menge Energie in den Sprung übertragen kann, da ein Großteil der Abstoßkraft durch die Biegung des Halms absorbiert wird.

Bei sehr großen Wanderheuschrecken wird diese Methode kaum zum Erfolg führen. Sie sind zu schnell und wehrhaft. Abhilfe schafft die weiter unten erläuterte →große Jagdkeule. Mit dieser wird in die Umgebung des Insektes geschlagen. Trifft man es direkt oder den nahen Bewuchs, wird es desorientiert auf dem Boden landen, wo es einfach zu erhaschen ist. Um Heuschrecken sicher festzuhalten, umgreift man beide Sprungbeine mit Daumen und Zeigefinger. Das so gehaltene Insekt ist wehrlos und kann nicht davonspringen. In Gefangenschaft sondert das Tier häufig eine braune Flüssigkeit aus dem Mund ab, die für uns jedoch geruchs- und geschmacksneutral ist.

Getötet wird eine Heuschrecke entweder, indem man sie hart auf den Boden schleudert, oder indem man den Kopf entfernt. Hierbei wird zumeist auch der Verdauungskanal mit unverdauten Pflanzenresten aus dem Körper gezogen.

Bei der Verarbeitung von Heuschrecken muss darauf geachtet werden, dass die kleinen Haken an den vier kurzen Beinen und die unteren, stachligen Beinsegmente der beiden Sprungbeine entfernt werden. Wie bei Käfern sind die hautartigen Hinterflügel und verhärteten Vorderflügel als Nahrung uninteressant und somit unnötig zu verdauendes Chitin. Also werden auch diese vor dem Essen entfernt. Heuschrecken werden entweder roh verzehrt oder geröstet. Der Geschmack gleicht Haselnüssen, variiert jedoch in seiner Intensität.

Zu beachten ist vor dem Genuss von Stabheuschrecken, manchen Fangschrecken (Gottesanbeterin) und Gespensterschrecken, dass es Arten gibt, die eine reizende Substanz absondern können. Ähnlich sieht es aus mit Tieren, die besondere Nahrungspräferenzen haben. Während fleischfressende Schrecken meist unproblematisch sind, gibt es manche Arten, die gezielt giftige Pflanzen oder an Steinen und Pflanzen wachsende Algen zu sich nehmen. Diese Arten können im Körper giftige Stoffe ansammeln. Eine solche Strategie, dem Fressfeind den Genuss zu vergällen, ist bei einigen Tieren beliebt, die nicht in der Lage sind, selbst Gift in Drüsen zu erzeugen.

Angesammelte Stoffe können bitter, schleimhautreizend, halluzinogen oder sogar tödlich giftig sein. Da es in der Natur nicht immer darum geht, den Räuber zu töten, sondern es in manchen Fällen ausreicht, ihm einen Denkzettel für spätere Begegnungen zu verpassen, kennzeichnen sich die ungenießbaren Arten in aller Regel deutlich. Im Gegensatz zu Stinkdrüsen kann der Hungrige im Inneren des Körpers gesammelte Stoffe nämlich vor dem ersten Testbiss nicht wahrnehmen. Darum findet sich in der Natur bei diesen Arten regelmäßig eine Warnzeichnung, also signalrote, orange oder gelbe Bänder und Flecken. Natürlich gibt es eine Reihe von Nutznießern, die sich selbst die Mühe sparen, Gift zu erzeugen, und sich nur »gefährlich färben« *(Mimikry)*, allerdings wird es im Notfall immer die richtige Entscheidung sein, möglicherweise giftige Tiere laufen zu lassen, denn: viele dieser angesammelten Gifte sind äußerst hitzestabil und werden durch Rösten oder Kochen nicht deaktiviert.

Hautflügler und Zweiflügler

Zur Ordnung der Hautflügler gehören zum Beispiel Bienen, Wespen und Ameisen, während den Zweiflüglern Fliegen und Mücken angehören. Da die Tiere beider Ordnungen meist sehr klein sind, lohnt sich der Fangaufwand nur dann, wenn eine große Häufung auftritt. Dies ist bei manchen Staaten bildenden Hautflüglern üblich.

Auf den Verzehr der Tiere aus der Ordnung der Zweiflügler sollte man nach Möglichkeit verzichten. Zwar sind sie grundsätzlich essbar, jedoch übertragen sie häufig Krankheiten oder Parasiten. Wenn Sie darauf angewiesen sind, Fliegen zu verzehren, sollten Sie diese vorher ordentlich erhitzen. Bei Hautflüglern ist darauf zu achten, dass sie aufgrund ihrer Häufung und eines oft giftigen Hinterleibsstachels eine ernsthafte Gefahr für den Nahrungssuchenden darstellen können. Fühlt sich ein Bienen- oder Wespenstaat bedroht, wird er Ihnen eine Wolke von angreifenden Tieren entgegensenden. Findet man jedoch vom Nest entfernte Individuen, so kann man auf diese zurückgreifen. Zwar können sich auch diese wehren, doch sind zwei oder drei Stiche ungefährlich, sofern man nicht allergisch auf das Gift reagiert.

HINWEIS:

Ameisen sind nahe mit Wespen und Hornissen verwandt. Viele können stechen.

Das Fangen der Tiere ist nicht unproblematisch. In die bloße Hand wird Ihnen beim Fangversuch jede Biene oder Hummel stechen. Eine gute Fangmöglichkeit bietet sich, wenn das Tier in der Luft steht oder ruhig

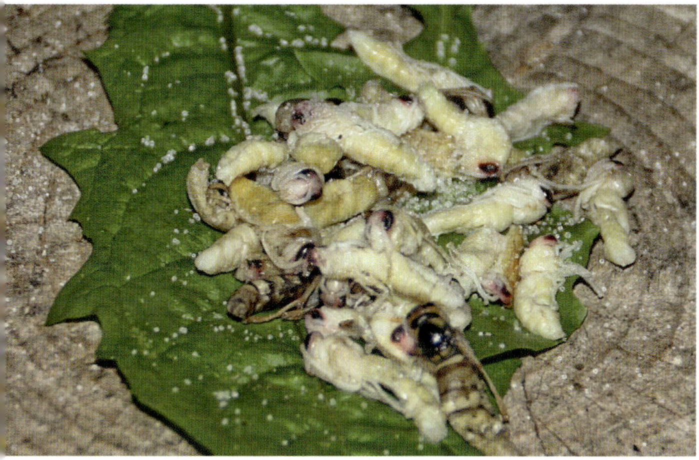

Nester von stechenden Hautflüglern (hier ein Hornissennest) sollten nicht ausgeräuchert oder sonstwie gestört werden. Eine sichere Möglichkeit ist das Absammeln der Nester bei Temperaturen knapp über dem Gefrierpunkt oder wenn Nester nach Stürmen auf den Boden gefallen und von den flugfähigen Tieren verlassen worden sind. Achtung: Auch Larven können stechen und sollten erhitzt werden.

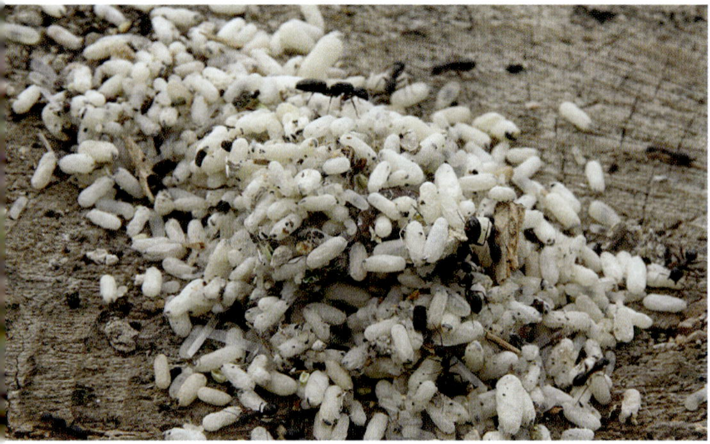

Ameisen haben in ihren großen Bauten oft spezielle Kammern, in denen abertausende von Eiern und Larven versorgt werden. Wird eine solche Kammer geöffnet, transportieren Arbeiter die Larven an einen schattigen und kühlen Ort. Die weißen reiskornähnlichen Eier enthalten viel Fett und Eiweiß.

fliegt. In der Luft stehende Insekten lassen sich einfach mit der →große Jagdkeule oder dem Handrücken auf den Boden schlagen, wo sie häufig mehrere Minuten hilflos umherkrabbeln, oder, wenn dabei ihr Panzer zertrümmert wird, sogar sterben. Ist man in der Lage, das Tier mit geschützten Händen zu greifen, so muss man so schnell wie möglich den Giftstachel entfernen. Das kann eine schwierige Angelegenheit sein, bei der Sie einen Stich in die Fingerkuppen riskieren.

Stacheltragende Insekten sollten Sie immer kochen oder rösten. Bei unsauber entferntem Stachel und einem Stich in den Hals- oder Rachenraum ist das Risiko groß, dass Sie durch die Schwellung ersticken. Was natürlich besonders in Outdoor-Notsituationen gilt, wenn keine medizinische Hilfe erreichbar ist. Durch das Rösten zersetzt sich das Gift (✚ *K7*).

Fliegen, Bienen und vor allem Wespen können mit einer einfachen Falle schnell und in größerer Anzahl gefangen werden. Hierzu kann auf eine aufrecht stehende →Flaschenreuse zurückgegriffen werden. Alternativ lässt sich eine vergleichbare Konstruktion auch mit dem Moskitonetz oder heller Kleidung herstellen. Als Köder dienen bei Fliegen und Wespen kleine Mengen von Schlachtabfällen, Bienen lassen sich durch stark duftende Blumen am Wiesenrand in die Falle locken.

Auch Ameisen in Übersee können giftige Stacheln besitzen, mit welchen sie sich gut wehren können. Da Ameisen auch Zwischenwirte für Parasiten wie den kleinen Leberegel sind, sollten sie zur Sicherheit geröstet werden. Ameisenstämme und mit ihnen die Eier können aus dem Boden gegraben werden.

Hierzu können Sie einen Trick anwenden. Finden Sie den großen Haufen einer Waldameisenkolonie, so sollten Sie daneben eine Jacke oder etwas vergleichbares mit nach innen eingeschlagenen Rändern platzieren. Hierauf werden einige Hände voll des Ameisenhaufens geschaufelt. Die Mischung aus Tannennadeln, Erde, Ameisen und Larven wird für Sie nun, ohne dass Sie dazu etwas tun müssen, getrennt. Die Ameisen werden nämlich panisch versuchen, die empfindlichen Larven vor der direkten Sonneneinstrahlung zu schützen, indem sie diese unter den eingeschlagenen Rand der Jacke transportieren und dort sammeln. Nach wenigen Minuten können Sie an dieser Stelle die sauber sortierten Eier entnehmen. Energetisch und geschmacklich ist es den Aufwand allemal wert.

Auch wenn ein gesunder Staat normalerweise mehrere große Ernten (jeweils etwa 300 Gramm) im Jahr ohne Schwierigkeiten verkraftet, sollten Sie sich darüber im Klaren darüber sein, dass jede Ernte möglicherweise einen gesamten Ameisenstaat tötet – es ist kaum nachvollziehbar, ob und welche Schäden an so komplexen Systemen entstehen. Aus diesem Grund sollten Sie nur im Notfall darauf zurückgreifen.

Schuppenflügler

Die Ordnung der Schuppenflügler besteht aus zahlreichen unterschiedlichen Motten, Faltern und Schmetterlingen, die sehr unterschiedlich geformt und gefärbt sein können. Auffallend sind bei diesen Tieren die großen, mit trockenen Schuppen bedeckten Flügel, die nach dem Landen auf dem Rücken zusammengelegt werden oder seitlich abstehen. Die schuppigen Flügel sind oft das wichtigste Erkennungsmerkmal. Ob auffallend, teilweise mit Augenflecken und knallbunt gefärbt, oder in einem dezenten Tarnmuster, die Besonderheit ist tatsächlich, dass die Flügel schnell »zerfallen«, werden sie zu ruppig angepackt. Dies ist die Fluchtstrategie der Schuppenflügler gegen Spinnennetze und andere Fressfeinde.

Allerdings ist dies nicht die einzige Schutzvorrichtung. Manche Schmetterlinge und Falter ernähren sich nicht nur im →Raupenstadium von giftigen Pflanzen, sondern auch als ausgewachsene Imago. Ein gutes Beispiel sind die Monarchfalter, die an den giftigsten Pflanzen überhaupt, Hundsgiftgewächsen (*K5*) und Seidenpflanzengewächsen, fressen. Viele der giftigen Tiere sind entsprechend signalgefärbt (s. Abschnitt »Heuschrecken«) oder betreiben *Mimikry*. Diese Strategie ist gut nachvollziehbar: die allerbesten und schnellsten Flieger sind sie nicht – vergleicht man den Schmetterlingsflug mit jenem eines Insekten fressenden Vogels.

Vor allem im außereuropäischen Ausland sollten Schuppenflügler mit Vorsicht »genossen« werden. Alle Arten, die auffällig gefärbt sind, werden gemieden. Was größtenteils übrig bleibt, sind unscheinbare Schmetter-

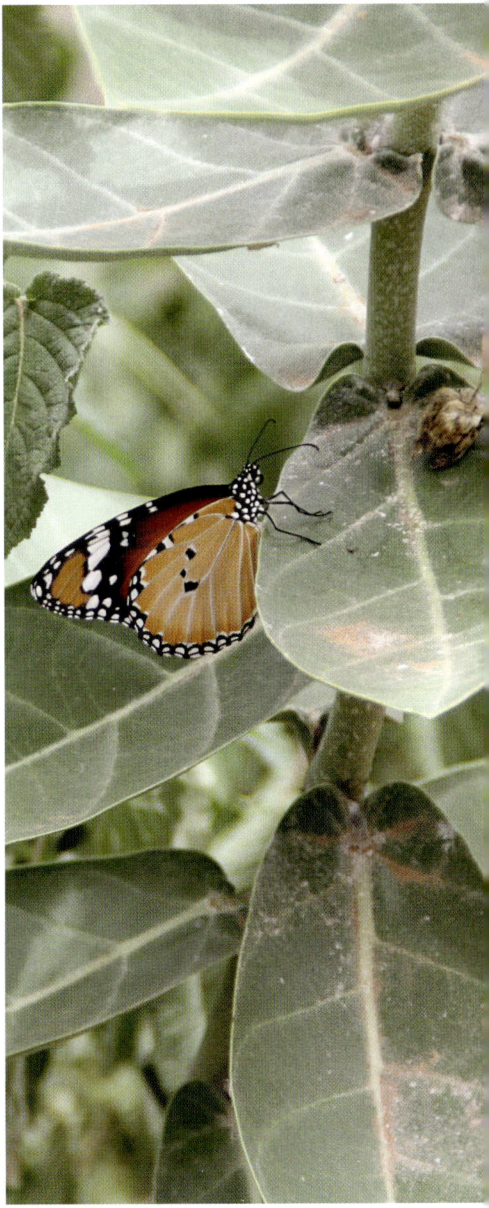

Monarchfalter und deren Larven finden Sie zuverlässig an den hochgiftigen Seidenpflanzen. Die Tiere selbst wirken dadurch gefährlich toxisch. Auch viele andere Schuppenflügler sammeln Pflanzengift im Körper.

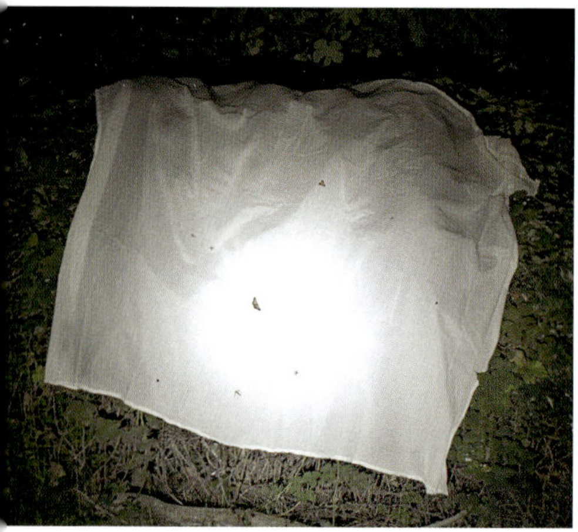

Nachts mit einer starken Taschenlampe beleuchtet locken große und helle Gewebestücke eine Vielzahl von Insekten an. Neben Stechmücken können Sie auf diese Weise innerhalb einer Stunde einige hundert Falter fangen.

linge, die am Tag nach der Landung nicht einfach gefunden werden können, sowie Falter und Motten, die nachts mit Licht gefangen werden können. Hier empfiehlt es sich, ein Tuch, Moskitonetz oder Vergleichbares anzuleuchten. Dadurch wird nicht nur die Lichtfläche größer, sondern die Falter setzen sich ab und schwirren nicht hektisch um die Leuchte.

Zur Zubereitung werden die Flügel entfernt, der Torso geröstet. Dies sollten sie bei unbekannten Schuppenflüglern generell so halten, da viele von ihnen Cyanogene Glykoside aus Pflanzengiften gewinnen, die hitzelabil sind.

Larven und Würmer

Larven

Alle uns bekannten Insekten durchlaufen in ihrem Leben verschiedene Entwicklungsphasen. Die meisten entwickeln sich in drei Phasen. Normalerweise beginnt ihr Leben im Ei, der ersten Stufe der Metamorphose. In dieser ist das Insekt für uns Nahrungssuchende völlig unbedeutend. Die geringe Nährmasse, die in einzelnen Eiern gespeichert ist, kann getrost vernachlässigt werden. Die Eier von Insekten sind normalerweise nicht viel größer als ein Stecknadelkopf, häufig jedoch noch kleiner. Hier lohnt sich das Sammeln normalerweise nur, wenn die Eier in großen Mengen gefunden werden können.

HINWEIS:

Finden Sie Insekteneier, kann es je nach Temperatur und vorhandenem Nährsubstrat sinnvoll sein, diese in einem luftigen Gefäß mitzuführen und zu züchten.

Nach einiger Zeit schlüpft aus dem Ei eine kleine Larve. Typische Beispiele hierfür sind Raupen, Fliegenmaden und Engerlingsartige. Die geschlüpfte Larve verliert keine Zeit und fängt sofort mit der Nahrungsaufnahme an. Innerhalb weniger Tage wächst das Tier auf ein Vielfaches seiner Anfangsgröße heran. Je nach Insektenart kann die Entwicklungszeit bis zur nächst höheren Stufe einige Tage bis mehrere Jahre dauern. In dieser Zeit häutet sich die Larve mehrmals. Ab einem bestimmten Alter wird sie sich verpuppen und sich innerhalb einer Ruhezeit zum vollständig ausgebildeten Insekt entwickeln.

Als Nahrung sind Larve und Puppe verwertbar, wobei die Puppe vorzuziehen ist, da sie kaum Kot und Nahrungsreste im Verdauungskanal beinhaltet. Wir unterscheiden drei verschiedene Larvenarten. Raupen sind Larven, die typischerweise Brustbeine und sogenannte Afterfüße besitzen, also Beine in der Kopfgegend und am hinteren Ende, mit denen sie sich an spiegelglatten Flächen festhalten können. Sie ernähren sich meistens von pflanzlicher Nahrung. Maden hingegen haben zwar wie Raupen den -typischen walzenförmigen Körper, aber generell keine ausgebildeten Beine.

Maden sind gewöhnlich die Larven von Zweiflüglern. Die Made erkennen Sie auch daran, dass sie keine Kopfkapsel besitzt und die Kauwerkzeuge als Haken im oberen Segment versenkt sind.

Besonderes Interesse ziehen Larven auf sich, welche die Merkmale des Engerlings aufweisen. Diese wären eine große Kopfkapsel mit gewaltigen beißend-kauenden Mundwerkzeugen sowie drei Beinpaare, die in der Nähe des Kopfs angelegt sind. Am Schwanzende besitzen diese Larven keine Beine.

Raupen

Als Raupen bezeichnen wir normalerweise die Larven von Schmetterlingen. Sie ernähren sich in der Regel von frischen Pflanzen. Man findet manche Arten jedoch auch in Massen unter Totholz liegen, wo sie sich von feinen Wurzeln und Holzfasern ernähren. Charakteristisch ist die schiebend-raupende Fortbewegungsweise, mit der sie teilweise sehr rasch vorankommen. Raupen sind gute Nahrungs-lieferanten, da manche von ihnen sehr groß werden und oft in ausreichenden Mengen vorkommen.

In vielen Kulturen dienen Raupen als Nahrungsmittel und das nicht ohne Grund. Wie alle Larven, die sich verpuppen, müssen sich Raupen genügend Energie für die Zeit als Puppe und für die Umwandlung zum erwachsenen Insekt anfressen. Raupen sind nicht umsonst wegen ihrer Fraßschäden gefürchtet. Sie lassen sich besonders häufig auf Wiesen oder in großen Mengen auf bestimmten Pflanzen finden. Für eine große Häufung sind in diesen Breiten zum Beispiel Spinnerraupen bekannt. Doch hier ist Vorsicht geboten! Wenn Sie mehrere Tausend Raupen in dichtem Netz auf einem kahl gefressenen Baum finden, müssen Sie unbedingt die Pflanze bestimmen. In Europa weit verbreitet und sehr verlockend sind die Larven der Pfaffenhütchengespinstmotte. Auch wenn in manchen Internetfilmchen unreflektiert auf diese zurückgegriffen wird, besteht beim Verzehr ernsthafte Gefahr: Alle Pflanzenteile des Pfaffenhütchens sind giftig und liegen während des Fraßstadiums in vergiftungsrelevanter Menge im Magen der Raupe vor. Je nach Menge (und die Raupen sind sehr zahlreich und sehen ansprechend

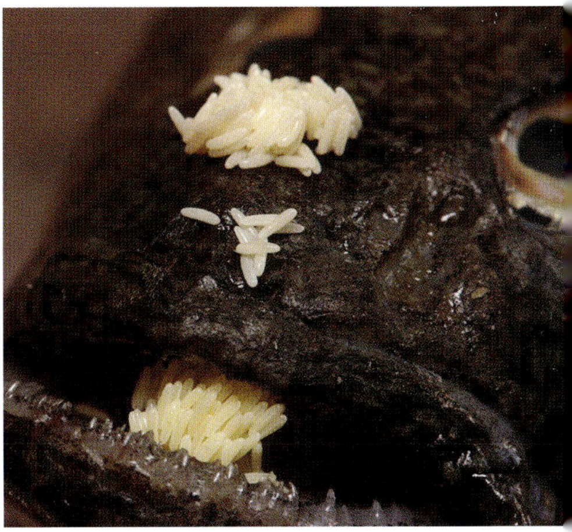

Fliegeneier auf verwestem Fleisch entwickeln sich bei Temperaturen über 20 °C innerhalb von 3 Tagen zu großen und fettreichen Maden.

aus) kann eine Vergiftung zu Herzrhythmusstörungen, Nieren- und Leberschäden sowie in schweren Fällen zum Tod führen.

HINWEIS:

Massenvorkommen von Larven sind immer sehr verlockend. Können Sie allerdings die Giftigkeit des Gewächses nicht einschätzen: Finger weg!

Achten Sie deshalb beim Sammeln darauf, ob der Stamm bzw. die Äste der befallenen Pflanze eine grünlich gefärbte Borke mit vier durchgehenden Leisten besitzen. Ist das der Fall, lassen Sie die Raupen in ihrem Raupendasein ungestört – oder gedulden sich, bis die Tiere verpuppt sind. Andere Arten, zum Beispiel Apfel- oder Traubenkirschen-Gespinstmotten, sind dagegen ungefährlich und können auch in Massen verzehrt werden.

Normalerweise können Raupen verzehrt werden, sofern sie keine lange und stachlige Behaarung besitzen. Die Berührung dieser Behaarung kann eine unangenehme Reizung der menschlichen Haut zur Folge haben. Manche Haare stechen in die Haut und

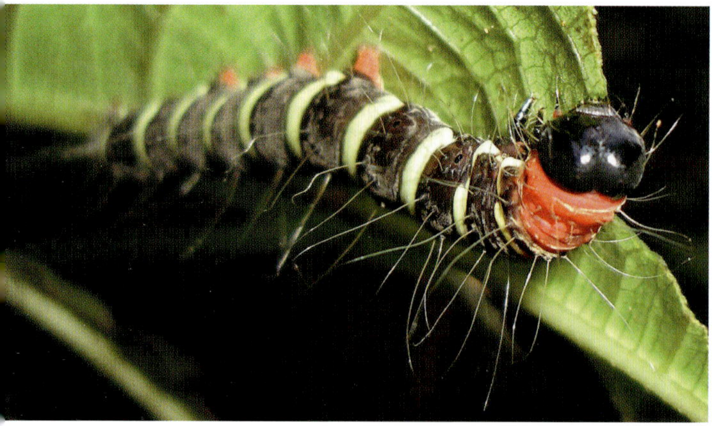

Es gibt einige Raupenarten, die sich mit Brennhaaren verteidigen können. Raupen mit einer solch ausgeprägten Behaarung sollten nicht berührt oder gar verzehrt werden. Die Brennhaare können unangenehme Allergien zur Folge haben. Dieses Exemplar deutet mit Warnfärbung darauf hin, dass es eine giftige Überraschung bereithält.

brechen dabei ab. Andere Raupen wiederum können reizende oder unangenehm riechende Sekrete absondern. Hier verfahren wir genauso, wie es weiter oben bei den Käfern beschrieben ist.

Eine Gefahr beim Verzehr von Raupen ist ihre mögliche Giftigkeit. Raupen, die ausschließlich von Giftpflanzen fressen, können das Gift in sich speichern und anreichern. Dies führt zu folgenden Kriterien, mit denen wir einschätzen können, ob eine Raupe wahrscheinlich essbar ist oder nicht. Gesammelt werden dürfen Raupen, die weder stachlig, noch pelzig behaart sind, nicht auf Giftpflanzen sitzen und bei Reizung nicht unangenehm riechen.

Spinnerraupen an diesem →Spindelstrauch mit grüner Borke und vier Längsrippen sind giftig.

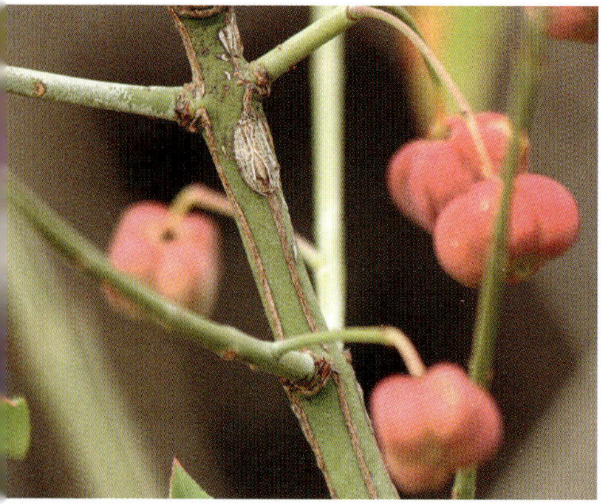

Raupen sind gegenüber Trockenheit sehr empfindlich. Das bedeutet, dass Sie gesammelte Tiere, sofern sie nicht gleich verarbeitet oder verzehrt werden, in einem luftigen Gefäß mit grünen Blättern transportieren sollten. Sie trocknen schnell aus und sterben, was jedoch auch Vorteile bei der Konservierung durch Trocknen haben kann.

Um große Exemplare zum Verzehr vorzubereiten, können die Magen- und Darminhalte entfernt werden. Raupen beinhalten normalerweise einen flüssigen Pflanzenfaserbrei. Da der Verdauungstrakt nur aus einer durchgehenden Röhre besteht, die im Bauchraum als Magen sackartig erweitert ist, kann man durch das Abstreifen der Raupe vom Kopf in Afterrichtung den Nahrungsbrei entfernen.

Achten Sie dabei darauf, dass die Raupenhaut nicht einreißt, da sonst wertvolle Körperflüssigkeit verloren gehen kann. Aus diesem Grund wird der Kopf erst ganz zum Schluss entfernt. Solange die Raupe nicht auf unbekannten, potenziell giftigen Pflanzen saß, kann der vitaminreiche Mageninhalt mitgegessen werden.

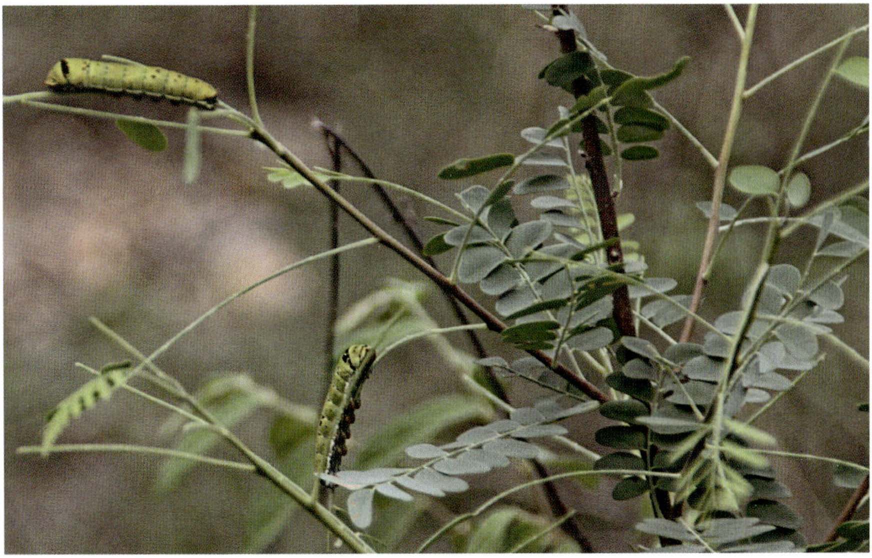

Raupen an einer Akazie im tropischen Indien. Mit dem Wissen, dass das Laub nur leicht giftig ist und *nur* zu Bauchschmerzen führen kann, können die Larven nach dem Entfernen des Mageninhaltes verzehrt werden. Schmetterlingsraupen sind ein typisches Beispiel dafür, wie sehr Zoologie und Botanik miteinander verbunden sind.

Verpuppte Raupen sind zumeist allesamt essbar. Die Puppen einiger Arten, wie die der Seidenraupe, sind sogar ausgesprochen delikat. Wer einmal auf den Geschmack gekommen ist, wird nicht mehr so schnell davon ablassen können.

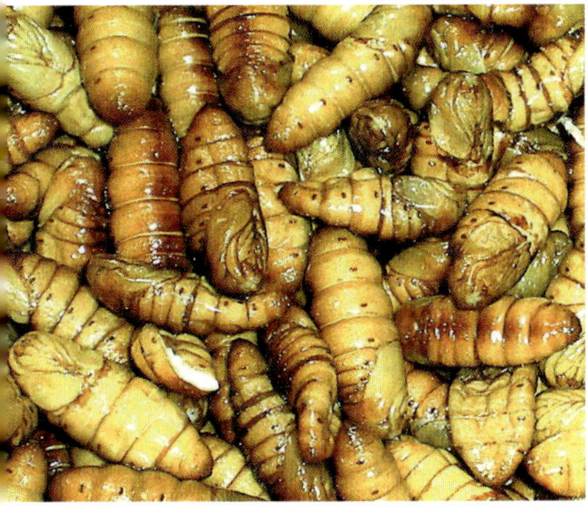

Maden

Maden sind die Larven von Fliegen, also Zweiflüglern. Im Gegensatz zu →Raupen, die sich hauptsächlich von lebender, pflanzlicher Nahrung ernähren, sind Maden häufig an der Zersetzung von toten Tieren oder Pflanzen beteiligt. Die Eier werden von Fliegen auf dem meistens schon angewesten Körper, dem sogenannten Aas, abgelegt.

Maden besitzen keine Beine oder Beinansätze und fressen mit einem kleinen, zangenförmigen Mundhaken, der im vordersten Körpersegment versenkt werden kann. Ihr rechtwinklig abgekantetes Hinterteil erinnert durch seine Öffnungen an ein Gesicht. Von Laien wird der After deswegen häufig mit dem Kopf verwechselt.

Normalerweise würden wir Maden nicht essen, da sie auf stinkenden verwesenden Tierkörpern sitzen. Dort kommen sie jedoch in einer solchen Menge vor, dass wir sie zwangsläufig berücksichtigen sollten. Notwendigerweise müssen wir uns dazu mit der Nahrung der Made befassen: Stirbt ein Lebewesen, so beginnt das Gewebe binnen kürzester Zeit, sich zu zersetzen. Ist die Umgebung nicht zu trocken oder kalt,

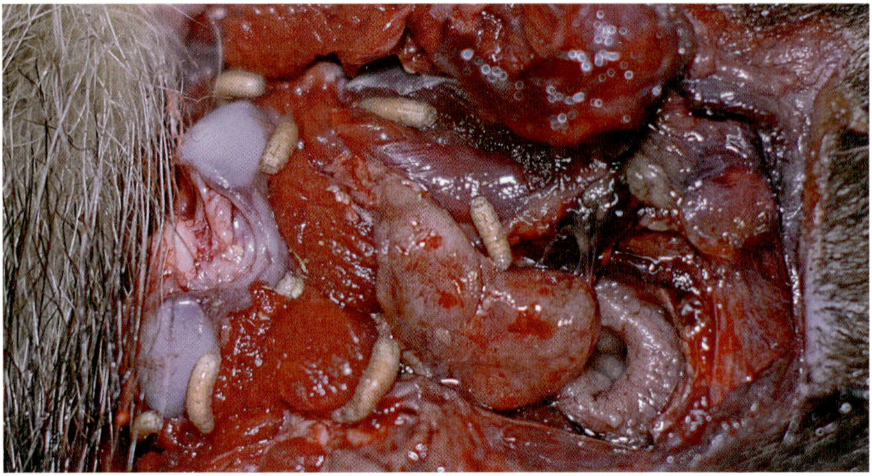

Gewöhnungsbedürftig wird es für Sie sein, aus verwestem Fleisch Maden abzusammeln. Hältern Sie diese allerdings einen Tag ohne Nahrung, ist nicht nur der Mageninhalt vollständig in Fett und Eiweiß umgewandelt, sie riechen außerdem so gut wie nicht mehr nach ihrer Nahrung.

wird es anfangen zu faulen und den typischen Leichengeruch von sich geben. Jedes Kind bekommt von den Eltern gesagt, dass tote Tiere aufgrund der »Leichengifte« nicht berührt werden dürfen. Das Wort »Leichengifte« oder auch *Ptomaine* impliziert, dass die Leiche an sich schon giftig sei. Dies ist nur insofern richtig, als durch die Eiweißfäulnis geringe Mengen an giftigen Zersetzungs- und Spaltprodukten produziert werden. Aas ist jedoch unter keinen Umständen essbar.

Sich zersetzendes Eiweiß kann von unserem Körper nicht als Nahrung verwertet werden. Außerdem spielen →Bakterien und Mikroben bei der Giftigkeit von Aas eine große Rolle. Diese Kleinstlebewesen, die in riesigen Mengen in und am Aas leben, produzieren Toxine als Ausscheidungsprodukte und können für den Menschen schädlich oder sogar tödlich sein. Ferner können Bakterien selbst zu einer Infektion führen. Tote Körper sind Brutöfen für Krankheitserreger. Aus diesem Grund muss beim Sammeln von Maden Verschiedenes beachtet werden.

Aas fressende Maden können nicht zum sofortigen Verzehr verwendet werden. Nach dem Auflesen müssen sie mehrere Tage ohne Nahrung gehalten werden, damit der für uns in großen Mengen ungenießbare oder giftige Mageninhalt von der Made in für uns verwertbares Fett und Eiweiß umgewandelt werden kann. Am sichersten ist der Verzehr, wenn sich die Larven schon verpuppt haben. Bei Maden wird der Kokon häufig *Caster* genannt.

Maden lassen sich selbst in einer Notsituation mit sehr wenig Aufwand züchten. Dazu werden ungenutzte Fleischstücke oder Jagdabfälle in geringer Höhe über ein Gefäß im Schatten aufgehängt. Nach wenigen Tagen werden sich Tausende von Maden im Gewebe winden und beim Austritt an die Oberfläche in das Gefäß stürzen. Natürlich sollte darauf geachtet werden, dass dies alles in weiter Entfernung vom Lager geschieht. Wir wollen keine Raubtiere anlocken, außerdem wird die Geruchsbelästigung enorm werden.

Aus dem Sammelbehälter entnehmen Sie die Larven und lagern sie mehrere Tage in kühler Umgebung, am besten in einem abgedeckten Erdloch von etwa 50 Zentimeter

Tiefe, einem sogenannten Erdkeller. Die am Anfang noch schleimigen und stinkenden Tiere werden sich nach kurzer Zeit gegenseitig von restlichem Aas befreit haben und nahezu sauber sein.

Am besten warten Sie, bis sich die Maden verpuppt haben. Dazu stellen Sie das Behältnis an einen wärmeren Ort. Dort beginnen die Tiere sofort mit dem Verpuppen. Nun ist das Eiweiß zwar essbar, jedoch besteht immer noch erhöhtes Risiko einer Infektion. Aus diesem Grund sollten Maden und Caster nur gekocht oder geröstet aufgenommen werden. Garen Sie diese Nahrung gründlich, um das restliche Risiko zu verringern.

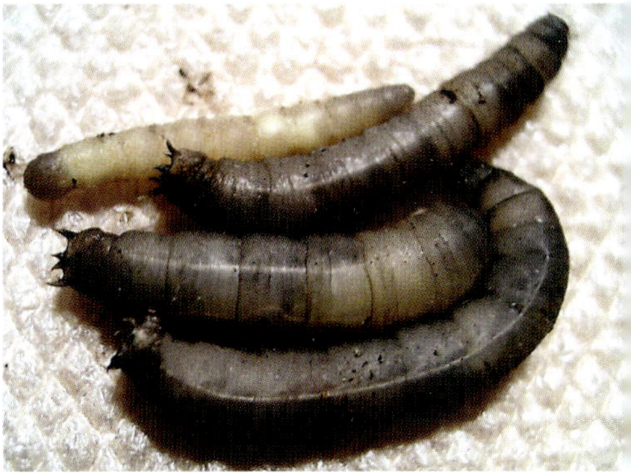

Eher selten werden Fliegenmaden als Notnahrung in Betracht gezogen. Dabei sind Maden aufgrund ihres großen Anteils der Biomasse in der Natur außerordentlich interessant für uns. Sie lassen sich unterwegs sogar züchten.

Engerlinge und Engerlingsartige

Engerlinge oder engerlingsähnliche Larven lassen sich ziemlich einfach erkennen. Eine Gemeinsamkeit kann man in ihrer Ernährung und in ihrem Aussehen finden. Engerlinge nennt man in der Regel die fetten, weißen Larven der Blatthornkäfer. Der bekannteste Vertreter ist der Maikäfer. Auf der Welt gibt es mehrere tausend Arten, die nahezu überall verbreitet sind.

Engerlinge haben riesige Mundwerkzeuge, die Pflanzenfasern zerkleinern und für die Verdauung vorbereiten. Diese Larven haben einen Entwicklungszyklus, der bis zu vier Jahre dauern kann.

Die geschlüpften Käfer leben oft nur wenige Wochen bis zur Eiablage. Junge Larven ernähren sich zuerst von feinsten Wurzeln. Später werden verschiedene Pflanzenteile, grobe Humusstoffe und Totholz gefressen.

Ich fasse hier der Einfachheit halber die Larven von Blatthornkäfern mit allen ähnlichen Insektenlarven als »Engerlingsartige« zusammen. Die Fundstellen von Engerlingen und zum Beispiel Bockkäferlarven sind sehr ähnlich, ihre Zubereitung fast gleich. Alle Larven, die einen weißen, fetten und

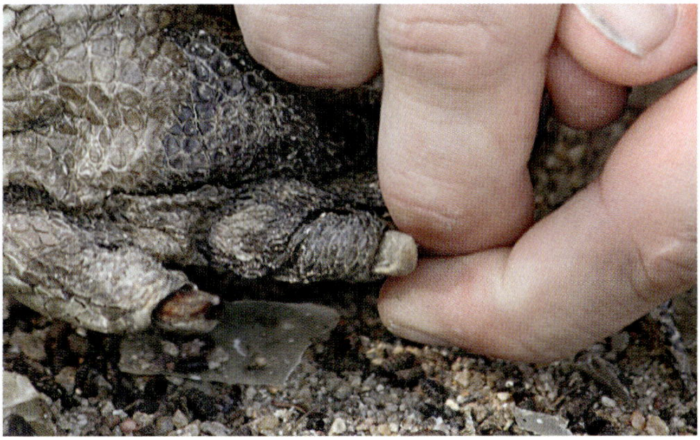

Wenn Sie ein verendetes Tier finden, an dem nichts Essbares mehr zu sein scheint, lohnt es sich, mit einem Werkzeug die Haut oder ggf. die Bauchhöhle zu öffnen. *Mit etwas Glück* kullern Ihnen einige tausend verpuppte Fliegenlarven entgegen (im Bild: die braunen Tönnchen), die nur noch gekocht werden müssen.

glatten Körper mit großem Mundwerkzeug und sichtbarer Kopfkapsel haben, lassen sich ähnlich gut verwerten. Sie sind reich an Fett und Eiweiß. Ein besonders schönes Beispiel dieser Larven sind die sogenannten »Witchetty Grubs«, engerlingsartige Würmer mit monströsen Maßen. Sie werden seit Jahrtausenden von den australischen Ureinwohnern verzehrt.

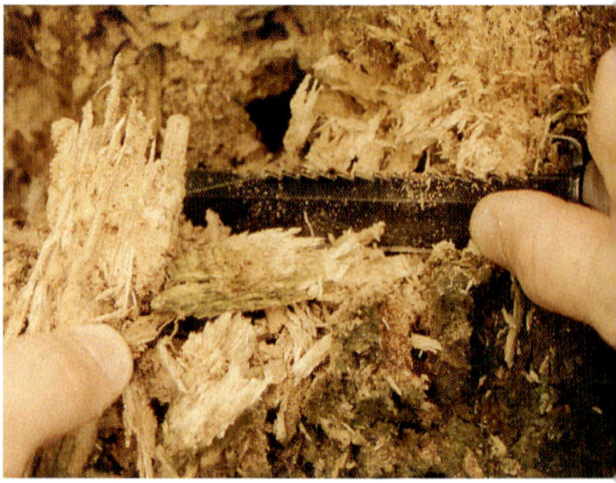

Aus morschen Holzstämmen lassen sich viele Käferlarven scharren. Das Holz darf dabei jedoch nicht zu feucht sein. Am häufigsten lassen sich die Larven in trockenem und lockerem Holz entdecken.

Leider ist bei manchen Engerlingen die nutzbare Körpermasse viel geringer, als die Größe der vollgefressenen Larven vermuten lässt. Engerlinge von Maikäfern besitzen einen riesigen Verdauungskanal, der mit klein geraspelten Holzfasern gefüllt ist. Bei manchen Zellulose verdauenden Blatthornkäferlarven ist der Darm durch sogenannte Gärkammern erweitert, in denen Bakterienkulturen die Pflanzenfasern zersetzen. Dieser Mageninhalt riecht stechend nach Terpentin und schmeckt genauso.

Da diese Larven häufig vorkommen und somit im Notfall wichtige Energielieferanten sein können, sollten Sie sich mit der nicht ganz einfachen Zubereitung vertraut machen. Ein einfaches Ausdrücken des Mageninhalts, wie es bei →Raupen weiter oben beschrieben ist, eignet sich bei den meisten Engerlingsartigen nicht.

HINWEIS:

Viele Larven, die von Holz leben, züchten spezialisierte Bakterien im Darm. Dessen Inhalt schmeckt nicht sonderlich gut.

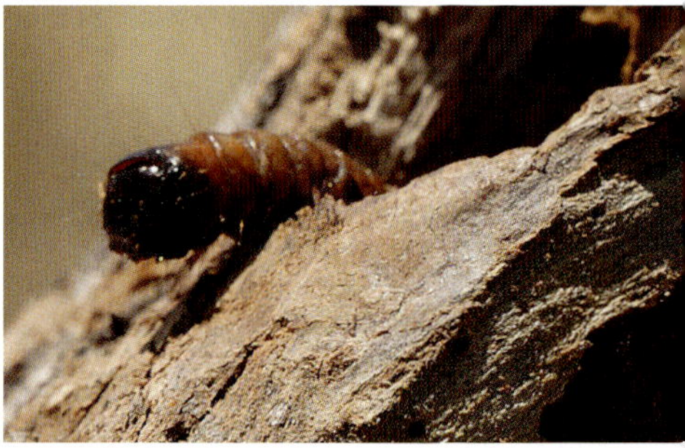

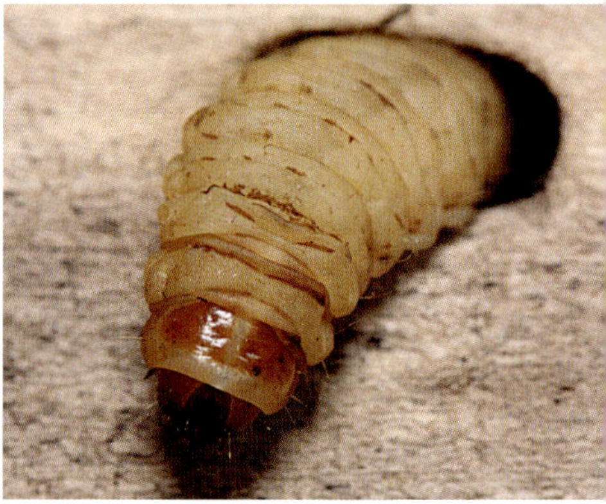

Oben: Eine fette »Witchetty Grub«, eine Falterlarve.
Unten: Bockkäferlarven leisten einen großen Beitrag zu der Verwertung von Totholz. Nicht nur Spechte wissen den Geschmack der fettreichen Larven zu schätzen.

Das Abdomen besitzt einen horizontalen Afterspalt. Der Darmausgang selbst ist, ähnlich einem Gummischlauchventil, nach innen gestülpt und verschließt bei Druck auf den Körper noch dichter. Versuche, den Darmausgang mit einem hakenartigen Werkzeug nach außen zu ziehen, hatten keinen Erfolg.

Eine Methode hat sich letztendlich doch durchführen lassen: Dabei müssen Sie darauf achten, dass die Außenhaut der Larve beim Sammeln nicht verletzt wird oder einreißt. Der Inhalt des Verdauungstrakts würde sich in diesem Fall schwallartig mit der hauptsächlich zähflüssigen Nutzmasse durch die Verletzung nach außen ergießen und so den essbaren Teil vergällen. Um dies zu verhindern, umfasst man das Larvenende mit Daumen und Zeigefinger, und zwar seitlich, damit das Kauwerkzeug den Fingern nicht zu nahe kommen kann. Nun versucht man, ein wenig der Stoffwechselabbauprodukte des hintersten Darmbereichs in Richtung Darmausgang zu massieren. Nach und nach wird sich ein schlauchartiger Darm aus dem Spalt schieben, der irgendwann nach außen umschlägt und so die Ventilwirkung verliert. Nun können Sie die dunkelbraune Flüssigkeit aus der Larve schieben.

Möglicherweise werden Sie überrascht sein, wie klein der so vorbereitete Engerling ist. Diese Prozedur lohnt sich trotzdem. Sie können die Larven nach dem Entfernen des Kopfes roh oder geröstet essen. Der Engerling wird immer einen leichten Geschmack nach Holz und Terpentin behalten. Geröstet nimmt man diesen jedoch kaum noch wahr. Manche engerlingsartige Larven, wie die von Bockkäfern, müssen nicht gereinigt werden. Testen Sie einfach den Geschmack einer unbehandelten Larve und entscheiden Sie dann, ob diese gereinigt werden müssen.

Würmer

Zu den urtümlichsten Tieren gehören Würmer. Bekannt sind Ihnen sicherlich Regenwürmer. Diese können je nach Art zwischen zwei und 30 Zentimeter lang werden. Manche tropischen Arten werden sogar mehrere Meter lang.

Der Ausdruck »Regenwurm« ist etwas ungenau, fasst er doch Hunderte von verschiedenen Arten der sogenannten Wenigborster zusammen. Hier sprechen wir zur Vereinfachung schlicht von dem Regenwurm. Typische mitteleuropäische Vertreter sind zum Beispiel Tauwurm oder Mistwurm. Sie lassen sich leicht und in großen Mengen finden, doch ihre Zubereitung ist nicht einfach und ihr Geschmack eher schlecht.

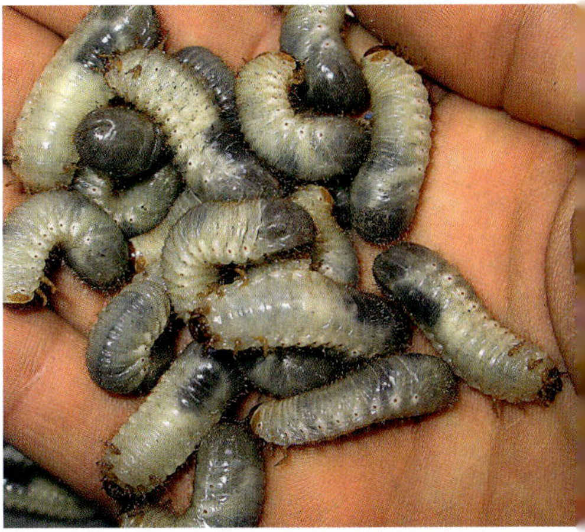

Engerlinge können im Herbst in enormen Mengen gesammelt werden. Sie ernähren sich von feinen Pflanzenfasern, weshalb sie oft in den obersten Bodenschichten des Waldes gefunden werden.

Das gemeinsame Merkmal der Regenwürmer ist der schlauchartige Körperbau. Der Wurm besteht aus hintereinander gesetzten gleichartigen Segmenten. Die Haut ist schleimig und durch die Segmentierung gut sichtbar geringelt.

Im Winter gräbt sich der Wurm, ähnlich wie manche Käferlarven, in tiefe Bodenschichten und überwintert dort. Besonders erwähnenswert ist der relativ einfach aufgebaute Verdauungsapparat. Der Darm zieht sich als gerade Röhre durch den gesamten Körper. Regenwürmer lassen sich von Frühjahr bis Herbst sammeln. Alleine im Winter sind sie seltener anzutreffen.

Zum Finden reicht oft das Umdrehen von Steinen oder das Scharren in humidem Boden. Sobald er merkt, dass er entdeckt wurde, wird sich der Wurm in seinen Gang zu retten versuchen. Dies können Sie verhindern, indem Sie ihn vorsichtig am Hinterleibsende packen.

Machen Sie nun nicht den Fehler, den Wurm einfach aus seiner Röhre ziehen zu wollen. Er wird seine in Hauttaschen versenkten Chitinborsten ausfahren, seinen Körper aufblähen und sich so in der Höh-

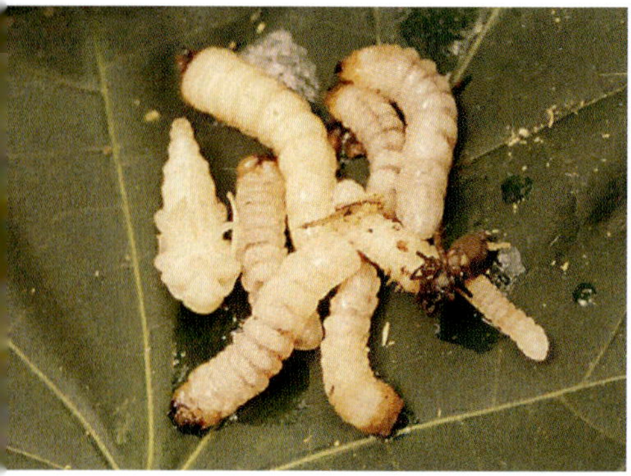

Käferlarven wie die des Maikäfers oder des Bockkäfers erinnern schon sehr an die traditionelle Ernährung von Ureinwohnern. Unsere Vorfahren dürften sich auf der Jagd oder Wanderschaft sicherlich auch mit den leicht verfügbaren »Snacks« versorgt haben.

lenwand verkeilen. Sie werden ihn nicht herausziehen können, sondern abreißen. Halten Sie vielmehr den Wurm fest, unverletzt wird er in der Regel nur diejenige Kraft aufbringen, die ihn nicht zu zerreißen droht. Einige Sekunden später versucht er, sich lang zu strecken, um nachzufassen. In diesem Moment kann man ihn meist einfach aus dem Gang herausziehen.

Eine besonders trick- und ertragsreiche Fangmethode ist das »Herausklopfen« der Würmer. Dazu stecken Sie ein Areal von etwa drei mal drei Metern mit mehreren Holzruten ab. Es eignen sich am besten feste Hölzer mit zwei Zentimeter Durchmesser und einem Meter Länge. Diese werden bis zur Hälfte in den Boden eingesteckt. Achten Sie bei dem Verteilen der Ruten darauf, dass Sie nicht in der Mitte der Fläche laufen. Durch festgestampfte Erde werden die Würmer nicht so einfach die Erdoberfläche erreichen können. Die so entstandene Fläche der verteilten Stöcke gehen Sie nun immer wieder ab und schlagen mit einem kleinen Prügel seitlich auf diese Pfosten. Die dadurch entstandenen Vibrationen werden in die Erde abgeleitet. Die Würmer registrieren diese als Regen und werden innerhalb weniger Minuten an die Oberfläche kriechen, um dem vermeintlichen Ertrinkungstod in den Röhren zu entkommen. An der Oberfläche werden die Würmer einfach eingesammelt.

Da sich Regenwürmer von Substrat und Humus ernähren, haben sie einen mit sandigem Brei gefüllten Darm. Eine Möglichkeit, diesen Brei zu entfernen, ist das einfache Abstreifen und Ausdrücken des Wurms. Das Abstreifen wird durch die schleimige Oberfläche der Haut begünstigt. Diese Reini-

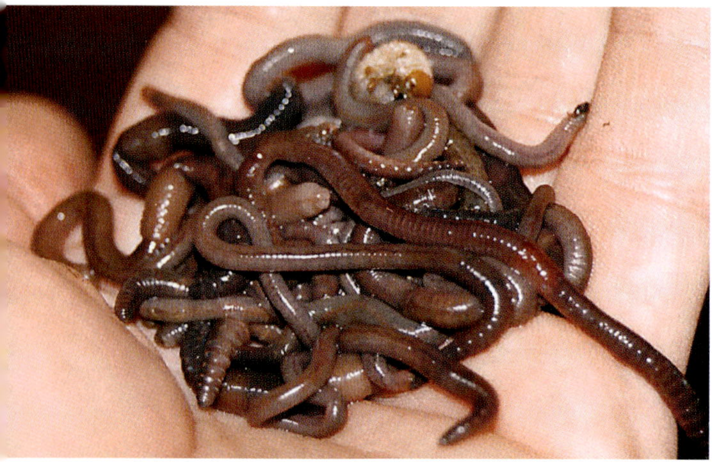

Auch wenn Regenwürmer nicht besonders gut schmecken, können sie eine lebenswichtige Noternährung darstellen. Mit einfachen Tricks lassen sich viele Exemplare aus dem Boden locken. Häufig können so in einer Stunde mehr als 500 Gramm Würmer gesammelt werden.

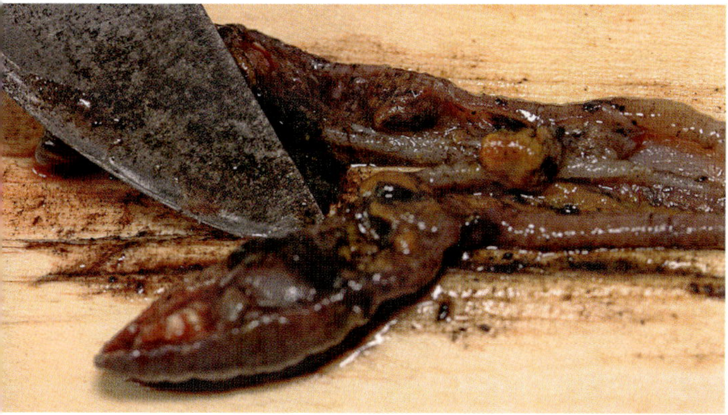

Regenwürmer können nach dem Brühen längs zerteilt und ausgekratzt werden. Da Sie die Tiere nie vollständig vom Darminhalt befreien können und sich darin gefährliche →Bakterien und Parasiten ansammeln, sollte der Wurm danach noch gut erhitzt werden.

gungsmethode eignet sich vor allem bei größeren Exemplaren. Bei kleineren Würmern kann es sein, dass der Wurm in mehrere Teile bricht. Deshalb sollte er einige Sekunden lang gebrüht werden. Die Haut zieht sich dabei zusammen und wird zäh und fest.

Danach werden die Tiere auf einer glatten Oberfläche mit dem Messer der Länge nach aufgeschnitten und mit der Klinge oder einer Steinkante ausgekratzt und abgewaschen. Der Wurm wird jedoch aufgrund einer Einstülpung der Darmwand, die Wurmspezialisten als →*Typhlosolis* kennen, immer etwas sandig bleiben. Aus diesem Grund sollte er am besten in einem Stück und ungekaut geschluckt werden, um die Zähne zu schonen. Ich rate Ihnen unbedingt, den Wurm zu garen, da Würmer Überträger verschiedener Parasiten sein können *(✚ K15)*. Gekocht hat der Wurm einen sehr intensiven und ungewohnten Geschmack. Er schmeckt besser, wenn Sie ihn in der heißen Asche des Feuers rösten. Weitere Verwendung finden Regenwürmer als hervorragende Köder für Vögel und Fische.

Die Raubegel bzw. Schneckenegel, die Sie im Süßwasser unter flachen Steinen finden, sind nahe mit Regenwürmern verwandt, enthalten allerdings kein Substrat, weshalb man sie nur erhitzen muss.

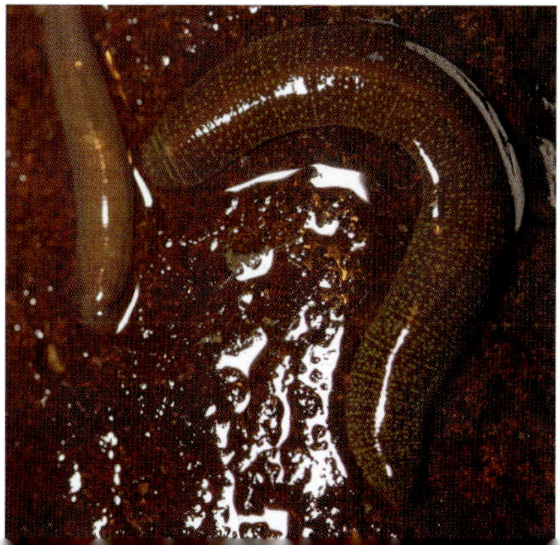

Die unter Steinen in Flüssen und Bächen in Massen vorkommenden Schnecken- oder Raubegel (sie werden oft mit Blutegeln verwechselt, schmarotzen jedoch nur an Wasserschnecken und Krebsen) sind mit den Regenwürmern nah verwandt und können ohne Probleme in brauchbarer Menge gefangen werden. Aufgrund ihrer Konsistenz kocht man sie am besten in Wasser. So zubereitet schmecken Sie für »Würmer« nicht einmal schlecht.

Spinnen

Obwohl Sie in Mitteleuropa selten ernsthaft durch einen Spinnenbiss verletzt werden können, ist beim Fang von Spinnen trotzdem etwas Obacht nötig. Wir werden vor allem Arten suchen, die in Mengen vorkommen und einen großen Hinterleib besitzen. In unserem Fall werden das zum Beispiel Kreuzspinnen und Hausspinnen sein.

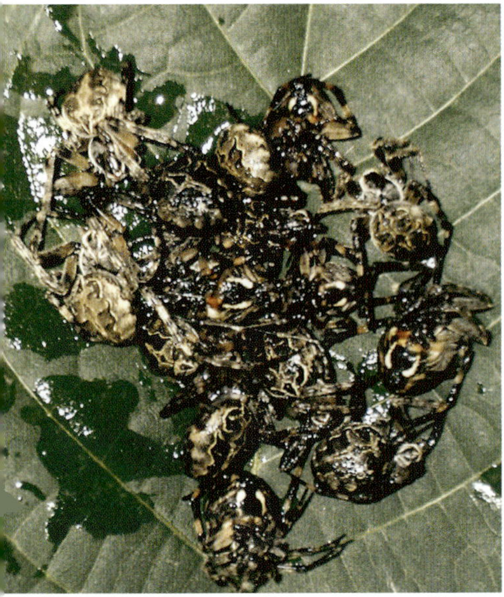

Spinnen schmecken hervorragend. Wer sich einmal an diese Art der Notnahrung herangetastet hat, schätzt den zarten Geschmack gerösteter oder gedünsteter Spinnen. Sie können hin und wieder in großen Mengen gefangen werden.

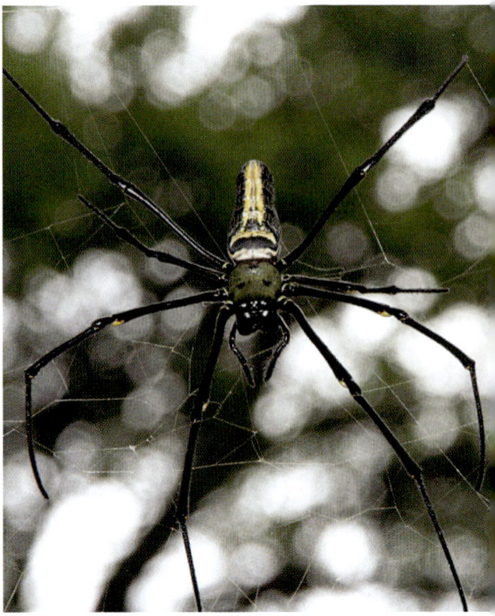

In allen warmen Regionen finden Sie die zwischen Bäumen und Sträuchern hängenden bisweilen riesigen Radnetzspinnen (hier eine *Nephila*). Zwar sehen sie bedrohlich aus, sie sind allerdings selten ernsthaft giftig und nie aggressiv.

Durch einen Selbstversuch, bei dem ich mich von einer kleinen Kreuzspinne in den Unterarm beißen ließ, habe ich die Erfahrung gemacht, dass Bisse von einheimischen Spinnen tatsächlich eine unangenehme Wirkung haben können. Ernsthaften Schaden werden Sie wohl nicht nehmen, der Biss ist eher vergleichbar mit einem Wespenstich, inklusive starker Schwellung und Juckreiz. Wenn Sie aber größere Mengen sammeln, sollten Sie unbedingt Ihre Finger schützen. Die Fangzähne von Kreuzspinnen können zum Beispiel ohne weiteres die Hornhaut der Fingerkuppe durchdringen. Wie ein befreundeter Biologe mir einmal sagte, können kleine Arten nur Säuglingen und Akademikern in die Finger beißen. Vergessen Sie jedoch nicht, dass es schon in Südeuropa tödlich-giftige Spinnenarten wie die Schwarze Witwe und dass es sogar hierzulande den eingewanderten und durchaus gefährlichen Ammen-Dornfinger gibt.

Um eine Netzspinne zu fangen, benötigen Sie einen Stab und einen beliebigen Handschutz. Die Spinne sitzt zumeist entweder mit dem Kopf nach unten im Zentrum des Netzes, oder in einem versteckten Winkel an der Seite. Verfängt sich ein Insekt im Netz, kommt die Spinne aus ihrem Versteck. Wenn sie also nicht zu entdecken ist, wird ein im Netz gefangenes Insekt imitiert. Blasen Sie dazu in das Netz oder berühren Sie es mit einem Grashalm. Meist wird die Spinne aus dem Versteck kommen oder zumindest durch Zittern des Körpers zu entdecken sein. Durch dieses Zittern bewegt die Spinne die Klebefäden, um das vermeintliche Insekt vollständig im Netz zu verheddern.

Mit dem Stock wird nun das Netz rund um die Spinne zerstört und so aufgerollt, wie Zuckerwatte auf dem Stäbchen aufgewickelt wird. Wenn Sie es richtig anstellen, wird die Spinne mit den Resten des Netzes auf dem Stock sitzen. Häufig lassen sich Spinnen in diesem Moment fallen. Sie sind jedoch noch immer durch einen Faden mit dem Stock verbunden. Wenn Sie diesen zügig aufwickeln, kann die Spinne auf konstanter Höhe gehalten werden.

Nun wird das Tier mit der geschützten Hand gegen den Boden gedrückt. Noch bevor die Spinne in ein Gefäß gegeben wird, wird der Kopfteil eingedrückt. Auf dem Boden lebende Spinnen werden mit einem Gewebestück überdeckt, gegen den Untergrund gepresst und getötet. Spinnen werden entweder gedünstet oder geröstet. Verzehrt wird die gesamte Spinne ohne Beine. Geröstete oder gedünstete Spinnen haben einen angenehmen Geschmack und sind vorzüglich als Nahrung geeignet.

Beim Fang von Spinnen anderer Kontinente sollten Sie sehr vorsichtig sein. Es gibt genügend tödlich-giftige und angriffslustige Arten. Einige können sogar ihre Körperbehaarung abstoßen, die in die menschliche Haut eindringen und Reizungen hervorrufen kann. Im Zweifel sollten Sie darauf verzichten, Ihnen unbekannte Arten zu bedrängen.

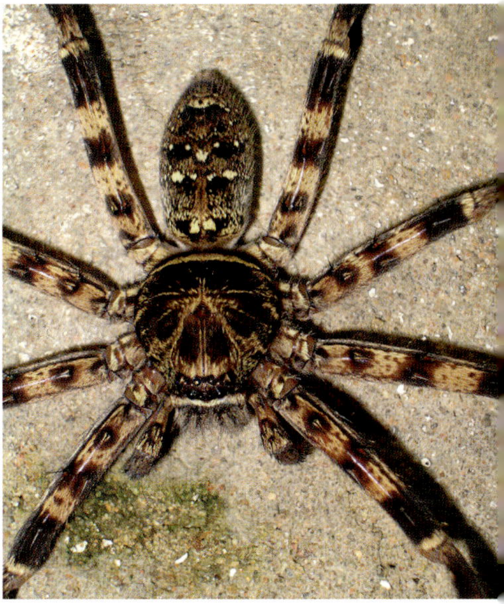

Frei lebende und jagende Spinnen wie diese Riesenkrabbenspinnen (das Exemplar war etwa handtellergroß; unsere einheimische Huschspinne wird nur wenige Zentimeter groß) lassen sich vor allem nachts bzw. unter Rinde und Holz finden. Sie sind allerdings außerordentlich schnell, ein Biss kann sehr schmerzhaft sein, ist jedoch nicht lebensbedrohlich.

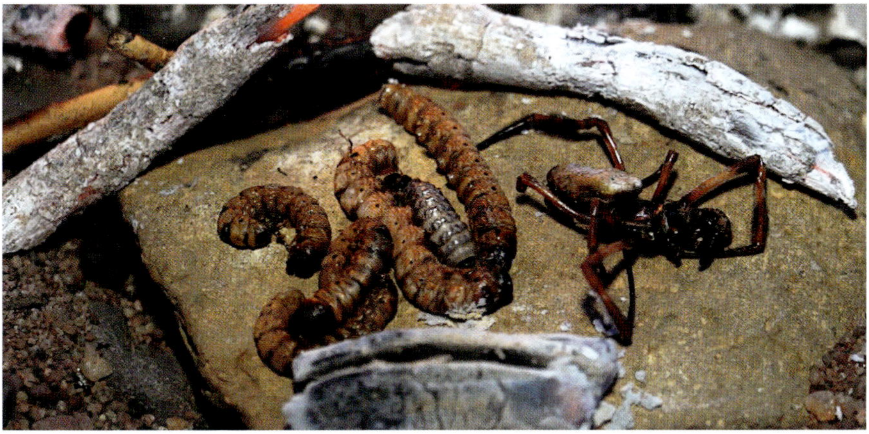

Für Außenstehende abstoßend, für Kenner dagegen ein Genuss: geröstetes Kleingetier.

4 Weichtiere

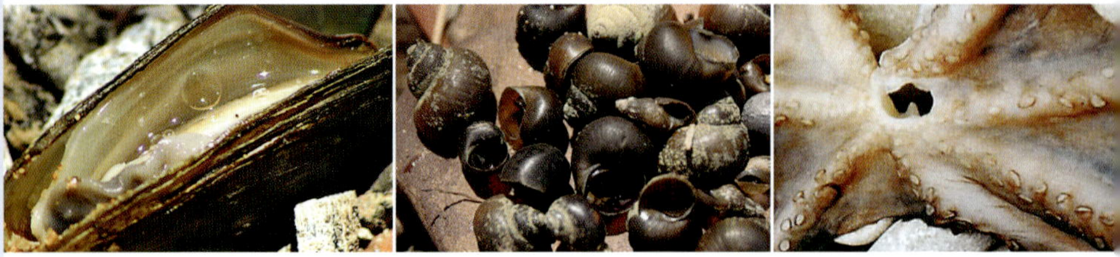

Weichtiere werden aufgrund ihres Aussehens von vielen Menschen als Nahrung gemieden. Um manche Vertreter ranken sich Schreckgeschichten, wie um den Riesenkraken, der Taucher unter Wasser festhalten oder sogar große Schiffe zum Kentern bringen soll. Andere Weichtiere, etwa Schnecken, werden aufgrund ihrer Stellung als Schädling und niederes Lebewesen verschmäht.

Wir untergliedern die Weichtiere in Muscheln, Schnecken und Kopffüßer. Weichtiere leben hauptsächlich im Wasser und atmen durch Kiemen. Ausnahme sind lungenatmende Schnecken. Wegen des meist fehlenden inneren Skeletts besitzen viele Weichtiere entweder eine zweiteilige, verschließbare Kalkschale, wie sie Muscheln haben, oder ein spiralig gewundenes Gehäuse. Andere haben ein inneres Stützelement, zum Beispiel den unter der Haut liegenden Schulp. Bei Achtfüßern und manchen Schnecken fehlen diese Stützelemente vollständig. Die Oberfläche der Weichtiere ist von einer drüsenreichen Schleimhaut bedeckt.

Muscheln

Muscheln sind im Wasser lebende Tiere, deren Aufbau sich grundsätzlich von allen anderen Tierarten unterscheidet. Vielen Feinschmeckern werden Miesmuscheln und Austern als Delikatesse bekannt sein. Diese sind jedoch nur zwei von mehreren tausend Vertretern jener Gruppe.

Im Süßwasser sowie im Salzwasser lassen sie sich häufig in großen Mengen sammeln. Muscheln können je nach Art und Sammelort delikat sein oder scheußlich schmecken. Sie haben wie alle Weichtiere einen unsegmentierten Körper. Ihre klappbare Schale wird durch einen starken Schließmuskel geöffnet beziehungsweise zusammengehalten.

Muscheln ernähren sich hauptsächlich von Phytoplankton. Phytoplankton besteht aus verschiedenen pflanzlichen Bestandteilen, zum Beispiel Kieselalgen. Zur Nahrungsaufnahme, die zeitgleich mit der Atmung erfolgt, wird Wasser durch eine Einströmöffnung an den Kiemen vorbeigepumpt und wieder ausgestoßen. Dabei werden die mikroskopisch kleinen Nahrungsteilchen zum Mund befördert und dort aufgenommen. Der Magen ist durch die hindurchschimmernden Algen als grüner Sack zu erkennen. Die Kiemen sind durchblutete Hautfalten, die paarig in die Mantelhöhle hineinhängen.

Entgegen der allgemeinen Meinung sind manche Muscheln in der Lage, sich aktiv fortzubewegen. Dazu schieben sie den muskulösen Fuß durch den Spalt der geöffneten Schale und fassen auf den Grund. Andere Arten leben regelrecht verwurzelt, indem sie sich mit sogenannten Byssusfäden an Steinen oder Holzstücken anhaften. Wie-

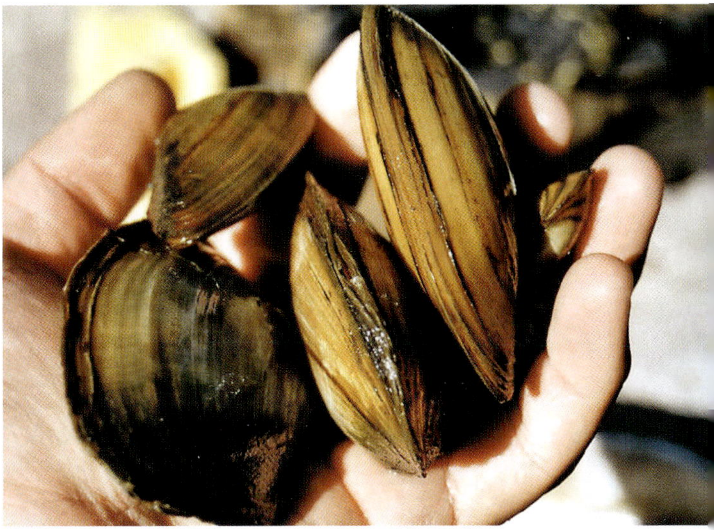

Im Süßwasser lassen sich große Muscheln ebenso sammeln wie im Meer. Die großen Teichmuscheln sind in Mitteleuropa zwar geschützt, vergleichbare Arten lassen sich aber weltweit fangen. Gefangen werden dürfen hierzulande die zwar kleinen, jedoch nicht weniger schmackhaften Dreiecksmuscheln.

der andere verwachsen mit ihrer Kalkschale im Felsen. Es kann also ein Fehler sein, Muscheln über Nacht im freien Wasser zu lagern. Sie könnten am nächsten Morgen verschwunden sein.

Um Muscheln zu sammeln, reicht es häufig schon, die Bodenseite von flachen Steinen zu betrachten. Auch den sandigen Untergrund von Seeufern und den Schlick zwischen feinen Wurzeln von Steilufern gilt es abzusuchen. In Flüssen liegen Muscheln gerne hinter großen Steinen im Kehrwasser, wo sich feiner Sand ansammelt.

Da Muscheln recht einfach zu finden sind, reicht es zumeist, wenn sie für die nächste Mahlzeit gesammelt werden. Wollen Sie für die nächsten Tage vorsorgen, so können Muscheln auch in Wasserbehältern oder kleinen Gräben, die mit Stöcken zum offenen Wasser hin abgesperrt wurden, am Leben gehalten werden.

Getötete Muscheln müssen unmittelbar verzehrt oder verarbeitet werden. Tot aufgefundene Muscheln dürfen unter keinen Umständen gegessen werden. Damit würden Sie eine Lebensmittelvergiftung riskieren, die mitunter tödlich verläuft. Achten Sie deshalb besonders darauf, dass die Muschel lebt, bevor sie zubereitet wird.

HINWEIS:

Muscheln nehmen aus dem Wasser Giftstoffe auf und akkumulieren sie. Schwermetalle sind meist unproblematisch; wirklich gefährlich sind Algengifte.

Eine weitere Gefahr bei Aufnahme von Muschelfleisch liegt in der Muschel selbst. Muscheln filtern aus dem Wasser nicht nur ihre Nahrung, sondern auch im Wasser gelöste Stoffe wie Schwermetalle, die sich im Fleisch anreichern und schnell gesundheitsschädliche Konzentrationen erreichen können. Sollten Sie auf große Mengen von Muscheln angewiesen sein, achten Sie daher auf die Wasserqualität der Entnahmestelle (💧 *K4*).

Noch viel gefährlicher ist jedoch ein anderes Gift. Durch Massenvermehrung verschiedener giftiger Bestandteile im Plankton und die dadurch resultierende Anreicherung

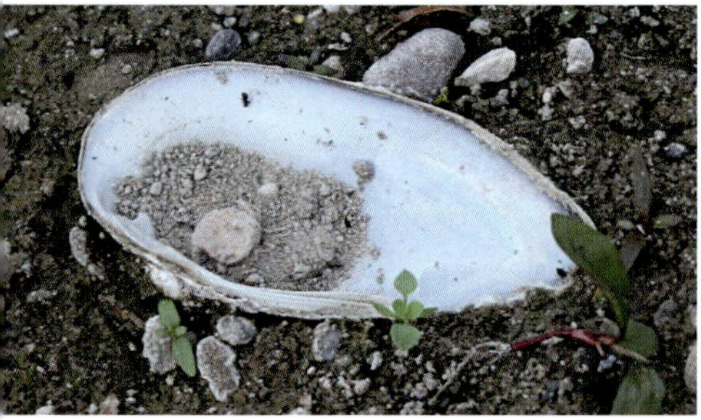

Ein erster Hinweis, dass es sich lohnt, im Wasser nach Muscheln zu suchen, sind ihre Schalen, die Sie an von ihnen bewohnten Gewässern immer finden werden.

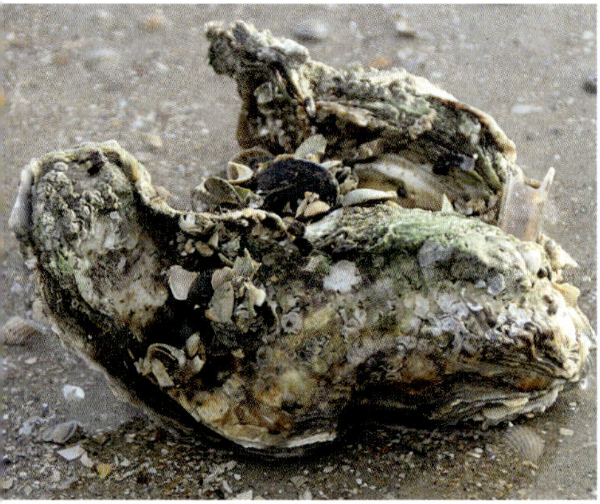

Unscheinbares »Gestein« am Strand: Tatsächlich handelt es sich hierbei um Pazifische Austern, die mittlerweile an fast allen Stränden der Welt angespült werden.

des Giftes im Muschelfleisch, zum Beispiel Saxitoxin, der so genannten »Red Tide«, kann eine Muschel in seltenen Fällen genügend Gift beinhalten, um einen erwachsenen Menschen zu töten.

Aufgrund der wechselnden klimatischen Verhältnisse sind aus Algengift resultierende Muschelvergiftungen immer häufiger geworden. Meiden Sie deshalb Muscheln aus Gewässern mit ausgeprägter Algenblüte (dichte rote oder grüne Schlieren im Wasser) und auf den Genuss von zwischen reichen Algenvorkommen gefundenen Tieren verzichten. Der Muschel selbst sieht man oft keinerlei Schädigung an. Ungewöhnlich viele tot angeschwemmte Fische können ein Zeichen eines solchen Algengiftes sein. Das Gift kann außerdem mit dem →Ciguatera-Test erkannt werden.

Erste Anzeichen eines sogenannten *Mytilismus* sind Übelkeit, Erbrechen und Durchfall. Schwere Vergiftungen führen zum Tod. Wenn Sie vermuten, dass Sie oder jemand anderes sich eine Muschelvergiftung zugezogen hat, muss sich der Betroffene umgehend erbrechen. Führen Sie das Erbrechen notfalls künstlich herbei. Außerdem sollten Sie in diesem Fall viel trinken und Holzkohle, wenn möglich medizinische Aktivkohle, zu sich nehmen. Kohlenstoff ist in der Lage, viele organische Gifte zu binden, weshalb diese Maßnahme zu einer Standardprozedur bei oralen Vergiftungen gehört *(✚ K 12)*, *(💧 K 4, »Blaualgen«)*.

HINWEIS:

Auch wenn Muscheln nur gekocht oder sonstwie erhitzt verzehrt werden sollten, müssen Sie beachten, dass angesammelte Algengifte dadurch nicht zerstört werden. Diese Toxine sind hitzestabil.

Zur Zubereitung werden Muscheln entweder geöffnet, indem der Schließmuskel mit einem durch die Schalenöffnung getriebenen Messer durchtrennt wird, oder sie werden nach einer Überprüfung der Vitalität direkt in kochendes Wasser gegeben, oder in die Glut gelegt.

Um die Vitalität zu prüfen, lässt man Muscheln einen Moment ruhig liegen und klopft dann auf die Schale. Wenn die Muschel zuckt und die Schale fest zusammenzieht, ist sie noch lebendig. Auf den Verzehr von rohen Muscheln sollten Sie verzichten. Zum einen schmecken sie ungekühlt und ohne Zitrone nicht immer gut, zum anderen können Muscheln von Parasiten befallen oder durch Viren- bzw. Bakterienkulturen verseucht sein. Jede zweite aus dem Mittelmeer entnommene Muscheln soll beispielsweise mit Hepatitis-A-Viren durchseucht sein.

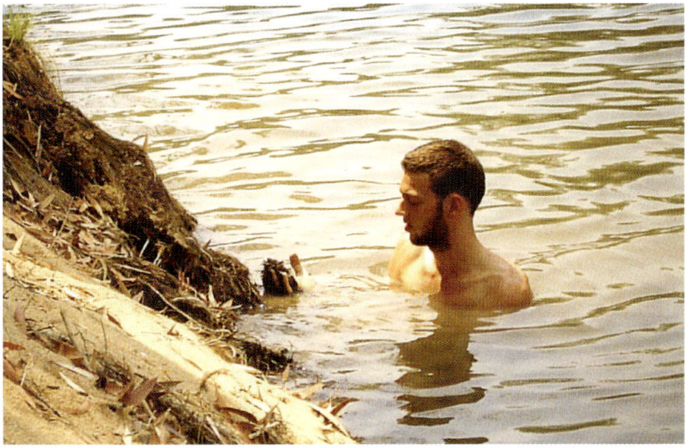

Eine für den Notnahrungssuchenden erfolgversprechende Stelle ist das Steilufer mit Wurzeln des Uferbewuchses. In diesen feinen Netzwerken verstecken sich nicht nur Muscheln und Schnecken, sondern auch Krebse und einige kleine Fischarten.

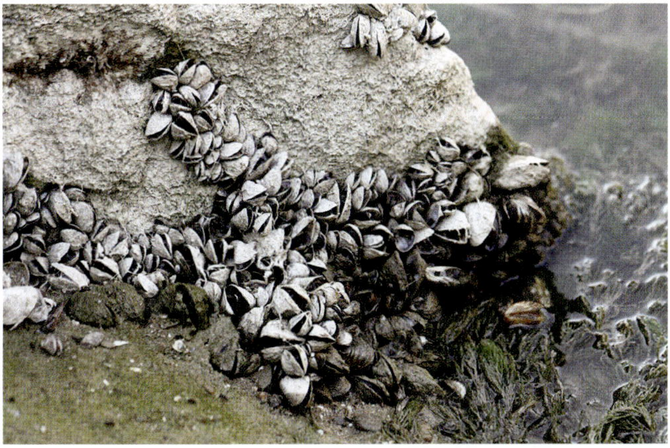

Ungebetener Gast in europäischen Seen: Die Zebra- bzw. Dreikantmuschel hat sich aus dem Schwarzmeerraum fast weltwelt verbreitet und kann auch in Gewässern, die normalerweise keinen Muschelbesatz aufweisen, zuverlässig gefunden werden. Da sie klein sind, verarbeitet man sie am besten zu Suppe.

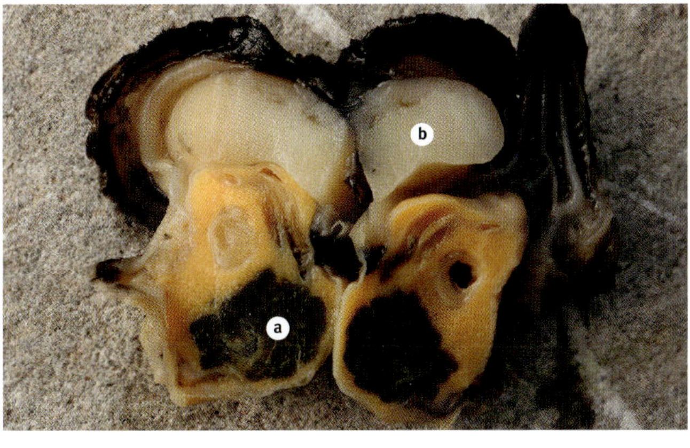

Bei Muscheln, die möglicherweise giftiges Plankton gefiltert haben, den Magen (a) sowie bei vermutet starker Belastung den weichen Bereich um den immer essbaren Schließmuskel (b), die sogenannte Viscera, entfernen.

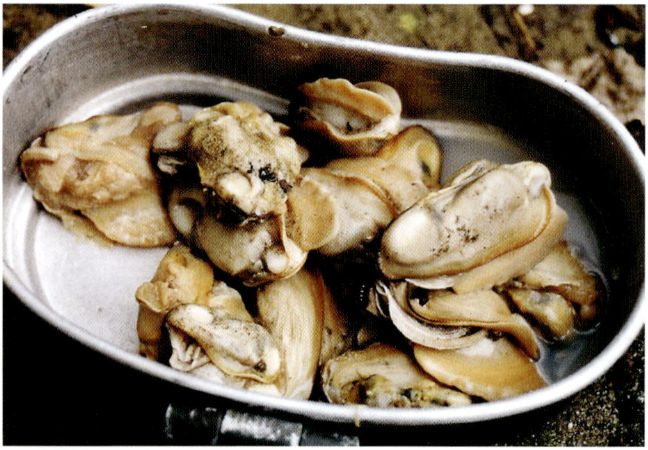

Nachdem sich die Muscheln durch das Kochen geöffnet haben, werden die Schalen entfernt. Das Fleisch wird gewaschen und kann nun gegrillt oder gekocht werden. Trotz ihrer häufig zähen Konsistenz schmecken sie meist hervorragend.

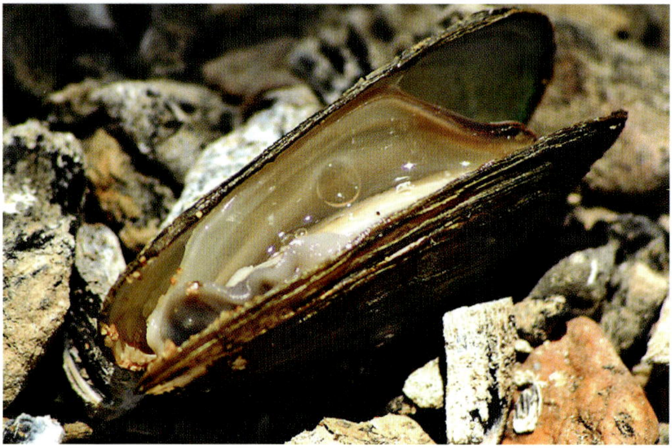

Zu einer besonderen Delikatesse werden Muscheln, wenn sie in der Glut geröstet werden. Hierzu werden diese mit der Öffnung nach oben in die Glut gestellt. Durch die Hitze springen sie nach kurzer Zeit auf und können nach weiteren zehn Minuten in der Hitze verzehrt werden.

Normalerweise kann der Magen samt Inhalt mitgegessen werden. Bei Muscheln, die in stark sandiger oder schlammiger Umgebung leben, sind jedoch Spuren von Bodensedimenten im Magen und am Muskelfleisch vorhanden. In diesem Fall wird die Muschel einige Stunden in sauberem Wasser gehalten, dann gekocht, bis sie sich geöffnet hat. Danach wird die Schale entfernt, der Magen aufgetrennt und ausgewaschen. Nun wird die gereinigte Muschel weiter gekocht. Wird eine Belastung durch Algen vermutet, wird der Magen komplett entfernt.

Da gegarte Muscheln oft eine sehr zähe Konsistenz haben, können Sie versuchen, diese durch langes Sieden weich zu kochen. Oft sind sie jedoch schon nach einer Viertelstunde in kochendem Wasser genießbar.

HINWEIS:

Verwerfen Sie immer Muscheln, die beschädigt sind, keinen Schließreflex haben und sich beim Erhitzen nicht öffnen.

Schnecken

Eine weitere Gruppe der Weichtiere bilden die Schnecken. Es gibt lungenatmende Landlungenschnecken, kiemenatmende Wasserschnecken, lungenatmende Wasserschnecken und so weiter.

Schnecken bestehen im Allgemeinen aus einem mit bis zu zwei Paar Fühlern besetzten Kopf, einem muskulösen Fuß und einem Eingeweidesack, der sich bei Gehäuseschnecken in einem spiralförmig gewundenen Kalkgehäuse und bei Nacktschnecken in einer von Muskeln umschlossenen Körperhöhle befindet.

Manchmal kommen Schnecken örtlich konzentriert und in riesigen Mengen vor. Das macht sie für uns außerordentlich interessant.

In Nordspanien konnte ich zum Beispiel durch eine unglaubliche Population von Bänderschnecken an Anisstauden innerhalb von einer halben Stunde mehrere Kilogramm Schnecken sammeln. Gut zu wissen ist sicherlich auch, dass Schneckenfleisch im Vergleich zu Rindfleisch etwa fünf Mal so viel Eiweiß beinhaltet, also ein geeigneter Proteinlieferant ist.

Wasserschnecken

Während Gehäuseschnecken, speziell Weinbergschnecken, als Delikatesse gefragt sind, bleiben Weg- sowie Wasserschnecken zumeist ungenutzt. Einige von ihnen ernähren sich von Pflanzen, andere fressen bevorzugt Aas oder jagen aktiv.

Beim Fang von Schnecken begibt man sich nur selten in Gefahr. Einer dieser seltenen Fälle ist das Suchen von Wasserschnecken im tropischen Meer. Zwar leben die meisten Wasserschnecken von Algen, sogenannte Kegelschnecken jagen jedoch aktiv. Kegelschnecken besitzen einen zu einer Giftharpune umgebildeten Zahn, mit dem sie kleinere Lebewesen, aber auch größere Fische fangen können. Die Harpune wird durch eine Giftdrüse mit einem starken Neurotoxin versorgt. Einige tropische Arten sind für den Menschen tödlich. Gegen ihr Gift gibt es derzeit kein Antiserum.

Nachdem ich in Vietnam mit Schneckensammlern gesprochen habe, die sich auf diese tödliche Delikatesse spezialisiert haben, möchte ich eine früher ausgesprochene Warnung relativieren. Es soll wohl sehr

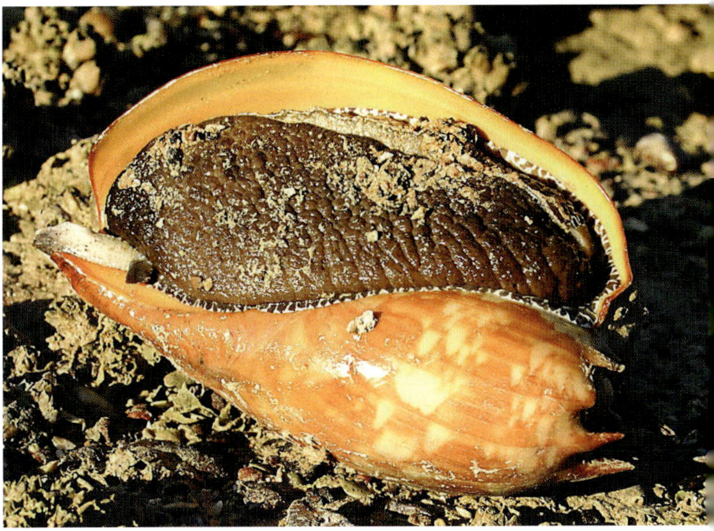

Tödlich giftig und dennoch relativ friedlich. Eine solche Schnecke wiegt etwa eineinhalb Kilogramm und besitzt große Mengen essbarer Muskelmasse. Das hochpotente Gift wird durch das Abkochen deaktiviert. Kegelschnecken finden Sie in allen Meeren; europäische Arten sind allerdings deutlich kleiner.

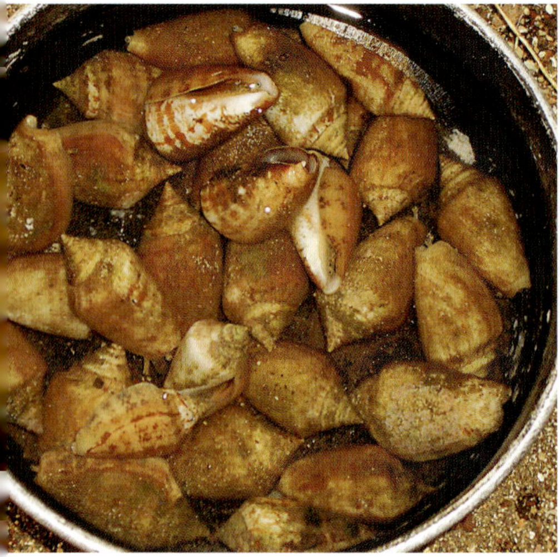

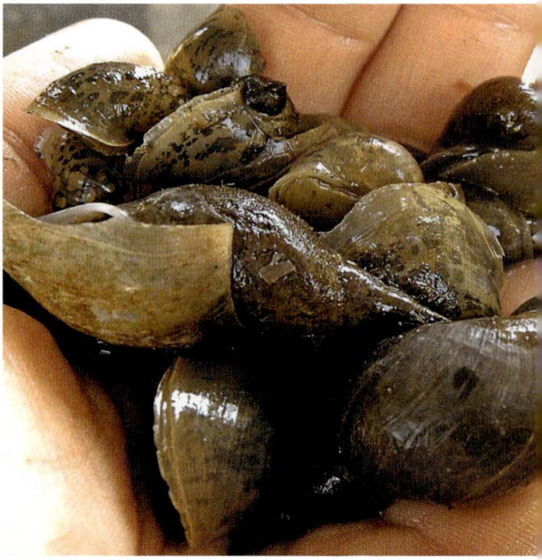

Links: **Essbare Kegelschnecken aus dem Mittelmeer. Zwischen Posidoniawurzeln vergraben sich die nachtaktiven Tiere, wo sie in riesigen Mengen gefangen werden können. Diese kleinen Arten verhalten sich deutlich agiler als ihre großen Verwandten.** ***Rechts:*** **Schlammschnecken sind bedeutende Zwischenwirte für Saugwürmer wie Leberegel. Aus diesem Grund dürfen sie nur gegart verzehrt werden. Man findet sie häufig an Wasserpflanzen oder unter Gegenständen oder Steinen im Gewässer.**

selten zu Unfällen mit diesen Tieren kommen. Sie sollten aber trotzdem das gefangene Tier nur so kurz wie möglich berühren und ohne langwierige Manipulation in der Glut oder im heißem Wasser töten.

HINWEIS:

Es sind etwa 30 Todesfälle durch Kegelschnecken bekannt. Vergleicht man die Anzahl gesammelter oder von Touristen gestreichelter Tiere, ist das wenig.

Einen »sicheren« Griff gibt es an der Schneckenschale nicht, da der Giftpfeil jede Gehäusestelle erreichen kann. Wer aber schon einmal so einen großen Batzen Fleisch gefunden hat, wird wohl eher nicht die Finger davon lassen können. Besonders wenn er wie ich auf den Geschmack von gerösteter »Killerschnecke« gekommen ist. Das Fleisch ist süßlich und erinnert an Oktopus. Nach der Zubereitung muss manchmal eine hornige Kralle vom Fuß entfernt werden. Das Gift der Harpune ist nach dem Erhitzen übrigens inaktiv.

In Seegraswiesen mediterraner Meere können Sie mit etwas Glück einige hundert Kegelschnecken in der Stunde sammeln.

Meeresschnecken, die kein Gehäuse haben, sollten Sie jedoch nicht berühren. Manche können die menschliche Haut reizen. Also lassen wir sie in Frieden.

Kleinere Wasserschnecken mit spiraligen Gehäuse sind zumeist essbar. Leider ist der Magen häufig mit Sand gefüllt. Zur Zubereitung werden sie gesammelt und in stark kochendes Wasser geworfen. Nach kurzer Zeit löst sich die Schnecke aus dem Gehäuse. Sofern vorhanden, wird die Deckelplatte vom Fuß entfernt.

Der Schneckenfuß, das ist der Teil, der sich bei der lebenden Schnecke aus dem Gehäuse schiebt, wird von den Organen entfernt und in der Mitte aufgetrennt. Hier liegen oft Kalkplatten und andere feste Bestandteile. Wasserschnecken schmecken zuweilen nicht

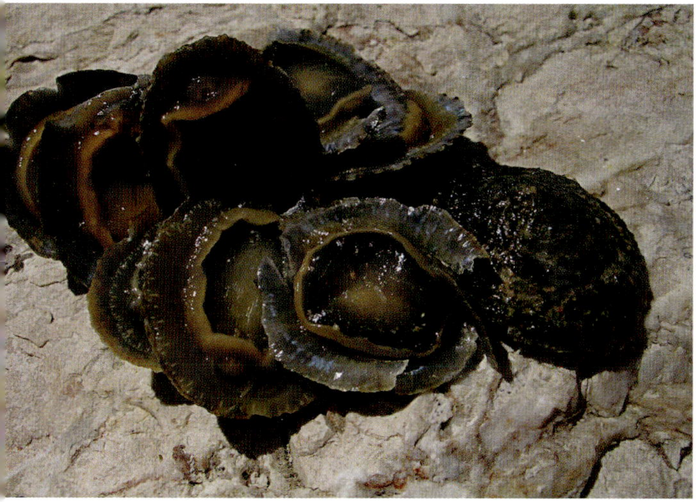

Napfschnecken sind die zwei bis fünf Zentimeter durchmessenden scheibenförmigen und flachen Tiere im sogenannten Litoral, den Felsen in der Brandung. Kleiner und höher sowie mit einer schlitzförmigen Öffnung an der Spitze sind Seepocken, die zu den Krebsen gehören. Napfschnecken gehören zu den wenigen Schnecken, die auch roh verzehrt werden können, eine Hepatitis-A-Impfung vorausgesetzt. Gegrillt schmecken sie besser.

besonders gut, aber sie erfüllen ihren Zweck als Nährstofflieferanten. Dazu eignen sich sowohl Süßwasser- als auch Salzwasserschnecken ähnlich gut. Häufig lassen sich große Mengen von Meeresschnecken durch das Auslegen von verwesendem Fisch anlocken.

Hilfreich kann es auch sein, unter Steinen und in Felsspalten zu suchen. Süßwasserschnecken sammeln Sie entweder im flachen Wasser, unter Gegenständen und an Wasserpflanzen oder in Bodensedimenten von kleinen Tümpeln.

Napfschnecken sind eine Besonderheit unter den Wasserschnecken. Sie besitzen ein stumpfes Gehäuse, das keine Gänge aufweist und eher an eine Muschelschale erinnert. Napfschnecken sind Schnecken, die sich mit Hilfe eines Saugfußes auch in der Brandung an Felsen festsetzen können. Sie können einen Gehäusedurchmesser von bis zu vier Zentimeter haben. Ohne Werkzeug ist es nicht einfach, die Schnecke vom Felsen zu lösen. Durch das Vakuum, das sie erzeugt, sitzt sie fest am Stein, ohne einen Angriffspunkt zum Ablösen zu bieten. Besitzen Sie ein Messer, so können Sie Napfschnecken vorsichtig vom Felsen abhebeln.

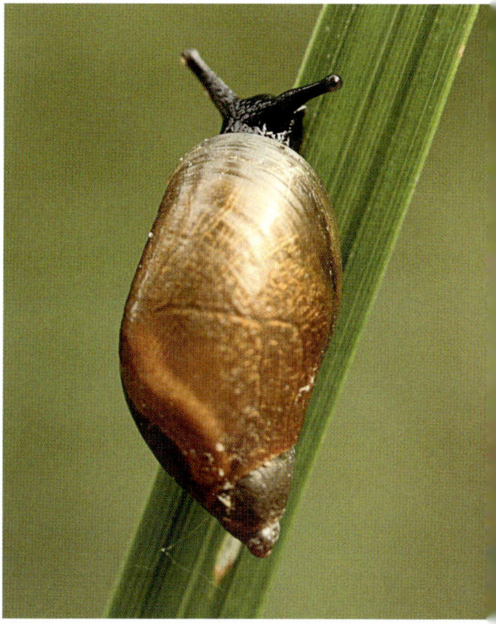

Der Übergang zwischen Wasser- und Landschnecke ist für den Sammler oft unklar: Achatschnecken leben auf Pflanzen direkt am, teilweise knapp unter Wasser. Wie bei allen Schnecken gilt, dass auch solche an Land lebenden sicher zubereitet werden müssen.

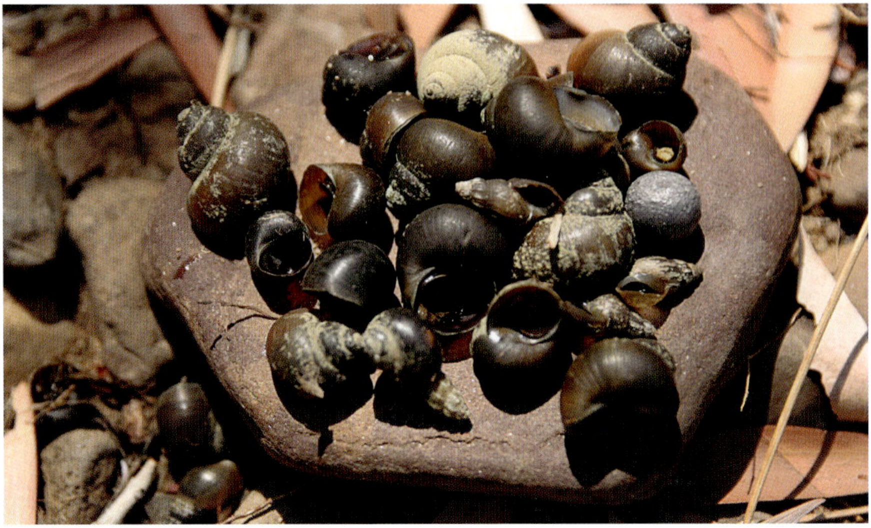

Viele Wasserschnecken können die kreisrunde Öffnung des Gehäuses mit einer Scheibe verschließen. Um die Schnecke nach dem Garen au dem Gehäuse zu ziehen, wird mit einem Dorn seitlich am Deckel vorbeigedrückt.

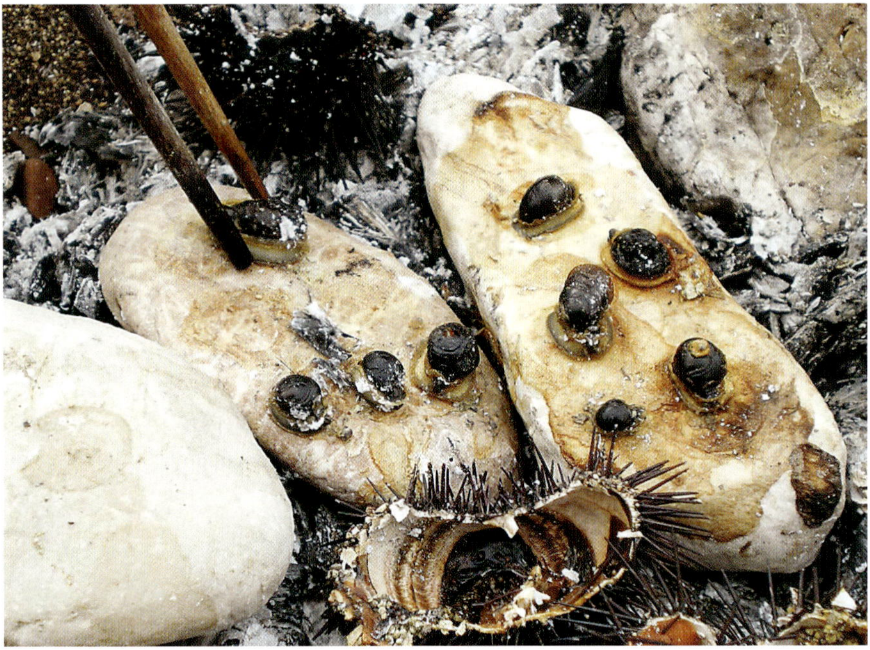

Am Meer können die frisch gefangenen Napfschnecken gemeinsam mit gesammelten Meeresfrüchten zubereitet werden. Sie versorgen uns mit Eiweiß und durch ihren mit Algen gefüllten Magen auch mit Vitaminen.

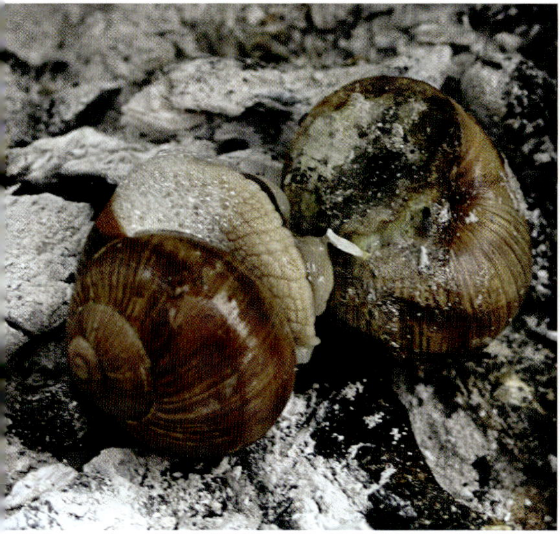

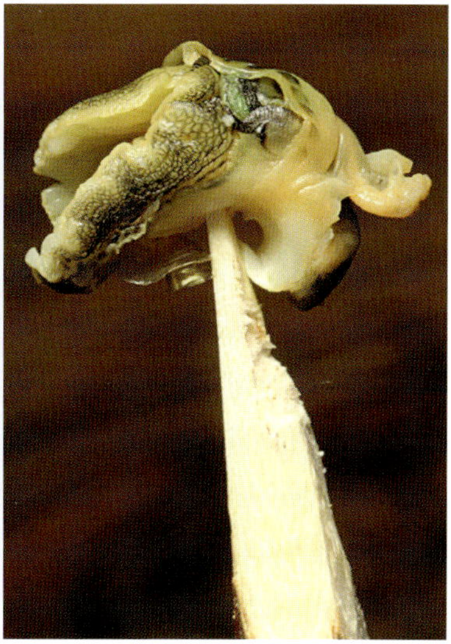

Links: **Haben Sie keine andere Möglichkeit, werden Schnecken mit der Öffnung nach oben in die Glut gelegt.**
Rechts: **Verzehrt wird nicht nur der muskulöse Fuß, sondern auch die spiralige, etwas tranige Mitteldarmdrüse.**

Dazu schieben Sie die Messerspitze unter den Rand und drehen sie, um Luft unter den Fuß zu bringen.

Vielleicht ist Ihnen Ihr Messer auch zu schade, um damit am Stein herumzukratzen, stellt es doch in einer Notfallsituation einen großen Wert dar. In diesem Fall gibt es noch die Möglichkeit, die Gehäusespitze mit einem Stein einzuschlagen. Dabei wird der Muskelansatz gelöst. Die Schnecke kann nun kein Vakuum mehr aufbauen und fällt ab. Leider wird bei dieser Methode das Kalkgehäuse beschädigt. Die am Fuß angewachsenen Schalenteilchen lassen sich nun nicht mehr entfernen und stören beim Kauen.

Die Zubereitung von Napfschnecken ist besonders trickreich. Die noch lebenden Schnecken werden auf einen flachen Stein gesetzt. Nachdem sie sich festgesaugt haben, wird der Stein in der Glut platziert. Nach etwa zehnminütigem Rösten lässt sich das Gehäuse einfach abnehmen. Das Fleisch verbleibt am Stein. So zubereitete Napfschnecken sind vitaminreich und überaus köstlich. Ihr Geschmack nimmt es problemlos mit gegrillten Austern aus dem Restaurant auf.

HINWEIS:

Um gesammelte Wasserschnecken für längere Zeit zu hältern, müssen sie in einem gut verschlossenen Gewebestück unter Wasser gelagert werden.

Landlungenschnecken

Als Landlungenschnecken bezeichnen wir lungenatmende Schnecken, die hauptsächlich an Land leben. Bekanntester Vertreter dieser Gehäuseschnecken ist die Weinbergschnecke. Landlebende Schnecken besitzen eine besonders schleimige Haut. Sie ernähren sich hauptsächlich von Grünpflanzen, jedoch auch von Aas und Kot.

Um sich vor Fressfeinden zu schützen, ziehen sich Gehäuseschnecken bei Gefahr in ihr Schneckenhaus zurück. Darin sind sie relativ sicher. Nur größere Vögel und Insektenfresser sind in der Lage, diese Schale zu knacken, um das Fleisch zu erreichen. Die so geschützten Tiere haben keinen Grund, sich mit Gift zu verteidigen und sind deshalb generell essbar.

Gehäuseschnecken werden vom Menschen schon seit Jahrtausenden als Nahrungsmittel verwendet. Sie lassen sich einfach sammeln, da sie nicht, oder nur sehr langsam, fliehen können. Die Zubereitung ist denkbar einfach. Schnecken werden als Notnahrung einfach in kochendes Wasser geworfen. Nach kurzer Zeit trennen sie sich von ihrem Gehäuse. Dabei spielt auch verdampfendes Wasser im Gehäuse eine Rolle, dessen Druck die Schnecke herausdrückt. Haben sich Gehäuse und Fleisch getrennt, entfernt man die spiralig gewundenen Gedärme und gibt lediglich Kopf und Fuß in das Kochwasser zurück. Es reicht, wenn das Fleisch nun noch einige Minuten in siedendem Wasser gart. Gehäuseschnecken lassen sich auch gut am Feuer grillen. Dazu wird das Gehäuse mit der Öffnung nach oben in die Asche mittlerer Hitze gelegt. Bei dieser Methode wird das Fleisch zwar sehr zäh, es nimmt jedoch ein rauchiges und wohlschmeckendes Aroma an.

Die Schneckenabfälle sollten Sie nicht einfach wegwerfen. Die Gehäuse können als Transportgefäß für Öl und Fett oder ähnliche zähe Flüssigkeiten verwendet werden. Je nach Größe lassen sie sich auch als winziger Topfersatz zum Kochen von Wasser oder Insekten benutzen.

HINWEIS:

Geröstetes Fleisch von Schnecken – wenn Sie diese nicht essen mögen, auch die Verdauungsorgane – gehört zu den effektivsten Ködern für Fallen.

Die Gedärme bestehen hauptsächlich aus Geschlechtsorganen, Darm und Mitteldarmdrüse. Sie können bei Bedarf verzehrt werden. Sie schmecken zwar tranig, enthalten jedoch große Mengen Energie. Eine mögliche Weiterverwendung entdeckte ich durch Zufall, als ich während eines meiner ersten Trainings im Wald einige Weinbergschnecken röstete. Nachdem ich das Fleisch gegessen hatte und die Gedärme auf einem flachen Stein weiterbrutzeln ließ, unschlüssig was damit anzustellen sei, beobachtete ich etwas Unvermutetes. Unmittelbar neben dem Feuer erschien eine Maus, das Näschen schnuppernd in die Luft gehoben. Sie war vom Duft des gebratenen Fleisches angelockt worden. Kurze Zeit später erschien ein weiteres, größeres Tier: ein Fuchs. Der Geruch von geröstetem Schneckenfleisch scheint für manche Tierarten besonders ansprechend zu sein. So zeigten spätere Versuche, dass gebratenes Schneckenfleisch ausgezeichnet zum Beködern von Fallen ist.

Wegschnecken

Die Vertreter der Wegschnecken sind im allgemeinen Sprachgebrauch auch als Nacktschnecken bekannt. Wie der Name schon zum Ausdruck bringt, sind Nacktschnecken nicht mit einem schützenden Gehäuse oder einer Kalkschale ausgestattet. Das macht diese Weichtiere eigentlich zur einfachen Beute.

Der natürliche Druck der Selektion des Überlebenskampfes gibt uns jedoch den Hinweis, dass sich Wegschnecken in irgendeiner anderen Form schützen können, sind sie im immer währenden Kampf der tüchtigeren Art doch nicht ausgestorben.

Alle Arten versuchen, mit ihren mehr oder weniger effektiven Schutzmechanismen, wie Panzer und Gifte, Fressfeinde auf Abstand zu halten. Tiere, die gute physische Abwehr- oder Schutzmechanismen besitzen, investieren jedoch nur ungern weitere Energie in chemische Verteidigungsmittel. Aus diesem Grund begegnen wir der Wegschnecke als Nahrung mit einem gesunden Maß an Skepsis. Denn außer manchen Insektenfressern und Vogelarten interessieren sich keine weiteren Tiere für die langsamen und anscheinend schutzlosen Schnecken. Mechanische Abwehr scheidet bei den fast vollständig weichen Körpern aus. Auch ist zu vermuten, dass

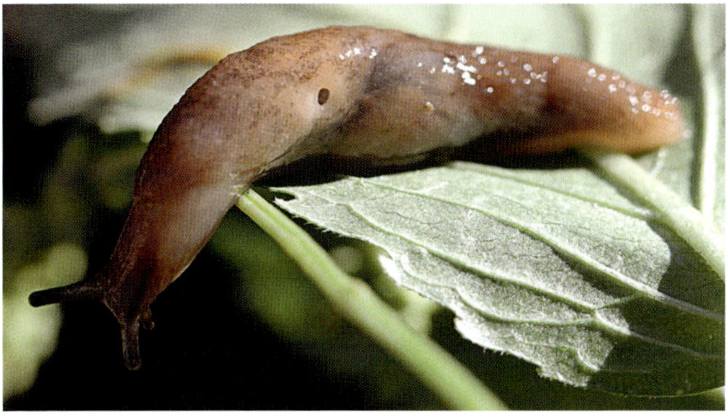

Manche Wegschnecken können, vom Verdauungssystem befreit, verzehrt werden. Da viele von ihnen Schreckstoffe im Schleim haben und sich oft von Giftpilzen, Giftpflanzen, Kot und Aas ernähren, sollte man sie trotzdem lieber meiden.

eine fliehende Schnecke wenig erfolgreich sein wird.

Die Abwehr liegt bei vielen Wegschneckenarten in der Schleimhaut versteckt. Nacktschnecken bilden einen Bitterstoff, der zumindest die Haut für uns ungenießbar macht.

Manche Überlebenstechniker mögen argumentieren, dass in Notzeiten Wegschnecken gehäutet gegessen werden können. Wo jedoch Wegschnecken auffindbar sind, lassen sich sehr häufig andere Arten tierischer Notnahrung finden. Auch der Mageninhalt dieser Tiere ist nicht immer ungefährlich, sie sind Allesfresser, die auch Giftpilze und Giftpflanzenteile nicht verschmähen. Außerdem ist es nicht einfach, Muskelfleisch von Organen zu trennen.

Der experimentierfreudige Leser versuche gerne einmal das Häuten und Ausweiden einer Wegschnecke ohne Werkzeug. Er wird nicht nur beim Bearbeiten des Tieres durch permanentes Entgleiten scheitern, sondern auch bei dem Versuch, sich später die Hände zu reinigen.

Wegschnecken stellen für uns als Notnahrung keinen großen Wert dar. Selbst als Köder zum Angeln eignen sie sich nicht. Allzu oft habe ich dies versucht, wenn ich die Köder zu Hause liegen gelassen hatte. Selbst wenn sich Fische dafür interessieren, werden sie die Schnecke nach einer sporadischen Aufnahme wieder ausspucken und sich abwenden. Manche Angler schwören trotzdem auf Wegschnecken als Angelköder.

Beachten Sie auch, dass außerhalb der mitteleuropäischen Gefilde gesammelte Nacktschnecken nicht nur ungenießbar, sondern auch giftig sein könnten.

HINWEIS:

Für alle Schneckenarten gilt, dass sie nicht ungekocht genossen werden dürfen.

Schnecken spielen oft eine Rolle als Zwischenwirte für gefährliche Parasiten. Sie können durch Aufnahme von kontaminierten Pflanzen, Ausscheidungen oder Aas die Eier und Larven von Endoparasiten enthalten. Also Parasiten wie Leberegel, Bandwurm und Lungenwurm, die im Körperinneren eines Wirtes leben.

Aus diesem Grund müssen alle Schneckenarten (besonders Wasserschnecken) mehrere Minuten gegart werden.

Kopffüßer

Es gibt mit Sicherheit nur wenige essbare Tiere, die uns so fremdartig und seltsam erscheinen, wie die aus der Klasse der ausschließlich im Wasser lebenden Kopffüßer. Sie lassen sich in nahezu allen Meeren fin-

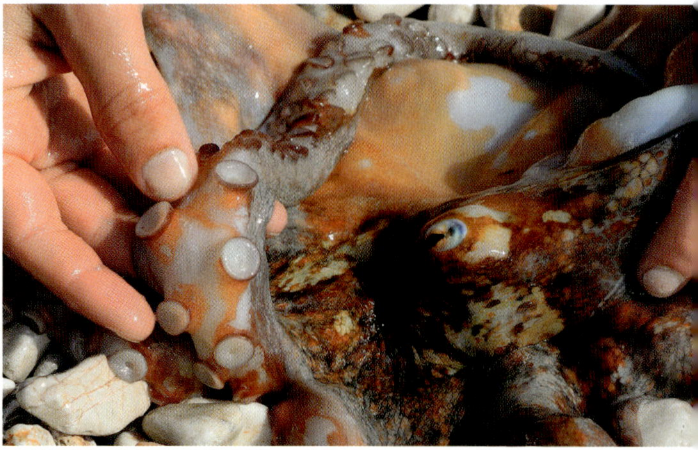

Vor allem große Kopffüßer (abgebildet ein Schirmkrake mit etwa 1,5 Kilogramm Gewicht) können sich mit den hunderten großen Saugnäpfen und einer massiven Armmuskulatur am Fänger so festsetzen, dass dass man sie im Wasser kaum noch abbekommt. In diesem Fall hilft die Flucht an Land oder das unmittelbare Töten des Tiers. Vom Fang großer Tiere bleiben oft deutlich sichtbare »Knutschflecken« am Fänger.

den. Die für uns hauptsächlich interessanten Arten sind Kraken und Tintenfischartige.

Die Tintenfischartigen gliedern sich weiter auf, für uns ist jedoch nur die Differenzierung zwischen **Kalmar** und **Tintenfisch** wichtig. Während beide zehn Fangarme am unteren Körperende, einen schlauchförmigen Hinterleib mit hautartigen Flossen, auch Tube genannt, besitzen und bevorzugt im →Freiwasser oder in den Tiefen der See leben, ist das Skelett der beiden Tiere verschieden.

Bei Tintenfischen ist das stützende Element innerhalb des Körpers der sogenannte Schulp, der im Ziervogelhandel auch als Sepiaschale bekannt ist. Kalmare besitzen hingegen dünne Hornplättchen, Gladius genannt.

Tintenfischartige haben acht relativ kurze Arme und zwei längere Fangtentakel. Im Gegensatz zu dieser Gruppe besitzen krakenartige Kopffüßer acht Arme und haben in der Regel kein Stützelement. Die Fangarme sind mit starken Saugnäpfen bestückt, mit welchen gefangene Beute festgehalten wird. Diese wird mit einem papageienschnabelartigen Mundwerkzeug zerkleinert.

Größere Exemplare könnten sich mit diesem Mund zwar verteidigen, doch habe ich, selbst nach mehreren hundert mit der Hand gefangenen Kraken, noch keine ernsthafte Verletzung erfahren müssen. Lediglich einmal biss mir ein kleiner Sepia in den Daumen. Auch die Saugnäpfe stellen bei kleinen Arten kein Problem dar. Es kann höchstens sein, dass kurzweilig eine Marmorierung von kleinen Blutergüssen auf der Haut erscheint.

Etwas anders ist die Sachlage bei einigen tropischen Krakenarten. Vor allem der blaugeringelte Krake in den Küstengewässern Südostasiens und Australiens ist aufgrund seines Giftes berüchtigt. Der mit blauen Signalfarben gekennzeichnete Krake kann den Menschen beißen, wenn er gereizt wird. Dabei wird ein starkes Neurotoxin abgesondert, an welchem jedes Jahr mehrere Menschen sterben.

Tintenfische und Kraken können in unvorstellbaren Größen vorkommen. So können Riesenkalmare weit über 15 Meter lang werden und Riesenkraken mehrere Meter Spannweite haben. Mit Tieren dieser Größenordnung lege sich der überlebenswillige Jäger besser nicht an, er wird jedoch auch kaum die Möglichkeit dazu haben, da diese Tiere selten sind und meist in der Tiefsee leben. Außerdem ist das Fleisch solcher Riesenexemplare ungenießbar, da

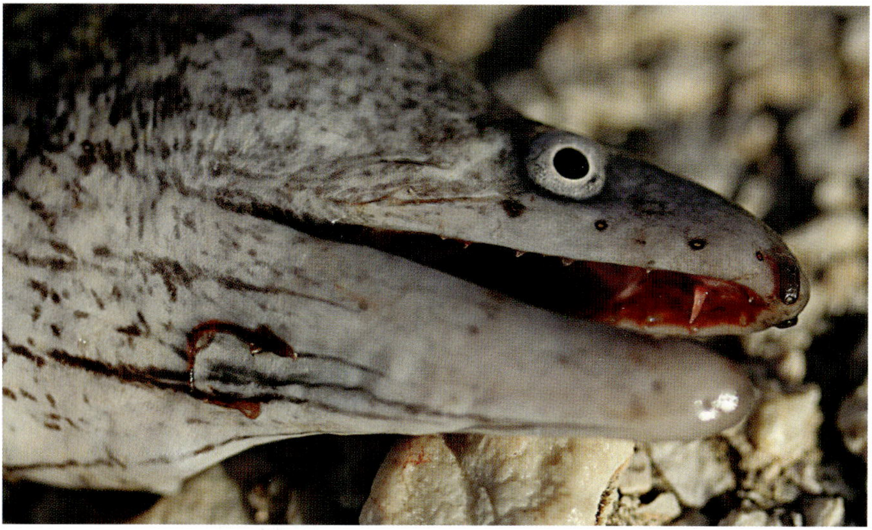

Keine Höhle im Meer bleibt unbewohnt. Da sich viele Tiere in Nischen und Spalten zurückziehen, um zur Jagd auf der Lauer zu liegen oder um sich vor Räubern zu schützen, sollten Sie niemals mit den Händen solche Höhlen untersuchen. Selbst wenn Sie Neoprenhandschuhe tragen, kann Ihnen eine versteckte Muräne den Finger abbeißen.

Ammoniumchlorid darin eingelagert wird. Tiere mit bis zu einem Meter Körperlänge sind gut als Nahrung geeignet.

Kopffüßer werden sehr rasch groß, da kein Skelett mitwachsen muss. Oft haben sie schon nach wenigen Jahren die Erwachsenengröße erreicht. Sie leben am Boden, in Felsenhöhlen, im Freiwasser oder in der Tiefsee. Für uns sind selbstverständlich nur Arten interessant, die ohne großen Aufwand gefangen werden können. Das sind hauptsächlich Kraken, die in Strandnähe leben, oder verirrte Tintenfischartige. Da sich Kraken mit ihrer Hautfarbe und -struktur dem Untergrund anpassen können, ist es oft nicht einfach, sie zu entdecken. Die Fangart ist von der Ihnen zur Verfügung stehenden Ausrüstung abhängig.

Wenn Sie mit einer Taucherbrille ausgerüstet sind oder unter Wasser die Augen geöffnet lassen können, werden Sie zumeist keine größeren Probleme haben, Oktopusse, wie Kraken auch genannt werden, zu fangen. Kleinere Exemplare verstecken sich sehr häufig unter Felsplatten, in Riffspalten, oder in den Löchern der ausgewaschenen Küstenfelsen.

HINWEIS:

Ein am Boden sitzender Oktopus, der seine Höhle verlassen hat, breitet sich in aller Regel kreisrund aus, wobei die Tentakelspitzen unter seinem schirmartig abgeflachten Körper verborgen bleiben.

An dieser Stelle sei davor gewarnt, die Höhlen und Felsspalten blind tastend und ohne Handschutz zu untersuchen. Sie könnten sich an scharfen Korallen und Felsen die Hand verletzen oder in die Stacheln eines Seeigels fassen. Wenn Sie weniger Glück haben, werden Sie von einer Muräne oder einem anderen Tier gebissen, oder Sie stechen sich an den Giftstrahlen eines Fisches.

Der Biss kann eine gefährliche Infektion hervorrufen, das Gift wird Sie gegebenenfalls töten.

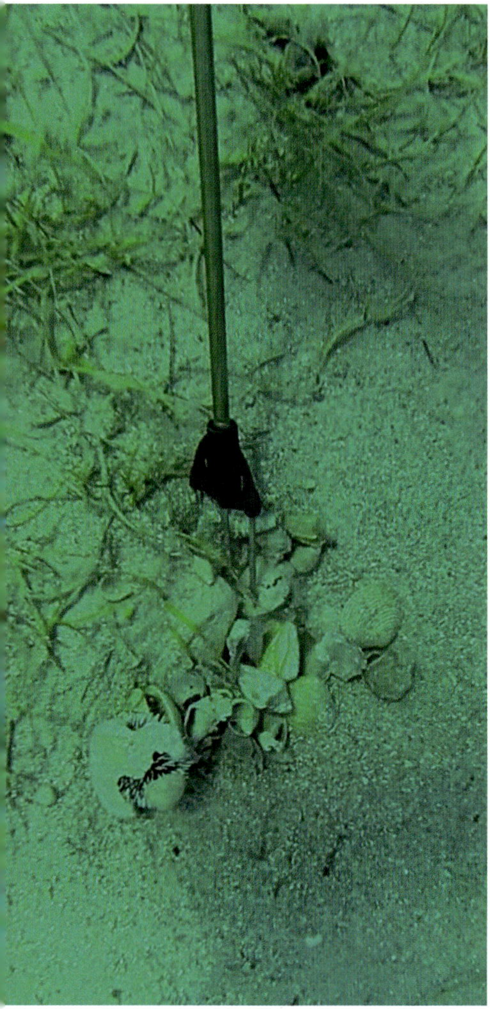

Für den ungeübten Oktopodenjäger fast nicht zu erkennen: Links neben der hellen Kegelschnecke ist ein Stück Tentakel zu sehen. Der »ordentliche« Schutthaufen im Sandboden ist allerdings ein sicheres Merkmal für eine Krakenhöhle. Nähern Sie sich der Struktur und beobachten das Zentrum des Haufens, sehen Sie, wie sich ein vermeintlicher Stein langsam glättet und fast unmerklich zurück in das Innere zieht. Hier verweilt das Tier wenige Momente. Greifen Sie nun nicht zu, kann es sein, dass der Oktopus sich unter eine speziell dazu angeordneten Steinplatte im Sand zurückzieht. Nebenbefund: Gut getarnter, essbarer violetter Seeigel.

Beobachten Sie beim Vorbeischwimmen die Felshöhlen genau. Falls sich ein Oktopus in einem dieser Löcher befindet, wird er Sie zunächst unauffällig beobachten und sich langsam in das Innere seiner Höhle zurückziehen, sobald Sie sich nähern. Es braucht ein wenig Übung, um die Tiere trotz ihrer guten Tarnung schnell zu erkennen.

Diese Weichtiere sind nämlich nicht nur Meister der Täuschung, sondern sie können sich auch durch die engsten Spalten zwängen. Zudem besitzen sie die höchste Lernfähigkeit unter allen wirbellosen Tieren.

HINWEIS:

Kopffüßer sind für Weichtiere hochintelligent und können Schmerz, wie wir ihn kennen, empfinden. Auch wenn Sie beim Fang Berührungsangst haben sollten, ist es eine Selbstverständlichkeit, das verletzte Tier schnell zu erlösen.

Haben Sie einen entdeckt, können Sie entweder versuchen, ihn mit einer Hand aus der Höhle zu zerren, oder mit einem →Harpunenspeer zu fangen.

Wie bei allen Tieren ist die oberste Regel, dem Gefangenen oder Verletzten so wenig Schmerzen wie möglich zuzufügen und die Leidenszeit so kurz wie nur möglich zu halten. Töten Sie deshalb bitte umgehend alle Tiere, die Sie verletzt haben, zumal Kopffüßer sehr schmerzempfindsam sind.

Eine weitere Suchmöglichkeit besteht im Umdrehen von Steinplatten. Unter Wasser kann ein Mensch eine viel höhere Last anheben als an Land. Es sollte kein Problem darstellen, Platten von einem Meter Durchmesser zu drehen. Ist ein Oktopus darunter, wird er versuchen sich in das Freiwasser oder unter andere Steine zu flüchten.

Im ersten Moment wird er jedoch desorientiert durch das Wasser wirbeln und möglicherweise etwas Tinte versprühen. Im Gegensatz zu großen Tintenfischen kann er

Töten eines Oktopus im Wasser

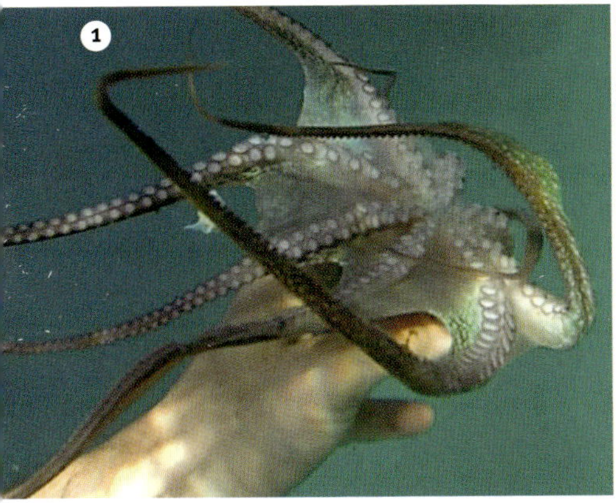

Den Oktopus am Eingeweidesack greifen. Er wird versuchen sich mit seinen Armen zu drehen und den Mund in Richtung der Hand zu bringen.

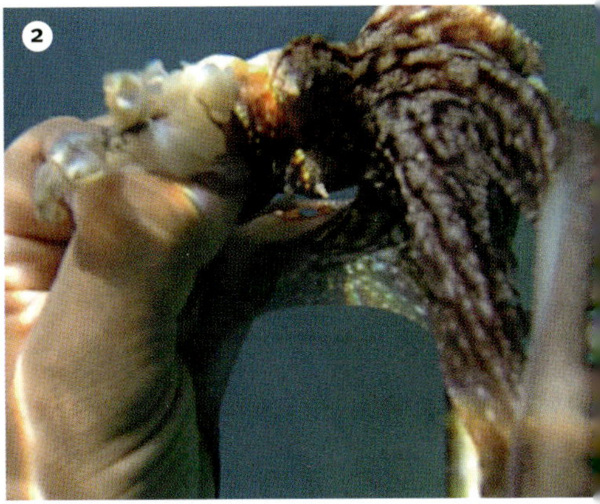

Mit zwei Fingern am Siphon vorbei in den Eingeweidesack greifen und unter kräftigem Zug wenden. Bei kleineren Tieren reißt gegebenenfalls der Sack ab.

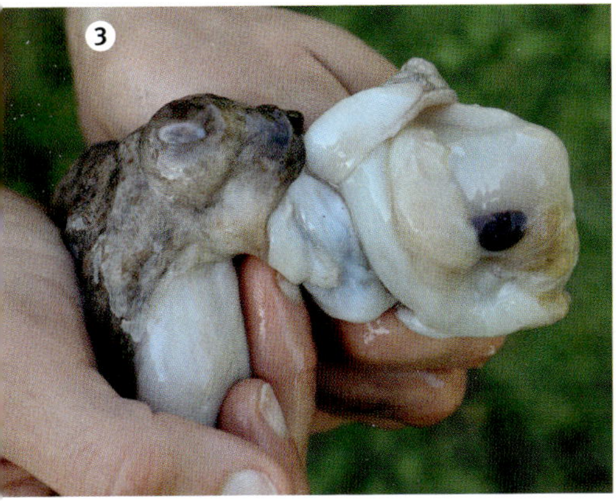

Alle Organe wie Magen mit Speichel- bzw. Giftdrüse, Tintenbeutel, Kiemen und Herzen vom gewendeten Eingeweidesack reißen. Der Oktopus stirbt nun – bewegt sich aber noch einige Zeit.

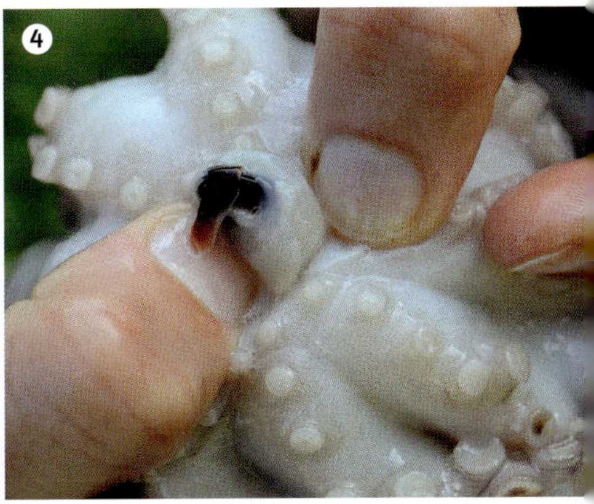

Bei größeren Tieren wird unmittelbar der Hornschnabel entfernt. Zwar beißen sie selten – dann aber schmerzhaft. Mit den Fingernägeln im Armzentrum seitlich des Gebisses drücken, bis der Kauapparat hinausspringt.

sich damit jedoch nicht wirklich überzeugend einnebeln. In diesem Moment muss das Tier ergriffen werden. Wenige Sekunden später würde es sich besinnen und wie ein Geschoss in der Tiefe verschwinden.

Haben Sie ein größeres Tier gefangen, so bleibt Ihnen nur eine Möglichkeit, den Fang zu sichern. Halten Sie es mit aller Kraft am Körper fest und schwimmen Sie so schnell wie möglich an Land.

Die große Kraft, mit der sich der Krake zu befreien versucht, wird den Fänger selbst nicht gefährden, den Fangerfolg jedoch sehr wohl. Früher oder später wird sich das Tier befreien können, egal wie fest Ihr Griff sitzt.

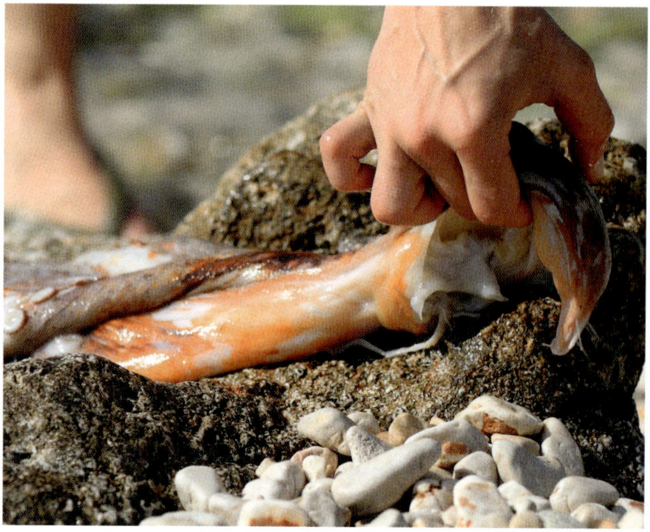

Der im Wasser getötete Oktopus ist beim Erreichen des Ufers praktisch schon küchenfertig. Vor dem Kochen muss er nur noch kräftig auf einem befeuchteten Uferfelsen geklopft und gewalkt werden. Er sollte innerhalb einiger Stunden zubereitet werden.

Um größere Exemplare zu fangen, eignet sich besonders das Absuchen von Wohnstätten, die sich die Tiere häufig selbst bauen. Kraken zeigen großen Einfallsreichtum, wenn es um den Bau eigener Höhlen geht. Manchmal werden offene Fässer, Flaschen und sogar Schuhe zu Wohnungen umfunktioniert. Einmal fand ich einen, der sich den oberen Teil einer halbierten Plastikflasche wie einen Partyhut aufgesetzt hatte. Soviel Kreativität verdient Respekt – ich beließ ihn in seiner Behausung.

Meistens suchen Kraken sich am Hang in fünf bis 20 Metern Tiefe eine Steinplatte, die von Sand überdeckt ist. Unter dieser Platte wird eine kleine Kuhle ausgegraben und mit viel Geschick durch kleine Steinscheiben abgestützt. Auch der Höhlenrand wird gegen das Abrutschen von Sand gesichert. Zu diesem Zweck setzt der Krake Muschelschalen und Steine kreisförmig um den Eingang. Anhand dieser Formen verrät er seine Wohnung.

Zwar sind die Höhlen oft nur für geübte Taucher und mit Mühe erreichbar, doch sie sind schon von der Oberfläche aus zu erkennen. Sobald Sie auf Höhe der Höhle sind und erkennen, dass es sich um einen Kraken handelt, sollten Sie zugreifen. Wenn sich der Krake zurückgezogen hat, ist es zu spät. Falls Sie versuchen, die Höhle aufzugraben, vergräbt sich der Bewohner im Sand unter seiner Stützplatte und kann kaum noch gefunden werden.

HINWEIS:

Kraken versuchen sich durch Tarnung dem Fang zu entziehen. Klappt das nicht, spannen sie die Arme auf und färben sich weiß oder schwarz.

Die letzte, einfache Fangmethode setzt nur das an Ausrüstung voraus, was für den Bau eines Harpunenspeers nötig ist. An der Harpunenspitze wird ein toter Fisch mit Schnur oder Seegras angebunden. Das Fleisch des Köders wird mit einem Stein zerstampft.

Nun muss man lediglich die Fels- oder Riffplatten abgehen und den Spieß langsam mit der Spitze nach unten an den Spalten vorbeiziehen. Ist ein Oktopus in Jagdstimmung, wird er versuchen, den Köder festzuhalten. In diesem Moment stößt man zu und zieht den Kraken aus der Höhle. In Griechenland beobachtete ich einmal einen alten Fischer, der mit dieser Methode innerhalb einer halben Stunde eine Einkaufstragetasche mit großen Kraken füllte.

Darf das Wasser aufgrund gefährlicher Tiere, Strömungen oder niedriger Wassertemperatur nicht betreten werden, können Sie Oktopus auch vom Ufer aus mit einem improvisierten Köder fangen. Da Sie in diesem Fall nicht gezielt bewohnte Höhlen aufsuchen können, müssen Sie die Jagdzeit der Tintenschnecken abwarten. Diese beginnt praktisch genau mit Untergang der Sonne und endet mit den ersten Strahlen über dem Horizont. Für den erfolgreichen Fang endet das Zeitfenster abends allerdings mit dem letzten Dämmerungslicht und beginnt mit dem ersten – insgesamt je nach Breitengrad etwa eine halbe bis eine Stunde Zeit.

Um trotz der schlechten Sichtverhältnisse einen ansprechenden Köder zu haben, werden mehrere davon hintereinander auf eine Leine geknotet – nur der letzte, der besonders auffällig sein sollte, wird mit mehreren Haken versehen. Als Köder kann man Plastikstreifen, Blechstückchen oder auch helles Holz verwenden. Idealerweise hängt man noch etwas Fischdarm oder Schneckenfleisch an den Haken. Vor den ersten Köder wird ein Stein als Gewicht in die Leine geknotet. Die gesamte Konstruktion wird mit Schwung ins Wasser geworfen und langsam wieder herausgezogen. Oktopusse gleiten während der Jagd langsam am Boden entlang und warten auf Vorbeischwimmendes.

Die Wahrscheinlichkeit, dass der Köder auch bei schlechtem Licht gesehen wird, ist dank der Köderkette besonders hoch. Der Oktopus greift von hinten an, umschlingt den Köder und dabei auch den Haken (lässt idealerweise nicht gleich wieder los – Kopf-

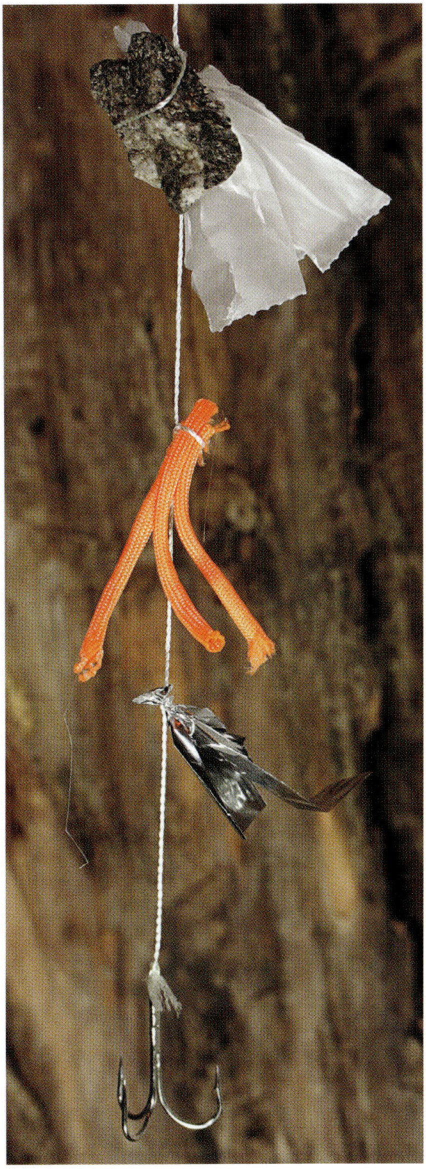

Aktiv jagen Oktopoden, Sepia und Kalmare vor allem während der Dämmerung. Mit einem solchen improvisierten Köder können Sie alle drei Formen fangen. Der Erfolg wird noch wahrscheinlicher, wenn Sie an unterster Stelle etwas Fisch oder Muschelfleisch befestigen.

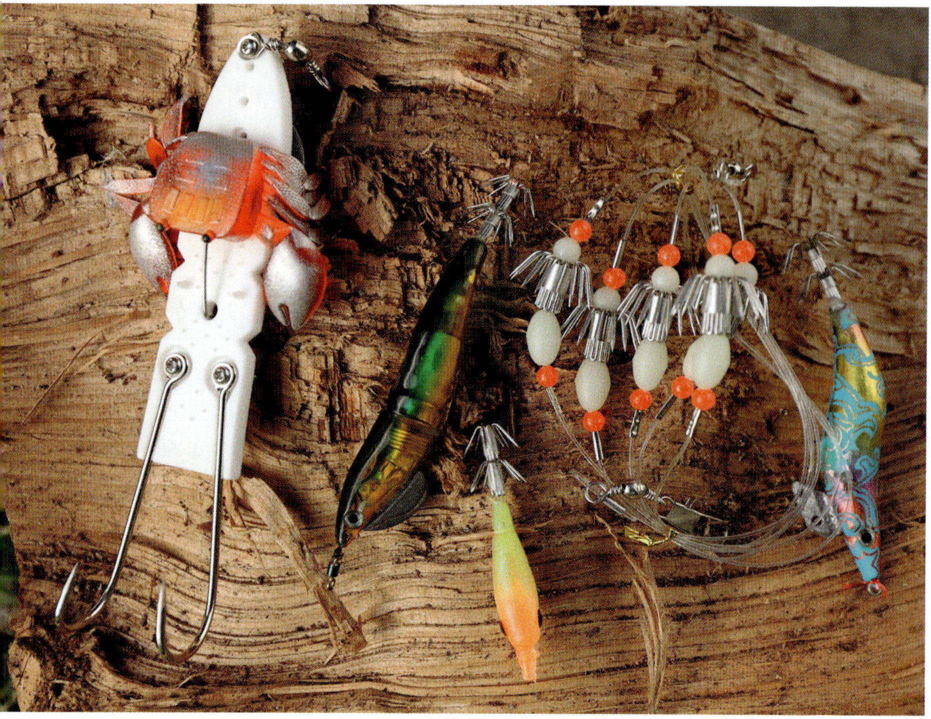

Es gibt zahlreiche Kopffüßerköder. Oktopodenköder (links) werden über Kies- oder Felsboden geschleift. Sepia- und Kalmarköder (rechts) werden über Sandboden beziehungsweise im Freiwasser tanzen gelassen.

füßer schmecken mit ihren Saugnäpfen) und bleibt hängen.

Der Anbiss ist nicht mit dem eines Fisches vergleichbar. Es fühlt sich vielmehr so an, als ob Treibholz oder ein Stein an der Leine hängen geblieben ist. Nun sollte das Tier rasch und gleichmäßig, allerdings ohne zu »rucken«, aus dem Wasser gezogen und in einer Bewegung möglichst weit vom Ufer abgelegt werden.

Um einen Kraken zuzubereiten, benötigen Sie nicht einmal ein Messer. Zuallererst wird das Tier getötet. Bei Kraken sitzen die Eingeweide in einem Eingeweidesack am Kopf, bei Tintenfischarten in der Tube.Diese sogenannte Mantelhöhle ist an mehreren Stellen trichterförmig geöffnet. Mit einem Handgriff wird dieser Eingeweidesack beziehungsweise die Tube umgestülpt und die Innereien in einem Zug herausgerissen. Dies hört sich brutal an, ist jedoch die einzige Möglichkeit, die schmerzempfindlichen Tiere so schonend und schnell wie möglich zu erlösen. Auch wenn sich alle Gliedmaßen noch längere Zeit bewegen, ist das Tier schnell tot.

Die Organe sollten nicht einfach weggeworfen werden. Sie können uns später noch als vorzügliche Köder zum Fischfang dienen. Nach dem Töten werden im Zentrum der Fangarme liegende Hornschnabelteile sowie die Augen entfernt. Bei Tintenfischen wird der Schulp, bei Kalmaren die Hornplättchen entfernt.

Nun folgt ein besonders wichtiger Schritt, um das Tier zur Delikatesse zu machen: das Ausschlagen. Es verhindert, dass das Tier durch das Kochen zäh wird. Hierzu wird der Fang an eine halbmeterlange Leine gebunden und mit Schwung mehrmals an einen flachen, befeuchteten Stein geschleudert. Danach wird die Steinfläche abermals angefeuchtet. Auf dieser wird der Fang mehrere Minuten fest gerieben und gewalkt, bis sich weißer Schaum bildet.

Nach nochmaligem Abwaschen ist der Fang fertig zur weiteren Zubereitung. Da beim Ausschlagen Eiweiß verloren geht, sollten Sie bei Nahrungsmangel darauf verzichten und das zäh gekochte Tier weich kauen. Falls möglich, sollten Kopffüßer in Süßwasser gekocht werden. Beim Kochen in Salzwasser oder beim Grillen wird er viel Volumen einbüßen.

Diese Nahrungsart eignet sich besonders gut zum Zerkleinern und Trocknen. Eine Gefahr liegt wie bei Muscheln in der leichten Verderblichkeit des Fleisches. Aus diesem Grund sollte es weniger als zwei Stunden nach dem Töten verarbeitet worden sein, wenn die Umgebungstemperatur über 15° Celsius liegt.

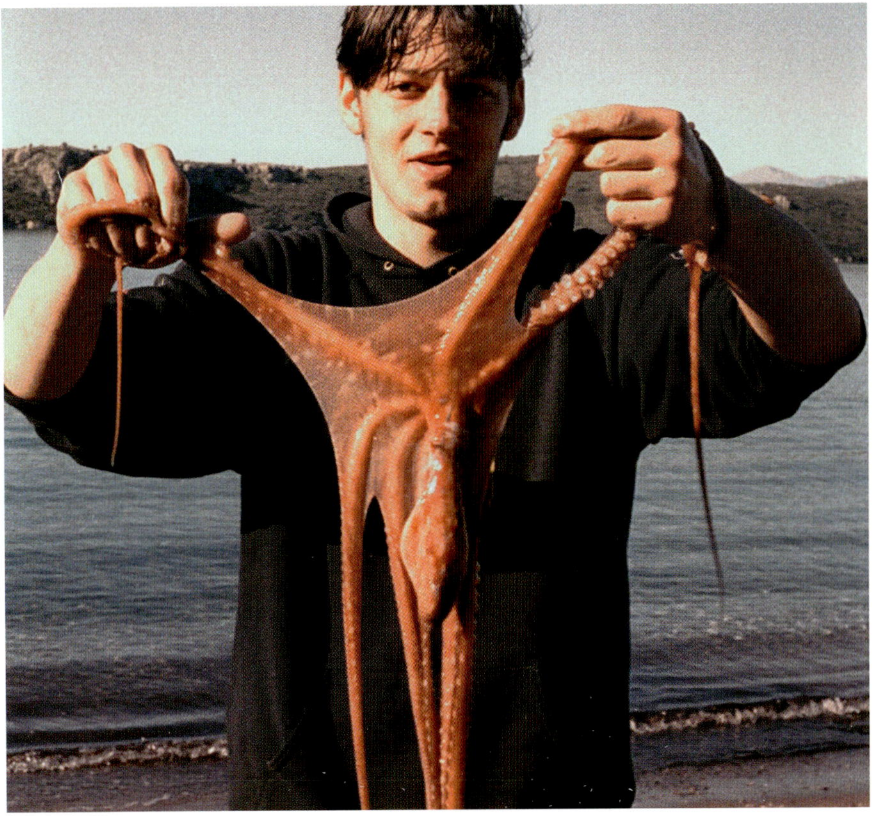

Der junge Autor mit einem besonderen Fangerfolg: ein großer Schirmkrake *(Oktopus salutii)* mit fast anderthalb Metern Durchmesser.

5 Stachelhäuter

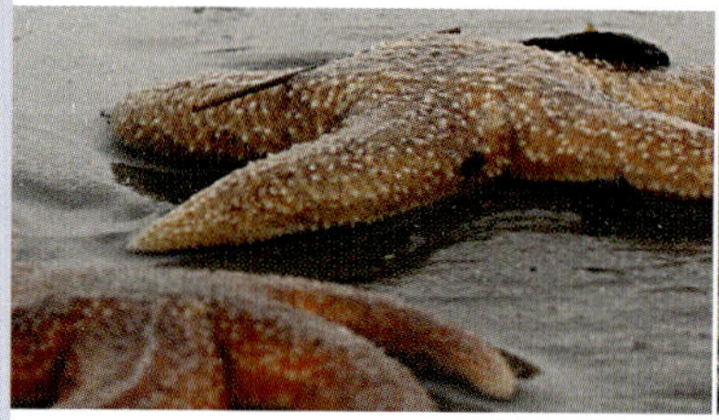
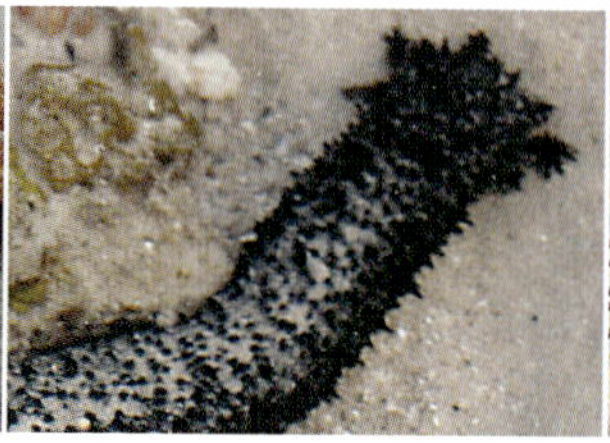
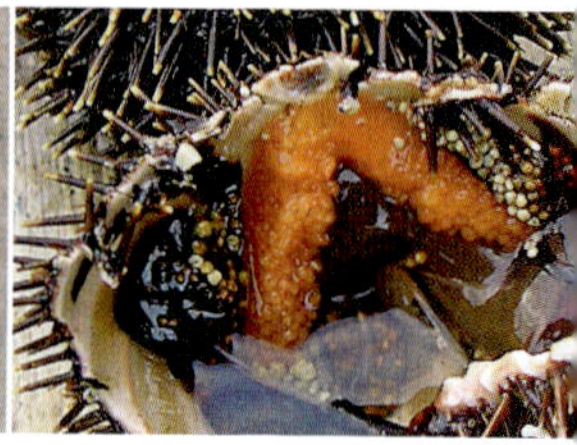

Eine im Meer häufig vorkommende Gruppe von Tieren sind die sogenannten Stachelhäuter. Zu ihnen gehören Seeigel, Seewalzen sowie Seesterne. Die meisten Vertreter leben am Grund des Meeres. In vielen Ozeanen lassen sich Seeigel auf mit Algen bewachsenen Felsen und Kiesböden aufsammeln. Seewalzen findet man auf Sandböden und unter Steinüberhängen. Seesterne klettern dagegen oft auch außerhalb des Wassers an Felsen herum, wo sie auf Jagd nach Muscheln gehen. Manchmal werden sie in großen Mengen an Land gespült oder verbleiben während der Ebbe in kleinen Felstümpeln. Am Körper der meisten Stachelhäuter kann eine äußerliche, fünfstrahlige Drehsymmetrie festgestellt werden; einige von ihnen sind in der Lage, Gifte zu produzieren. Diese können in entsprechenden Konzentrationen auf den Menschen durchaus tödlich giftig wirken. Ein typisches Beispiel für hochgiftige Stachelhäuter ist der Dornenkronenseestern oder Lederseeigel, die sogar sichtbare Giftblasen an den Stacheln besitzen.

Seesterne

Sie haben sicherlich schon einmal in Touristenregionen Kontakt mit Seesternen in Form von farbig angemaltem und getrocknetem Nippes gehabt. Diese in aller Regel mit fünf Armen (mitunter auch zehn oder dem Vielfachen davon) besetzten und getrockneten Seesterne sind eigentlich nichts

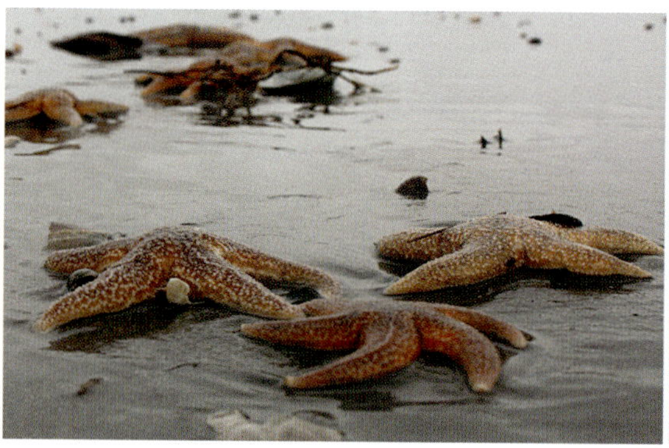
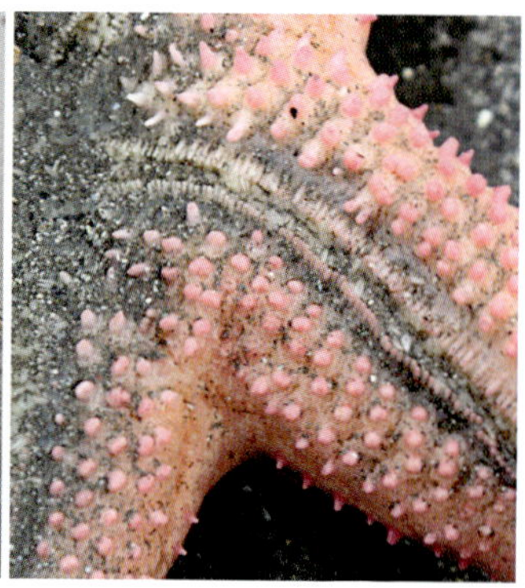

Seesterne kommen am Strand oft in großen Mengen vor. Die Fleischfresser besitzen nur wenig verwertbare Muskelmasse und Organe im Vergleich zum feinen Kalkpanzer.

anderes als traditionelle Trockennahrung. Denn die Struktur nach dem Trocknen unterscheidet sich nur geringfügig vom lebenden Tier. Wenn Sie schon einen lebenden Seestern aus dem Wasser genommen haben, wissen Sie, was ich meine: Seesterne bestehen hauptsächlich aus Abertausenden verkalkten Panzerplatten, etwas Muskulatur, dem Verdauungs- und dem Genitalsystem. Alles andere ist bei Seesternen stark reduziert. Sie werden sich deshalb kaum ein Seesternfilet herausschneiden können. Vielmehr liegt die Muskulatur als winzige Fasern zwischen den Kalkplatten. Die Fortbewegung verläuft häufig sogar größtenteils über die *Ambulacralfüßchen*, kleine mit Flüssigkeit gefüllte Schläuche mit Saugnäpfen.

Da Seesterne allerdings bisweilen in einer sehr großen Anzahl vorkommen, sollte man wissen, wie Nahrung daraus gewonnen werden kann. Vor allem die harte und geschlossene Struktur erlaubt es, gesammelte Tiere in der Sonne zu trocknen und als Proviant mitzuführen. Diese getrockneten Seesterne werden in Asien schon seit langem als Suppeneinlage verwendet. Dabei werden nahrhafte Bestandteile aus dem Kalkverbund herausgelöst. Dazu muss die Brühe allerdings einige Zeit ziehen. Sie können den Vorgang beschleunigen, indem der in Wasser gekochte Seestern mit einem Stößel zerdrückt wird und alle festen Bestandteile abgetrennt werden.

Machen Sie allerdings nicht den Fehler, die gekochten Seesterne aus der Suppe zu nehmen, um darauf herumzukauen, wie ich es im vietnamesischen Hinterland an einem Straßenstand gemacht habe: Unter dem Spott der umstehenden Bauern, die in einer Traube den übergroßen, auf einem viel zu kleinen Kinderplastikstuhl sitzenden »Tây« misstrauisch beäugten, versuchte ich, irgendwie mit schnell gereichten »Vodka-Hanoi« (schwarz gebranntem, hochprozentigem Reisschnaps) die Tausenden spitzen Kalkkegel herunterzuspülen, die sich unter der Zunge, am Gaumen und im Hals festsetzten. Das Ganze gipfelte nicht nur in einem hustend-würgenden Crescendo, vermischt mit dem gackernden Lachen der Suppenküchenfrau, sondern auch der daraus gesicherten **Erkenntnis: Seesterne auskochen und den Sud trinken: ja. Den Seestern selbst essen: besser nicht.**

Seeigel

Seeigel sind Ihnen sicherlich aus der ein oder anderen schmerzhaften Begegnung bekannt. Ich kenne kaum einen Mittelmeerreisenden, der nicht schon in einen Seeigel getreten ist oder einen beim Schnorcheln oder Tauchen gestreift hat. Die hohlen Kalk-

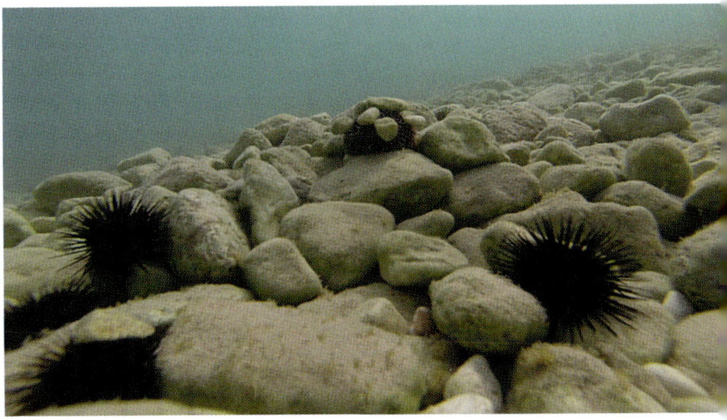

Typische Auffindesituation von Seeigeln: Die spitzstacheligen schwarzen Seeigel sitzen ohne Tarnung auf dem Meeresboden, während der essbare violette Seeigel (Mitte oben) von der Wasseroberfläche aus kaum erkannt werden kann.

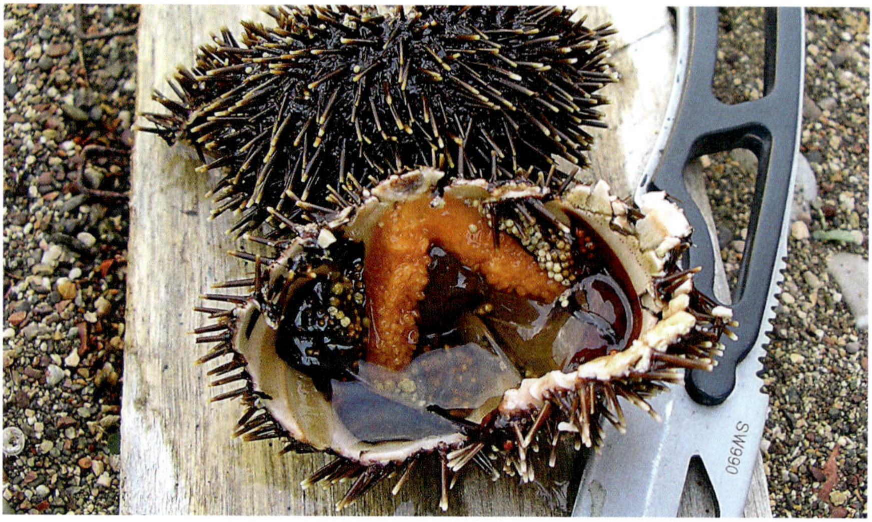

Seeigel müssen vorsichtig behandelt werden, um Verletzungen vorzubeugen. Nach dem Halbieren mit einem Messer kann der signalrote Kaviar aus dem Gehäuse gekratzt werden. Er schmeckt roh oder gekocht hervorragend.

nadeln auf der Außenhaut dringen in das menschliche Gewebe ein, brechen ab und entzünden sich.

Wenige Seeigelarten, vor allem solche mit sehr kurzen, stumpfen oder extrem langen (bis zu 30 Zentimeter) und spitzen Stacheln, besitzen Drüsen, welche die Hohlnadeln von innen mit einem Gift füllen. Verletzen Sie sich an einem dieser Tiere, können starke Vergiftungserscheinungen (✚ *K7*) die Folge sein. Verwenden Sie bei der Verarbeitung von Seeigeln also immer einen Handschutz und seien Sie vorsichtig beim Umgang mit ihnen, zumal einige Arten kleine Tentakel mit kleinen Giftzangen zur Verteidigung besitzen.

Für uns sind die Seeigel interessant, die sich tarnen oder verstecken müssen. Das sind nämlich meist diejenigen, die einen Grund dazu haben. Das sind beispielsweise Steinseeigel aus dem Mittelmeer oder der »Essbare Seeigel« aus Atlantik und Ostsee. Weniger wertvoll sind dagegen Arten mit langen Stacheln und kleinem Kalkkörper und langen Stacheln wie der häufige schwarze Seeigel *Arbacia lixula*. Letztere Gruppe tarnt sich eher selten mit Steinen, Algen und Muscheln. Auch das Sammeln der essbaren stumpfstachligen Exemplare ist weit einfacher. Die Stacheln dringen nur bei wirklich ruppiger Behandlung durch die Haut des Sammlers, während die spitzstachligen bei leichtester Berührung selbst die Hornhaut der Füße durchdringen können.

HINWEIS:

Stacheln von Seeigel können sehr starke Gifte enthalten. Verletzungen daran schmerzen stark und infizieren sich oft.

Einen Seeigel bereiten Sie zu, indem Sie das äußere Kalkskelett mit einem Messer von oben nach unten zerteilen und die Hälften in die Glut legen oder in Salzwasser kochen. Verzehrt werden die innen liegenden, weichen Teile, hauptsächlich Muskelstränge und Geschlechtsdrüsen. Verzehren Sie jedoch nur die roten Bestandteile des Seeigels. Schwarz und mit Kalkkügelchen gefüllt, windet sich nämlich der Darm durch den Seeigel. Dieser ist nicht nur dermaßen bitter, dass er kaum als Nahrung taugt, die vielen großen Kalkkügelchen verhindern außerdem ein genussvolles Essen.

Seeigel können auch roh verzehrt werden. Besonders der Kaviar des recht häufigen violetten Seeigels ist eine beliebte Delikatesse. Er schmeckt stark nach Fisch und ist regelrecht süß.

Seewalzen

Seewalzen, die im Sprachgebrauch auch Seegurken genannt werden, haben eine weiche, warzige Außenhaut und fühlen sich fast so an wie ein mit Wasser gefüllter Luftballon. Unter Stress ziehen sie sich zusammen und erhärten.

Einige der nahezu unbeweglich im Wasser liegenden Geschöpfe können sich jedoch mit Klebefäden verteidigen, den sogenannten Cuvierschen Schläuchen, die bei Gefahr aus dem Enddarm ausgestoßen werden. Diese Schleimfäden können Gifte enthalten.

Beim Fang von Seewalzen muss darauf geachtet werden, nicht mit ungeschützter Hand in die Nähe der Enden des Hautmuskelschlauchs zu greifen. Die Schleimfäden sind für den Menschen von außen zwar nicht gefährlich, die Gifte könnten jedoch möglicherweise durch aufgeweichte Haut oder Wunden in den Kreislauf geraten. Am sichersten ist der Fang, wenn Sie einen →Harpunenspeer verwenden.

Zur Zubereitung werden die Walzen auf der langen Seite aufgeschlitzt und die inneren Organe, speziell der mit Sediment gefüllte Darm und die Kiemen, entfernt. Da einige Seewalzen roh ungenießbar und alle Arten Host für eine Vielzahl von kleinen Lebewesen und Parasiten sind, sollten sie nur gegart verzehrt werden. Die Außenhaut eignet sich besonders gut, um einen haltbaren Snack zuzubereiten. Hierzu wird die ausgenommene Seewalze gebrüht oder gegrillt und danach mit reichlich Salz, das von Felsen am Meer gewonnen werden kann, gedörrt.

Die in Streifen geschnittene Seewalze hält über Monate und kann kalt gegessen oder als Suppeneinlage verwendet werden.

Allerdings hat ihr Wohlgeschmack dazu beigetragen, dass Seewalzen in den asiatischen Hauptkonsumgebieten selten geworden sind, weshalb weltweit Seewalzen an den Küsten gesammelt und nach China exportiert werden. Da dies auf Dauer dem Bestand der Seewalzen sicherlich nicht zum Vorteil dient und Gefährdung sowie Bestand sehr schwer abzuschätzen sind, sollten Sie nur im Notfall, bzw. zur Übung nur in Maßen, auf die Tiere als Nahrung zurückgreifen.

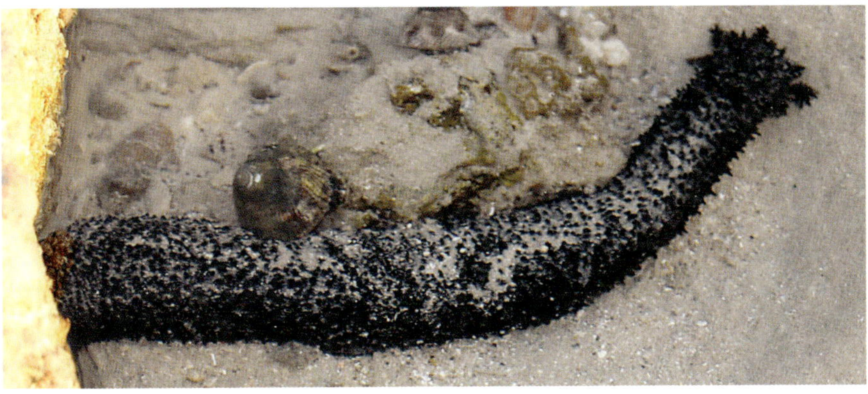

Seewalzen erkennt man einfach an der warzigen Haut. Die dunklen Schläuche liegen träge am Meeresgrund und fressen das Sediment. Sie eignen sich hervorragend zur Konservierung.

Seewalzen verarbeiten

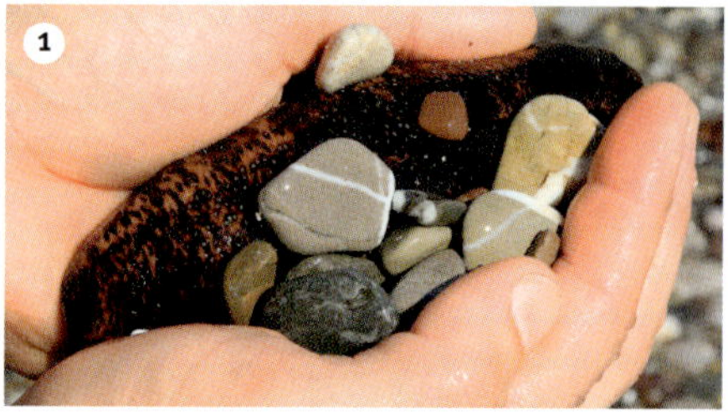

Die Seewalze mit Kies oder Sand abschrubben, um anhaftende Algen zu entfernen.

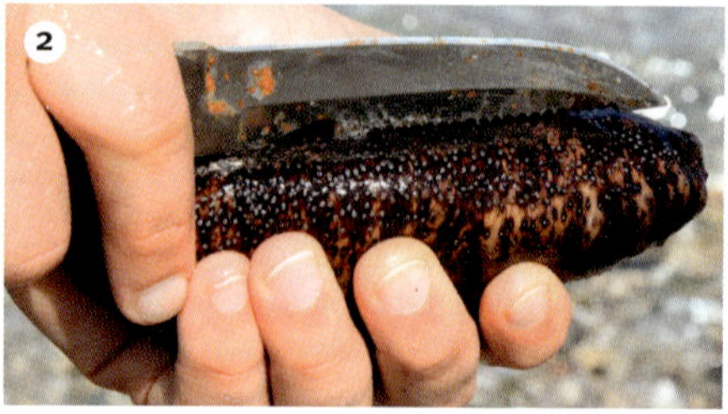

Auf der warzenreichen Bauchseite wird die Walze längs aufgeschnitten.

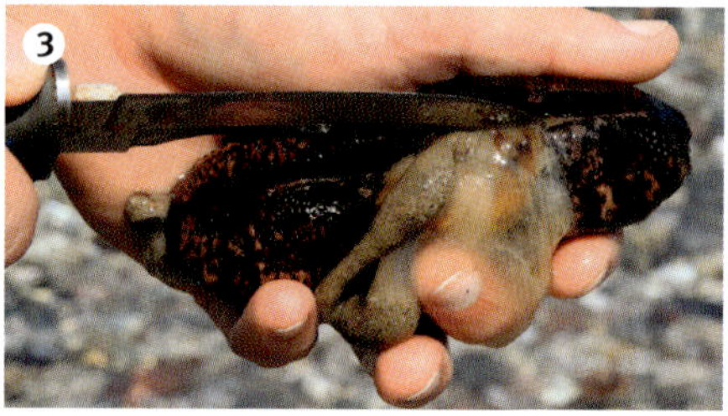

Der mit Sediment gefüllte Darm quillt sofort heraus. Er ist sehr empfindlich.

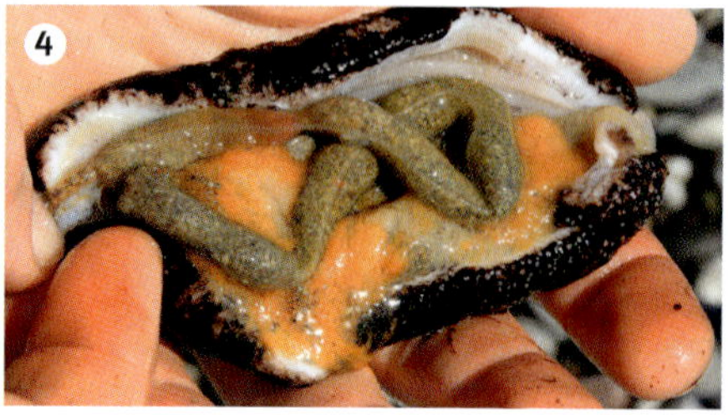

Wenn man die (orangen) Keimdrüsen essen will, jene nun entfernen.

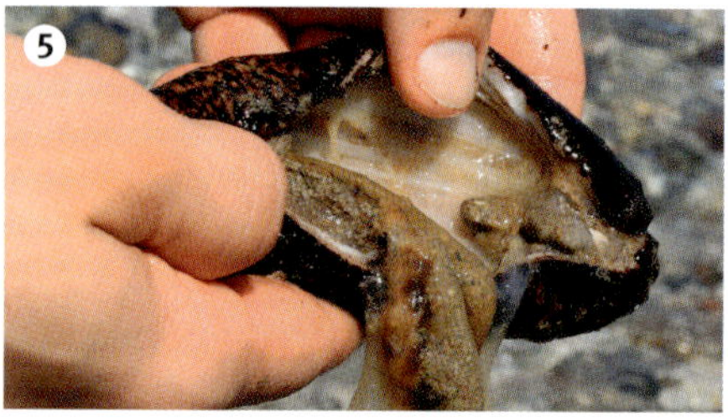

Die Seewalze nun komplett leeren und die kleinen Theken auf der Innenwand auskratzen.

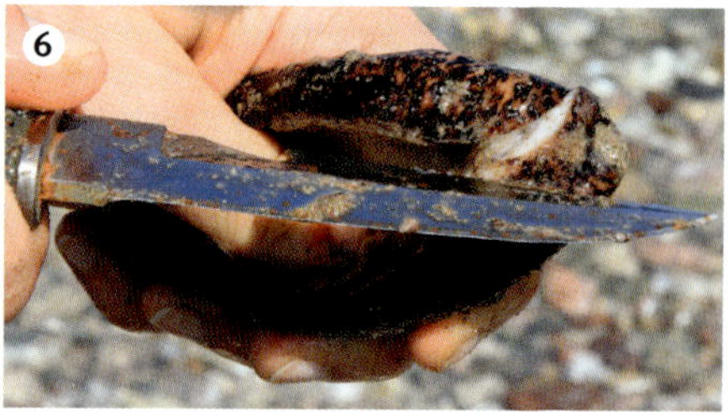

Mundfeld und Darmausgang mit dem Messer abtrennen und verwerfen.

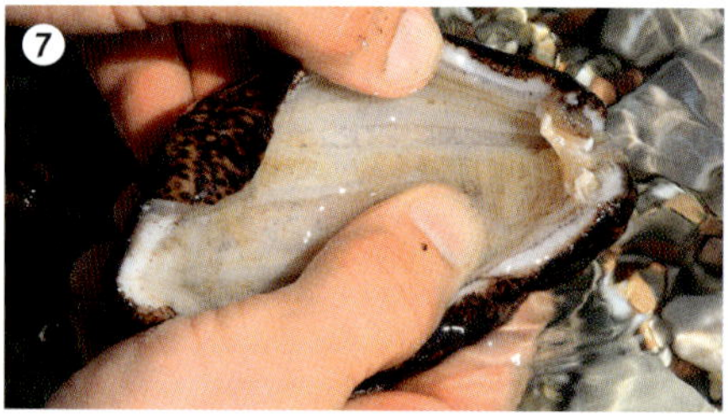

Die nun deutlich kleiner gewordene Walze gründlich auswaschen.

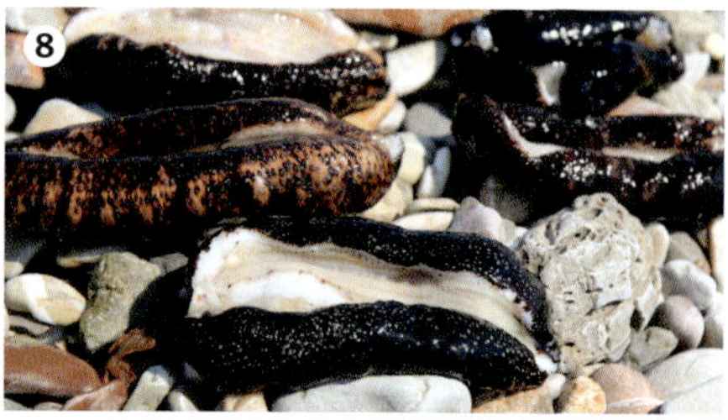

In die Sonne legen und trocknen lassen. Vor dem Verzehr einweichen und kochen.

6 Krustentiere

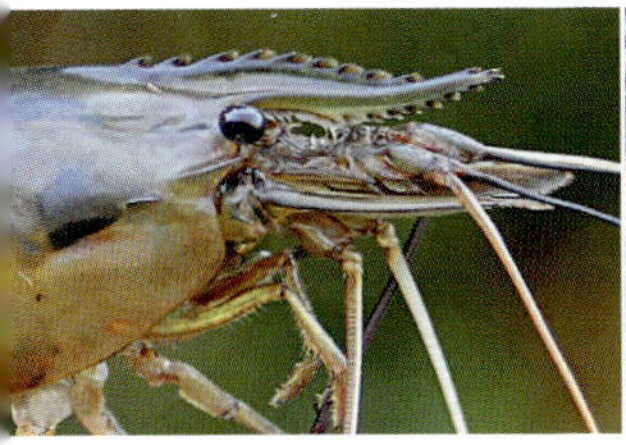

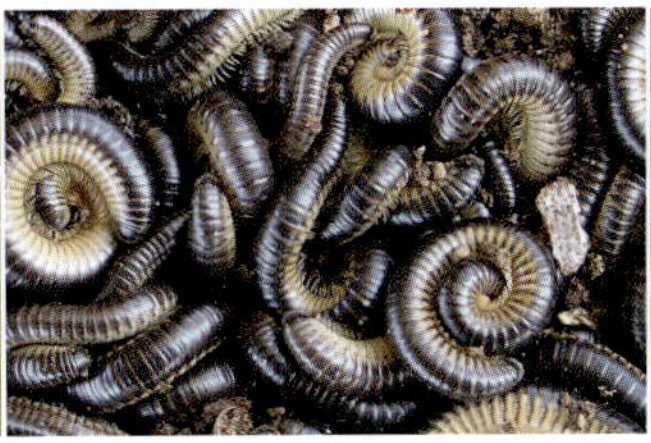

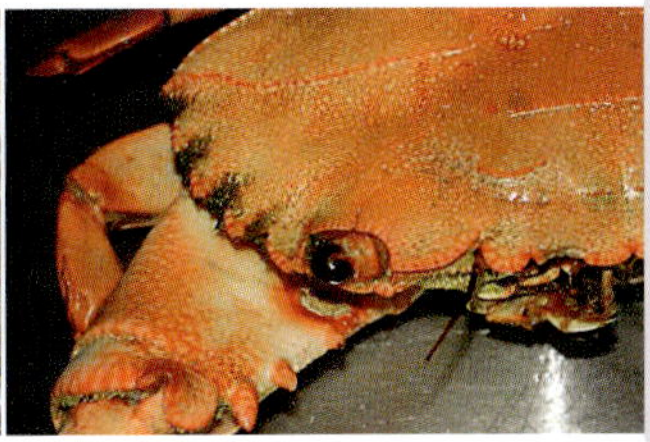

Viele Menschen kommen öfter mit Krusten- oder Krebstieren in Berührung, als sie glauben. Zu diesen gehören nämlich auch Asseln, die wir in fast jeder feuchten und kühlen Umgebung finden. Normalerweise werden wir Krebstiere jedoch im Wasser antreffen und fangen.

Die typische Form der Krebse ist entweder jene, die uns von Flusskrebsen und Hummern bekannt ist, oder die Taschenkrebsform. Eine dritte Form, die im seichten Wasser jedoch seltener anzutreffen ist, entspricht in etwa der Asselform.

Ähnlich wie bei Insekten besteht das äußere Stützelement des Körpers aus einem Chitinskelett mit eingelagertem Kalk. Diese starre Schale wächst nicht und wird darum im Laufe des Krebslebens mehrere Male abgeworfen und erneuert. Der frisch gehäutete Krebs hat keine festen Außenbestandteile und ist fast vollständig weich. Wenn Sie einen solchen fangen, denken Sie daran, dass er nicht krank, sondern besonders wertvoll ist. Er kann bis auf den vorderen Kopfbereich vollständig gegessen werden.

Krebse sind im Grundaufbau vielen Insekten ähnlich. Die Aufteilung des Körpers besteht auch hier aus drei Bereichen, wobei es häufig vorkommt, dass Skelettbereiche vereinigt sind.

Krebse sind Kiemenatmer, weshalb sie auf Wasser oder auf einen Lebensraum mit zumindest hoher Luftfeuchtigkeit angewiesen sind. Trotzdem können die meisten Krebse

Verwertbare Bestandteile eines Krebses am Beispiel eines Langschwanzkrebses: Neben dem muskulösen Schwanz sind die Kiemen, die grünliche Mitteldarmdrüse sowie das Fleisch in Beinen und Scheren essbar.

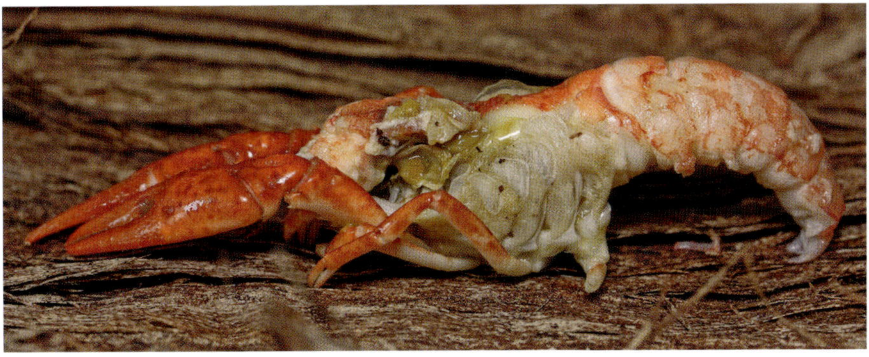

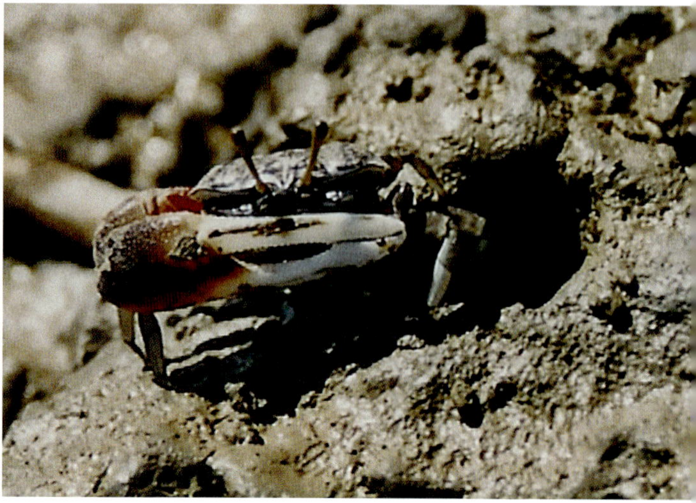

Winkerkrabben sind typische Kurzschwanzkrebse mit gedrungenem Körper und ausgeprägten Stielaugen. Die Eigenschaft, jeweils eine große und eine kleine Schere zu besitzen, wurde hier von der Natur ad absurdum geführt.

einige Zeit außerhalb des Wassers überleben, weil sie einen Wasservorrat in den Kiemenhöhlen einschließen und mitführen können. Landlebenden Asselarten reicht eine hohe Luftfeuchtigkeit zum Atmen aus.

Die meisten für uns interessanten Krebse haben zwei große Scheren, von denen eine größer als die andere sein kann. Ich unterteile in der weiteren Abhandlung die Gruppe der Krebse in drei Kategorien, abgeleitet von der Körperform und der daraus resultierenden Lebensweise. Ich will anhand eines Beispiels jeder Kategorie exemplarisch den Fang und die Verarbeitung erklären.

Unsere drei Gruppen bestehen erstens aus den Krabben mit Taschenkrebsform, sogenannten Kurzschwänzen, die oft sehr einfach mit der Hand gefangen werden können, da sie während Ebbe in großen Mengen am Strand umher laufen oder sich in Schlammhöhlen verkriechen. Die nächste Form ist die des Hummers, der Languste, oder des Flusskrebses, die allesamt Langschwänze sind. Außerdem werden wir uns mit Kleinkrebsen beschäftigen, also zum Beispiel mit Asseln und Bachflohkrebsen. Selbstverständlich gibt es noch viele weitere Varianten, die von den mikroskopisch kleinen Wasserflöhen über Seepocken bis hin zu Entenmuscheln reichen. Wir wollen uns jedoch wieder nur dem für uns verwertbaren Bereich zuwenden.

Sie werden in nahezu allen Gewässern der Welt essbare Krebstiere einer der nachfolgend beschriebenen Gruppen finden.

Kurzschwänze

Bei der kompakten Form der Krebse spricht der Fachmann von Kurzschwanzkrebsen. Bis auf die Extremitäten ist der Körper nicht mehr sichtbar segmentiert. Im Körperpanzer *Carapax* sind alle Organe eingeschlossen. Der Schwanz ist verkümmert und unter dem Panzer eingeklappt.

In Mitteleuropa sind diese Krebsarten hauptsächlich grundlebend und im Meer anzutreffen. Ausnahmen sind hier die Schwimmkrabben, die auch im Freiwasser leben, sowie Wollhandkrabben, die sich sowohl im Salz- als auch in Brack- und Süßwasser aufhalten. Bei manchen Krebsarten nehmen die Zangen monströse Proportionen an. Ihnen sollte man beim Fang nicht zu nahe kommen. Mit diesen Waffen und Werkzeugen können sich die Tiere gut ver-

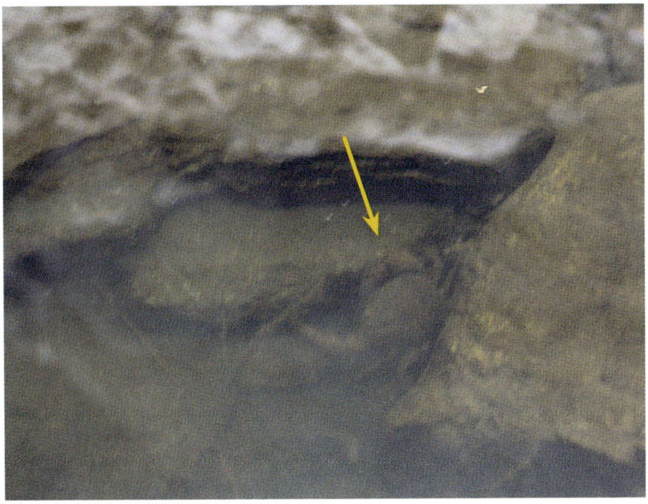

Ohne genau hinzusehen kaum zu erkennen: Die Oberfläche der großen Süßwasserkrabbe ist mit Algen bewachsen. Diese oft in den Tropen lebenden Tiere sind allerdings meist hochgradig aggressiv. Ein in die Nähe geworfener Köder wird in Sekundenbruchteilen wahrgenommen, erkannt, sofort zwischen die Mandibeln geklemmt und vehement gegen Konkurrenten verteidigt.

teidigen und dem unvorsichtigen Fänger ernsthafte Fleischverletzungen, gebrochene Knochen oder sogar ein abgetrenntes Körperteil bescheren.

Sie werden zumeist bei Ebbe oder am Strand zwischen Felsen die Möglichkeit haben, diese Krebse zu fangen. Der Fang ist zumeist unproblematischer, als bei sogenannten Langschwänzen, die ein besonderes Fluchtverhalten zeigen. Wenn Sie sich einer auf dem Land laufenden Taschenkrabbe nähern, wird sie beide Zangen anheben und sich seitwärts laufend Ihnen zuwenden, um so den Zugriff zu verwehren. Wenn Sie dieses Tier von Hand fangen wollen, müssen Sie etwas Geschick zeigen.

HINWEIS:

Viele Kurzschwanzkrebse besitzen versteckte nadelspitze Dornen an der Seite des Kopfpanzers. Auch mit den Scheren, Schreitfüßen und Mandibeln können sie sich effektiv verteidigen.

Eine spezielle Methode, die Tiere zu fangen, hat sich als besonders geeignet erwiesen. Der Fänger versucht, die Krabbe einzuholen, und versperrt ihr den Fluchtweg. Das so gestellte Tier wird sich bereitwillig auf einen Kampf einlassen. Die zur Verteidigung erhobenen Scheren werden sich immer gegen den gegnerische Körperteil richten, der dem Tier am nächsten ist. Kommen Sie nicht auf die Idee, nach einer Zange zu greifen. Die Krabbe wird sich mit der anderen verteidigen. Sie würden die im Tierreich angewandten Hebelgesetze neu entdecken.

Versuchen Sie vielmehr, die Krabbe mit einer tänzelnden Hand abzulenken, die sich jedoch immer außerhalb der Reichweite der Zangen befindet. Der Krebs wird in der Regel unsicher hin und her tippeln und sich um diese Hand kümmern. Während er abgelenkt ist, nähern Sie sich mit der zweiten Hand von hinten und zwar so flach wie möglich, da Krebse sprichwörtliche Stielaugen und damit ein großes Gesichtsfeld haben. Wenn Sie nahe genug heran gekommen sind, drücken Sie den Körperpanzer fest gegen den Boden. Der Druckpunkt liegt dabei auf Höhe des letzten Beinpaares. Nun kann das Tier vorsichtig von hinten gehalten und angehoben werden. Die Scheren haben eine gute Bewegungsfreiheit vor der Brust und im vorderen Drittel unterhalb des Panzers.

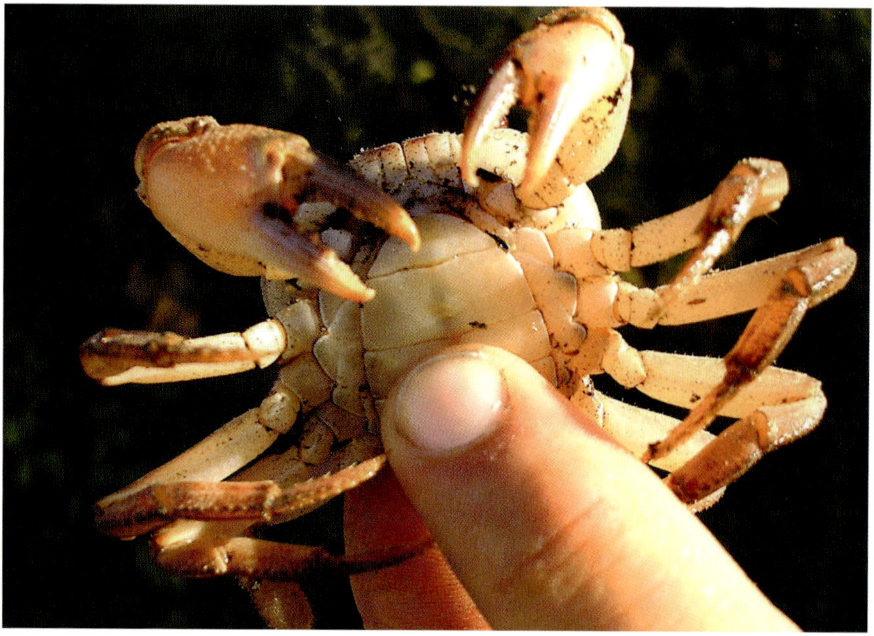

Kleinere Kurzschwanzkrebse können zwischen Daumen und Zeigefinger am hinteren Teil des Körperpanzers gehalten werden. Die Bewegung der großen Scheren ist in Bauchrichtung meist stark eingeschränkt.

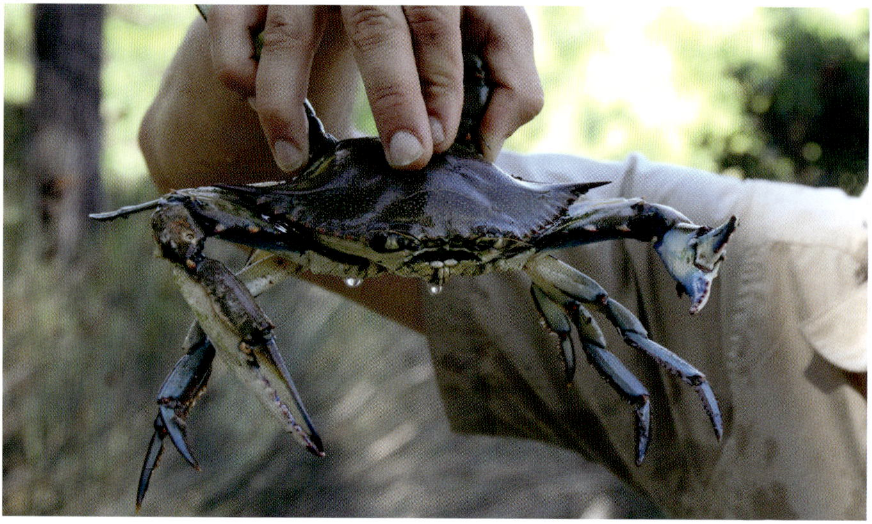

Große Krebse müssen an den hinteren Schwimm- oder Laufbeinen gehalten werden. Werden Sie von einer Krabbe dieser Größe verletzt, kann das Ergebnis unangenehm sein. Die Scheren können die Haut zerdrücken. Manchmal sind sie so stark, dass Knochen gebrochen werden können.

Nach hinten jedoch werden sie durch den Panzer meist blockiert. So haben Sie die Krabbe gefangen, ohne Ihre Finger zu gefährden.

Bei italienischen Kindern an der Adria sah ich das erste Mal das Krabbenangeln. Die jungen Einheimischen interessierten sich jedoch weniger für das Krabbenfleisch, sondern wollten den Krebs in kindlich-sadistischer Weise von seinen offensichtlich überflüssigen Scheren und Beinen befreien. Dieses Verhalten soll sicherlich nicht unsere Absicht beim Krabbenfang sein. Die Fangmethode war jedoch so simpel wie effektiv. Zwischen Felsen, in jenen Spalten, in die man nicht greifen kann oder will, sitzen viele Krabben versteckt und warten auf die Flut. Diese Tiere lassen sich kaum von Hand fangen.

Deshalb machen wir uns beim Krabbenangeln deren anscheinend unersättliche Gier nach Fleisch zum Vorteil. Wenn sie etwas Essbares finden, wird regelrecht darum gestritten. Der erste Krebs schnappt sich das Stück und rennt in eine Richtung, bis der Nächste die Beute ergattert und in die andere Richtung rennt.

Wir nehmen eine kleine Holzrute und ein Stück Schnur. Die Leine wird mit dem einen Ende an die Rute gebunden, an das andere kommt ein kleines Stückchen Fischfleisch oder eine aufgeschlagene Muschel.

Der Köder wird nun in die Spalten hinuntergelassen und dort auf den Boden gelegt. Wenn Krabben in der Nähe sind, werden diese nach kurzer Zeit zum Köder kommen und versuchen, ihn in eine Spalte zu ziehen. Das verhindern wir natürlich, indem wir die Schnur etwas anspannen. Mit einer Schere hält der Krebs den Köder fest. Wenn Sie nun noch ein wenig zuckend an der Schnur ziehen, wird sich die Krabbe festklammern und ihre wertvolle Habe nicht mehr freigeben. Nun kann die Beute zügig aus der Spalte herausgezogen und in ein Behältnis gegeben werden.

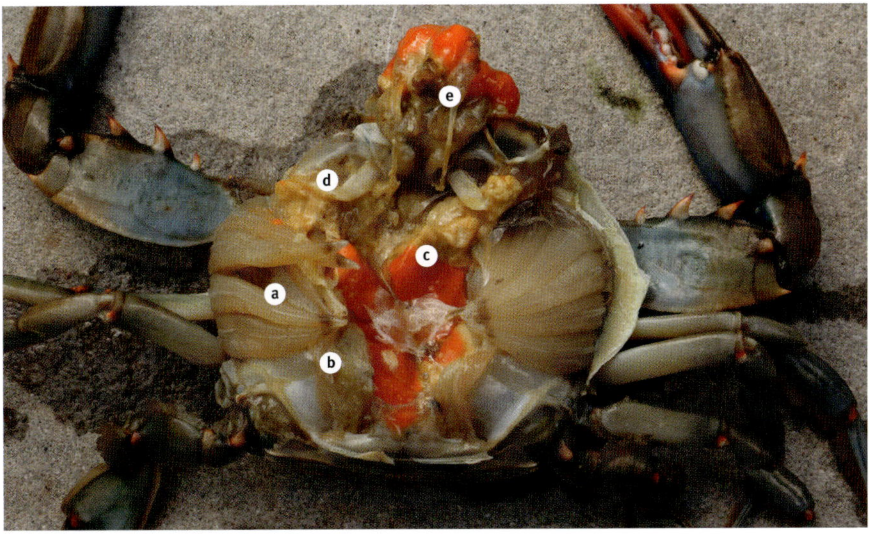

Unter dem oberen Krebsdeckel finden sich zahlreiche sonderbar aussehende Organe, von denen einige essbar sind. Strohig und von wenig Wert sind die paarigen Kiemen (a). Direkt unter ihnen liegt das wertvolle Laufbeinfleisch in kleinen Theken (b). Die orangen Keimdrüsen (c) sind essbar, ebenso die schleimig grüne Mitteldarmdrüse (d), die allerdings bei möglicherweise gefährlichen Algenvorkommen entfernt werden muss. Der Kaumagen (e) wird verworfen. Das Fleisch in allen Extremitäten ist essbar.

Eine dritte Möglichkeit, einen Kurzschwanzkrebs zu fangen, ist, ihn in seiner Höhle zu belästigen. In den Salzwassersümpfen Australiens ist das Sumpfkrebsfischen sehr beliebt. Die Höhlen der »mud crabs« werden in den schlammigen Uferböschungen der Mangroven gesucht. Das sind Schlammlöcher mit etwa 20 bis 40 Zentimeter Durchmesser. Dort hinein stößt man eine Holzstange, an deren Ende eine Draht- oder Schnurschlinge geknotet ist. Die Krabbe verteidigt sich und ihre Wohnung durch einen Angriff auf die Schlinge. Das merkt der Fänger schnell an den starken Stößen gegen die Rute. Diese muss nun nur noch herausgezogen werden, die Krabbe hält sich dann entweder an der Schlinge fest oder ist darin eingeschnürt.

HINWEIS:

Bei sehr großen Kurzschwänzen ist die Gefahr, die von den Scheren ausgeht, enorm. Ist die Krabbe zu schnell oder zu stark, um sie sicher zu packen, schlagen Sie mit einem Stock auf den Kopfpanzer.

Auch kleinere Krabben zu fangen, kann sich lohnen, wenn sie in großer Menge zur Verfügung stehen. Selbstverständlich lassen sich Krebse mit diesem Körperbau auch mit einem Harpunenspeer erlegen. Dieser muss jedoch eine sehr harte Spitze besitzen, um den teils außerordentlich starken Panzer zu durchdringen.

Langschwänze

Unter den Langschwänzen gibt es zweierlei Sorten. Die einen, die hauptsächlich im Freiwasser leben, also fern von der Oberfläche oder dem Grund, und die anderen, die in Höhlen und Felsspalten, unter Holz oder im Schlick leben. Die Freiwasserkrebse werden übergeordnet auch schwimmende Langschwänze genannt. An Tiere dieser Gruppe, deren typischer Vertreter die Salzwassergarnele ist, werden wir nur selten nah genug zum Fangen herankommen. Auch die im Salzwasser am Boden lebenden Langusten oder Hummer sitzen in Tiefen, die wir ohne weitere Ausrüstung nicht erreichen. Manche Exemplare wohnen an den Küsten unter Felsplatten. Sie können mit einem →Harpunenspeer gefangen werden.

Weit häufiger werden Sie jedoch in der Lage sein, einige Vertreter der laufenden Langschwänze, zum Beispiel Süßwasserkrebse, zu fangen. Einheimisch in Mitteleuropa ist der Edel- oder Flusskrebs. Er ist jedoch von dem aus Amerika eingeführten Sumpfkrebs verdrängt worden. Diese eingeschleppte Tierart, im Fachjargon werden solche, nicht heimischen Tiere *Neozoen* genannt, kann man durch die schlankeren Scheren leicht vom Edelkrebs unterscheiden. Der Sumpfkrebs hat sich mittlerweile in ganz Europa etabliert. Im Gegensatz zum heimischen Vertreter ist er gegen die sogenannte Krebspest immun, eine Krankheit, die am Ende des letzten Jahrhunderts ausbrach und den Bestand der Edelkrebse stark reduzierte. Heute kann man in fast jedem sauberen Fluss oder See Sumpfkrebse fangen.

Zum Fang der Tiere müssen wir ihr besonderes Fluchtverhalten kennen. Auch Kenntnisse über Fressgewohnheiten und Lebensweise helfen uns weiter.

Langschwänze haben, wie das Wort schon impliziert, einen langen, muskulösen Schwanz, der am Ende einen Schwanzfächer als Flosse besitzt. Der Schwanz ist von dünnen Chitinschildern bedeckt, die ein Bewegen des Fächers zur Bauchrichtung hin erlauben.

Im Normalzustand hält der Krebs ihn ausgeklappt. Fühlt sich das Tier bedroht, klappt es den Schwanz innerhalb eines Bruchteils einer Sekunde zum Bauch hin ein und katapultiert sich mit einem klackenden Geräusch nach hinten weg. Am liebsten sitzen Süßwasserkrebse zwischen Wurzeln oder unter Steinen. Sumpfkrebse verstecken sich auch unter Laub in verschlammten kleinen Bächen oder in flachen Bereichen von Seen. Aus dem Fluchtverhalten leitet sich vor allem die Handfangmethode ab.

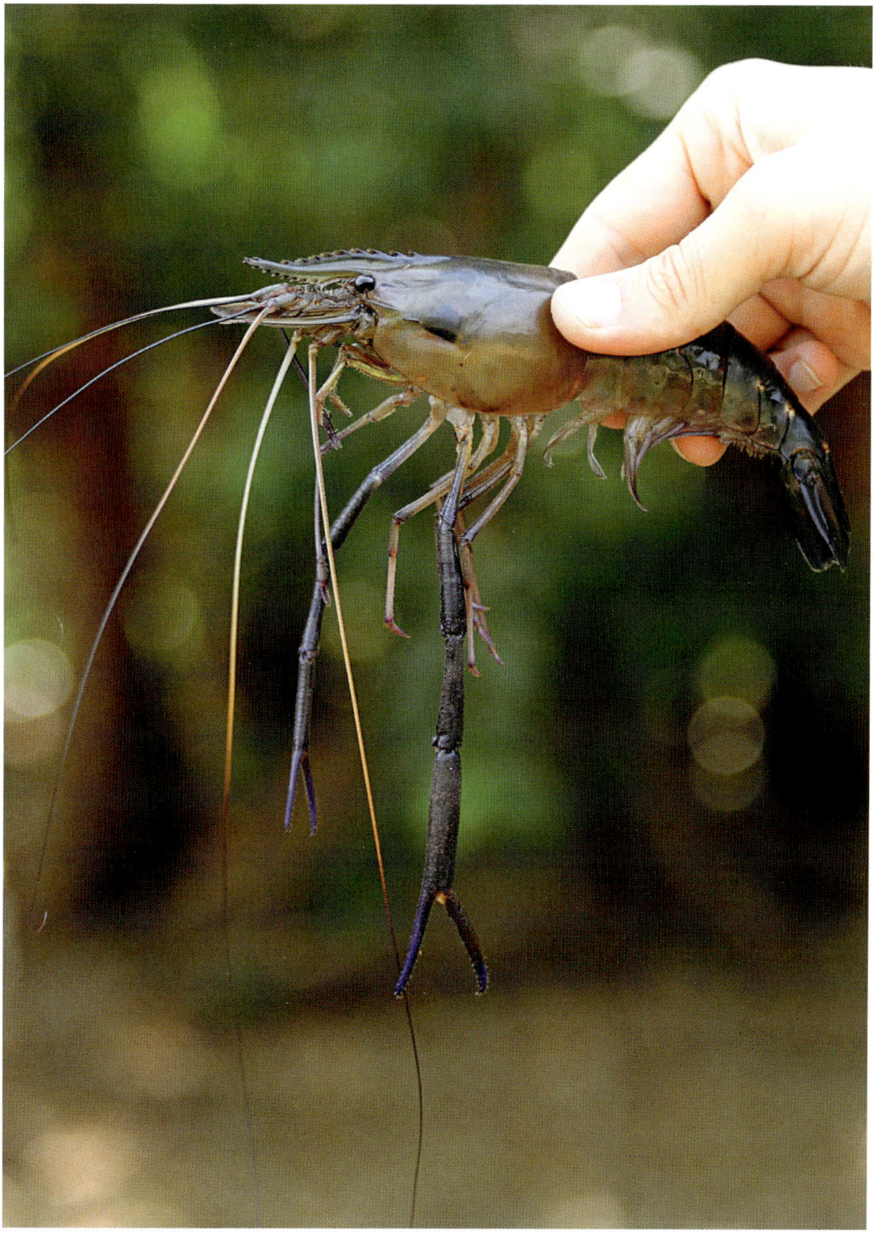

Delikatesse to go: In tropischen Flüssen und Seen finden Sie die »Yabbies« oder »fresh water shrimps«, die sich nachts mit Fisch oder einem Stückchen Seife an das Ufer locken lassen, wo sie im Schein der Taschenlampe mit Speer, Kescher oder beködertem Angelhaken gefangen werden können.

Damit man diese Tiere im Wasser findet, muss man am Anfang noch genau hinschauen. Wenn die Umgebung unsicher ist, bewegen sich die Krebse sehr langsam und vorsichtig. Manchmal stehen sie bewegungslos am Grund. In Gewässern, die nicht tiefer sind als 30 Zentimeter, können Sie den Bachverlauf abwaten und auf dem Grund zwischen Steinen nach Krebsen suchen. Das geschieht am besten bei hoch stehender Sonne. Anzeichen für einen Krebsunterstand sind zum Beispiel unnatürlich angehäufter Sand oder unter Steine gezogenes Laub. Möglicherweise sehen Sie auch den Kopf eines Krebses aus der Höhle schauen. Er wird sich langsam dort hinein zurückziehen.

In Seen können Sie Krebse finden, indem Sie das Ufer abwaten und besonders auf die Umgebung von im Wasser liegenden Holzteilen achten.

Natürlich ist es auch möglich, Krebse anzulocken. Wenn Sie Muscheln oder Fische besitzen, können diese in kleine Stückchen zerteilt und mit Holzspießen im Wasser, in Ufernähe, befestigt werden. Wenn Sie den Köder nach einer halben Stunde betrachten, werden häufig Krebse in der unmittelbaren Umgebung sein oder sogar am Köder selbst sitzen und fressen. Dort können sie dann regelrecht abgesammelt werden.

Das Anlocken setzt selbstverständlich voraus, dass Sie genügend Fisch oder Muschelfleisch zur Verfügung haben. Besitzen Sie nur eine begrenzte Menge, so sollten Sie diese besser selber essen. Diese Lockmethode ist andererseits auch eine gute Möglichkeit, verdorbenen Fisch weiter zu verwerten.

HINWEIS:

In einem Notfall ist Fleisch immer eine wichtige Ressource und sollte deshalb nie weggeworfen werden, auch wenn es verdorben ist. Es eignet sich immer noch als Köder zum Bestücken von →Reusen, Fallen und zum Locken von Tieren.

In manchen warmen Sommernächten bin ich, ausgerüstet mit Handlampe, Fischfetzen und Harpunenspeer, an einem mittelgroßen Teich auf Krebsjagd gegangen. Dabei lief ich zuerst um den See und verteilte die Köder. Bei der zweiten Umrundung fing ich die Krebse ab, die mittlerweile angelockt worden waren. Nach zwei weiteren

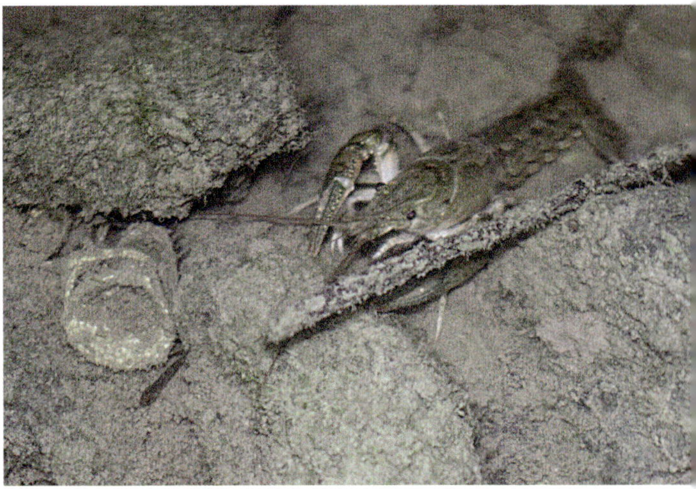

Kleine Süßwasserkrebse (hier der aus Nordamerika eingeschleppte Kamberkrebs *Orconectes limosus*) sind im Wasser flinke Flüchter, die sich schnell unter Steinen und in tieferem Wasser verstecken. Fängt man sie von Hand, muss man beachten, dass die Flucht durch Einschlagen des Schwanzes nach hinten erfolgt, nicht nach vorne.

Seeumrundungen hatte ich nicht selten mehr als 15 schöne Exemplare gefangen.

In einer Notsituation stehen uns verschiedene Fangmethoden zur Verfügung. Sie lassen sich in zwei Kategorien einteilen: das aktive Jagen und das Fangen in einer Falle.

In der ersten Kategorie haben sich vor allem zwei Methoden als besonders funktionsfähig erwiesen. Zum einen das Fangen mit der Hand, zum anderen das Speeren. Außerdem besteht noch die Möglichkeit, den Krebs mit einem Kescher zu fangen.

Bei den ersten Versuchen, einen Krebs mit der Hand zu fangen, werden Sie sich sicherlich noch überwinden müssen. Das Risiko, schmerzhaft gezwickt zu werden, ist relativ hoch. Mit etwas Übung wird Ihnen das später kaum noch passieren. Wie beim Handfang von Kurzschwanzkrebsen ist vor allem das Ablenken besonders wichtig. Wir wissen, dass der Krebs bei Gefahr rückwärts aus dem Risikobereich flüchten wird. Hier werden wir ihn ergo kaum von vorne greifen können. Sobald wir uns mit der Hand dem Tier nähern, wird er beide Scheren anheben und langsam nach hinten schwimmen. Erst wenn der Krebs sicher ist, dass er keine Chance gegen den Angreifer hat, flüchtet er. Aus diesem Grund kann man sich beim Fangen gut der Beute nähern.

Krebse flüchten meist in das tiefere Wasser oder in Richtung von Steinen und Wurzeln. Während der Krebs nach hinten schwimmt und sich auf Ihre eine Hand konzentriert, bilden Sie mit der zweiten eine kleine Höhle, indem Sie die Handfläche etwas gewölbt gegen den Boden halten. Verändern Sie die Stellung der kleinen Kunsthöhle vorsichtig so, dass der Krebs genau dort hinein schwimmt. Sobald er mit dem Schwanz an die Hand anstößt, gerät er in Panik und flüchtet durch das mehrfache Einklappen des Schwanzes in das Innere Ihrer Handfalle. Diese wird sofort geschlossen und der Krebs wird am hinteren Ende des Kopfpanzers, seitlich mit zwei Fingern gepackt. So können Sie von den Scheren nicht erreicht werden.

In tieferen Gewässern können Sie Wurzeln von Uferbewuchs, die in das Wasser hineinragen, oder die Lauboberfläche von kleinen, verschlammten Bereichen abtas-

Aus Schilf gefertigter »stumpfer Vielzack« zum Fang von Krebsen auf schlammmigem und kiesigem Boden. Da der erhaschte Krebs nicht besonders fest klemmt, muss der Speer nach dem Anheben rasch über Land gebracht werden.

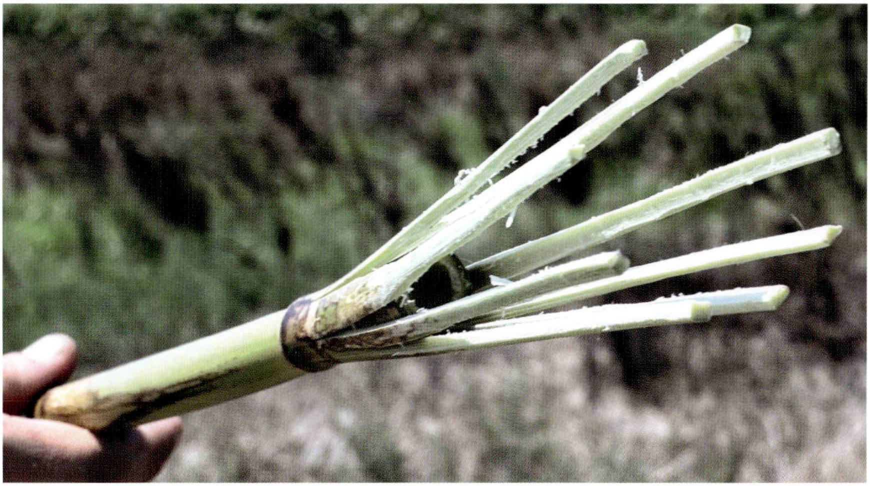

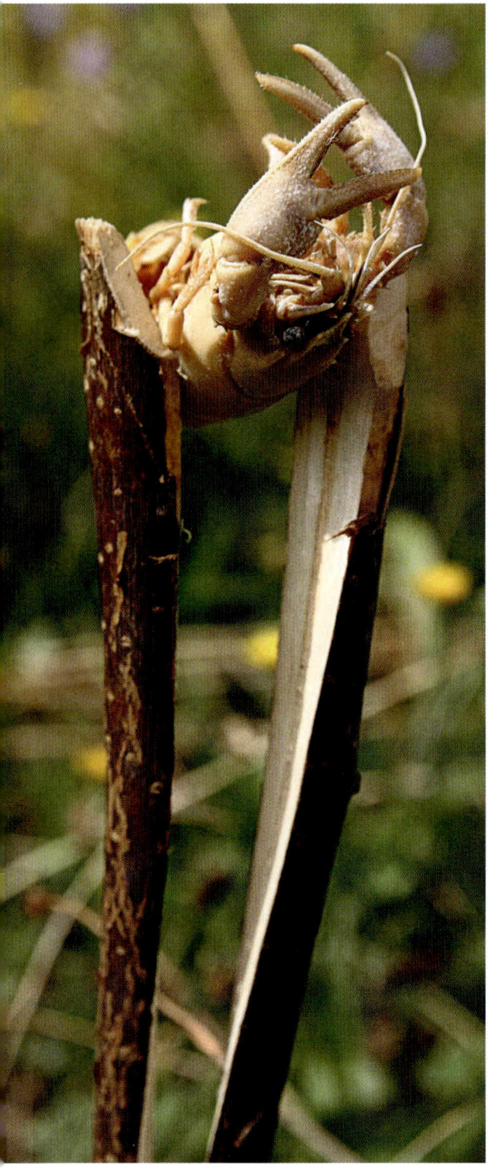

Eine einfache Krebsgabel aus einem gespaltenen Ast mit zwei Zinken. Hiermit muss deutlich genauer gezielt werden als mit einem Vielzack. Oft wird beim Fang der Krebs beschädigt, weshalb er, auf diese Weise gefangen, alsbald gekocht und verzehrt werden sollte.

ten. Darin verstecken sich manchmal Krebse. Ertasten Sie etwas Hartes und Stachliges, greifen Sie zu.

Bei dieser Methode werden Sie fast zwangsläufig vom Fang gezwickt. Geraten Sie nicht in Panik und wedeln Sie nicht wild mit der Hand, der Krebs würde irgendwann abfallen und im Wasser verschwinden. Vielmehr greifen Sie den Krebs mit der zweiten Hand ruhig am Kopfpanzer und lösen die Scheren einzeln.

Eine etwaige Verletzung wird weniger schwerwiegend sein, wenn Sie das Tier festhalten, anstatt es wegzuschleudern. Verlieren Sie nicht die Geduld, falls Sie nicht sofort erfolgreich sind. Meine ersten Versuche, Krebse zu fangen, beschränkten sich darauf, dass ich im kalten Wasser stand, den Boden abtastete und von Zeit zu Zeit mit einem Aufschrei und einem kurzen panischen Hampelmannssprung meinen Fang wieder zurück ins Nass schleuderte.

HINWEIS:

Die Handfangmethode verspricht nur dann Erfolg, wenn das Wasser klar und weniger als knietief ist. Andernfalls lohnt es sich, die Krebse mit Ködern in flacheres Uferwasser zu locken.

Wesentlich einfacher ist es, wenn Sie einen Harpunenspeer bauen. Die Spitze muss hart genug sein, um den relativ festen Panzer zu durchbohren. Sie können beim Fang die Speerspitze direkt vor das Tier führen, ohne dass es flieht.

Das hat den Vorteil, dass der Stoßweg und der daraus resultierende Verzug so klein wie möglich sind und der Lichtbrechungsindex des Wassers keine Rolle mehr spielt, da Sie die Spitze relativ zum Tier betrachten können. Auch im Meer lässt sich diese Methode anwenden, indem Sie mit dem Speer in Felsspalten stoßen. Häufig wird bei dieser Methode die Speerspitze beschädigt. Darum sollte diese Technik nur angewandt werden, wenn Sie davon überzeugt sind, dass diese Spalten bewohnt sind.

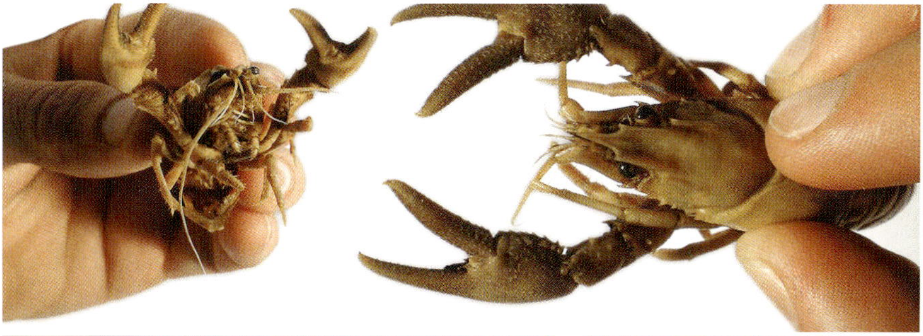

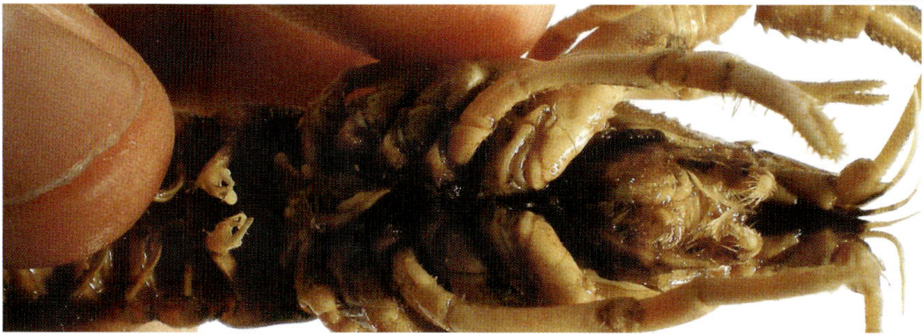

Auch Langschwanzkrebse können sich verteidigen. Um den spitzen Scheren fernzubleiben, wird der Krebs von hinten seitlich am Kopfbereich gepackt. So ergriffen, kann er sich nicht mehr wehren.

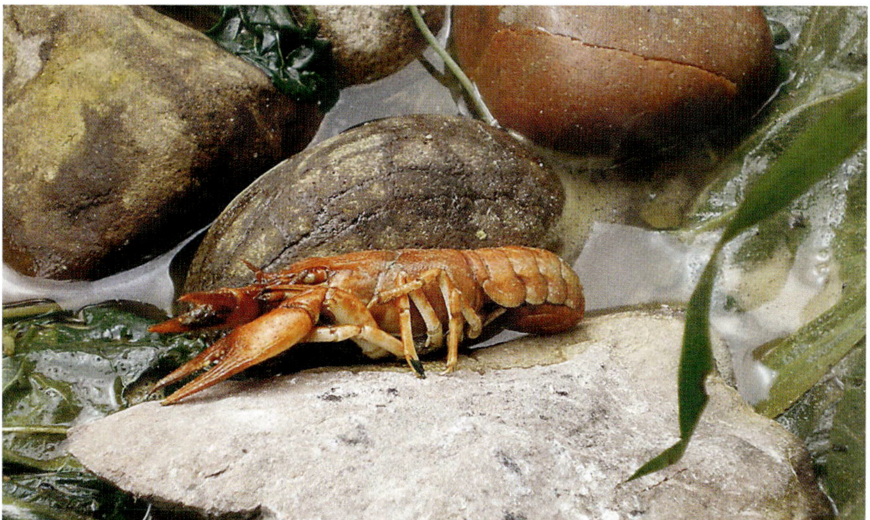

Ein amerikanischer Flusskrebs, hier in der Grube gedünstet. Der Chitinpanzer färbt sich beim Kochen rot. Das Fleisch der Tiere eignet sich hervorragend als wohlschmeckender Proteinlieferant.

Auf felsigem Untergrund oder Kies können Sie eine spezialisierte →Harpunenspitze verwenden, die sich allerdings nur für den Krebsfang eignet. Sie können entweder eine »Krebsgabel« verwenden, also einen gespaltenen Stab, dessen Spitze leicht gespreizt und innen leicht angeschrägt ist.

Mit dieser kann der Kopfpanzer größerer Exemplare festgeklemmt werden. Oder aber Sie spalten den Stab (besonders gut eignet sich hier Bambus, Schilf und dergleichen Rohre) vielfach auf und drücken in die Mitte einen kleinen Knebel, bis er einen Kranz vieler stumpfer Einzelspitzen bildet. Dieser Vielzack kann wahllos auch in trübes Wasser in den Boden gerammt werden – auf ihm bleiben sowohl kleine als auch größere Exemplare hängen.

Die Methode, Krebse mit einem Kescher oder einem Keschenersatz zu fangen, lohnt sich vor allem dann, wenn mehrere Tiere um einen Köder sitzen. Als Keschenersatz lässt sich zum Beispiel ein über eine Astgabel gezogenes Hemd verwenden. Mit dem Kescher fassen Sie über die Krebse auf den Boden, sodass sich die Beute zwischen Ihnen und dem Netz befindet. Nun müssen Sie die Tiere lediglich mit der Hand oder einem Stock aufschrecken und in Panik versetzen. Sie werden sich nach hinten, also in Richtung des Keschers katapultieren und sich dort hinein, in die hinterste Ecke drängen. Die Beute muss nur noch aus dem Wasser gehoben werden.

HINWEIS:

Überall dort, wo es Krebse gibt und der Gewässerboden unregelmäßig trocken liegt, können Sie an Land nach Krebsen graben, die in Höhlen und unter Steinen im feuchten Schlamm überdauern.

An Süßwasser mit stark verändertem Wasserstand (Auengewässer, Mäander, Flüsse mit Tideneinfluss) und schlammigem Ufer sollten Sie sich unbedingt den Boden unter Steinen und angeschwemmten Stämmen anschauen. Sehr häufig finden Sie dort scheinbare Mauselöcher, die aber nichts anderes sind als die Wohnhölen, in die sich die Krebse am Tag zurückziehen. Natürlich wurden die Höhlen bezogen, während die Eingänge noch mit Wasser bedeckt waren – allerdings verlassen die Krebse ihre sicheren

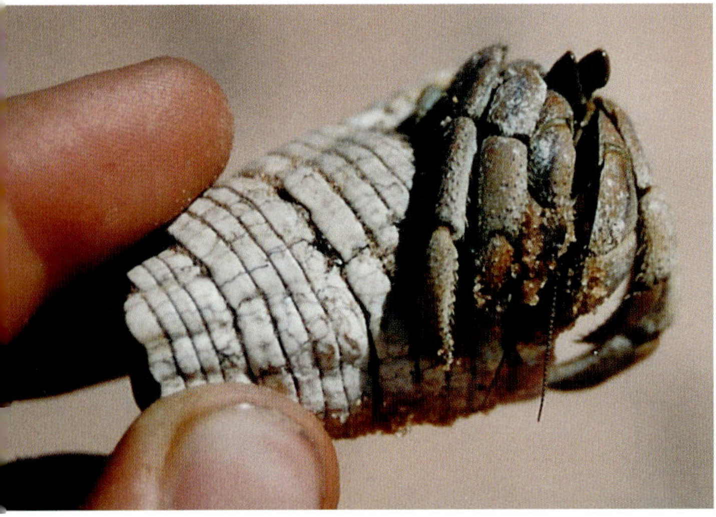

Harte Schale, weicher Kern: Ein untypischer Langschwanz, der oft das Land aufsucht. Einsiedlerkrebse können mit ihrem Haus einfach in kochendes Wasser gegeben werden. Vor allem in den Tropen findet man sie in großer Anzahl und Formenvielfalt.

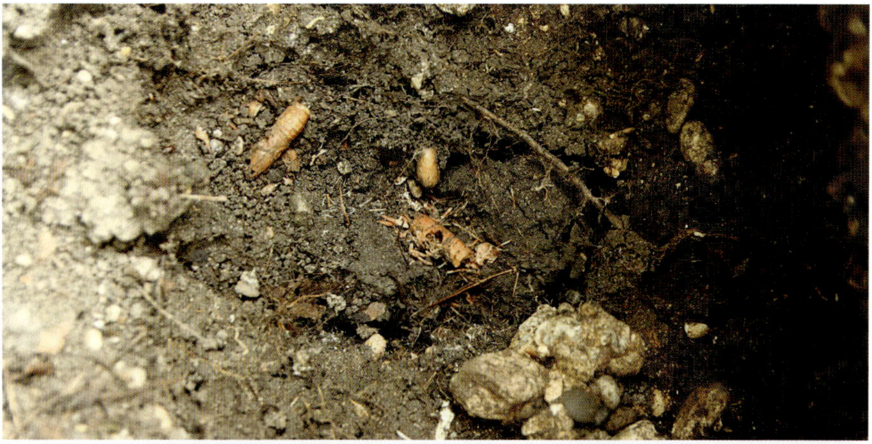

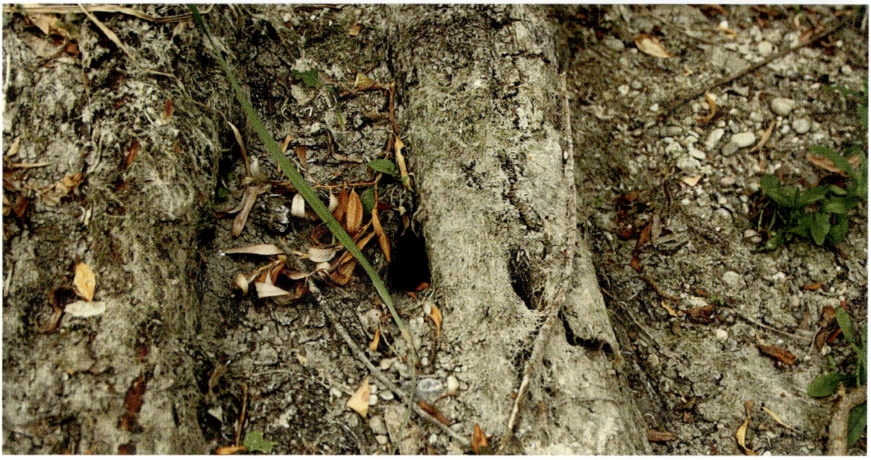

Oben: **Zu lange gewartet. Diese Krebse sind versteckt unter einem Baumstamm ausgetrocknet und verendet. Die Reste weisen jedoch sicher darauf hin, dass in der Umgebung (ggf. näher am Wasser) noch lebende Tiere gefunden werden können.** ***Unten:*** **Am Bachufer reichen die kreisrunden Löcher bis unter den Wasserpegel. Führen Sie hier ein Ästchen mit einer kleinen Schlinge aus Draht oder Angelschnur ein, kann der Krebs geborgen werden.**

Wohnungen nicht, auch wenn sie über mehrere Wochen trocken liegen. In der feuchten Erde überdauern sie die Durststrecke bis zum nächsten Hochwasser.

Stochern Sie mit einem dünnen Ästchen in dem Loch und merken leichte Schläge oder Widerstand beim Herausziehen, lohnt es sich, die Höhle aufzugraben. Oft finden Sie nach 30 bis 50 Zentimetern im leicht entfernbaren Schlamm den Bewohner.

Das passive Fangen wird uns ohne Netz nur in einer abgeleiteten Form zur Verfügung stehen. Wenn Sie die Muße und Zeit haben, eine →Reuse aus Schilf oder Gras zu flechten, können Sie diese mit einem Fischköder versehen, bis zu zwei Tage am Grund eines Gewässers liegen lassen und die Krebse absammeln. Eine andere Methode besteht darin, einen toten Fisch mit Reisig oder Schnur und Stoffresten locker

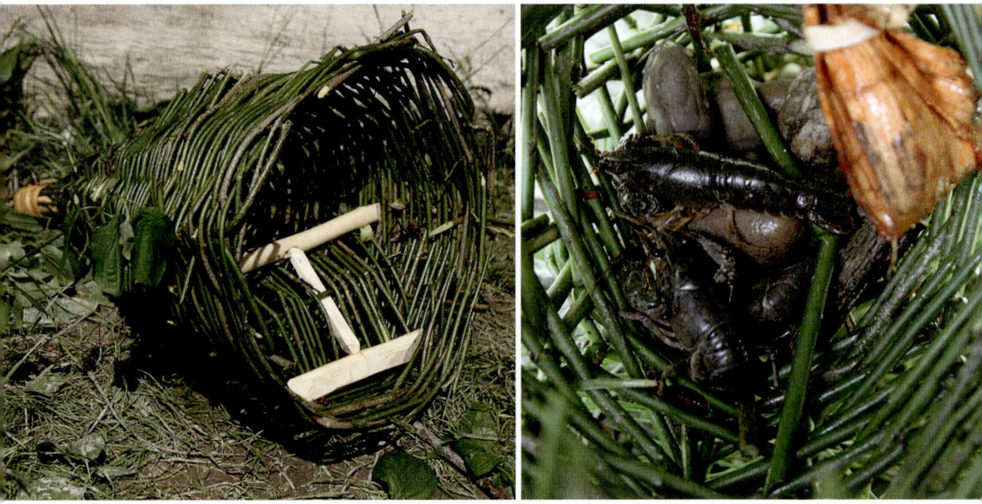

Links: **Eine für den Krabbenfang modifizierte Korbreuse: der Eingang besteht aus einer schräg nach oben ansteigenden Fläche, die Krebse auf der Suche nach dem Köder problemlos besteigen können.** ***Rechts:*** **Die Reuse wird im Wasser mit Steinen beschwert. Der Köder befindet sich für die Krebse unerreichbar in einem kleinen Täschchen, das in der Reuse aufgehängt ist. Die Reuse wird mit der Öffnung nach oben aus dem Wasser entnommen.**

zu umwickeln und für eine halbe Stunde in das Wasser zu legen. Vergessen Sie dabei nicht, die Konstruktion an einer Leine zu sichern. Vorsichtig, aber zügig wird die Vorrichtung aus dem Wasser gezogen. Mit etwas Glück tummeln sich einige Tiere im Reisig. Aus Erfahrung bin ich jedoch der Meinung, dass das Sammeln und aktive Suchen eine höhere Ausbeute im Vergleich zur Zeit bringt.

Kleinkrebse

Asseln

Asseln gehören genauso zu den Krebstieren wie Langusten oder Garnelen. Eine Besonderheit ist jedoch, dass die bei uns vorkommenden Asseln auch außerhalb des Wassers, also an Land leben. Zwar gibt es eine Vielzahl von Meeresasseln und selbst solche, die im Süßwasser leben, doch für uns sind im Allgemeinen nur die Landasseln von Interesse, da sie einfach zu fangen beziehungsweise zu sammeln sind.

Asseln atmen durch Kiemen, die auf der Bauchseite hinten liegen. Zum Atmen müssen diese ständig feucht gehalten werden, weshalb die Tiere hauptsächlich an Orten mit feuchter Luft gefunden werden können. Die bei uns lebenden Arten ernähren sich hauptsächlich von Totholz und Laub. Auf der Suche nach ihnen müssen wir also unter Steinplatten und Holzstücken sowie abgefallener Borke suchen. Auch in abgestorbenen, feuchten und morschen Baumstämmen finden wir große Mengen der Tiere.

Da Asseln sehr klein sind, muss eine große Anzahl aufgenommen werden, um den Nahrungsbedarf einigermaßen zu decken. Jedoch ist es wegen ihrer geringen Größe auch fast unmöglich, die verwertbaren Teile von den Ungenießbaren zu trennen. So werden Sie zwangsläufig eine große Menge des Panzers zu sich nehmen. Es besteht die Gefahr von Verdauungsproblemen. Auch ihr sonderbarer Geschmack, der selbst nach dem Rösten oder Kochen bleibt, macht die Assel nicht zu einem kulinarisch wertvollen

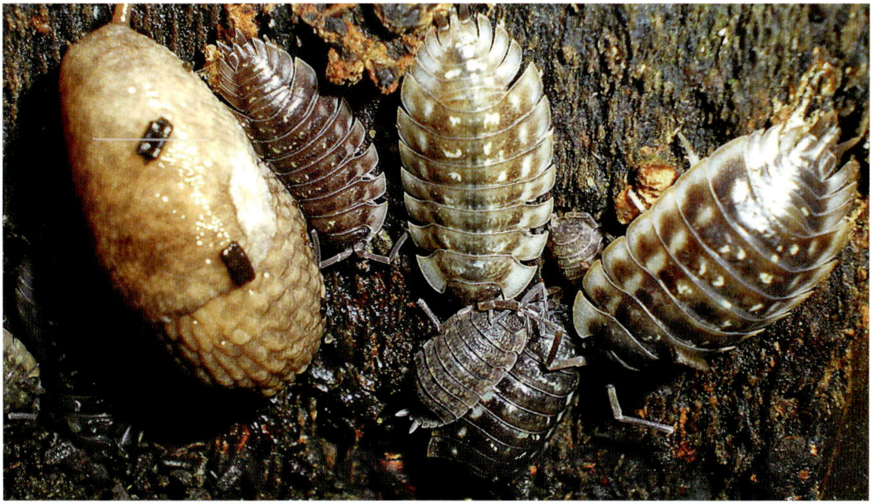

Asseln lassen sich meist auch im Winter in großen Mengen sammeln. Unter Borke oder Baumstämmen sammeln sie sich und werden durch die Fäulniswärme der Umgebung beheizt. Sie ernähren sich von feinen Pilzfäden, Holzresten und anderem organischen Substrat. Da Asseln mit Kiemen atmen, leben sie nur in feuchter Umgebung. Deshalb erübrigt sich die Suche nach ihnen in ausgetrockneten Baumstämmen.

Nahrungsbestandteil, was Krebse normalerweise sind.

Auch die Nahrung der Tiere, hauptsächlich in Fäulnis übergehende Zellulose, und deren Geschmack trägt dazu bei, dass Asseln nur nachrangig als Nahrung eingesetzt werden. Doch unter bestimmten Umständen gehören sie zu den letzten verfügbaren tierischen Nahrungsmitteln. Wie zum Beispiel im Winter, wenn sich ein Großteil der Würmer und Larven in tiefere Bodenschichten gegraben haben.

In manchen Gegenden Deutschlands wurden Kellerasseln während Kriegszeiten in größeren Mengen ohne unangenehme Folgen verzehrt, weshalb wir davon ausgehen können, dass auch die Aufnahme einer sehr großen Anzahl nicht schädlich ist.

Bachflohkrebse

Relativ häufig sind Vertreter kleinerer Krebsarten zu finden. Ein Beispiel ist der Bachflohkrebs, ein nur bis zu zwei Zentimeter großer Wasserbewohner, der in den meisten Bächen und Flüssen vorkommt. Die Form des Bachflohkrebses ähnelt einer kleinen Garnele, er hat einen mehrfach segmentierten Körper und bewegt sich zuckend im Wasser fort. Sein Körper ist seitlich abgeflacht.

Bachflohkrebse sitzen gerne in großen Gruppen unter Steinen und Holzstücken oder in Algen und flüchten, wenn der Gegenstand angehoben wird, mit dem abtropfenden Wasser in ihren Lebensraum zurück. Aufgrund der geringen Größe müssen Sie wirklich viele dieser Tiere fangen, was mit einem kleinen Trick jedoch leicht möglich ist.

Es gibt eine einfache und effektive Methode, mit der in kurzer Zeit genügend Tiere für eine Mahlzeit gesammelt werden können. Dazu suchen Sie sich ein größeres Pflanzenblatt, zum Beispiel von einer Klette, und rollen es trichterförmig zusammen. In das untere Ende dieser Spitztüte wird ein kleines Loch von etwa einem Millimeter Durchmesser gerissen, durch das Wasser ablaufen kann, jedoch keine Bachflohkrebse hindurchpassen.

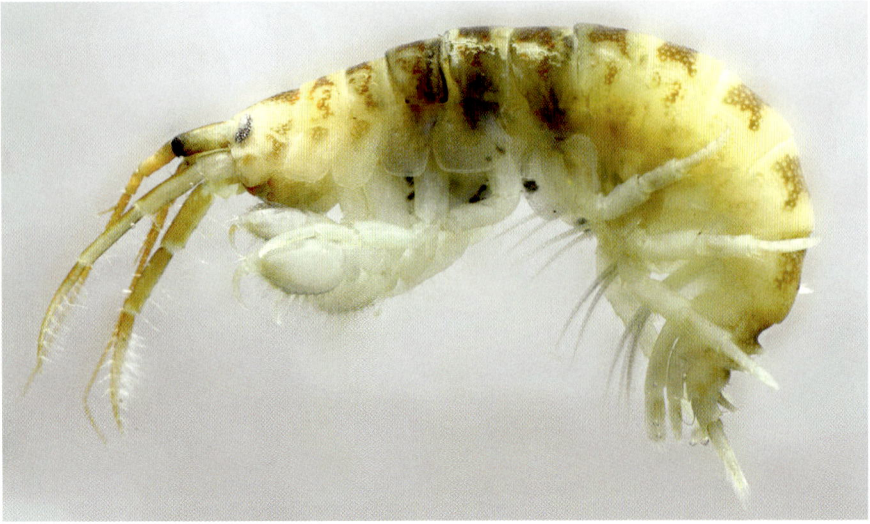

Bachflohkrebse sind prinzipiell nichts anderes als sehr kleine Garnelen. Durch die geringe Größe eignen sie sich besonders gut zur Konservierung durch Trocknen an der Luft. Weil das Schälen kaum möglich ist, empfiehlt sich bei der Zubereitung von großen Mengen das Kochen, Zerstampfen und Trinken des Suds.

Man muss schon einige Bachflohkrebse sammeln, um satt zu werden. Mit der richtigen Methode, mit der andernorts auch die ähnlich großen Süßwassergarnelen gefangen werden, ist dies aber in kurzer Zeit geschehen.

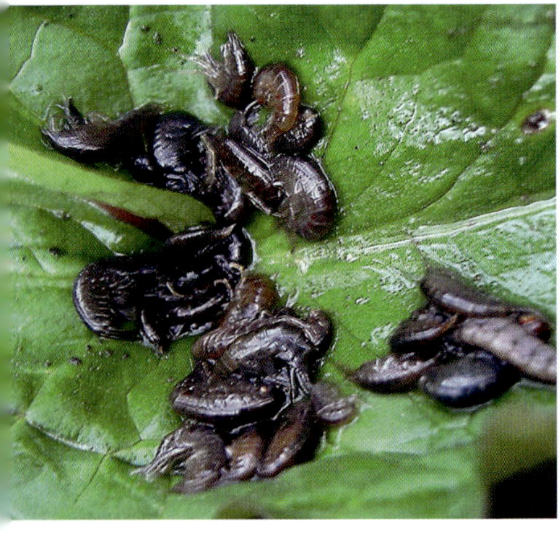

Nun waten Sie durch den Fluss und heben die verschiedensten im Wasser liegenden Gegenstände an und halten diese über den Trichter, sodass das abfließende Wasser in jenen läuft. Gemeinsam mit dem Wasser sammeln sich darin auch die Bachflohkrebse. Das Wasser läuft ab, die Tiere verbleiben im Blatt. Je nach Bestand lassen sich so innerhalb einer Stunde etwa 500 Gramm Krebse fangen. Besonders ertragreich ist die Methode in Verbindung mit dem Sammeln von Muscheln und Wasserinsekten.

Töten und Zubereiten

Krebse sollten generell so lange wie möglich am Leben gelassen werden, da sich ihr Fleisch sehr schnell zersetzen kann. Harpunierte Krebse müssen ungekühlt innerhalb weniger Stunden zubereitet werden.

Am schnellsten werden diese Tiere getötet, indem sie in kochendes Wasser gegeben werden. Um dem Tierschutzgedanken zu entsprechen, werden Krustentiere einzeln und mit dem Kopf voran in das Wasser geworfen. Haben Sie kein kochendes Wasser zur Verfügung, kann ein Krebs auch durch

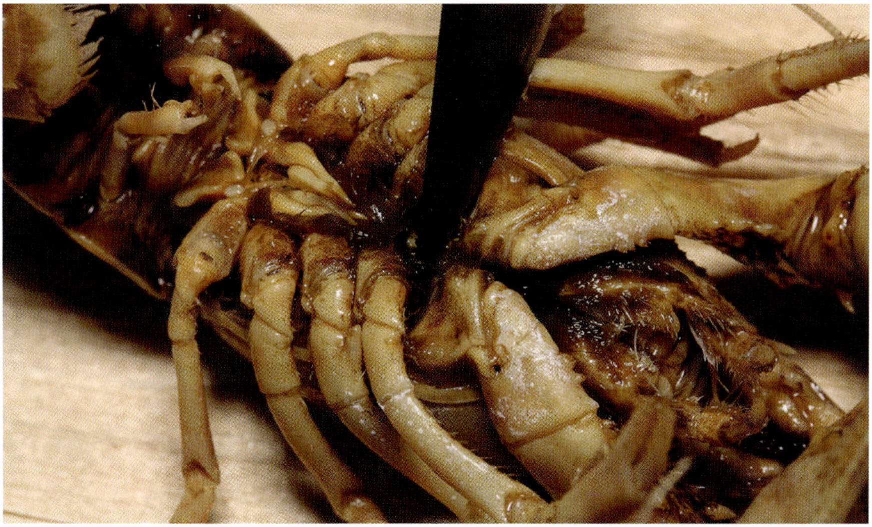

»Tötungsmethode« von Krebsen, die nur im Notfall angewandt werden sollte: Durch den Schnitt quer zum Körper auf Höhe der großen Scheren wird das einfache Strickleiternervensystem durchtrennt. Das Tier bleibt feuchtgehalten über viele Tage frisch und muss nicht getötet werden. Ohne diesen Schnitt töten sich die Tiere gegenseitig, wenn sie über längere Zeit gemeinsam gehältert werden.

einen vertikalen Schnitt durch die Bauchschilde auf Höhe der großen Scheren getötet werden. Dadurch wird das dort verlaufende Nervensystem durchtrennt. Der Krebs flüchtet und verteidigt sich auch nicht mehr, seine »Vitalfunktionen« bleiben jedoch vorhanden, weshalb das Fleisch auch bei fehlender Kühlung über Tage nicht verdirbt. Beachten Sie allerdings, dass diese Methode der Tötung dem Notfall vorbehalten sein sollte.

HINWEIS:

Die zum Training korrekte Tötungsmethode erfolgt durch das Werfen einzelner Tiere in siedend sprudelndes Wasser.

Eine Ausnahme machen Taschenkrebse, die ganz offiziell mit einem kräftigen Schlag längs auf den Kopfpanzer getötet werden dürfen, und natürlich Asseln und Bachflohkrebse, die nicht als Luxusgericht gelten und für die sich deshalb aus dem Tierschutz auch niemand interessiert.

Krustentiere werden entweder in siedendem Wasser oder in der heißen Asche gegart. In der Asche sollte die Hitze aber nicht zu groß sein, da das Fleisch schnell austrocknet.

Gegessen werden kann bei den meisten Krebsarten alles, bis auf den Chitinpanzer. Auch die Organe im Kopfpanzer können verzehrt werden, solange sie nicht unangenehm schmecken. Besonders der grünliche, tranig schmeckende Teil in Kopfnähe enthält viel Energie. Bei Langschwänzen ist vor allem der Muskel im Schwanz wertvoll. Auch das in den Füßen und Scheren liegende Muskelfleisch kann durch das Zerschlagen der Schale erreicht werden.

Die Chitinschale selbst sollte nach Möglichkeit nicht gegessen werden. Chitin ist schwer verdaulich und kann bei übermäßigem Verzehr zu Verdauungsstörungen führen. Da Durchfall und Erbrechen in einer Notsituation immer mit dem ungewollten Verlust von Wasser und Energie verbunden sind, sollten Sie versuchen, den wertvollen

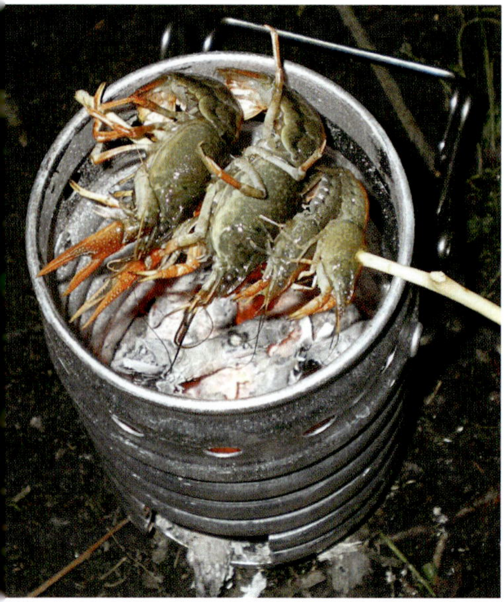

Durch die Hitze verfärbt sich der Panzer knallrot. Dasselbe geschieht allerdings auch beim Verwesungsvorgang in warmer Umgebung.

Teil der Krustentiere von dem Unverdaulichen zu trennen. Bei Kleinkrebsen ist das kaum möglich. Wenn möglich vermeiden Sie diese als Nahrung. Bis auf Asseln sind alle Krebstiere sehr schmackhaft.

Gefahren

Eine gewisse Schwierigkeit besteht in der Verwechslung von asselartigen Kleinkrebsen mit Tausendfüßer-Zwergformen. Die sogenannten Saftkugler ähneln den Asseln frappierend, haben jedoch keine Kiemen am Ende des Körpers, und ihre Panzerplatten sind glatt und dunkel.

Ebenso wie alle Tausendfüßer können Saftkugler reizende oder teils sehr giftige Sekrete aus seitlich sitzenden Wehrdrüsen abgeben. Gleiches gilt für die Hundertfüßer, die außerdem wegen ihrer Angriffslust und gefährlichen Giftklauen nicht belästigt werden sollten.

Deshalb sollten Hundert- und Tausendfüßer (die zwar nicht zu den Krebsen gehören, aber aufgrund ihrer ähnlichen Körperform

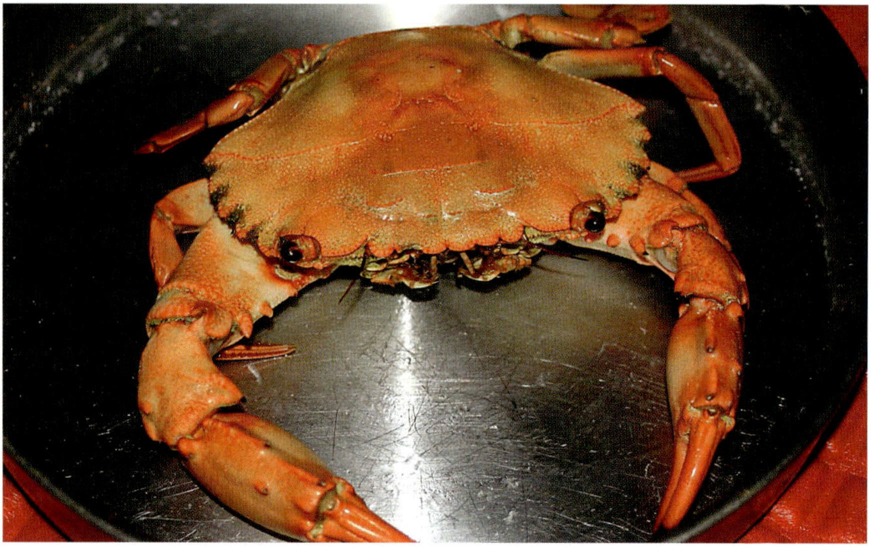

Eine Delikatesse, auch unterwegs als Notnahrung. Gekochte Krebse schmecken selbst ohne Gewürz und Cocktailsauce. Sie leben an allen Küsten und lassen sich relativ einfach fangen.

und Häufigkeit hier Erwähnung finden) als Notnahrung nicht verwendet werden.

Wie bei den meisten Wassertieren besteht eine erhöhte Gefahr durch verdorbenes Fleisch. Um das Risiko einer Lebensmittelvergiftung zu minimieren, dürfen nur frisch gefangene und getötete Tiere verzehrt werden. Auf keinen Fall darf auf tot vorgefundene Tiere zurückgegriffen werden.

Eine weitere, kaum einschätzbare Gefahr entsteht durch eine Vergiftung des Fleisches, wie sie bei Muscheln beschrieben ist. Eine geringe Möglichkeit der Gefahrenvermeidung besteht in der Beachtung der im Kapitel »Weichtiere« aufgeführten Indikatoren. In Europa sollten Sie jedoch ziemlich sicher davor sein. Der Fang von großen Krebsarten ist außerdem durch teilweise sehr kräftige Zangen und speerartig abstehende Panzerteile nicht ganz ungefährlich.

Fassen Sie deshalb große Krebse immer beherzt und sicher mit dem entsprechenden Spezialgriff, damit sie Ihnen mit den Scheren nicht zu nahe kommen können.

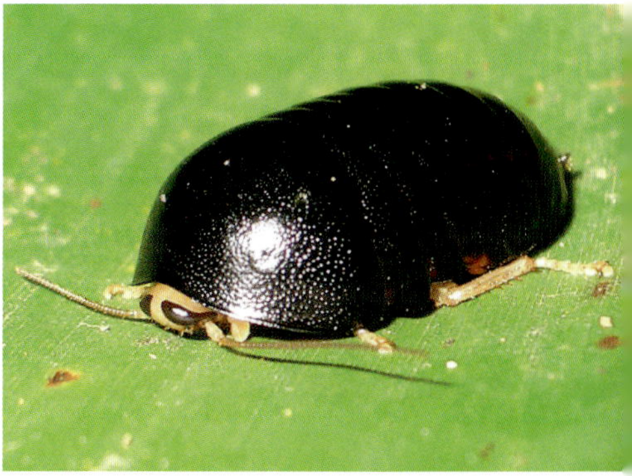

Schnell verwechselt werden Asseln mit Saftkuglern (bei dem oben abgebildeten, ähnlich aussehenden Tier aus dem vietnamesischen Dschungel scheint es sich allerdings um eine Schabe zu handeln), die aus seitlich am Panzer liegenden Drüsen Gift abgeben. Sie sind nahe mit Tausendfüßern verwandt.

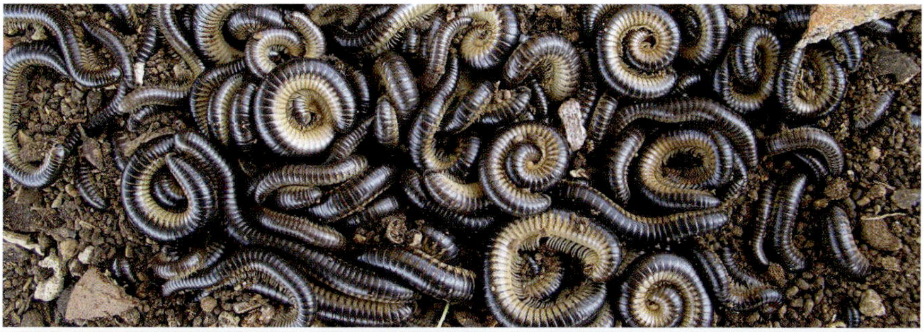

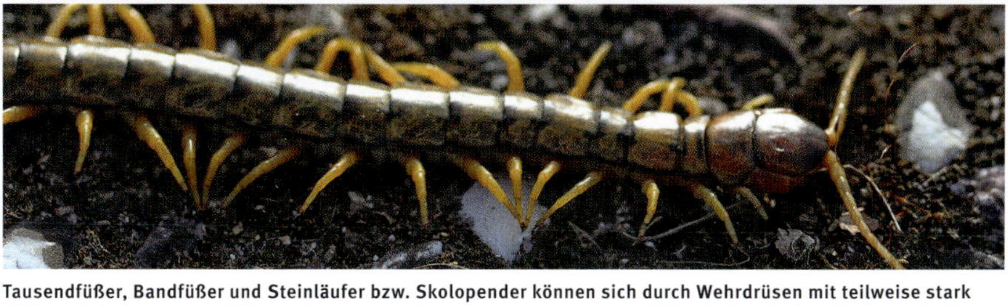

Tausendfüßer, Bandfüßer und Steinläufer bzw. Skolopender können sich durch Wehrdrüsen mit teilweise stark giftigen Substanzen verteidigen, die manchmal sogar verspritzt werden. Giftig sind außerdem Skolopenderbisse.

7 Fische

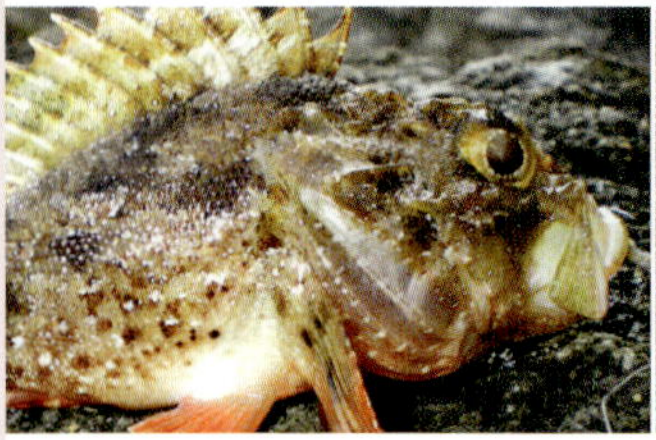
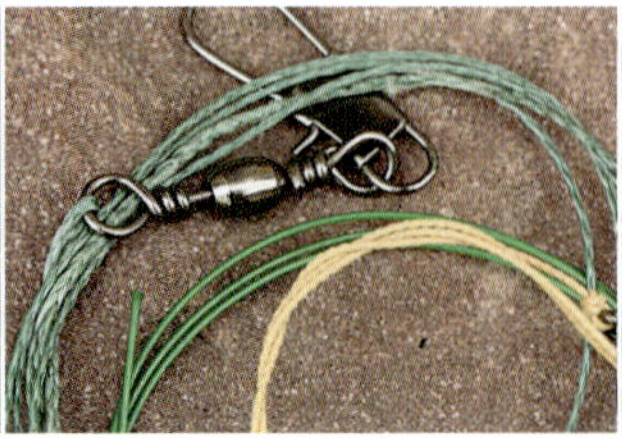
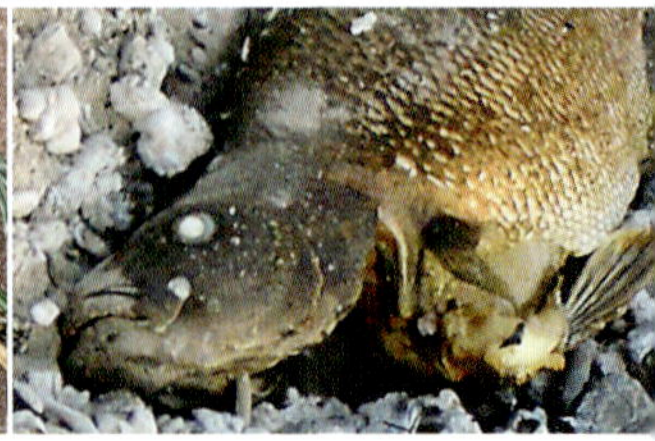

Für viele Leser wird das Schlachten von Säugetieren wahrscheinlich eine völlig neue Erfahrung sein, vermutlich werden die meisten von Ihnen aber schon einmal einen Fisch gefangen und selbst zubereitet haben. Die gesellschaftliche Akzeptanz des Selberfangens und Verzehrens dieser Wassertiere ist bei weitem größer als beim Jagen oder Fallenstellen. Ich selbst bin seit 35 Jahren Angler und konnte mich dem Reiz des Fischens im Meer und in Seen oder Flüssen noch nie entziehen.

Fische bieten eine vorzügliche Ernährungsgrundlage. Interessant ist für uns das Angeln im konventionellen Sinne, um auf Expeditionen die Grundversorgung zu erhalten, sowie die Verwendung der wechselwarmen Tiere als Notnahrung.

Wer sich mit dem Sportangeln genauer befassen will, begleite einen Sportfischer beim Angeln, lege den staatlichen Fischereischein ab, trete einem Angelverein bei oder kaufe sich eines der vielen detaillierten und gut illustrierten Fachbücher zu diesem Thema.

Im Grunde genommen ist Angeln Fallenstellerei. Ziel vieler Sportangler ist dabei nicht, eine zum Essen ausreichende Menge von Fischen zu erlegen, sondern der Fang der kapitalsten Exemplare. Sportfischer setzen dabei allerlei hoch entwickelte Angelgeräte und Tricks ein. In der Wildnis oder in einer Notsituation werden uns diese High-Tech-Geräte kaum zur Verfügung stehen. Unser Bemühen wird sich darauf beschränken, kleinere

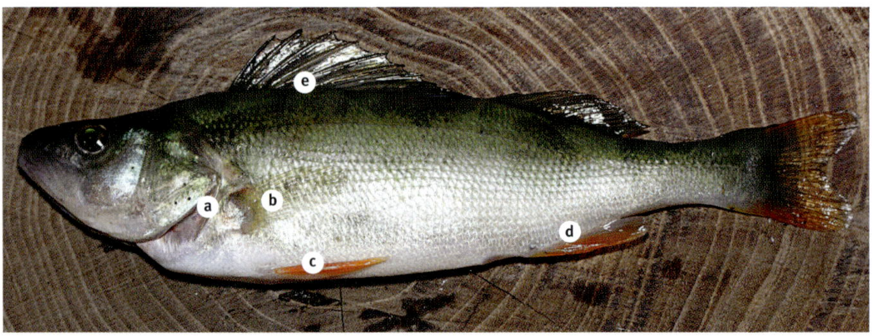

Typischer Fischaufbau mit Kopf, Rumpf und Schwanz. Dornen und ggf. giftige Stacheln sind häufig an folgenden Stellen: hinterer Rand des Kiemendeckels (a), Brustflossen (b), Bauchflossen (c), Afterflosse (d), erste Rückenflosse (e).

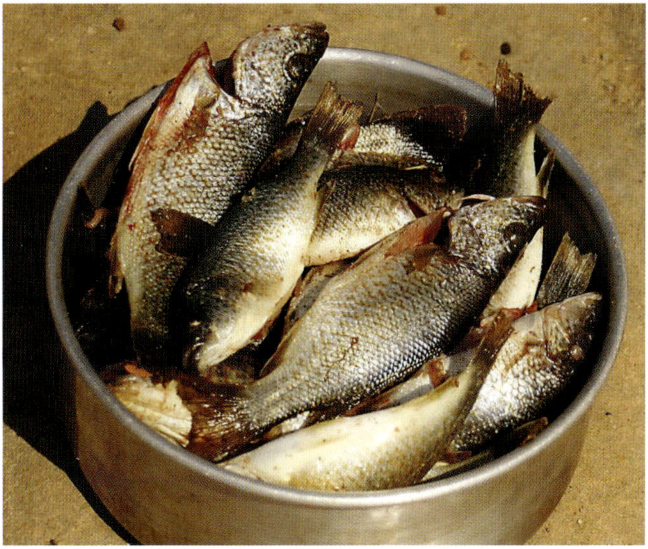

Um einige Kilogramm Fische zu erhalten, ist es einfacher, viele kleine Fische zu fangen, als einen großen zu angeln. Kleine Fische sind meist weniger scheu und belasten die Angelleine nicht so sehr.

Fische zu fangen. Die Definition von »klein« ist selbstverständlich recht frei auslegbar. Einigen Kriterien sollte unser Fang jedoch entsprechen. Zum einen sollte die Masse des Fleisches, die innerhalb einer Mahlzeit aufnehmbare Menge nicht übersteigen. Wir werden bis auf wenige, einfache Methoden kaum die Möglichkeit haben, unseren Fang haltbar zu machen. Zum anderen ist der Fang von schweren Fischen immer mit der Verlustgefahr von wichtigem Material und einem größeren Zeitaufwand als bei kleinen Fischen verbunden.

Bevor wir uns dem Fang widmen, betrachten wir die Anatomie, die wichtigsten Fischkategorien und Verhaltensweisen.

Der Fischkundige unterteilt die Fische hauptsächlich in Knochen- und Knorpelfische. Zwar gibt es auch hier vielfältige Klassifizierungen, für unsere Anwendung jedoch sind sie eher verwirrend als hilfreich. Wir vernachlässigen sie deshalb. Wie der Name schon sagt, besteht das Skelett der Knorpelfische hauptsächlich aus Knorpel und das der Knochenfische aus hartem Knochen. Zu den Knorpelfischen gehören Haie und Rochen. Bis auf wenige Ausnahmen werden die restlichen Fischfamilien zu den Knochenfischen gezählt.

Fische müssen paradoxerweise nicht zwingend im Wasser leben. Es gibt viele spezialisierte Arten, die sich über längere Strecken auf Land bewegen oder generell im Schlamm an der Luft leben. So ist der Fang von Fischen nicht unbedingt mit Wasser verbunden. In bei Ebbe trockenen Mangroven fing ich beispielsweise ohne großen Aufwand kleine Schlammspringer von Hand. Anstrengender als der Fang war jedoch das spätere Reinigen von Kleidung und Haut vom Schlick. Hauptsächlich werden wir Fischen aber in ihrem Hauptlebensraum, dem Wasser, begegnen. Fische sind sehr wendig. Aufgrund ihrer eindeutigen Überlegenheit im Wasser können wir sie nur mit erheblichem Aufwand und durch systematisches Täuschen fangen.

Die Anatomie der Fische ist stark an Lebensräume und Verhaltensweisen angepasst. Es lässt sich zum Beispiel anhand der Maulstellung ableiten, welche Art der Nahrung das Tier aufnimmt. Dementsprechend

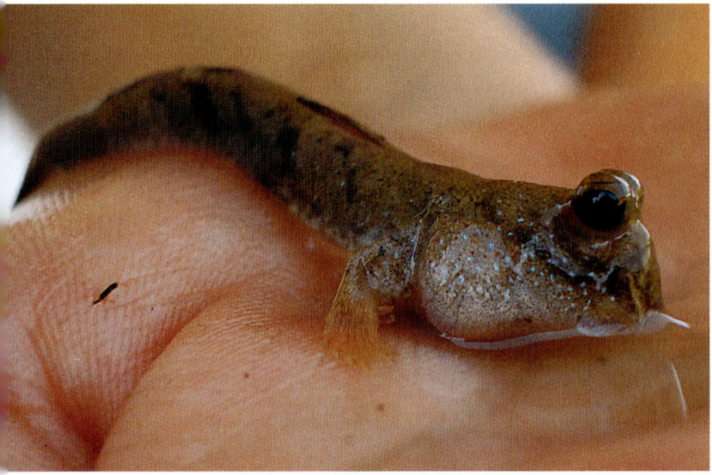

Fische sind ideal an ihren Lebensraum angepasst. Selbst an Land können sie sich agil bewegen. Einige sind sogar für das Austrocknen des schlammigen Gewässers vorbereitet und atmen durch Luftsäcke.

spezialisiert bevölkern Fische fast alle Gewässer der Welt. Ja man kann fast sagen, wo dauerhaft sauberes Wasser ist, gibt es Fische. Sogar das Austrocknen von Gewässern überleben einige von ihnen.

HINWEIS:

Oft lassen sich am Ufer oder im flachen Wasser Fische beobachten. Anhand ihrer verhaltenstypischen Körpermerkmale können Sie sich eine mögliche, effiziente und erfolgreiche Fangmethode herleiten.

Die meist stromlinienförmige Körperform ist der schnellen Fortbewegung unter Wasser angepasst. Die Haut ist bei den meisten Fischen teilweise oder vollständig mit Knochenplatten, den Schuppen, bedeckt. Bei manchen Arten fehlen diese jedoch.

Etwa auf Höhe der Wirbelsäule verläuft unter der Haut, vom Kopf bis zur Schwanzflosse, das sogenannte Seitenlinienorgan, ein Impulssensor, mit dem Fische sich in trübem Wasser sicher fortbewegen, Beute aufspüren und Jäger erkennen können. Außerdem haben manche Fische Sensoren zum Erkennen von elektrischen Impulsen oder zum Schmecken und Tasten.

Der Aufbau des Kopfes ist bei den meisten Fischen ähnlich. Auf beiden Seiten des Schädels, hinter den Augenhöhlen, befinden sich mehrere Kiemenbögen, die von den Kiemendeckeln geschützt werden.

Fische atmen, indem sie Wasser mit einer Pumpbewegung des Mundes durch die Kiemen pumpen oder beim Schwimmen daran vorbeiströmen lassen. Das Maul ist zumeist an die jeweilige Nahrungsaufnahme angepasst. Bei sogenannten Friedfischen, die sich hauptsächlich von Insekten, Weichtieren und Pflanzen ernähren, finden wir häufig Tastorgane, die Barteln, und einen ausklappbaren Rüssel zum Fressen am Grund. Raubfische hingegen, also Fische, die von anderen Fischen, Säugetieren oder Vögeln leben, haben in der Regel riesige, nach innen gerichtete Zähne und einen großen Mundspalt. Andere haben sich mit papageienschnabelartigen Mäulern auf das Zerkauen und Knacken von Korallen und Muschelschalen spezialisiert.

Auf den Schädel folgt beim Fisch die Wirbelsäule, die bis zur Schwanzflosse durchgehend als Ansatz für Knochen beziehungsweise Gräten dient. Das Skelett besteht aus dem sogenannten Achsenskelett, das aus einer Reihe am Rücken und zwei paarigen

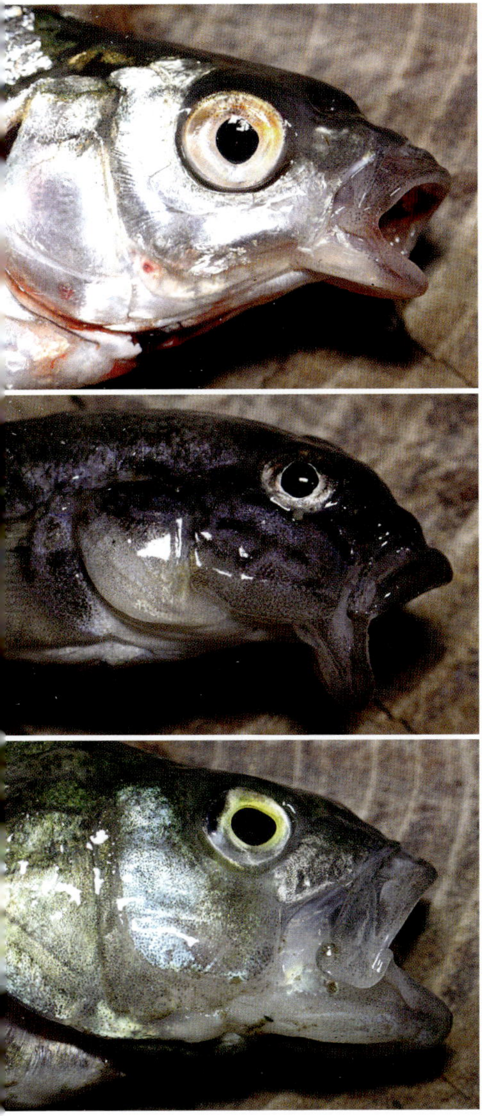

Nahrungsspezifische Maulformen. *Oben:* Friedfisch ohne Zähne, mit Saugrüssel. Typische Nahrung: Insektenlarven, Algen und Würmer in Grundnähe. *Mitte:* Nach unten gerichtetes Maul mit Zähnen. Typischer Opportunist, frisst tierische Bestandteile wie kleine Krebse, Weichtiere, aber auch tote Fische. *Unten:* Raubfisch mit großem, nach vorne gerichtetem Mundspalt. Hauptnahrung sind kleinere Fische.

Reihen von Gräten zum Stützen der Bauchhöhle besteht. Hinzu kommt das Extremitätenskelett, das die Basis und die Strahlen der Flossen bildet. Da es sehr kleine, nahezu unsichtbare Gräten im Fleisch gibt, sogenannte Zwischenmuskelgräten, besteht immer die Gefahr, sich beim Kauen oder Verschlucken einer Gräte zu verletzen. Dementsprechend ist beim Essen Vorsicht geboten.

In der Bauchhöhle liegen die meisten Organe frei. Die Niere jedoch sitzt in der Regel unterhalb der Wirbelsäule und ist von einer dünnen Haut bedeckt. Darunter befindet sich bei einigen Fischen die Schwimmblase. Die Schwimmblase ist eine anatomische Besonderheit der Fische. Sie ist eine mit Luft gefüllte Hautblase, die dem Fisch Auftrieb gibt. Manche Fische besitzen eine zweigeteilte Schwimmblase, mit der sie ihre horizontale Ausrichtung im Wasser verändern können. Einige Grundlebende besitzen überhaupt keine.

In der Regel haben diese Tiere drei unpaarige und zwei paarige Flossen. Auf dem Rücken sitzt ebenfalls eine Flosse. Der muskulöse Schwanz endet in einer fächerförmigen Schwanzflosse, die den Hauptvorschub beim Schwimmen aufbringt. Vom After in Richtung Schwanzflosse erstreckt sich die Afterflosse. Die paarigen Bauch- und Brustflossen sind auf der unteren Körperseite, etwa auf Höhe der Rückenflosse und hinter den Kiemendeckeln angeordnet.

Manche Fische besitzen in ihren Flossen, zumeist in der Rückenflosse, der Brustflosse sowie an den Kiemendeckeln, verknöcherte Strahlen und Dornen, die bei manchen Arten auch mit Giftdrüsen verbunden sein können. In jedem Fall sollten Sie beim Hantieren mit unbekannten Fischen Vorsicht walten lassen. Durch Stacheln und Zähne entstandene Wunden heilen sehr schlecht und können Infektionen hervorrufen.

Da sich die Fangmethoden und die grundsätzlichen Verhaltensweisen der Süßwasserfische von jenen der Salzwasserfische unterscheiden, werden wir sie getrennt behandeln.

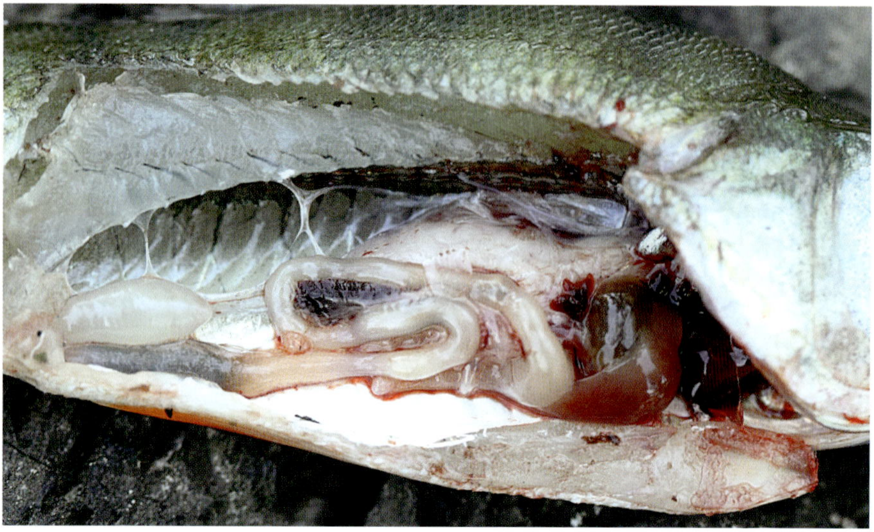

Lage der wichtigen Organe von Fischen in der Bauchhöhle. Jene ist zum Muskelfleisch durch rippenbogenartige Grätenbögen sowie das Bauchfell abgegrenzt. Oben an der Wirbelsäule liegt die Niere (Schwimmblase herauspräpariert). Unter dem Kiemendeckel teilweise verdeckt in einem kleinen Kompartiment liegt das Herz. Direkt dahinter in Schwanzrichtung ist die Leber mit Gallenblase zu sehen. Von ihr verdeckt ist der Magen, der in die schwanzwärts gelegenen Darmschlingen übergeht.

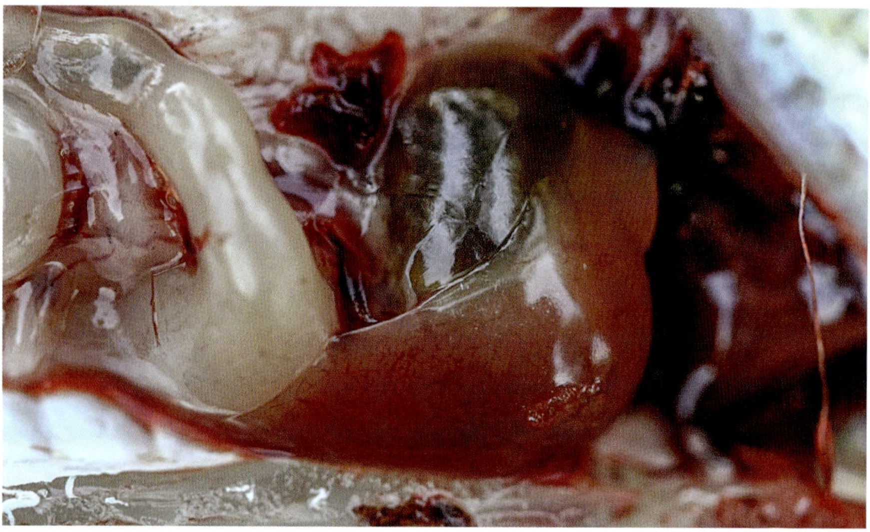

Lage von Leber und Gallenblase im Detail. Direkt beim Ausnehmen, möglichst kurz nach dem Töten, lässt sich die Form und Farbe der Leber sicher kontrollieren. An diesem Organ können schädliche Einflüsse wie Umweltgifte, Algentoxine sowie übermäßiger Parasitenbefall noch am ehesten erkannt werden. Bei der Untersuchung von Fischen spielt die Milz gegenüber der Leber eine untergeordnete Rolle, da Form und Farbe der Milz stark variieren.

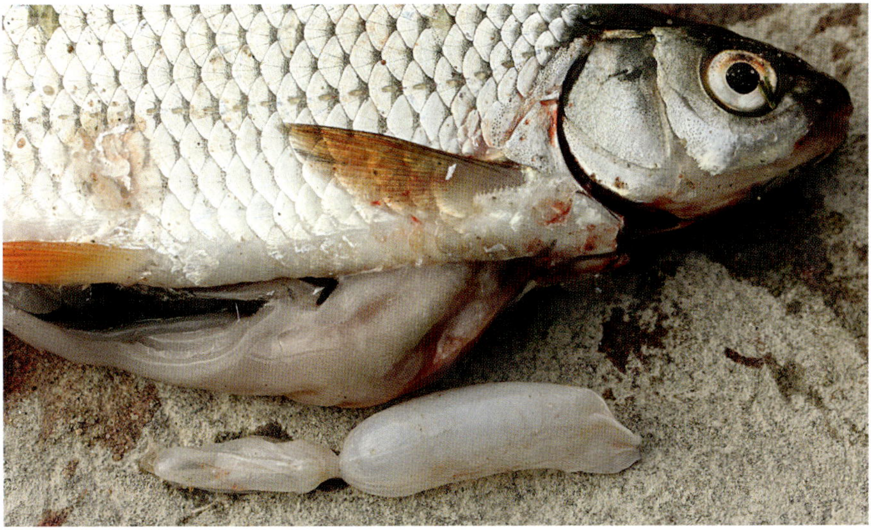

Herauspräparierte, doppelkammerige und lederartige Schwimmblase eines Karpfenartigen. Vorsichtig herausgelöst behält der robuste Luftsack seine Form und bleibt gefüllt. Trocknet man die Schwimmblase in diesem Zustand und verschnürt ggf. einen Teil davon, lässt sie sich sehr gut als improvisierter Schwimmer einsetzen. Über der Schwimmblase: Viele Fische besitzen am Magen Fett sowie wurmartige Fortsätze, die leicht mit Parasitenmassenbefall verwechselt werden können. Diese sog. Pylorusanhänge gehören jedoch zur normalen Fischanatomie.

Süßwasserfische

Süßwasserfische sind im Allgemeinen unproblematischer im Fang und in der Handhabung als ihre Verwandten des Meeres. Da Fische in Flüssen und Seen relativ isoliert von großen Räubern leben, haben sie zumeist keine so effektiven und für uns gefährlichen Verteidigungswaffen. Lediglich vor Stachelstrahlen in den Flossen und ausgeprägten Gebissen weniger Raubfische müssen wir uns in Acht nehmen. In tropischen Flüssen besteht ferner eine Gefahr durch jene Fische, die sich durch Stromstöße oder Giftstrahlen in Flossen verteidigen können.

Bei einer solchen Vielfalt, wie sie die Wasserwelt hervorgebracht hat, ist es zwar nie möglich, Restrisiken auszuschließen, doch man kann mit einiger Sicherheit davon ausgehen, dass uns europäische Süßwasserfische weder mit →Giftstacheln, noch mit elektrischem Strom gefährlich werden können. Auch auf Vertreter, die Gift im Gewebe einlagern, werden wir in unseren Flüssen und Seen nicht stoßen. Fische reagieren äußerst empfindlich auf eine chemische Verunreinigung der Gewässer. Sie können zwar Schadstoffe in Muskulatur und Fett anreichern, aber zumeist nicht in einer Menge, die den Menschen beim Verzehr ernsthaft gefährden könnte. Wird eine solche Dosierung erreicht, ist diese dem Fisch durch Hautschäden oder Organanomalien anzusehen.

Bei Süßwasserfischen entfallen fast alle Bedenken, ob das Tier essbar ist. Süßwasserfische mit eindeutigem Fischaussehen sind in aller Regel essbar. Da es jedoch wenige Ausnahmen gibt, versuchen wir wieder Regeln für die Auswahl zu finden.

Fische, die fischtypische Flossen besitzen und deutlich in drei Teile segmentiert sind, also in Kopf, Rumpf und Schwanz, sind im Allgemeinen ungefährlich. Sie sollten lediglich darauf achten, dass Sie nicht in das Gebiss des zappelnden Fanges fassen und sich

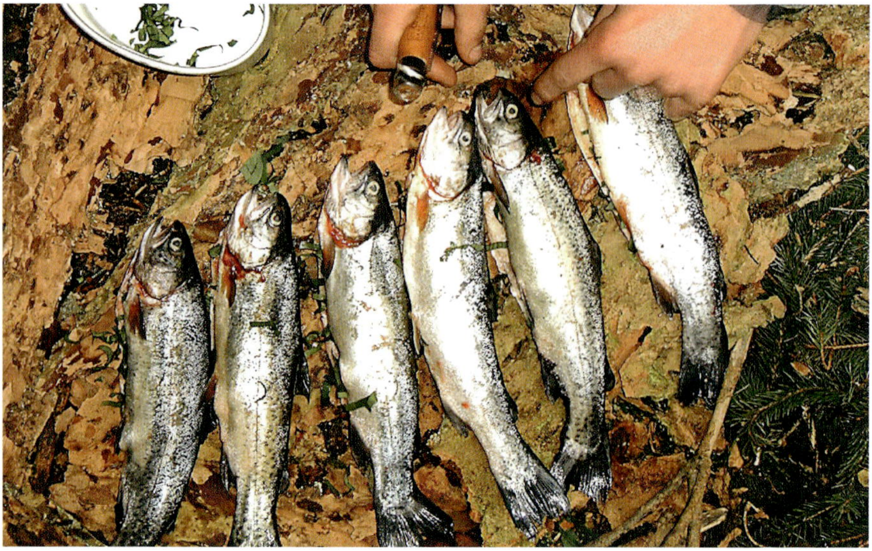

Eine klassische Speisefischgruppe sind die »Lachsartigen«, zu denen auch Forellen gehören. Sie lassen sich in fast allen Gewässern mit klarem und sauerstoffreichem Süßwasser fangen.

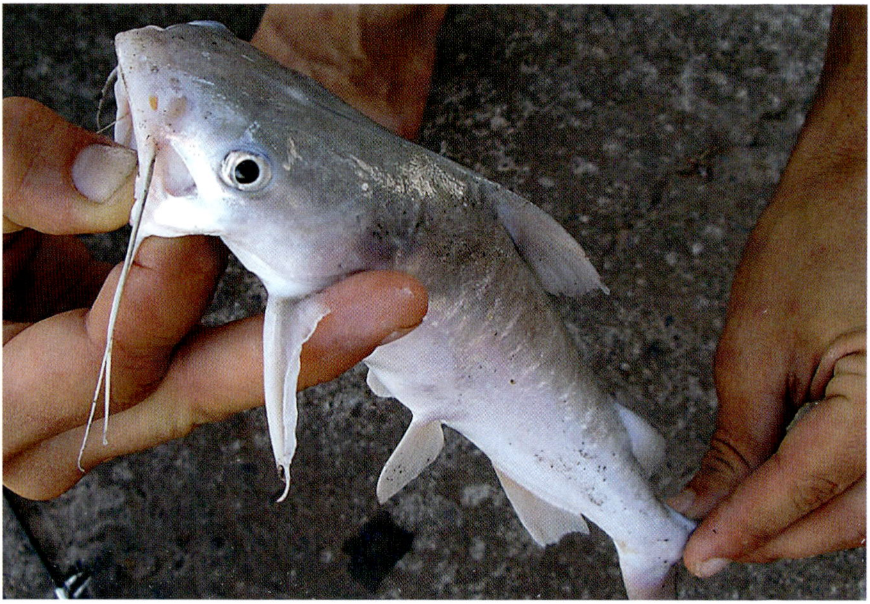

Ein besonders gefährliches Beispiel für giftige Dornen sind die des Giftwelses. Er lebt sowohl im Süß- als auch im Brack- oder Salzwasser. Die hohlen Dornen in Brust- und Rückenflosse sind hochgradig giftig und mit Widerhaken besetzt.

nicht an Dornen hinter den Kiemendeckeln oder Stacheln in den Flossen verletzen. Diese Waffen haben zum Beispiel Barsche.

Etwas befremdlich werden Aale und Welse auf Sie wirken. Diese Fischarten besitzen einen schlangenartigen Körper und haben keine sichtbaren Schuppen. Welse haben zusätzlich lange Barteln am Maul. Ihre Augen sind im Vergleich zu ihrer Körpergröße winzig. Dementsprechend gut sind Gehör und Geruchssinn. So bizarr die Tiere aussehen, von den Arten unserer Breiten gehen keine Gefahren aus.

Afrikanische und amerikanische Fische ähnlichen Aussehens sollten Sie jedoch besonders vorsichtig behandeln. Es könnte sich um einen sogenannten Zitteraal oder einen Zitterwels handeln. Das sind zwei Fischarten, die mit einem unter der Haut liegenden Organ eine elektrische Spannung von mehreren hundert Volt erzeugen können.

Beim Schlachten von Aalen und Welsen ist zu beachten, dass ihr rohes →Blut Entzündungen in Augen und Wunden hervorrufen kann *(✚ K7, K14)*.

Auf den Verzehr von Fischen, die einen fremdartigen Körperbau und ein untypisches Aussehen besitzen und dabei keine Aalartigen oder Welse sind, sollten Sie verzichten. Die Süßwasserfische unserer gemäßigten Gefilde sind zwar ohne Ausnahme essbar, es könnte sich jedoch auch um eingeschleppte Tiere handeln.

Salzwasserfische

Während Süßwasserfische in ihrer relativ sicheren Umgebung leben, bewohnen Meeresfische die großen Ozeane mit all ihren Gefahren. Im Meer hat fast jeder Fisch einen größeren Feind. Das ist im Süßwasser nicht so. Ein ausgewachsener Karpfen zum Beispiel hat kaum noch natürliche Feinde.

Die Evolution der Salzwasserfische hingegen hat eine Fülle von ausgeklügelten Verteidigungs- und Abwehrmechanismen geschaffen. Während Meerbrassen zum Beispiel gewaltige Dornen als Stützen der Rückenflosse besitzen, haben Drachenfische, wie das Petermännchen, Giftstacheln in der Rückenflosse und den Kiemendeckeln. Hieran kann sich der Fänger gefährliche und sehr schmerzhafte Verletzungen zuziehen.

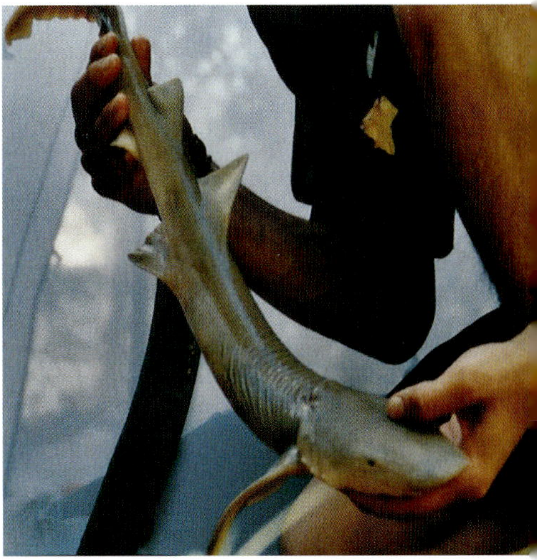

Dieser etwa 70 Zentimeter lange Hai aus dem Indopazifik ist essbar. Große Verwandte schmecken jedoch nach Ammoniak und sind nicht besonders delikat. Als Notnahrung können kleinere Mengen von Haifleisch verzehrt werden.

Andere Tiere, wie Haie oder Muränen, besitzen ein gefährliches Gebiss, das dem leichtsinnigen Fänger schwere Bissverletzungen und Infektionen oder gar Vergiftungen zufügen kann. Dies sind nur wenige Beispiele aus der unerschöpflichen Vielfalt der Natur. Gehen Sie beim Fang eines Meeresfisches grundsätzlich davon aus, dass er eine solche Verteidigungswaffe besitzt, auch wenn sie nicht zu sehen ist. Halten Sie den unbekannten Fisch nur mit geschützter Hand, oder drücken Sie ihn mit dem Schuh gegen den Boden.

HINWEIS:

Die meisten Salzwasserfische besitzen effektive Verteidigungsmöglichkeiten wie Stacheln und ein scharfes Gebiss.

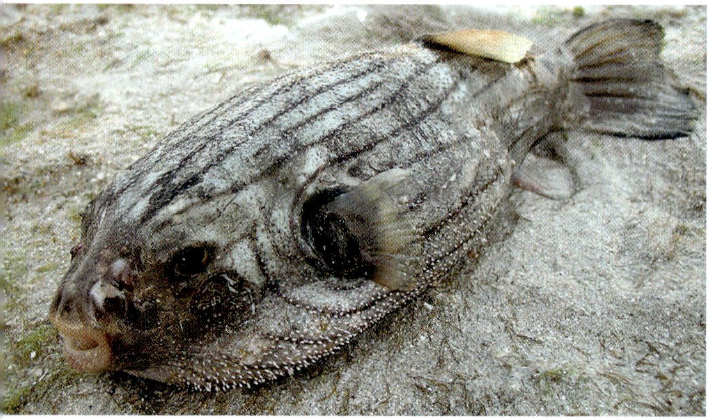

Extrem giftig sind Kugel- und Igelfische. Von Form und Aussehen sind sie als »untypische« Fische zu erkennen. Sie leben im Süß- und Salzwasser und beißen beim Angeln gerne an.

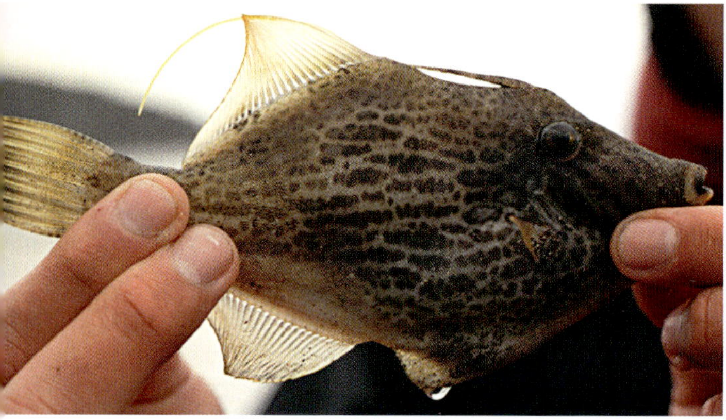

Zu den Kugelfischartigen gehört die Gruppe der allerdings essbaren Drückerfische (oft auch »leatherjacket« genannnt). Bei solchen unklaren Formen verzichten Sie, sofern Sie nicht sicher sind, bzw. entfernen generell sauber alle Organe.

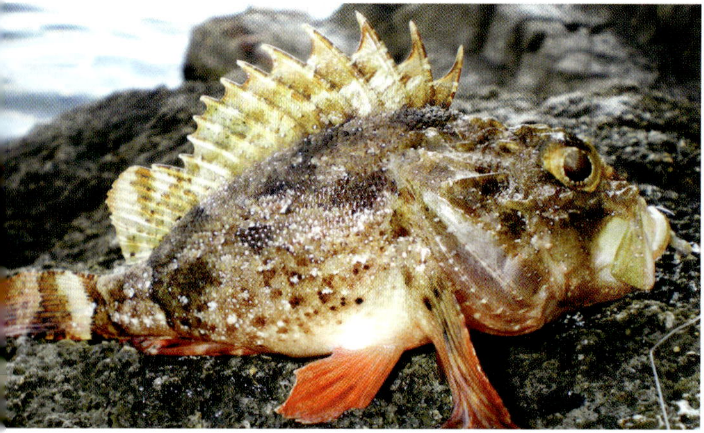

Bei Meeresfischen sind Schutzmechanismen besonders ausgeprägt. Der Drachenkopf aus dem Mittelmeer ist ein Skorpionsfisch mit enorm großen Stacheln in After- und Rückenflosse. In seltenen Fällen soll sein Gift sogar tödlich wirken.

Die Gifte der Stacheln sind meist Proteinenzyme und werden beim späteren Erhitzen deaktiviert. Fische mit langen, abstehenden Stacheln in allen Flossen, wie sie der giftige Feuerfisch besitzt, sollten überhaupt nicht berührt werden. Viele Rochen haben einen giftigen Dorn im Peitschenschwanz, manche Fische, wie der Kugelfisch, haben im Gewebe und in einigen Organen starke Gifte angereichert, die für den Menschen tödlich sind. Auf Salzwasserfische mit einer untypischen Form sollten Sie also nicht zurückgreifen, außer Ihnen ist die Fischart als essbar bekannt. Ein schmackhaftes Beispiel für dennoch essbare Fische mit sonderbarem Aussehen sind die Drückerfische.

Auch im Meer gibt es elektrische Fische. Sie stellen jedoch keine wirkliche Gefahr dar, solange Sie sich einen elektrischen Schlag außerhalb des Wassers zuziehen. Er soll zwar unangenehm, jedoch nicht gefährlich sein. Im Wasser besteht nach einem Stromschlag allerdings die Gefahr des Ertrinkens durch Schock.

Ansonsten können Sie sich an die Beurteilungskriterien halten, die wir bei den Süßwasserfischen eingeführt haben.

Zu beachten ist außerdem bei Knorpelfischen, beziehungsweise Haiarten, dass sie giftige Stoffe im Fleisch einlagern und über die Haut ausscheiden. Das Fleisch vieler Haie schmeckt deshalb intensiv nach Ammoniak. In geringen Mengen ist es genießbar. Wer jedoch große Mengen Haifleisch bestimmter Arten verzehrt, muss mit leichten Vergiftungserscheinungen rechnen. Lediglich die Flossen sind bei jedem Hai sicher essbar.

Fischfang

Der Fang der Fische wird sich, wie weiter oben bemerkt, zwangsläufig auf die Methoden beschränken, die Ihnen in einer Notsituation zur Verfügung stehen werden. Im Gegensatz zu Salzwasserarten sind Süßwasserfische sehr vorsichtig bei der Aufnahme von Nahrung. Da fast alle Arten

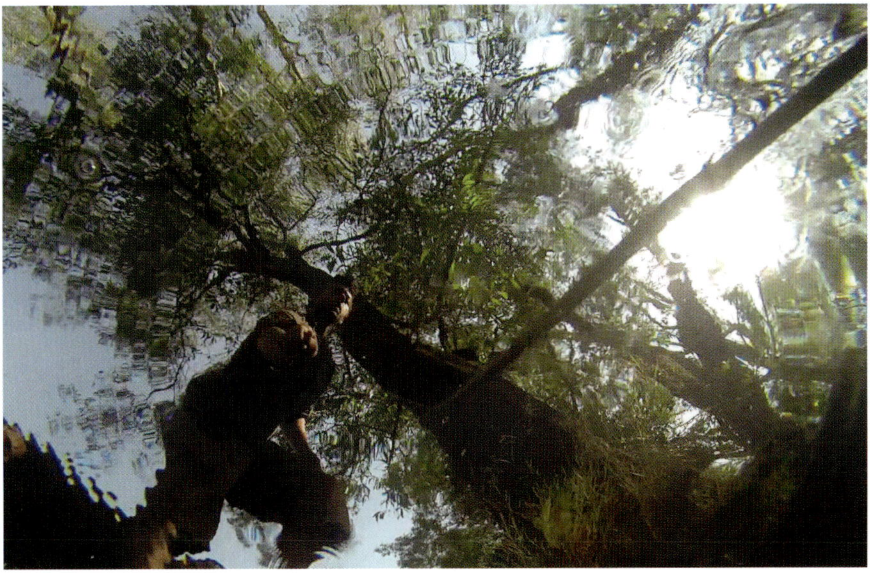

Vor allem beim Fang auf sehr vorsichtige Fische sowie beim Speeren müssen Sie bedenken, dass die allermeisten der Wassertiere gute Augen mit einem sehr weiten Blickwinkel (daher »fish eye«) besitzen.

unserer Breiten ein Gesichtsfeld von etwa 160 Grad besitzen und äußerst empfindlich auf Bewegung am Ufer reagieren, wird es Ihnen nahezu unmöglich sein, sich einem Fisch auf unmittelbare Distanz zu nähern. Friedfische reagieren erfahrungsgemäß sensibler als Raubfische auf Erschütterungen am Ufer, die in das Wasser übertragen werden. Selbst mit einer hervorragenden Angelausrüstung war das Fangen von an der Oberfläche schwimmenden Karpfen immer eine große Herausforderung gewesen. Es erforderte sogar das Tragen eines Tarnanzuges und das langsame Anpirschen an das Tier.

HINWEIS:

Viele Fische sind sehr vorsichtig. In Gewässern, in denen kaum geangelt wird, ist jedoch der Kampf um Nahrung ausreichend, dass sie ihre Scheu verlieren.

Zwar sind Fische, denen wir in abgelegener Umgebung begegnen, nicht ganz so schreckhaft wie die stadtnah lebenden, doch viele Fangmethoden, wie wir sie in diversen Überlebensbüchern finden, sind in der Praxis kaum anwendbar. Ein Beispiel hierfür ist der Vorschlag, an einer Rute eine Drahtschlinge in das Wasser zu lassen und zu warten, bis ein Fisch hindurch schwimmt, um dann die Schlinge herauszuziehen und so den Fang festzubinden.

Für den Nahrungssuchenden kommen nur Fangmethoden in Betracht, die mit relativ wenig Zeitaufwand realistisch zum Erfolg führen. Hierzu zählen das Angeln mit einfacher Leine, das natürlich den Besitz von Schnur und Haken oder Hakenersatz voraussetzt, das Einfangen per Hand, mit einer →Reuse oder einem Reusenersatz und das Fischen mit einem →Harpunenspeer.

Das manchmal vorgeschlagene Knüpfen eines Netzes wird kaum von Interesse sein. Wenn Sie Schnur besitzen, verwenden Sie diese sinnvoller als Angelleine oder für den Vogel- oder Schlingenfallenbau.

Möglich ist das Pöddern, eine einfache jedoch spezielle Fangmethode für Aale, bei der mit auf Wollfäden gefädelten Regenwürmern gefischt wird. Auf Wolle eines aufgeriffelten Pullovers oder zum Beispiel selbst hergestellter Brennnesselschnur werden Regenwürmer der Länge nach aufgezogen. Dieses Wurmknäuel wird mit einem Holzschwimmer versehen und in das Wasser gelassen. Nach einiger Zeit

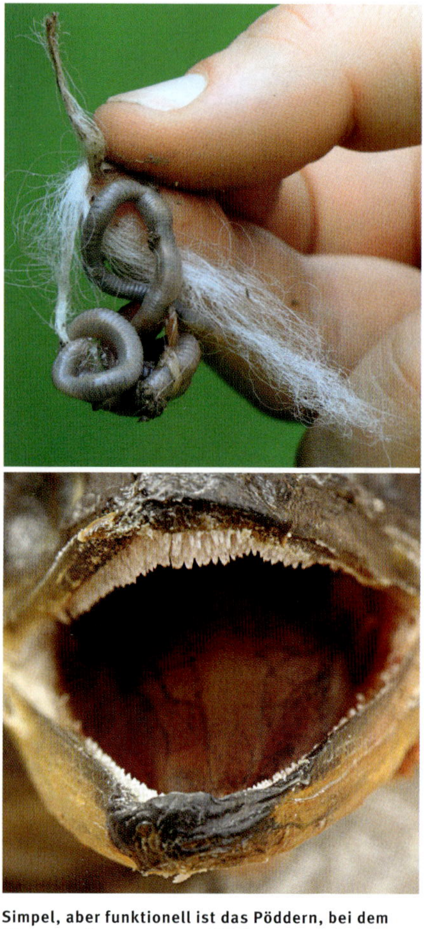

Simpel, aber funktionell ist das Pöddern, bei dem Würmer auf etwas Garn gefädelt werden. Die feinsten Zähne von Aalen und Welsen verhaken sich darin. Der so Gesicherte muss vorsichtig geborgen werden.

wird die Leine vorsichtig eingeholt. Die angelockten Aale bleiben mit ihren winzigen, nach innen gerichteten Zähnen in der Wolle hängen und können aus dem Wasser gehoben werden. Sehr viel einfacher und weit effektiver ist jedoch das Speeren von Aalen bei Nacht.

Hot-Spots

Natürlich können sich Fische innerhalb des Wasserkörpers überall aufhalten. Dennoch gibt es buchstäbliche »Hot-Spots«, an denen die Wahrscheinlichkeit am höchsten ist, dass man dort etwas fangen kann. Generell gilt, dass sich Fische nicht weit vom den Ort der wahrscheinlichsten Nahrung entfernen. Also findet man sie besonders dort, wo Insekten ins Wasser fallen, treibende Larven in Rückstrudeln gehalten werden oder eine große Anzahl fest sitzender Muscheln oder Schnecken zu finden sind. Neben dem ausreichenden Nahrungsangebot bieten gute Angelstellen auch Versteckmöglichkeiten wie Überhänge, Höhlungen, Unterspülungen und ins Wasser gefallene Pflanzen.

In langsam fließenden Gewässern, Seen und Teichen sind die Wasseroberfläche abdeckende Pflanzen wie Teich- bzw. Seerosenfelder (1) Rückzugsort handtellergroßer Fische. Ebenso tummeln sie sich unter überhängenden oder ins Wasser gestürzten Bäumen (2), wo sie auf abfallende Insekten warten. Im Fließgewässer (3) sind Rückströmungen, Gumpen und Kehren geeignete Stellen. Im Meer (4) oder in sehr großen Stillgewässern sind die bis ins Wasser reichenden Uferfelsen ein Garant für Barsche, Schleimfische und dergleichen.

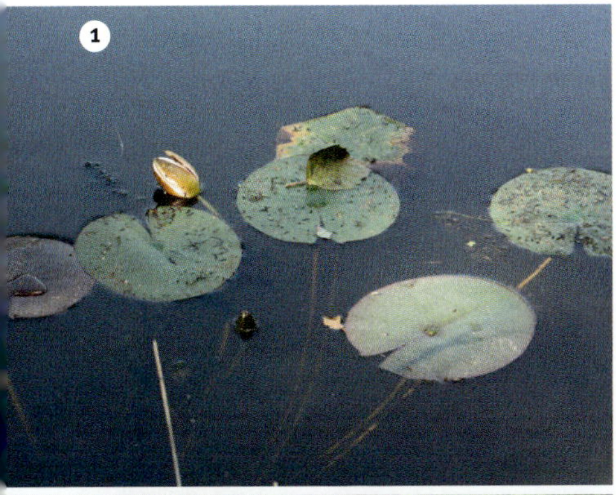

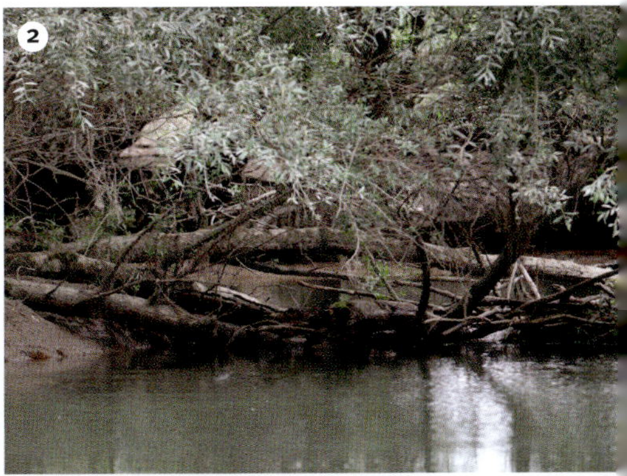

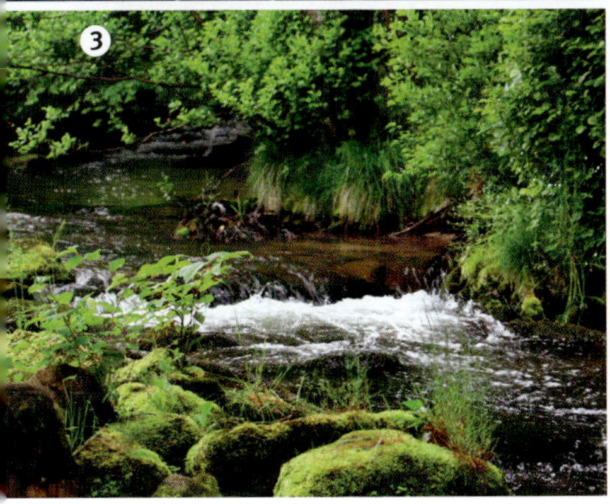

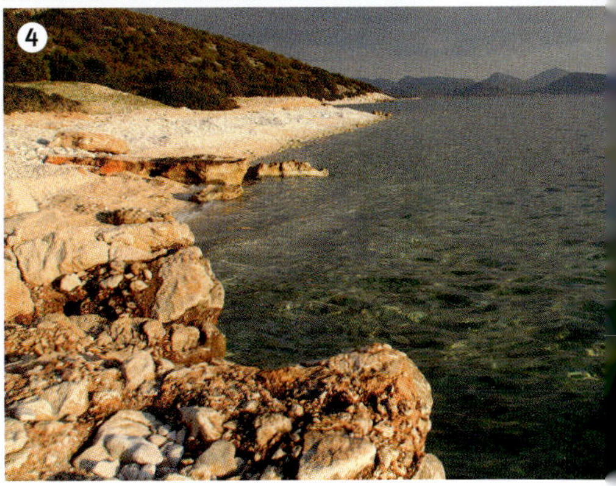

Fischfang mit einer Notangel

Voraussetzung für das Angeln ist zumindest der Besitz einer Angelleine. Das Herstellen einer Schnur aus Naturmaterialien ist aufwändig und erfordert Werkstoffe wie Sehnen, Pflanzenfasern oder lange Tierhaare. Es ist sehr anspruchsvoll, eine ernsthaft brauchbare Angelleine selbst herzustellen. Ein Hakenersatz lässt sich recht einfach aus Naturmaterialien bauen. Beispiele finden Sie in diesem Buch im Kapitel »Fallen und Behelfe«.

Es spricht im Grunde nichts gegen das permanente Mitführen einer kleinen Angelausrüstung in der Jackentasche, im Survival-Kit oder in der Fernreiseausrüstung. Masse und Volumen des Angelmaterials werden vernachlässigbar gering sein. Zum Zusammenstellen der Angelausrüstung wickeln sie etwa 10–20 Meter Angelleine von ca. 0,20 Millimeter Durchmesser auf eine Unterfadenspule einer Nähmaschine. Die Leine sollte eine Reißfestigkeit von mehr als 3 Kilogramm besitzen.

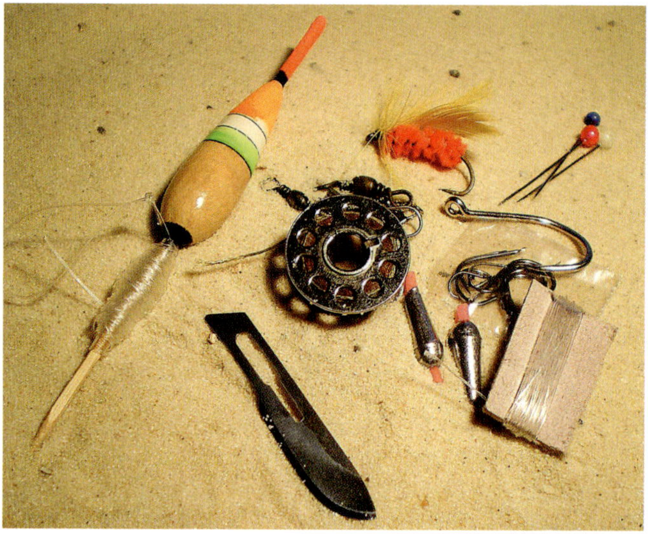

Einige kleine Notangeln, die wenig Platz beanspruchen. Im Notfall sind Fische die zuverlässigsten Fleischlieferanten. Schnüre und Haken können auch zum Fang anderer Tiergruppen verwendet werden.

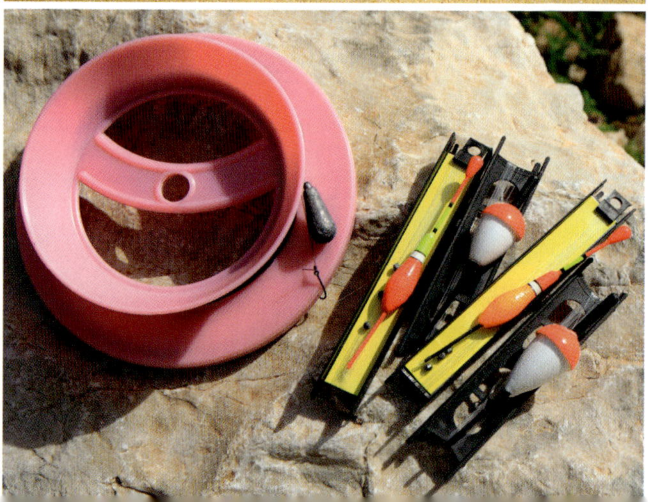

Etwas mehr Platz als die Minimalversion nehmen Fertigangeln (Stippmontagen) und vormontierte Wurfspulen (Siehe weiter unten) in Anspruch. Sie passen aber dennoch in jedes Reisegepäck.

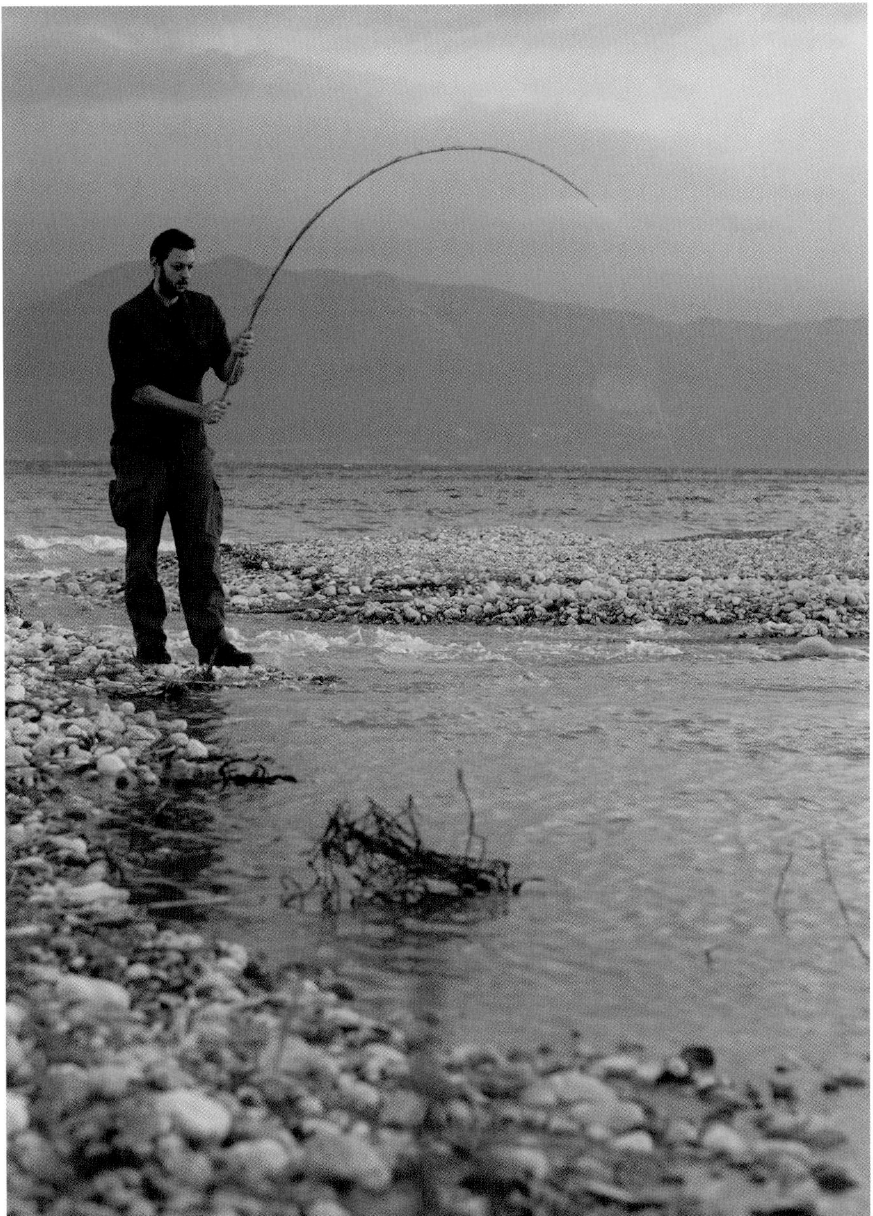

Die Stipprute ist eine der einfachsten und ältesten Angelgeräte überhaupt. Sie lässt sich aus einem langen flexiblen Ast herstellen. Da sie neben Leine und Montage kein Zubehör benötigt, lässt sie sich in kurzer Zeit vor Ort herstellen.

Zusätzlich sollten Sie mehrere dickdrahtige Angelhaken der Größe sechs bis zwölf dabei haben. Wählen Sie Haken mit Ösen. Der gewöhnliche Angelhaken besitzt am oberen Ende des Schenkels ein kleines Plättchen. Er wird mittels des weiter unten beschriebenen Knotens, des **Hakenknotens** (siehe Seite 110), an der Schnur befestigt. Dieser Knoten ist jedoch recht kompliziert. Außerdem erfordert seine sichere Anwendung ein bestimmtes Maß an Übung. Aus diesem Grund ist es beim Notangeln einfacher, wenn Sie Ösenhaken mitführen, die Sie mit dem einfachen **Wirbelknoten** (siehe Seite 110) in die Schnur einknüpfen.

Da jeder Knoten innerhalb der Leine eine zusätzliche Schwachstelle darstellt, wird auf ein sogenanntes Vorfach, ein zusätzliches Verbindungsstück zwischen Haken und Hauptschnur, verzichtet. Diese kleine Angelausrüstung wiegt nur wenige Gramm und findet sogar im Geldbeutel Platz. Wir können sie außerdem auch beim Vogelfang verwenden.

HINWEIS:

Eine kleine Angelausrüstung kann sehr vielfältig zum Tierfang eingesetzt werden. Nicht nur Fische, sondern auch Vögel und Reptilien gehen gerne an den Haken.

Das Angeln funktioniert prinzipiell so, dass Sie einen mit einem Fraßköder bestückten Haken in die Nähe eines Fisches befördern. Dieser Köder wird vom Fisch aufgenommen. Zum Auswerfen des Systems bietet es sich an, die Leine mit einem kleinen Stein zu beschweren. Wir suchen also einen länglichen, wenige Gramm schweren Kiesel und binden ihn etwa einen halben Meter vor dem Haken an die Schnur.

Bei fließenden Gewässern kann gewollt sein, dass der Köder unter der Wasseroberfläche treibt. Dazu wird oberhalb des Steinchens ein kleiner Schwimmer aus trockenem Holz oder einem Federkiel eingeknüpft. Je mehr Strecke das System im Fluss abtreibt, desto wahrscheinlicher ist es, dass der Köder von einem Fisch gefressen wird. Auch in Seen bietet sich das Angeln mit einem Schimmer an, wenn Sie den Köder im →Freiwasser treiben lassen wollen.

Wenn Sie kleine Fischschwärme in Ufernähe beangeln, können Sie die Leine auch an einer flexiblen, mehrere Meter langen Holzrute festbinden und das System gezielt an der richtigen Stelle absetzen. Diese sogenannte Stippangelei hat den Vorteil, dass kein Gewicht zum Herausschleudern gebraucht wird, weshalb auch besonders scheue Fische erfolgreich beangelt werden können.

Mit mehreren solchen improvisierten Stippruten lassen sich außerdem einfache Automatikangeln, oder besser gesagt: »Angelfallen«, herstellen. Diese sind vor allem dann von Vorteil, wenn Sie am Ufer an mehreren Stellen Fische fangen wollen, sich aber nicht lange Zeit dort aufhalten können (gleichzeitiger Bau des Lagers) oder wollen (Stechmücken). Außerdem stören Sie vorsichtige Fische nicht durch die Anwesenheit am Ufer.

HINWEIS:

Sie können an bestimmten Stellen die Gefahr durch Mücken, Krokodile etc. durch Automatikangeln verringern.

Zum Bau dieser primitiven Fallen wird die Stipprute am Ufer so in den Boden gesteckt, dass beim Durchbiegen die Leine mit Köder und Haken im Wasser hängt. Etwa im halben Abstand zwischen Rute und Wasser wird ein kürzerer Ast in den Boden gerammt, an dessen oberem Ende ein nach unten zeigender flacher Haken eingeschnitzt ist. Ein flaches Holzplättchen wird mit etwas Schnur rund 15 Zentimeter entfernt so angebunden, dass es in den Holzhaken gesteckt fast rechtwinklig absteht. Nun wird die Stipprute in Richtung Wasser gebogen und durch Einstecken des Plättchens blockiert. Sobald die so fixierte

Angelfalle

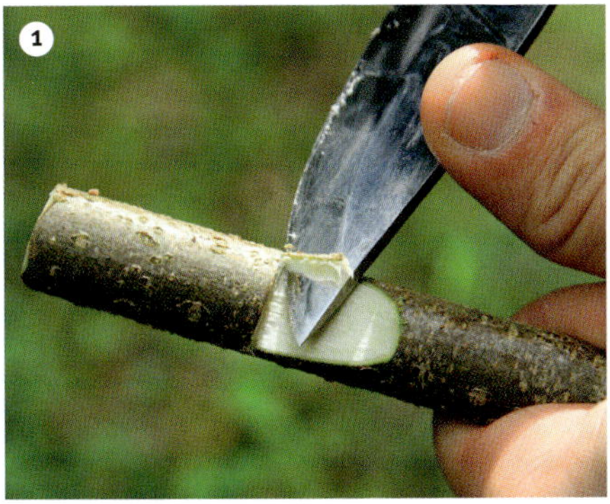

Am etwa einen Meter langen Auslöser wird eine Kerbe mit waagerechter Kante geschnitten.

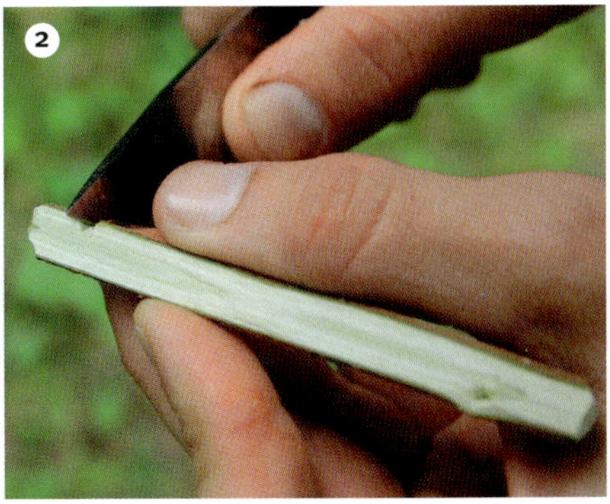

Ein Auslösehölzchen schneiden, an dem die Angelrute blockiert wird.

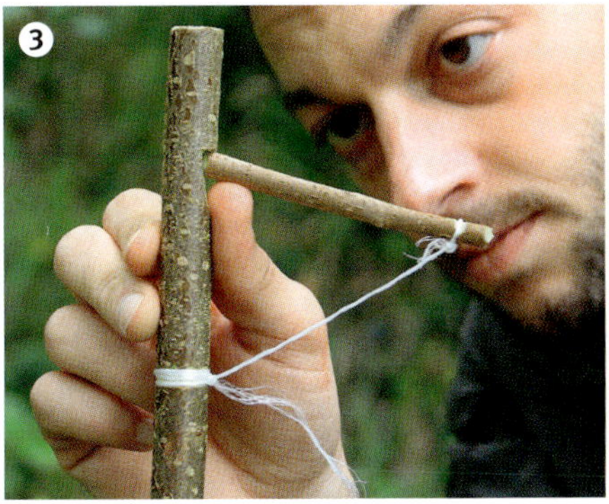

Mit einem Stück Leine das Auslösehölzchen wie abgebildet fixieren.

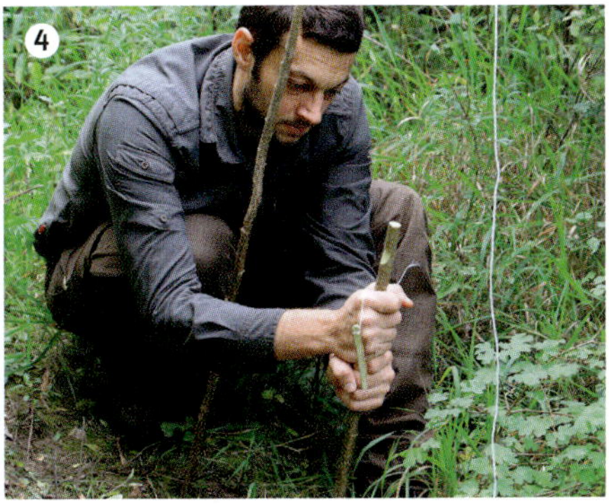

Stipprute hinten, Auslöser nahe am Ufer in den Boden rammen. Gegebenenfalls zusätzlich sichern.

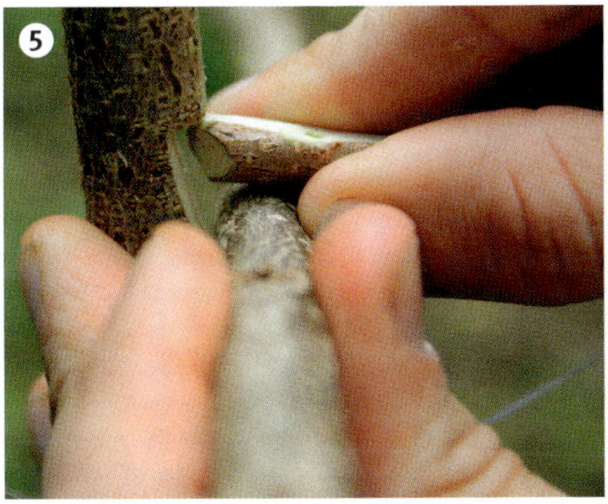

Die Rute durchbiegen, spannen und mit dem Auslösehölzchen blockieren.

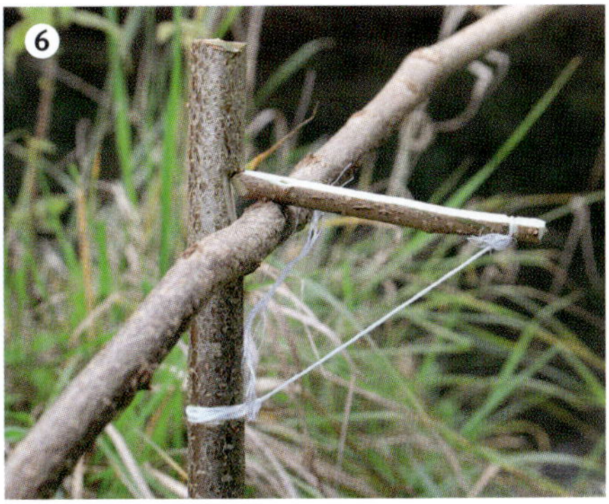

Der Köder hängt im Wasser. Zieht ein Fisch daran, schlägt die Angel automatisch an.

Ruten durch Zug am Haken bewegt wird, fällt das Hölzchen aus dem Haken – die Rute schlägt automatisch an, drillt den Fisch oder zieht ihn (bei kleineren Tieren) an Land.

Die Auslösekraft der Automatikangel kann durch leichtes oder tiefes Einschieben in den Haken genau eingestellt werden. Bei wenig Wind kann das Auslösegewicht bei wenigen Gramm liegen.

Solche Angelfallen können natürlich auch zum Fang von Vögeln an Land aufgebaut werden – in diesem Fall sollten sie jedoch regelmäßig kontrolliert werden, um zu verhindern, dass die Angel durch den Fang großer Vögel auf Flugreise geht.

Um das Angelsystem ohne Rute in das Wasser zu schleudern, legen Sie ein paar Meter Leine vor sich aus. Befestigen Sie das eine Ende am Ufer. Die Schnur muss sauber am Boden liegen können, ohne im Gestrüpp oder an Steinen hängen zu bleiben. Dies beugt Verlust und Beschädigung der Schnur vor. Nehmen Sie nun die Angelschnur etwa einen Meter vom Gewicht entfernt zwischen Daumen und Zeigefinger der Wurfhand. Lassen Sie das freie Ende an Ihrem Körper vorbei rotieren. Drehsinn ist die Richtung, die Ihr ausgestreckter Daumen anzeigt, wenn die Hand am Körper herunterhängt. Nachdem das Gewicht einige Mal am Körper vorbei geführt und beschleunigt wurde, wird es genau dann losgelassen, wenn sich der Köder im unteren Wendepunkt befindet. Schwingen Sie nicht mit dem gesamten Arm, sondern drehen Sie locker aus dem Handgelenk. Mit etwas Übung können Sie auf weite Distanzen ziemlich genau treffen.

Als Köder bieten sich Insektenlarven und Würmer, Muscheln und Fischeingeweide, Insekten oder gebratenes Fleisch und Früchte an. Versuchen Sie einen natürlichen Köder aus der unmittelbaren Gewässerumgebung zu finden. Auf diesen sind die Fische eingestellt. Wichtig ist, dass der Köder eine zähe Konsistenz hat, da er sonst beim Auswerfen vom Haken fällt oder von kleinen Fischen abgefressen wird. Der Haken sollte vollständig vom Köder bedeckt sein, nur die äußerste Hakenspitze darf einen Millimeter herausstehen. Dadurch wird ein →Selbsthaken ermöglicht, wenn der Fisch den Köder wieder ausspucken will. Die Ködergröße wird nicht zu groß gewählt. Eine unnatürliche Anhäufung von Nahrung macht den Fisch nur misstrauisch.

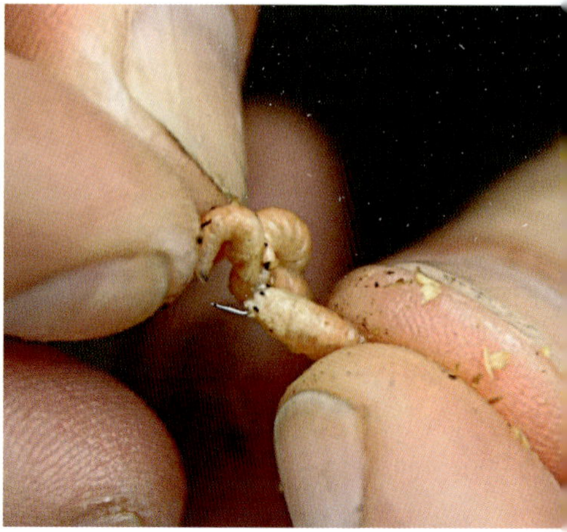

Beim Beködern von Haken sollten Sie auf vor Ort vorkommende Nahrung in mäßiger Menge zurückgreifen. Die Hakenspitze sollte einige Millimeter freiliegen.

Die Größe der gewünschten Fische ist beim Angeln mit der Leine etwa hand- bis ellenlang und zwischen 50 Gramm und einem halben Kilogramm schwer. Bei größeren Exemplaren ist der Fangerfolg durch Schnurbruch gefährdet.

Nach dem Auslegen der Leine müssen Sie sich etwas in Geduld üben. Am besten setzen Sie sich so an das Ufer, dass Sie vom Wasser aus nicht gesehen werden können. Nehmen Sie die Leine zwischen zwei Finger. Wenn ein Fisch den Köder aufnimmt, werden Sie es an leichten Vibrationen in der Schnur spüren. Danach wartet man noch einen Moment und holt die Schnur ruckartig ein. Durch diesen Zug wird der Haken im Fisch festgesetzt. Die Hakenspitze bohrt sich nun in das Fleisch und wird durch einen Widerhaken gegen das Herausfallen gesichert.

Jetzt kann der Fisch, so vorsichtig wie möglich, an Land gezogen werden. Dabei ist zu beachten, dass der Fliehende hohe Kräfte aufbringen kann. Die Fluchtversuche werden immer schubweise auftreten. Wenn der Fisch zu fliehen versucht, lassen Sie ein wenig Schnur frei. Andernfalls droht ein Reißen der Schnur oder ein Ausschlitzen des Hakens aus dem Fleisch. Wenn der Zug schwächer wird, holen Sie wieder Leine ein. Bei handlangen Fischen wird dieses stückweise Einholen und Wieder-Freilassen, das sogenannte Drillen, überflüssig sein. Sie lassen sich normalerweise einfach aus dem Wasser heben. Wickeln Sie jedoch unter keinen Umständen die Angelschnur um die Hand oder um einen Finger. Selbst bei leichtem Zug schnürt der dünne Faden ein und schneidet wie ein Messer in Ihre Hand. Mit genügend Pech können Sie auf diese Weise ein Fingerglied verlieren.

HINWEIS:

Da das Angeln mit der Leine ein wenig Erfahrung erfordert, sollten sie mit verschiedenen Ködern und Tiefen experimentieren, um die in Ihrer Situation effektivste Methode zu entdecken.

Handfang

Eine ungewöhnliche Methode, Fische zu fangen, die außerdem recht zeit- und energieaufwändig ist, ist der Handfang. Den Handfang kann man sich nicht so effektiv vorstellen, wie Bären uns den Fang von Lachsen vormachen. Außerdem birgt er auch ein gewisses Verletzungsrisiko. Die Anwendung beschränkt sich auf ufernahe und sehr flache See- oder Flussabschnitte, wie Schilfregionen oder kleine Nebenbäche. Der Wasserstand sollte die Knöchelhöhe nicht weit übersteigen. Auch ausgewaschene Lehmufer kleiner Flüsse können die Möglichkeit eines Handfangs bieten. Im Meer wird er jedoch kaum den gewünschten Erfolg liefern. Hier beschränke sich der ökonomisch denkende Leser auf das Sammeln von Muscheln und Wasserschnecken, Kopffüßern oder Krebsen.

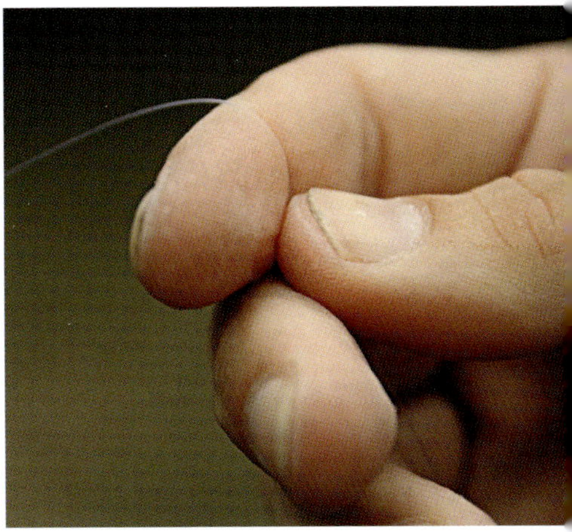

Um in der leicht angespannten Leine Bisse zu erkennen, legen Sie die Leine immer nur so in die Hand, dass Sie bei einem Biss sofort loslassen können.

Es sei angemerkt, dass es immer riskant ist, mit ungeschützten Händen unter Steine und in kleine Aushöhlungen zu fassen. Ferner stellt das Stehen in kaltem Wasser einen Wärme- und somit auch Energieverlust für den Körper dar, der durch zusätzliche Nahrung ausgeglichen werden muss. Aus diesem Grunde sollte diese Methode nur bei reeller Erfolgsaussicht angewendet werden. Wenn kein Fisch zu fangen war, sollte zumindest die verbrauchte Energie durch gleichzeitig gefangene Krebse, Wasserschnecken oder Muscheln ausgeglichen werden.

HINWEIS:

Der Handfang ist immer »Glückssache«. Wenn Sie keine Fische im Wasser sehen können, verzichten Sie besser darauf.

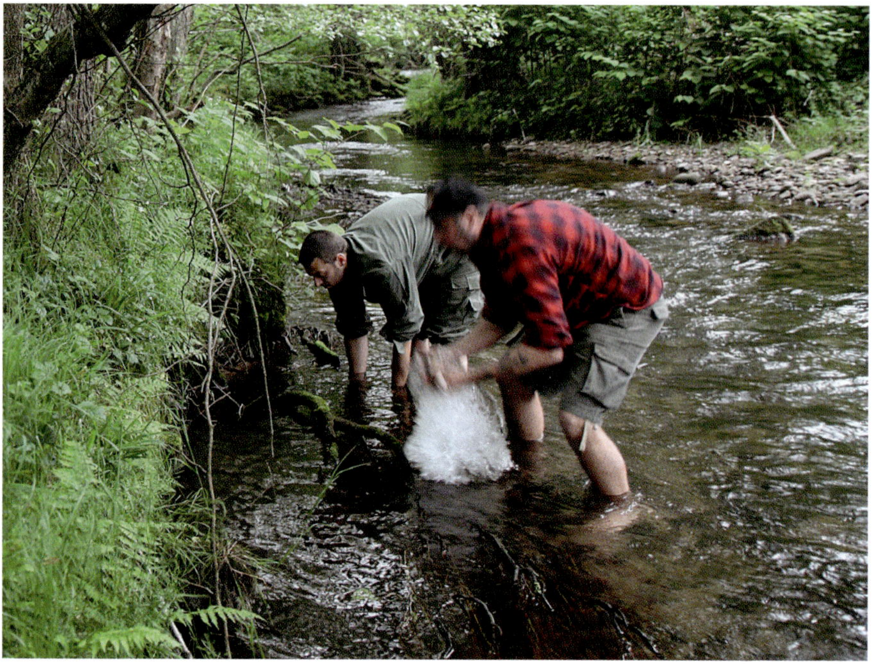

Im kalten Bach stehend beschränkt sich die Möglichkeit, Fische ohne Angelleine an Land zu bringen, auf Situationen, in denen unterwaschene Wurzeln oder Steine als Fluchtort für Fische vorhanden sind. Ist ein Fisch ergriffen, muss er so schnell wie möglich an Land geschaufelt werden. ***Foto von Anja Reumschüssel.***

Die Fische, die sich von Hand fangen lassen, werden in der Regel nicht sehr groß sein. Jedoch sind oft schon Energiegehalt und Geschmack des Fleisches ausreichende Gründe für den Versuch. In Seen wird es sehr schwierig sein, Fische ohne Werkzeug zu fangen. Bei Sonnenschein und klarem Wasser können Sie manchmal kleine Schwärme von Barschen oder Weißfischen in Ufernähe stehen sehen. Sobald Sie in das Wasser steigen, werden die Fische verschwinden. An sehr flachen Sandufern können Sie versuchen, einzelne, ruhig im Wasser stehende Exemplare Richtung Ufer zu treiben. Erst wenn der Rücken des Fisches die Wasseroberfläche durchbricht, besteht die Aussicht, den Fisch an Land zu bekommen. Er wird versuchen, durch Hakenschlagen an Ihnen vorbei das freie und sichere Wasser des Sees zu erreichen. Das wollen Sie verhindern, indem Sie schnell reagieren und den Fisch durch wiederholtes Abschneiden des Fluchtweges in Bedrängnis bringen.

Hin und wieder ist es mir schon passiert, dass eines der so gejagten Wassertiere in Panik an das Ufer sprang. Meistens jedoch werden getriebene Fische einen letzten Ausfallversuch in die Richtung des Fängers unternehmen, sobald sie Boden unter ihrem Bauch spüren. Meistens ist der Fänger darauf nicht vorbereitet. Aus diesem Grund halten Sie schon ein Kleidungsstück wie etwa ein Hemd bereit, um es über den Fisch zu werfen und gegen den Boden zu drücken. Haben Sie kein Stoffstück zur Verfügung, müssen Sie versuchen, mit den Händen zu einer Schaufel geformt, den Fisch an Land zu spülen.

Mit ein wenig Glück können Sie auch größere Fische wie Karpfen per Hand fangen, wenn diese aus dem →Freiwasser in das flache Uferwasser zum Laichen kommen. Im Frühsommer lassen sich hin und wieder die großen, dunklen Körper laichender Karpfen in flachen Schilfregionen beobachten. Manchmal kommen sie sogar so nah an das Ufer heran, dass sie mit dem Bauch aufliegen und sich nur mit viel Mühe und kräftigen Schlägen befreien können. In diesem Fall bietet sich auch die weiter unten beschriebene Fangmethode des Harpunierens an.

In kleinen und klaren Bächen sind die Erfolgsaussichten weitaus größer. Die meisten natürlichen Bäche haben einen abwechslungsreichen und kurvigen Verlauf, wobei sich Wassertiefe und Grundbeschaffenheit ständig ändern. In diesen sauerstoffreichen Gewässern kommen häufig Forellen, Saiblinge und Äschen vor. Diese Fischarten besitzen nicht nur hervorragendes Fleisch, sondern eignen sich aufgrund ihrer Größe auch als vollständige Mahlzeit.

Die Lebensweise dieser Fischarten ist ähnlich. Sie ernähren sich von Insekten, die auf die Wasseroberfläche fallen, kleinen Krebsen und von kleinen Fischen. Zumeist stehen sie am Uferrand, bevorzugt unter überhängendem Bewuchs, oder in Auswaschungen. Wenn der Fluss Stellen aufweist, an denen das Wasser nicht tiefer ist als 25 Zentimeter bietet sich eine Fangmethode an, die mit etwas Geschick in aller Regel zum Erfolg führt. Sammeln Sie in der Umgebung größere Steine. Achten Sie hierbei darauf, dass Sie nicht zu nah am Ufer entlang laufen, damit die Fische nicht vertrieben werden. Mit den Steinen sperren Sie das Flussbett ab. Und zwar so, dass zwar Wasser durch die Zwischenräume hindurchfließen kann, größere Fische jedoch zurückgehalten werden. Wenn es die äußeren Umstände erlauben, empfiehlt es sich, die Sperrung keilförmig mit der Spitze flussaufwärts zu legen. Dem Fang werden so seitliche Fluchtmöglichkeiten verbaut. Die Fische werden in diese Sperre hineingetrieben.

Während meiner Zeit am Wasser bemerkte ich immer wieder, dass aufgeschreckte Fische paradoxerweise flussaufwärts, also gegen die Strömung fliehen. Dieses Verhalten machen wir uns zu Nutze, indem wir die Fische gegen die Strömung treiben und so das natürliche Fluchtverhalten verstärken. Wenn Sie in Strömungsrichtung treiben würden, wäre es wahrscheinlicher, dass der potenzielle Fang einen Fluchtversuch über eine Flanke unternimmt.

Zum Treiben begeben Sie sich etwa 50 Meter flussabwärts in den Bach und laufen zu Ihrer Sperre. Dabei ziehen Sie die Beine so durch das Wasser, dass ein starkes Strömungsgeräusch entsteht. Laufen Sie in Kurven vom einen Ufer zum anderen, um auch Fische aufzuschrecken, die unter der Böschung stehen. Wenn Sie die Sperre erreicht haben, schließen Sie die untere Öffnung mit Steinen und treiben die darin gefangenen Fische in die obere Ecke. Dort werden sie in Panik geraten und versuchen, durch Hakenschlagen an Ihnen vorbeizukommen. Schränken Sie die Fluchtmöglichkeit immer weiter ein, bis Sie in der Lage sind, einen Fisch zu erhaschen. Greifen Sie diesen am Kopf, indem Sie die Kiemendeckel seitlich eindrücken. Am Rumpf gepackt, wird Ihnen der Fang schnell entgleiten. Ergibt sich keine Möglichkeit, einen Griff am Kopf zu finden, schleudern Sie den Fang so schnell und weit wie möglich an das Ufer. Wenn Sie stationär an einem Bach lagern, können Sie diese Großreuse auch aus Holzruten und Pfählen errichten. Abends öffnen Sie diese Fischfalle in der Mitte, damit der natürlichen Fischbewegung keine Hindernisse gesetzt werden und Sie den Fang täglich wiederholen können. In die Mitte dieser Sperre können Sie auch ein Netz oder eine Reuse legen.

HINWEIS:

Lagern Sie längere Zeit an einem Bachufer, können Sie den gesamten Nahrungsbedarf durch das Anlegen einer großen Steinreuse decken. Diese Methode ist meist effizienter als das Netzknüpfen.

Eine weitere, jedoch nicht ganz ungefährliche Prozedur ist das Abtasten von Auswaschungen und Überhängen in Bächen und Seen. Unter überhängendem Bewuchs und kleinen Stein-, Wurzel- oder Erddächern halten sich Fische gerne auf. Wird ein dort ruhender gestört, flieht er zumeist nicht, sondern verhält sich ruhig und zieht sich weiter in seinen Schutzraum zurück. Sie können den Ausgang einer kleinen Höhle mit beiden Händen versperren, wobei die Finger abgespreizt werden, um so viel Fläche wie möglich zu kontrollieren. Fassen Sie nun immer weiter hinein. Wenn das innere Ende erreicht wird, führen Sie die Fingerspitzen an der Decke entlang zum Ausgang zurück. Wenn sich ein Fisch in dem Loch befindet, werden Sie es spätestens jetzt spüren. Fühlen Sie einen, versuchen Sie ihn so rasch und fest wie möglich zu umkrallen, indem Sie ihn zunächst an eine Wand pressen und mit den Fingern die Kiemendeckel eindrücken.

Sicherlich wird Ihnen nicht entgangen sein, dass diese Ausspülungen und Höhlen besonders gerne auch von Nutrias, Schlangen und anderen potenziell gefährlichen Tieren als Schutz- und Wohnraum verwendet wird. Da wir zumeist mit ungeschützten Fingern arbeiten, besteht ein gewisses Verletzungsrisiko durch einen dieser Bewohner. Greifen Sie auf diese Fangmethode also nur zurück, wenn keine andere den gewünschten Erfolg verspricht.

Reusenfang

Beim Fang von Fischen wird häufig auf eine Reuse zurückgegriffen. Beim Reusen- und auch beim Fallenbau ist es notwendig, dass Sie sich zuvor die wichtigsten Fertigkeiten wie die Schnurproduktion und das Flechten von Körben angeeignet haben. Der Bau einer Reuse wird in diesem Buch im Kapitel »Fallen und Behelfe« beschrieben.

Eine Reuse besteht in der Regel aus einem röhrenförmig aufgespannten Netz, dessen

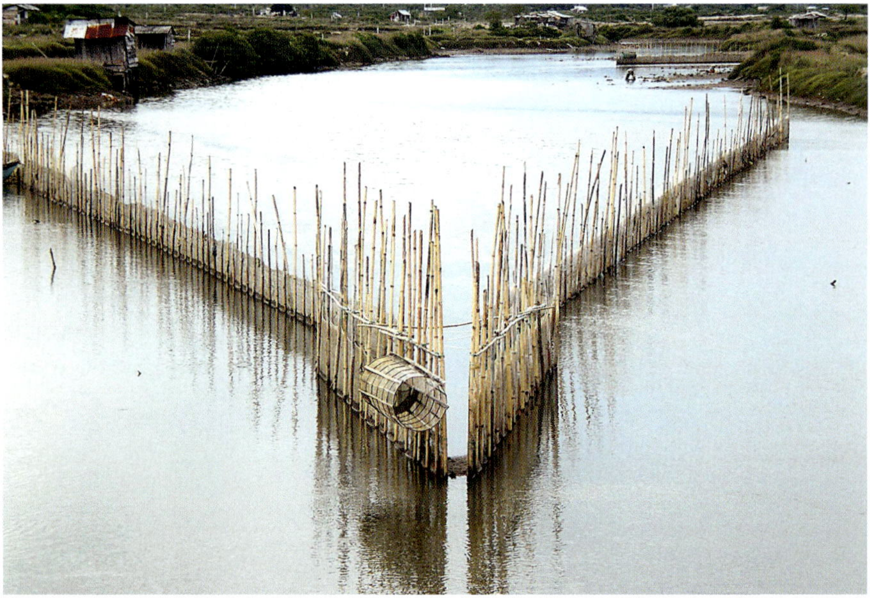

Eine große Fischreuse, die einen ganzen Fluss in Zentralvietnam absperrt. In kleinerer Ausführung kann eine solche Falle den täglichen Fischbedarf mehrerer Personen decken.

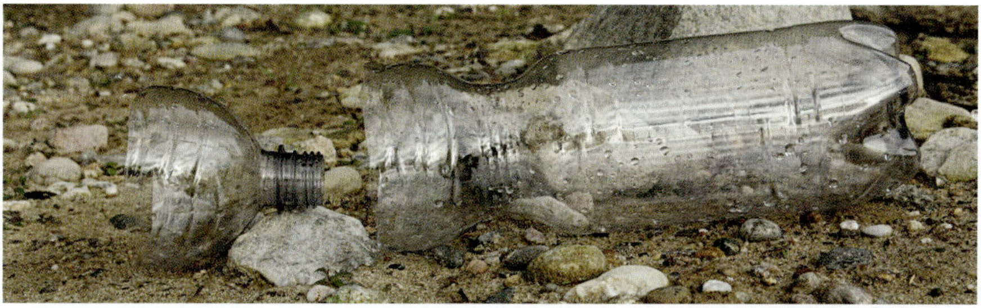

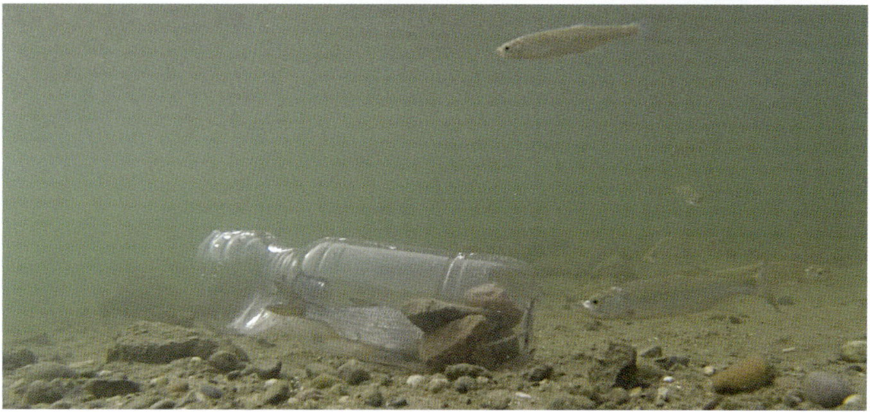

Flaschenreusen aus Kunststoffflaschen sind großartige Helfer beim Fang von Fischen, Krebsen und Insekten. Im Wasser liegend können Fische durch das transparente Material den Köder sehen und den Eingang suchen.

Enden zu nach innen gerichteten Trichtern gebunden werden. Diese Röhre wird mit Ködern bestückt und im Wasser platziert. Fische werden vom Köder angelockt und schwimmen in den Innenraum der Reuse, von wo aus sie den Ausgang aufgrund seiner geometrischen Besonderheit nicht mehr finden. Die Reuse wird nach einigen Stunden angehoben und die darin gefangenen Fische werden entfernt. Industriell gefertigte Reusen werden aus dünner Nylonschnur oder Draht hergestellt. Unsere Reuse wird aus Binsen, Weidenruten oder Ähnlichem bestehen.

Es gibt außerdem noch eine weitere Methode, eine einfache Reuse herzustellen. Da Ihnen in einer Notsituation kein Netz zur Verfügung stehen wird, sind Sie gezwungen, das zu verwenden, was Sie finden oder besitzen. Eine gute Fischfalle ist die sogenannte Flaschenreuse. Sie wird aus einer dieser leeren Kunststoffflaschen hergestellt, wie sie heute leider an fast allen Stränden der Welt angespült werden. Aufgrund des sicheren Vorkommens können wir sie nahezu als natürliche Ressource bezeichnen. Es sei hier ausdrücklich erwähnt, dass eine solche Flasche in Notsituationen wertvoller zum Sammeln und Speichern von Wasser denn zum Fischfang ist. Die Herstellung ist denkbar simpel und wird hier deshalb nur kurz beschrieben. Der Flaschenhals wird mit einem scharfen Stein oder einem Messer an der Stelle abgetrennt, wo der Konus den Durchmesser des Flaschenkörpers erreicht. Der Flaschenhals wird verkehrt herum wieder in diese Hülse geschoben und festgeklemmt. Die so entstandene, beköderte Reuse ist eine effektive Falle für Fische, deren Breite den Durchmesser des Eingangs nicht über-

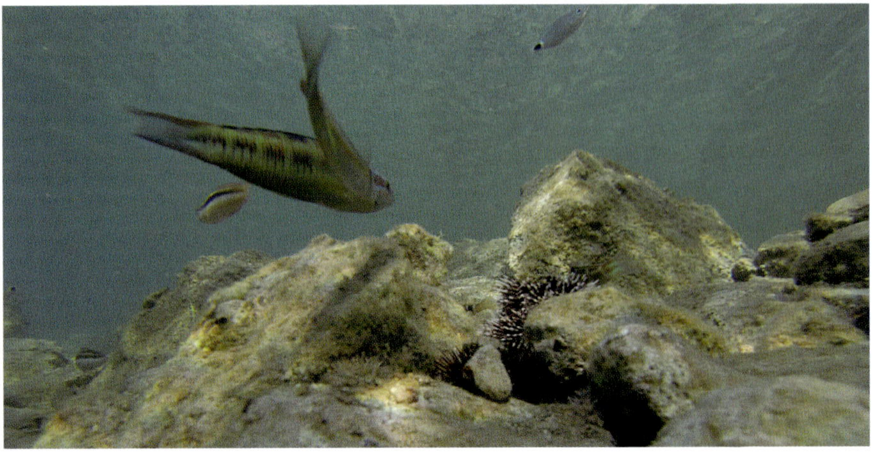

Viele Fische lechzen geradezu nach dem, das Sie ständig sehen, aber nicht knacken können. Aus diesem Grund sind vor Ort gesammelte Lockköder wie zerschlagene Muscheln, Wasserschnecken, Seeigel und Seesterne besonders effektiv. Legen Sie in ie Nähe Ihren Köder, wird er im Fressrausch sicherlich angenommen.

schreitet. Sie können den Hals auch etwas erweitern, was Ihnen die Möglichkeit zum Fang größerer Fische bietet, jedoch auch das Fluchtrisiko der Kleineren erhöht.

Selbst wenn wir auch davon ausgehen, dass wir weder eine Flasche noch netzartiges Material finden, werden wir wahrscheinlich noch unsere Kleidung besitzen. Da die meisten Gewebe nicht durchsichtig sind und keine netzartige Struktur haben, können wir uns keine richtige Reuse bauen. Der Eingang unserer Falle muss frei und groß sein, damit ihn die Fische überhaupt finden. Das hat zur Folge, dass wir den Reusenersatz aktiv betreuen müssen. Aus einem an Kragen und Ärmeln verschlossenen Hemd, flexiblen Holzruten und mit etwas Geschick können Sie sich einen kleinen Kescher herstellen. Da sich das Wasser im Gewebesack aufstaut, wird es sicher schwierig sein, Fische durch Abschöpfen einzufangen. Der Wasserwiderstand wird die Kescherbewegung zu sehr bremsen. Also müssen wir entweder Löcher in den Stoff schneiden oder den Fisch in unseren Kescher locken. Ich nehme an, dass Ihnen die zweite Methode angenehmer ist, da unbeschädigte Kleidung im Notfall wichtige Überlebensgrundlage sein kann. Ich habe verschiedene Methoden getestet, von der sich eine im Süßwasser genauso erfolgreich darstellte wie im Meer.

In ufernahem Wasser, am besten nicht weiter als einen Meter vom Rand entfernt, wird das Hemd so aufgestellt, dass es eine Höhle bildet. Ihr Eingang sollte etwas kleiner sein als die größte Höhe. Als Stützen verwenden Sie dünne Holzstäbchen oder Vergleichbares. In diese Höhle legen Sie den Köder. Beobachten Sie nun den Eingang. Wenn der richtige Köder gewählt wurde, werden nach kurzer Zeit die ersten Fische erscheinen. Diese werden die Höhle begutachten, sich jedoch noch nicht hineintrauen. Das Verhalten der Fische ist meistens das Folgende: Irgendwann wird der Erste hineinschwimmen, etwas vom Köder schnappen und wieder fliehen. Das geschieht mehrere Male, bis sich ein weiterer Artgenosse hineintraut. So geht das Schauspiel immer weiter, bis die Höhle als sichere Nahrungsquelle angenommen wird. Oft dauert es nicht länger als zehn Minuten. Zu dem Zeitpunkt, zu dem sich die meisten Fische im aufgespannten Shirt befinden, werfen Sie einen Stein mit Wucht vor den Ausgang. Die Fische werden in Panik in die vermeintlich sichere Höhle flüchten und dort ohne jede Orientierung versuchen, einen zweiten Ausgang zu finden. In diesem Moment springen Sie in das Wasser und drücken den Eingang gegen den Boden und verschließen so die Falle.

In Gewässern, in denen Fische weniger Scheu vor dem Menschen zeigen, entdeckte ich eine ähnliche, durchaus amüsante Methode. Ich stand direkt neben der Falle und beobachtete die Fische, wie sie sich um den Köder stritten. Ich tauchte ab, bis ich mit dem Gesicht etwa einen halben Meter vom Eingang entfernt war, und stieß einen lauten Schrei unter Wasser aus. Alle in der näheren Umgebung des Eingangs schwimmenden Fische flohen in diesen Reusenersatz, den ich zum Leeren nur noch aus dem Wasser heben musste. Mit dieser Methode fing ich in der gleichen Zeit weit mehr als mit einer Angelleine.

Der Köder, der zum Bestücken von Reusen oder ähnlichen Fischfallen verwendet wird, unterscheidet sich grundlegend vom Köder zum Angeln mit Haken. Während Köder zum Angeln zäh sein sollten, muss das Lockmittel in Reusen so fein wie möglich zerfallen. Der Grund ist folgender: Die Reuse macht den Fisch misstrauischer als ein Angelhaken. So muss die Lockwirkung größer sein. Diese wird verstärkt, wenn der Fisch schon in einiger Entfernung feinste Partikel fressen kann. Außerdem besteht bei solchen Ködern nicht die Gefahr, dass sie in einem Stück aus der Reuse getragen und dort gefressen werden. Beispiele für geeignete Köder sind zerschlagene Seeigel, Fischlaich oder zerstampftes Fischfleisch. Desto ansprechender der Köder für die Fische ist, desto sicherer wird der Fangerfolg sein.

Der Fang mit einem Harpunenspeer

Der →Harpunenspeer ist für den Notnahrungssuchenden eine vielseitig verwendete Jagdwaffe. Die Herstellung eines solchen wird weiter unten genau beschrieben. Es sei erwähnt, dass das Harpunieren eines Fisches selbst für den Geübten eine große Herausforderung darstellt. Um diese Methode im Ernstfall trotzdem sicher anwenden zu können, sollten Sie deshalb diese Jagdmethode regelmäßig üben.

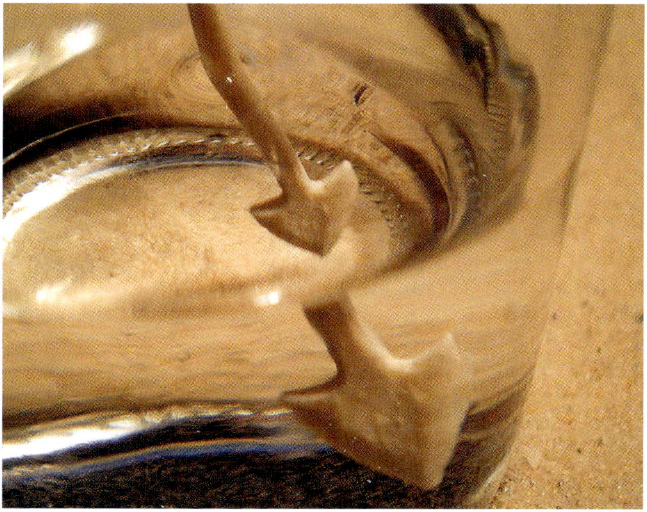

Durch den Übergang von Wasser zu Luft bildet sich eine optische Grenzschicht, die zu Parallaxen führt. Der tatsächliche Standort eines Gegenstandes im Wasser ist tiefer als vermutet.

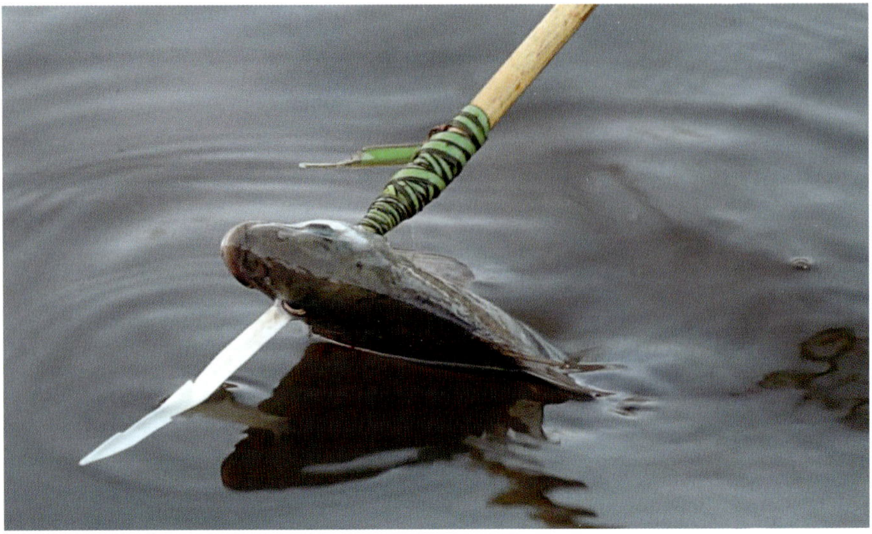

Funktionierende Fischspeere müssen sehr scharf, stabil und mit →Widerhaken besetzt sein. Auch mit viel Übung treffen Sie nicht immer die Flanke des Fischs, weshalb auch Knochen und Schuppen sicher durchdrungen werden müssen. Speere zum Fang von größeren Fischen sollten mit einer Leine gesichert sein. Sonst ist der Speer weg.

Der Fisch ist uns gegenüber deutlich im Vorteil. Sein Element bietet einen größeren physikalischen Widerstand als Luft, was uns am einfachen Zustechen mit dem Speer hindert.

Im Vergleich zu Luft hat Wasser außerdem einen anderen Lichtbrechungsindex, was uns über den tatsächlichen Standort unserer Beute täuscht.

Es gibt zwei Methoden, einen Fisch effektiv zu harpunieren. Die eine ist das Speeren von im Freiwasser stehenden Exemplaren. Diese Technik setzt den Besitz einer besonders langen und scharfen Harpune mit guten →Widerhaken und einer Schusseinheit voraus. Was Sie sich allerdings sparen können, ist der Versuch, mit an Stöcken gebundenen Survivalmessern ohne Widerhaken oder mit gespaltenen Holzprügeln mit mehreren Kilo Gewicht auf Fischjagd zu gehen. Diese mittlerweile immer wieder gezeigten Techniken haben nie funktioniert und sind nicht mehr als eine martialische Bastelübung. Ohne filigrane Spitzen und Widerhaken sowie einen schlanken und leichten Speer werden Sie keinen Fisch anlanden.

Die andere Methode ist das Harpunieren von am Grund jagenden oder bei Nacht ruhenden Fischen. Da wir uns bei dieser Möglichkeit dem Fisch dicht annähern können, verspricht sie besonderen Erfolg.
Die Fischhaut ist bei vielen Arten gegen äußere Einflüsse durch eine Schicht von Schuppen geschützt. Da der im →Freiwasser stehende Fisch nur den Wasserwiderstand seiner Flanke bietet, muss der Harpunenspeer auf große Geschwindigkeit beschleunigt werden, um diese Schutzschicht zu durchdringen. Wer schon einmal mit einer Druckluft- oder Gummizugharpune gejagt hat, weiß wie viel Energie in diesen Waffen steckt.

Die Methode, mit Harpunenspeer und Bogen zu fischen, wird von vielen Ureinwohnern verwendet. Diese Menschen sind im Gegensatz zu uns Zivilisationsmenschen von Geburt an mit dieser Jagdmethode vertraut. Prinzipiell funktioniert die Methode so, dass der Jäger von einem Boot oder vom Ufer aus den Fisch anvisiert. Dabei beachtet er, dass das Wassertier durch die optische Verzerrung, die sogenannte Parallaxe, tatsächlich nicht dort steht, wo er ihn sieht. Uns scheint es so, als ob der Fisch näher unter der Wasseroberfläche schwimmt, als es der Fall ist. Deshalb zielt man etwas unter den Fisch. Je flacher der Blickwinkel zur Wasseroberfläche ist, desto stärker ist diese Verzerrung. Wenn Sie sich also senkrecht über dem Fisch befinden, sehen Sie ihn an seiner tatsächlichen Stelle.

Nun können Sie sich vorstellen, weshalb einige Erfahrung notwendig ist, um die Mahlzeit auf diesem Wege zu erbeuten. Sie können vorsichtig versuchen, die →Harpunenspitze in das Wasser einzutauchen und vor den Fisch zu führen. Der potenzielle Fang wird jedoch häufig die sanfteste Bewegung der Wasseroberfläche mit seinem Seitenlinienorgan registrieren und fliehen.

Wenn Sie den →Bogen gespannt haben, zielen Sie und schießen. Versuchen Sie dabei immer, den Fisch in die Seite zu treffen. Dort bietet der Wasserwiderstand die größte Gegenkraft. Außerdem ist das Gewebe im Bauchraum besonders weich und einfach zu durchdringen.

HINWEIS:

Zum Üben jagen Sie bitte keine Fische, sondern kleine Fischattrappen.

Binden Sie zum Beispiel ein Styroporstückchen an das eine Ende einer Leine und ein Gewicht an das andere. Versenken Sie das System so, dass die Attrappe unter der Oberfläche schwimmt, dann können Sie diese bejagen.

Eine einfache und trotzdem effektive Methode ist das Speeren bei Nacht. Fische, die in der Dunkelheit aktiv werden, lassen sich mit Licht anziehen und blenden. Sie sind für uns eine leichte Beute. Auch auf flachen Sandbänken und in Strandnähe versammeln sich bei Dunkelheit viele Fische, die träge über dem Grund stehen. Vor allem Aale und Welse lassen sich oft beobachten, wie sie sich in großen Mengen zwischen den kleineren Fischen winden und jagen. Liegt diese Situation vor, befestigen Sie am besten eine sogenannte →Aalstecherspitze auf dem Speer. Diese hat zwei Zinken und einen mittleren Dorn. Der Fisch wird durch die beiden Zinken festgehalten und auf den Dorn geleitet, wo er aufgespießt wird.

Besitzen Sie eine Lampe oder Fackel, so lassen sich Fische am Widerschein der Augen und Schuppen erkennen. Falls ein »Freitag« in der Nähe ist, jagen Sie im Team, wobei ein Helfer leuchtet und der andere harpuniert. Sind Sie zudem im Besitz einer Taucherbrille, ist der Jagderfolg so gut wie sicher. Sie können bis auf wenige Zentimeter an die Fische herantauchen. Versuchen Sie diese mit der Speerspitze von oben nach unten aufzuspießen, indem Sie den Speer in den Sandboden stoßen. Auch von einem Floß oder Boot aus funktioniert diese Methode gut.

Achten Sie besonders beim Speeren darauf, dass verletzte Tiere unverzüglich getötet werden. Wenn Sie nicht in einer akuten Notsituation sind, sollten Sie diese Fangmethode nicht anwenden, da sie den Tieren große Schmerzen zufügt. Im Ozean

Ideale Situation für den Speerfang: Die aus dem Wasser schauende Rückenflosse zeigt parallaxenfrei den Standort an. Zielen Sie wenige Zentimeter darunter.

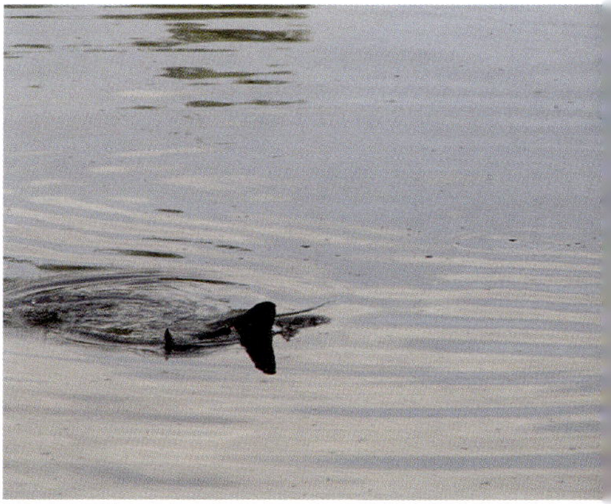

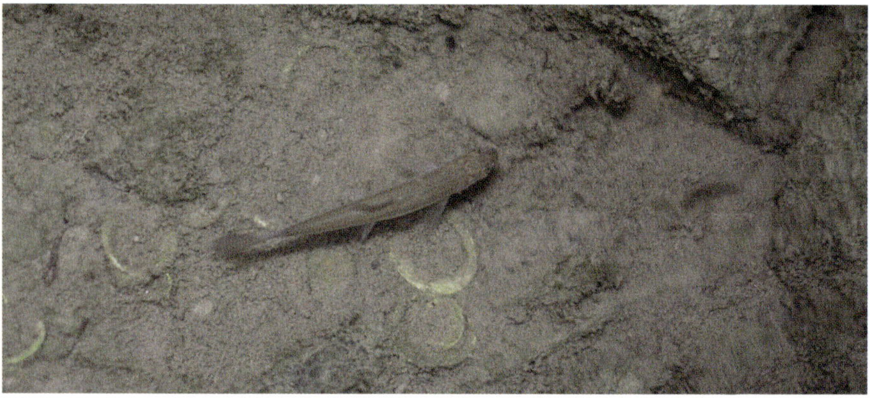

Wenn Sie direkt über dem Fisch stehen, können Sie die Parallaxen vernachlässigen. Dies ist vor allem beim nächtlichen Speerfang vom Boot oder Ufer mit ausreichend hellen Fackeln oder Lampen möglich. Achten Sie dabei insbesondere auf die ufernahen, krautigen oder schlammigen Regionen. Hier liegen oft Aale und Welse.

ist ferner zu beachten, dass beim Harpunieren austretendes Fischblut Haie und andere große Räuber anlocken kann. In tropischen Meeren haben unvorsichtige Harpunenfischer immer wieder Haiunfälle.

Angeln mit Ausrüstung

Neben dem Fischfang mit Behelfen oder Minimalausrüstung im Notfall bietet sich auf Expeditionen in vielen Regionen der Erde das Fischen zur Ergänzung der Nahrungsvorräte an. So zum Beispiel auf Reisen in Skandinavien oder auf Expeditionen in Australien, Asien oder Afrika. Oft können Fische sogar ein Hauptnahrungsmittel darstellen. Sie sollten deshalb grundlegende Angeltechniken beherrschen.

Ausrüstung

Zur Mitnahme auf eine Reise eignet sich besonders eine kleine, moderne Teleskoprute mit sogenannter Stationärrolle. Während sich viele Angler darüber streiten, ob das Angeln mit Teleskop-, Fliegen-, Pilk- oder Steckrute und Multi-, Kapsel- oder Stationärrolle am sinnvollsten ist, rate ich auf Reisen aus Erfahrung zu einer *Blinkerrute* mit *Wurfgewicht* von 60–80 Gramm und einer Länge von 2,40–3 Meter Länger sollte sie nicht sein, da sonst die Handhabung unter überhängenden Bäumen am Gewässer zu schwierig ist.

Gründe, eine Rute zu benutzen, sind vor allem die Möglichkeit weiter und gezielter Auswürfe, bessere Kontrolle über einen gefangenen Fisch sowie die einfache Koordination der Angelleine. Ein weiterer Vorteil liegt im Anschlagen. Sind Sie der Meinung, dass ein Fisch den Köder aufgenommen hat, spulen Sie die Schnur so weit auf, dass sie leicht angespannt ist, und reißen die Angelrute nach oben, um den Haken festzusetzen.

Eine Teleskoprute wird ausgefahren, indem erst das oberste Segment ausgezogen wird und dann nacheinander die anderen. Zum Zusammenschieben wird zuerst das unterste eingefahren. Um das Packmaß so klein wie möglich zu halten, ist es von Vorteil, wenn sich das unterste Segment mit dem größten Schnurführungsring zusammenschieben lässt.

Als *Hauptschnur* für unterschiedliche Angelmethoden verwende ich 0,30–0,35 Millimeter dicke Nylonschnur. Die Angelrolle sollte von dieser Schnur zwischen 200 und 300 Meter fassen können.

Eine ausschaltbare Rücklaufsperre und eine Schnurbremse an der Angelrolle sind vorteilhaft. Die Rücklaufsperre verhindert, dass die Rolle während des Drillens eines Fisches unkontrolliert zurückschlägt und Schnur frei lässt. Es ist bei eingeschalteter Rücklaufsperre nur ein Aufspulen möglich. Während Sie angeln, bleibt sie gewöhnlich eingeschaltet.

Die Schnurbremse besteht aus einem System von Plättchen, die einen gleichmäßigen Reibungswiderstand aufbauen. Die Widerstandsstärke wird an einem Knopf in der Spulenachse eingestellt. Stellen Sie die Bremse so ein, dass der Maximalzug, der sich aufbauen kann, die Stärke des Vorfaches nicht übersteigt. So ist sichergestellt, dass die Schnur selbst bei starken Fischen nicht reißt, da die Schnurbremse ab einem bestimmten Zug freilässt.

Zum Auswerfen der Angel klappen Sie den Schnurfangbügel zurück, nachdem Sie das Abfädeln der Schnur durch den Zeigefinger der Wurfhand blockiert haben. Nun holen Sie mit der Angelrute aus und beschleunigen durch einen runden Schwung die Angelmontage. Wenn die Angelspitze auf die Stelle zeigt, in deren Richtung geworfen werden soll, strecken Sie den Zeigefinger und lassen die Schnur von der Spule fallen. Mit etwas Übung können Sie so das gewünschte Ziel aus weiter Distanz präzise beangeln.

HINWEIS:

Üben Sie regelmäßig Funktion und Anwendung Ihrer Angelausrüstung. Besonders das zielgenaue Auswerfen des Köders entscheidet über Fangerfolg oder verlorene Angelausrüstung.

Da der Verlust von beispielsweise Angelhaken durch Verhaken im Gestrüpp oder am Gewässerboden häufig ist, erscheint das Mitführen eines Materialvorrates ratsam.

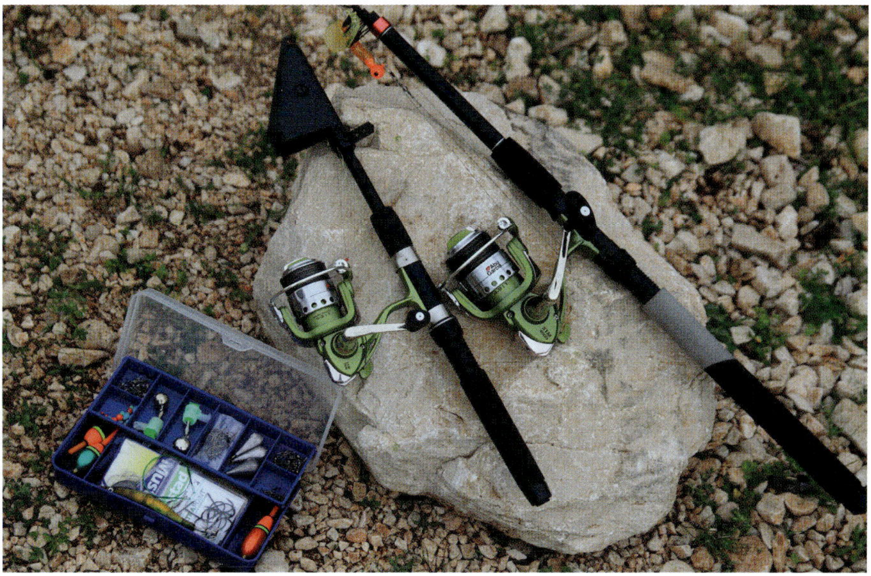

Bei aller Diskussion um die ideale Angelausrüstung sind die einfachen, kleinen und leichten Teleskopruten mit einer Stationärrolle sowie einem kleinen Set aus Schwimmern, einigen Kunstködern, Haken und Blei eine sichere Wahl. Sie möchten damit ja nicht einen kapitalen Fisch, sondern viele kleinere fangen.

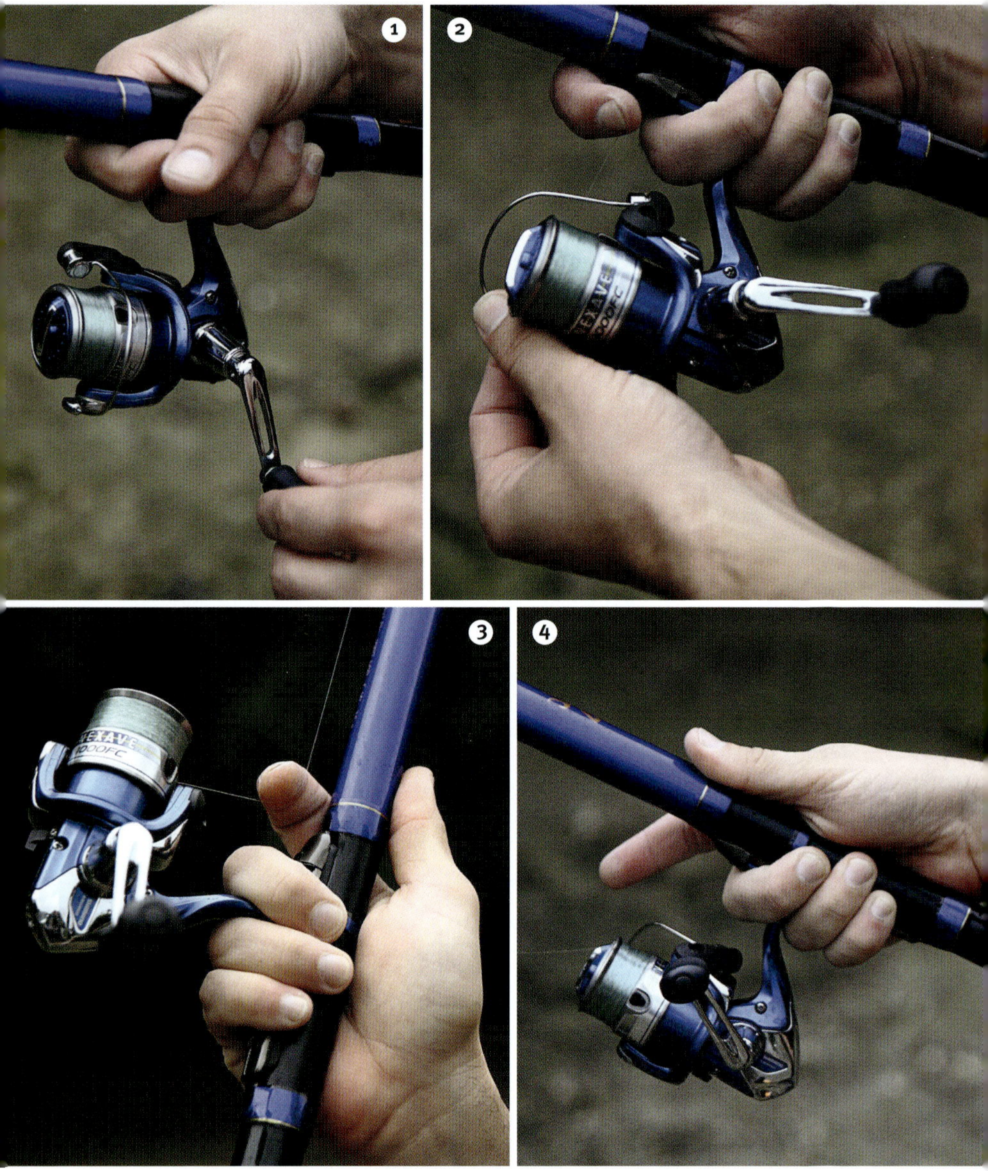

Die Verwendung einer Stationärspule ist simpel, sollte allerdings geübt werden. Zum Aufwickeln der Leine wird die Kurbel gegen den Uhrzeigersinn gedreht (1), dabei rotiert der Schnurfangbügel um die Spule. Zum Auswerfen wird die Spule so gestoppt, dass das Schnurfangröllchen oben stehenbleibt. Mit dem Zeigefinger wird das Abwickeln der Leine verhindert, während der Schnurfangbügel aufgeklappt wird (2). Es wird Schwung mit der Rute geholt (3) und der Zeigefinger gestreckt, sobald die Rutenspitze etwa auf den Zielpunkt zeigt (4). Die Leine fällt von der Spule. Spätestens vor dem Einholen der Leine wird der Schnurfangbügel wieder geschlossen.

Auf eine einmonatige Expedition, während der hauptsächlich auf Fische als Nahrung zurückgegriffen werden soll, würde ich etwa folgendes mitnehmen:

- je 30 Haken der Größen 10 und 4
- je 50 Haken der Größen 8 und 6
- etwa 30 Wirbel mit Karabinern
- einige Bleiperlen mit 5, 10 und 15 g Gewicht
- einige mit 2–5 g vorbebleite Schwimmer
- 25 g in Salz getrockneten Fischdarm und Garnelen
- je fünf Spinner der Größe 3 und 4
- einige Meter geflochtene Angelleine als durchbissfestes Vorfachmaterial.

Wenn Sie in Salmler- oder Piranha-Gewässern angeln oder häufig mit Schnurbruch und Hakenverlust rechnen, benötigen Sie entsprechend Stahlvorfach, mehr Haken und Wirbel und so weiter.

Außerdem werden einige Meter einer Angelschnur benötigt, die etwa 0,05 Millimeter dünner als die Hauptschnur ist. Sie wird am besten auf einem kleinen Röllchen aufgewickelt. An diese ca. 0,5 Meter lange, sogenannte Vorfachschnur werden später mit dem Hakenknoten die Angelhaken geknüpft. An das andere Ende kommt ein Schlaufenknoten, der in den Karabiner eingehängt wird. Hängt ein Angelhaken während des Fischens unwiederbringlich im Boden fest, reißt die dünnere Vorfachschnur und nicht die Hauptschnur. Verloren geht dabei lediglich der Haken.

HINWEIS:

Wassertiere sind immer die idealen Köder. Egal, ob Fisch, Fischinnereien, Krebsfleisch oder Wasserschnecken.

Den Fischdarm und die Garnelen transportieren Sie am besten in einer luftdicht abschließbaren Box mit etwa 50 Gramm Salz. Der Köder fermentiert und wird tranig. Durch diesen Geruch ist er ein vorzügliches Lockmittel für nahezu alle Fischarten. Schneiden Sie zum Angeln ein kleines Stückchen heraus und fangen Sie damit den ersten Fisch. Dessen Organe können Sie zum weiteren Angeln verwenden. Wenn Sie das Angeln einstellen, füllen Sie den »Unendlichvorrat« wieder, um beim nächsten Mal erneut Köder zu besitzen.

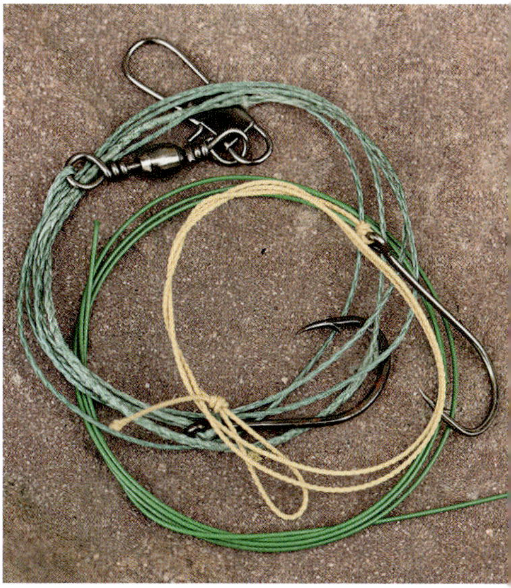

Wenn Sie in Regionen mit starkem Raubfischvorkommen angeln, macht es immer Sinn, durchbissfeste Leinen als Vorfachschnur dabeizuhaben. Hier eignen sich Stahl, Kevlar, Dyneema oder Fluorocarbon.

Außerdem lässt sich eine Vielzahl natürlicher Köder in und am Gewässer finden, die in die Köderbox aufgenommen werden können.

Wurfspulen

Wenn Sie sich nicht sicher sind, ob und in welchem Umfang das Angeln Erfolg verspricht, macht es natürlich nicht viel Sinn, eine große Angelausrüstung mitzuführen. Hier packe ich meist eine einfache Wurfspule mit 50 Metern festerer Leine (nicht unter 0,35 Millimeter) sowie ein Sortiment aus Bleien und Haken ein. Diese kleine Angelausrüstung fällt kaum ins Gewicht und kann wie eine normale Wurfangel verwendet

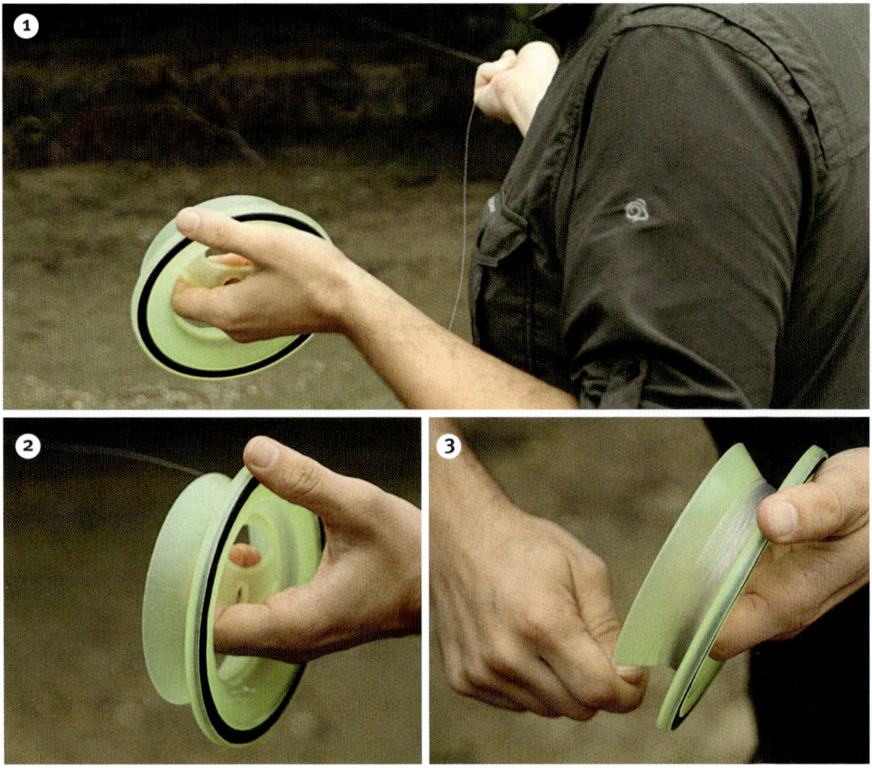

Einfache Kunststoffwurfspulen sind im Reisegepäck oft ähnlich effektiv wie Angelruten. Der Einsatz muss jedoch deutlich mehr geübt werden und ist anspruchsvoller als beim Angeln mit Spule und Rute. Zum Auswurf wird die Spule mit der Wurfkante nach vorne in Wurfrichtung gehalten (1). So kann die ablaufende Schnur ohne Widerstand von der Spule fallen (2). Das Aufwickeln und Drillen erfolgt durch eine Rotationsbewegung der Wickelhand, wobei die Spule hin und her geneigt wird, um »Leerwickler« zu vermeiden (3).

werden. Hierzu werden Blei und Haken in einer einfachen →Grundmontage seitlich am Körper vorbei zum Rotieren gebracht. Während Schwung geholt wird, ist die mit der anderen Hand gegriffenen Spule so ausgerichtet, dass der kleine Radius genau in Wurfrichtung zeigt. Lässt man die Montage mit Schwung etwas nach dem vorderen Totpunkt los, fliegen Blei und Haken zielgenau ins Wasser. Zum Aufwickeln vor dem neuen Auswurf oder nach einem Biss wird die Rolle in einer Kreisbewegung um die die Schnur führende Hand gewunden. So lässt sich die Leine ähnlich schnell aufwickeln wie mit einer Stationärspule. Alleine das →Anschlagen ist nicht so einfach, weshalb Grundmontage und längeres Abwarten bei einem Biss eher erfolgversprechend sind als eine Schwimmermontage, die bei Biss sofort angeschlagen werden muss.

HINWEIS:

Üben sie die Wurftechnik am besten mit kleinem Blei und Schutzbrille.

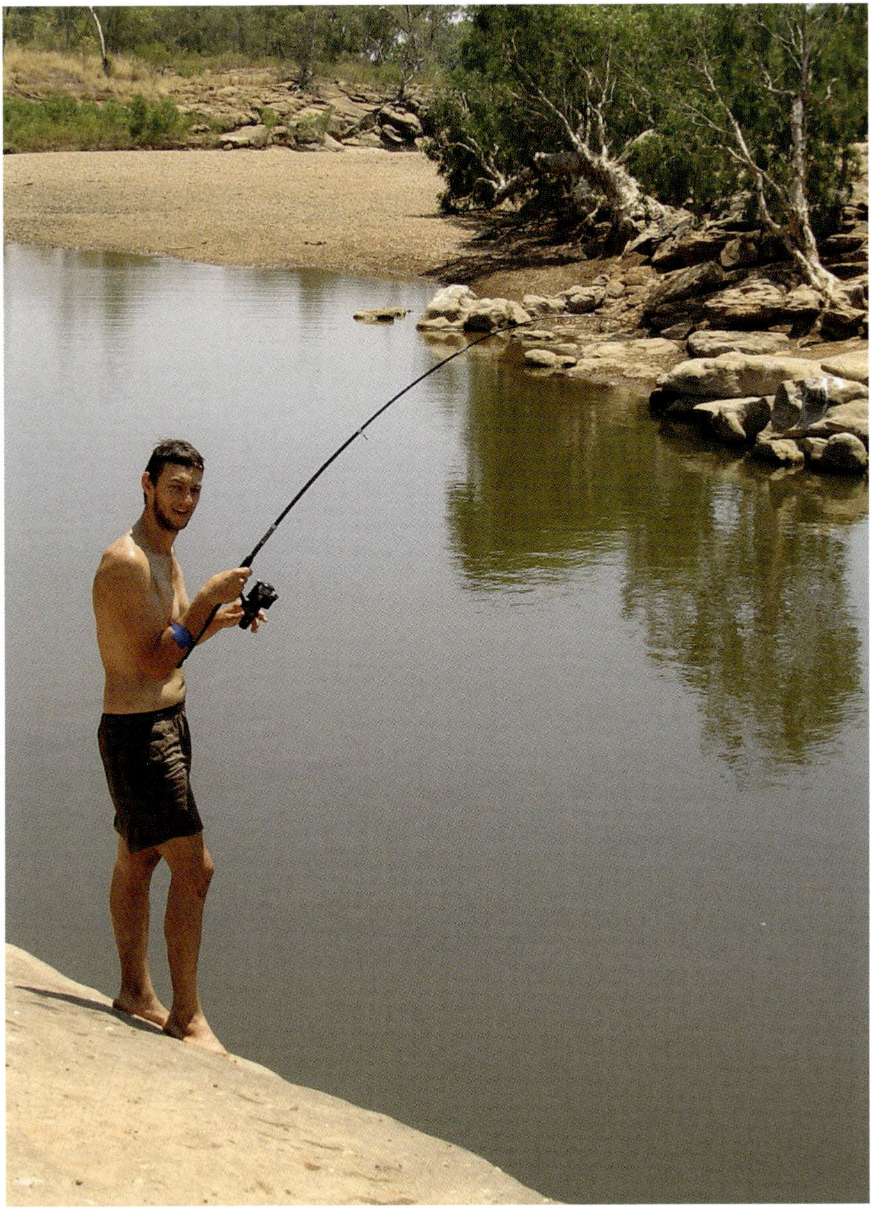

Beim Angeln kann es immer sein, dass ein größerer Fisch an den Haken geht, als geplant. Um hier Schnurbruch zu vermeiden, sollte die Rutenspitze nach oben und die Angel federnd locker gehalten werden. Die Schnurbremse sollte bei schnellen Fluchten kurzzeitig lockergestellt werden. Nach jeder Flucht wird etwas Leine eingezogen, wobei die Rutenspitze kurzzeitig etwas tiefer zeigt und unter Zug wieder angehoben wird.

Knoten

Für alle Angeltechniken sind wenige Spezialknoten ausreichend. Jeweils ein Knoten zum Befestigen eines Plättchen-Hakens und einer Öse an einer Schnur, ein Schlaufenknoten und ein Knoten zum Verbinden zweier (zum Beispiel gerissener) Angelleinen.

HINWEIS:

Angelknoten vor dem kräftigen Zuziehen mit Speichel befeuchten.

Hakenknoten

Die meisten Haken, die Sie aus dem Fachhandel beziehen, besitzen am Hakenschaft, dem Schenkel, ein gewalztes Plättchen.

Nehmen Sie für den Hakenknoten den Haken zwischen Zeigefinger und Daumen einer Hand und legen Sie die Vorfachschnur so am Schenkel vorbei, dass sie etwa 10 Zentimeter übersteht.

Nun legen Sie eine Schlaufe, indem das Ende der Vorfachschnur in Richtung des Plättchens zurückgelegt wird. Halten Sie nun die Schlaufe fest und wickeln Sie das freie Ende 5–10-mal um Schenkel und Schlaufe, sodass die Wicklungen sauber nebeneinander liegen.

Das Ende wird durch die Schlaufe gezogen. Feuchten Sie den Knoten mit etwas Speichel an und ziehen Sie ihn vorsichtig zu. Beachten Sie, dass er dabei nicht über das Plättchen rutscht. Üben Sie den Knoten am besten zuerst an Haken der Größe 1 oder 2 mit 0,50 Millimeter Nylonschnur und später an kleineren Haken. Die Leine wird etwa einen halben Meter vor dem Haken gekappt und mit einer doppelt gelegten Schlaufe versehen.

Blutknoten

Häufig möchte man zwei Angelleinen miteinander verbinden. Das kann notwendig werden, wenn die Schnur gerissen ist, oder wenn man ein Vorfach ohne Wirbel für eine besonders leicht und unauffällige Montage auf der Hauptschnur fixieren möchte. Hierfür legt man die beiden Leinen »Kopf-an-Kopf« nebeneinander, sodass etwa 10 Zentimeter parallel liegen. Zwischen beide mittig ein Hölzchen legen. Jeweils eines der beiden Leinenenden etwa 5-10 mal gegenläufig spiralig um das andere Seilenende wickeln. Die beiden Leinenenden nur gegeneinander stehend durch die mit dem Hölzchen aufgebliebene Öse legen und gleichzeitig anspannen.

Schlaufenknoten

Um sich nicht zuziehende Schlaufen an eine Angelleine zu knüpfen nutzt man den Schlaufenknoten. Er unterscheidet sich von einer einfachen Schlaufe, da Angelleine nicht genügend Reibung erzeugt und sich hindurchziehen würde. Das Schnurende wird mit einigen Zentimetern Überstand zurückgeschlagen. Zum Vereinfachen kann die Stelle dabei mit den Fingern etwas geknickt werden.

Die doppelt gelegte Schnur wird nun zu einem einfachen Überhandknoten geführt, der Knoten jedoch nicht zugezogen. Weitere ein bis zwei Mal wird die Schlaufe durch den Überhandknoten geführt. Die Wicklungen werden so gestreckt, dass sie sauber nebeneinander liegen. Der Knoten wird langsam und gleichmäßig festgezogen.

Wirbelknoten

Um Ösen jeglicher Art in das Ende einer Leine einzuknüpfen, verwenden Sie den folgenden leicht zu merkenden Wirbelknoten. Fädeln Sie die Schnur durch die Öse und lassen etwa 10 Zentimeter überstehen. Dieses Ende wird zur Leine zurückgelegt und festgehalten. Nun wird die Öse axial zur Leine gedreht, sodass die Schnurenden sieben bis zehn Mal verdrillt sind. Das kurze Ende wird nun durch die letzte Schlaufe vor der Öse gelegt und noch einmal in die dadurch entstehende Schlinge zurückgeschlagen. Nach dem Anfeuchten kann der Knoten zugezogen werden. Überstehende Enden werden abgeschnitten.

Mit diesem Vorwissen sind Sie nun in der Lage, durch sinnvolles Kombinieren der mitgeführten Komponenten eine funktionierende Montage zusammenzusetzen.

Die wichtigsten Angelknoten

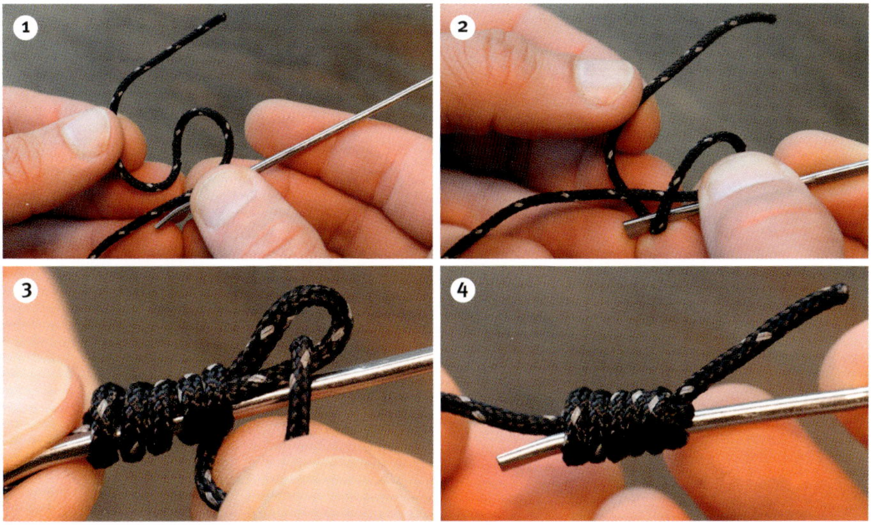

Hakenknoten: Die Leine wird auf dem Hakenschenkel zurückgeschlagen, so dass eine Schlaufe etsteht (1). Mit dem Schnurende wird vom Plättchen beginnend Richtung Bogen gewickelt, wobei Schlaufe und Schenkel miteinander verbunden werden (2). Das Schnurende wird durch die Schlaufe gelegt (3) und der Knoten zugezogen (4).

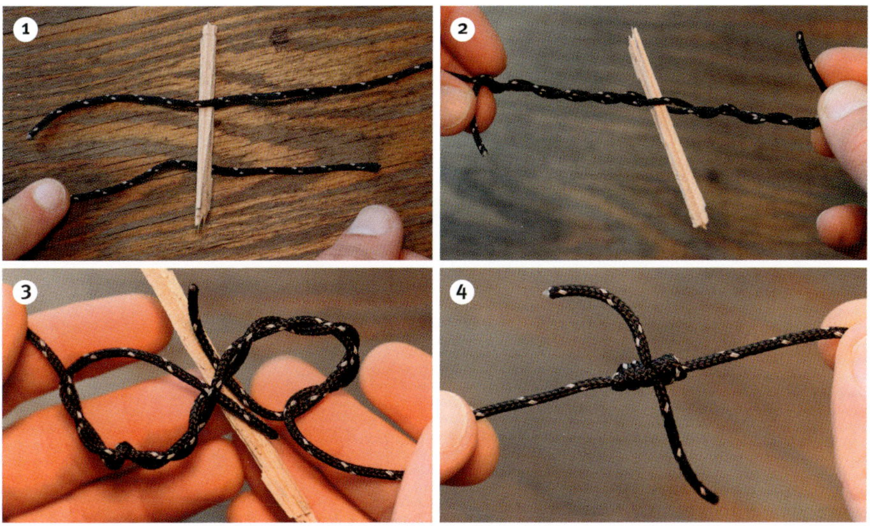

Blutknoten: Zwei Schnurenden werden gegeneinander überlappend abgelegt. Dazwischen kommt ein Knebel (1). Die Leinenenden werden umeinander gewunden. Wickelrichtung beachten (2)! Die Schnurenden gegeneinander durch die Lücke am Knebel führen (3). Den Knebel entfernen und den Knoten zuziehen (4).

Die wichtigsten Angelknoten

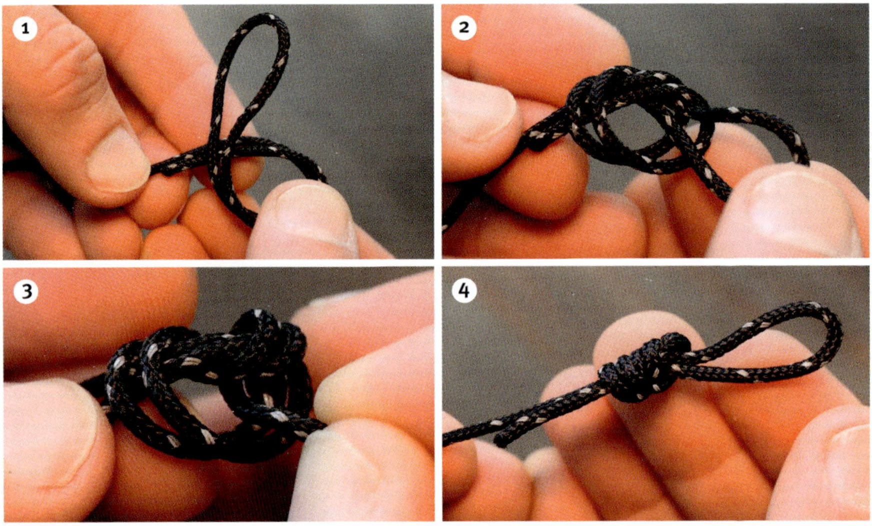

Schlaufenknoten: Eine Schlaufe legen und den Doppelstrang zu einem Ring führen (1). Einen einfachen Überhandknoten in die Schlaufe legen. Noch nicht zuziehen! (2). Eine weitere Wicklung durch den Überhandknoten legen (3). Den Schlaufenknoten langsam belasten und zuziehen (4).

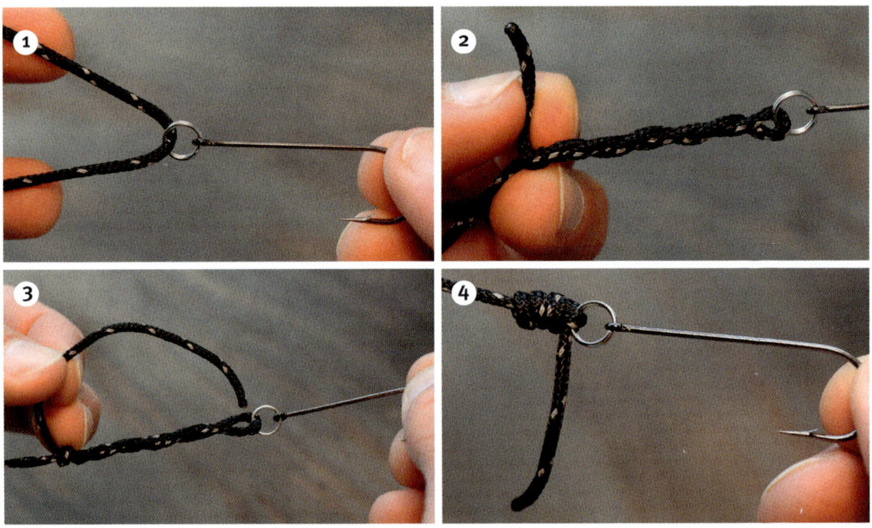

Wirbelknoten: Um einen Ring in das Ende einer Leine einzubinden, wird die Schnur hindurchgefädelt und zurückgeschlagen (1). Der Ring wird so gedreht, dass Wicklungen entstehen. Aufpassen, dass der Drall die Leine nicht verkordelt (2). Das Leinenende zur offen gebliebenen Schlaufe am Ring führen und hindurchführen (3). Langsam und gleichmäßig anziehen, ohne dass die Wicklungen übereinander schlagen (4).

Grundangeln

Eine der am häufigsten angewendeten Angeltechniken an Gewässern mit unstetiger Tiefe ist das Grundangeln. Mit der Grundmontage lassen sich nahezu alle Fischarten erfolgreich fangen. Der beköderte Haken wird hierbei mit einem Blei auf den Grund des Gewässers versenkt.

Hierzu fädelt man eine Bleiperle auf die Hauptschnur und befestigt mit dem **Wirbelknoten** einen Wirbel. In diesen wird die Schlaufe des Vorfachs eingehängt. Weil die Hauptschnur frei durch die Bleiperle rutschen kann, gibt der Zug nach, wenn ein Fisch mit dem Köder im Maul fort schwimmt. Da er keinen Widerstand fühlt, ist es wahrscheinlicher, dass der Fisch den Köder schluckt. Diese Montage wird an ruhigen Bereichen in Fließgewässern oder in Seen verwendet. Nach dem Auswerfen sollten Sie hin und wieder durch sanften Zug auf die Leine prüfen, ob ein Fisch den Köder angenommen hat.

Angeln mit Schwimmer

Besonders zum Fischfang in Fließgewässern oder am Rand eines Sees bietet sich das Angeln mit einem Schwimmer, auch Floß oder Pose genannt, an. Ein besonderer Vorteil ist bei dieser Angelweise, dass der Köder in einer bestimmten Höhe über dem Gewässerboden angeboten werden kann und nicht im Schlick versinkt, wie es beim Grundangeln geschehen kann.

Meistens wird ein Schwimmer verwendet, der durch zusätzlich am Vorfach angebrachte Bleie so austariert ist, dass er senkrecht im Wasser steht. Jeder Schwimmer benötigt jedoch ein anderes Gewicht, um korrekt ausgebleit zu sein. Es empfiehlt sich, in der Wildnis generell eine Auswahl von Spaltblei mitzuführen, das während des Angelns recht häufig verloren geht. Dennoch ziehe ich unterwegs für diesen Einsatz *»vorbebleite«* Schwimmer vor. Das sind Posen, die durch angeschraubte Metallblättchen schon austariert sind. Zwar entsteht der Nachteil, dass der Köder langsamer absinkt, jedoch wird dies dadurch ausgeglichen, dass weniger Ausrüstung mitgeführt werden muss. Außerdem sollte der Schwimmer eine sogenannte feststehende Pose sein. Das bedeutet, dass der Angler die Pose an der Schnur festklemmt. Grund ist auch hier, die Ausrüstung möglichst einfach und unkompliziert zu belassen. Für frei laufende Posen würden zusätzlich Stopper und Durchlaufperlen benötigt werden.

Das vorbereitete System wird in das Wasser geworfen. Wenn Sie kleine Fische am Ufer beangeln, wenden Sie am besten die im Absatz »Fischfang mit einer Notangel« beschriebene Stippangelei an. Ob ein Fisch den Köder aufgenommen hat, erkennen Sie an einem anfänglichen Zucken und Abtauchen des Schwimmers. Wenn die Pose deutlich nach unten gezogen wird, ist es Zeit, anzuschlagen.

Oberflächenmontage

Zahlreiche Fische sind auf das Fressen von auf die Wasseroberfläche gefallenen Tiere spezialisiert. Sie schnappen nach Fliegen, Würmchen und Motten, die auf dem Wasser landen. Ebenso werden Brot, Früchte und kleine Kunstköder aufgenommen. Um Haken und Köder möglichst unauffällig zu präsentieren und dennoch Wurfmasse zu haben, behilft man sich mit einer sogenannten Wasserkugel oder einem Holzstückchen, das an die Hauptschnur aufgefädelt bzw. geknüpft wird. Hinzu wird ein eher kleiner Haken, der mit dem Hakenknoten an ein Vorfach gebunden und jenes mit dem Blutknoten an die Hauptleine geknotet wird. So hat man eine hinter dem Auftriebskörper sehr unauffällige Montage, die interessierte Fische nicht allzu misstrauisch macht. Nach dem Auswerfen wird die Leine gestrafft, sodass der Schwimmkörper zwischen Angler und Haken liegt.

Sicht-Stippmontage

Ist das Wasser sehr klar und ruhig, kann eine besonders für kleine Fische wie kleine Barsche und Weißfische erfolgreiche Methode genutzt werden. Dazu wird eine Stipprute hergestellt. Die Hauptschnur reicht von der Spitze bis etwa zur Hälfte der Rute. Ein klei-

Einfache Angelmontagen

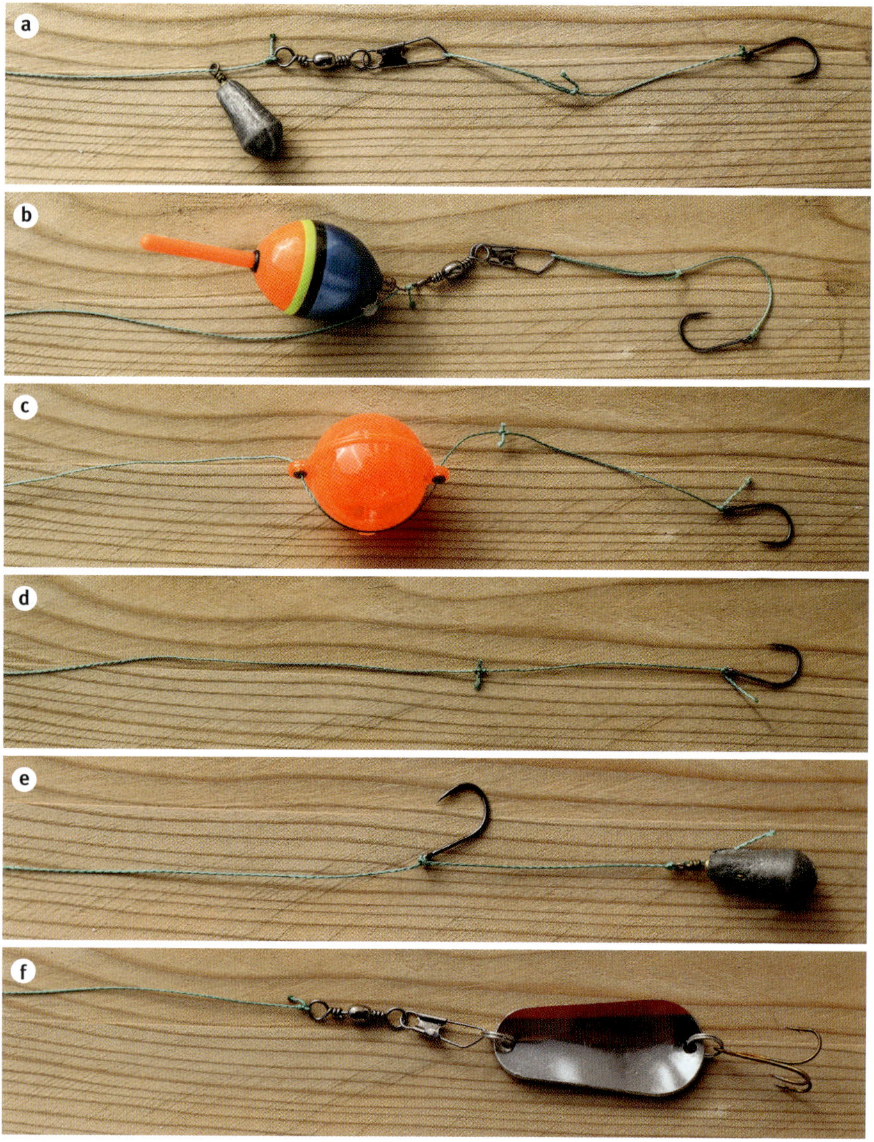

Einige einfache Angelmontagen (Größen dramatisiert dargestellt). Einfache Grundmontage mit Durchlaufblei als Allzweckmontage (a). Schwimmermontage mit vorbebleitem Schwimmer (b). Wasserkugel für den Fang an der Wasseroberfläche (c). Statt Wirbel wird ein Blutknoten genutzt. Stipp-Sichtmontage mit Blutknoten am Vorfach für den Fang vorsichtiger Tiere (d). Dropshot-Montage für das lebhafte Bewegen improvisierter Kunstköder (e). Kunstködermontage zum Fang von Raubfischen (f).

ner Haken wird mit dem Hakenknoten an einem feinen Vorfach befestigt, jenes wird über den Blutknoten mit der Hauptschnur verbunden. Ein kleiner Köder wird befestigt und die Leine wird vorsichtig auf die Wasseroberfläche abgesetzt. Der Haken sinkt langsam unter ständiger Beobachtung ab. Kleinere Fische schießen oder regelrecht auf den Köder zu, saugen ihn ein – um ihn im nächsten Moment wieder auszuspucken. Genau diesen Sekundenbruchteil nutzt man zum Anschlag und Anlanden des Fischs. Bei Fehlanschlägen den Haken einfach wieder absinken lassen – oft schnappen die Tiere sofort wieder zu.

Angeln mit Kunstködern

Viele Fische, die hauptsächlich kleine Tiere jagen, auch Raubfische genannt, lassen sich vorzüglich mit Kunstködern fangen. Unter Kunstködern versteht man Imitationen von Tieren wie Insekten oder Fischen. Fischarten, die mit Kunstködern einfach zu fangen sind, sind Hechte, Forellen und Barsche. Der besondere Vorteil beim Angeln mit Kunstködern besteht darin, dass Sie innerhalb kurzer Zeit Fangerfolg haben können.

Auch scheue Exemplare, die nur mit Vorsicht den Köder aufnehmen, lassen sich so überlisten. Der Nachteil ist jedoch, dass sich mit Kunstködern keine Friedfische, also Fische, die sich hauptsächlich von Weichtieren und Pflanzen ernähren, fangen lassen.

Die Montage für Kunstköder ist denkbar einfach. An das Ende der Leine wird mit **Wirbelknoten** ein Wirbel mit Karabiner geknotet. Dies ist wichtig, da viele Kunstköder rotieren und die Schnur nach wenigen Auswürfen stark verdrallt wäre. In den Karabiner wird der Kunstköder eingehängt.

Wenn Sie große Raubfische wie Hechte beangeln, müssen Sie noch ein sogenanntes Stahlvorfach zwischen Kunstköder und Hauptschnur schalten. Ohne dieses etwa

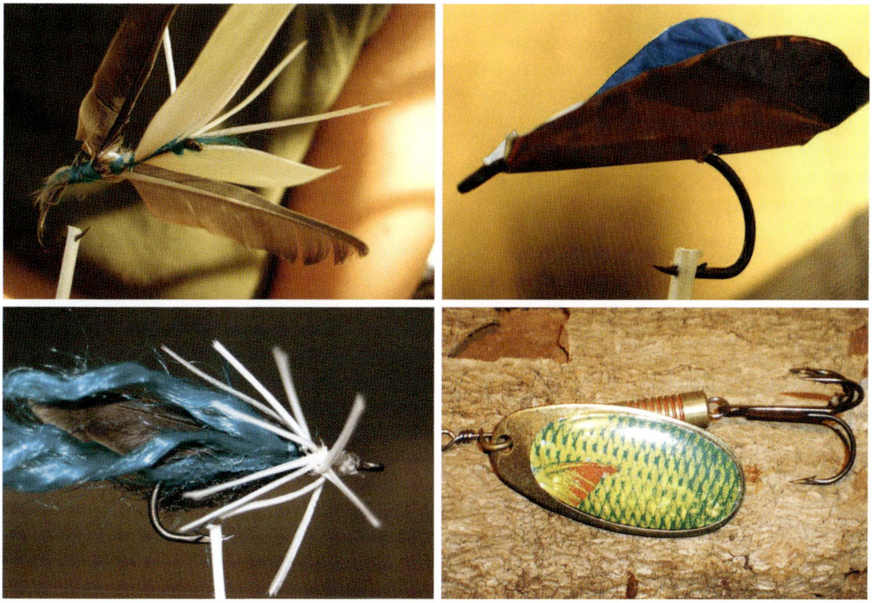

Einige improvisierte Kunstköder aus Federn, Fasern und gebogenem Dosenblech. Sie imitieren Grashüpfer, Schmetterlinge oder verletzte Fische. Der industriell gefertigte Spinner unten rechts ist ein universeller Raubfischköder.

15 Zentimeter lange Stückchen Stahldraht, das auch aus mehrfach gelegter Nylonschnur improvisiert werden kann, würde die Hauptschnur einfach durchgebissen werden.

Um mit Kunstködern zu angeln, werfen Sie diese Montage aus und ziehen sie wieder ein. Das wiederholen Sie an verschiedenen Stellen des Gewässers. Wenn der Köder durch das Wasser gezogen wird, bewegt er sich so wie ein Tier. Sie können versuchen, durch unregelmäßiges Einziehen und kurzweiliges Abstoppen die Reizwirkung zu verstärken. Die verschiedenen Kunstköder verhalten sich dabei völlig unterschiedlich.

Bei einem sogenannten Spinner rotiert ein kleines Metalllöffelchen. Wobbler, meist Fischnachbildungen, beginnen sich wie ein fliehender Fisch zu bewegen. So vielfältig die Auswahl ist, so verschieden sind die Anwendungsbereiche. Die beste Abdeckung aller Bereiche wird meiner Meinung nach durch einen hellen Spinner der Größe 3 oder 4 erreicht. Mit ihm lassen sich Forellen, Hechte, Zander und Ähnliches fangen.

Da an vielen Kunstködern Drillingshaken verwendet werden, sollten Sie eine stabile kleine Box zum Transport mitführen. Verletzungen durch diese Haken sind grausam, die Widerhaken verhindern das Entfernen. Er muss regelrecht herausgerissen oder -geschnitten werden. Vermeiden Sie unbedingt derartige Verletzungen.

Kunstköder lassen sich sehr einfach improvisieren, indem Sie Fasern, Federn oder Metallteile um den Haken platzieren. Am besten bilden Sie Tiere nach, die am Gewässer häufig vorkommen – zum Beispiel Grashüpfer, Schmetterlinge oder Fliegen.

Für vorsichtige Fische, die improvisierte Köder nicht oder zu vorsichtig aufnehmen, hat sich die improvisierte →Dropshot-Montage als sehr erfolgreich erwiesen. Da der Haken zwischen Blei und Angler sitzt, kann er langsam geführt werden, ohne dass der Köder auf den Boden absinkt und sich am Grund verklemmt. Probieren Sie verschiedene Materialien aus – von einem Stückchen Zeltleine über Fetzen Kondomgummi bis zur Daune: durch den frei schwingenden Haken wird praktisch jedem leicht flexiblen Material ein verletzt zuckendes Scheinleben eingehaucht. Oft stehen Raubfische unschlüssig vor dem wahrlich wenig nahrhaften, aber lebhaft tanzenden Köder, bis sie sich endlich zu einem Angriff entschließen. Diese oft nötige Bedenkzeit zur falschen Entscheidung haben Fische bei schnell ziehenden Kunstködern nicht und greifen deshalb nicht zu.

Töten und Zubereiten

Es gibt mehrere sichere Methoden, um einen Fisch zu töten. Die oberste Regel ist, dass Sie sich dabei nicht selbst verletzen und unnötige Qualen des Tieres vermeiden. Im Allgemeinen »schlägt der Angler« einen Fisch ab. Hierzu wird der Fang mit einer Hand am Rumpf gefasst und frei vom Körper weg gehalten.

Wenn Sie unsicher sind, ob ein Fisch Stacheln besitzt, drücken Sie ihn stattdessen mit einem Schuh gegen den Boden. In die andere Hand nehmen Sie eine →kleine Jagdkeule. Nun schlagen Sie dem Fisch mehrmals mit Wucht auf die Verbindungsstelle zwischen Kopf und Rumpf. Treffen Sie dabei nicht Ihre eigenen Finger. Die meisten kleineren Exemplare werden nun tot sein.

Bei größeren Fischen führen Sie zusätzlich mit einem Messer einen Kiemenbogenschnitt durch. Hierbei werden die acht Kiemenarterien durchtrennt, die vom Herz in die Kiemen führen. Durch den Schnitt blutet der Fisch sofort aus.

Eine schnelle Methode, die in Deutschland nicht zugelassen ist, ist der Kiemenbogenriss mit Genickbruch. Hierbei wird der Kopf des Fisches so stark nach hinten überdehnt, dass die Kiemenbogenansätze zerreißen und die Wirbelsäule zerstört wird.

Eine Sonderrolle nehmen Aale ein. Hier muss das Rückenmark durchtrennt werden. Am besten schneiden Sie ihm un-

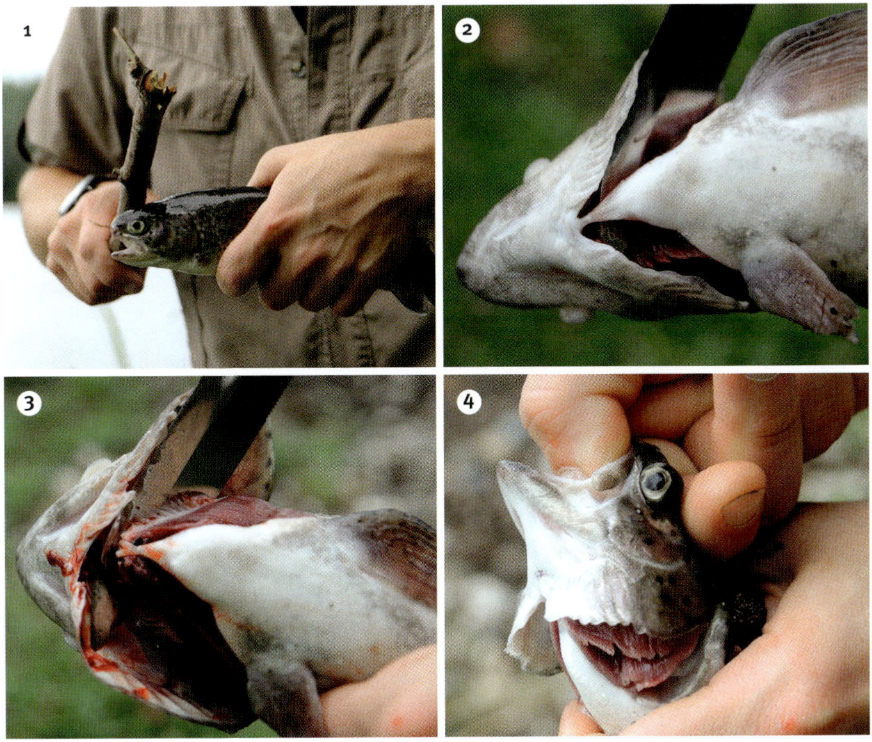

Den Fisch vor den Körper halten ud mit einem kräftigen Schlag auf den Kopf betäuben (1). Die Klinge zwischen den Kiemendeckeln durchführen. Den Steg zwischen Körper und Kopf komplett durchtrennen (2). Nun blutet der Fisch aus (3). Eine schnelle Methode ist das starke Überstrecken des Kopfes bis Kiemenbogensteg und Wirbelsäule brechen (4).

mittelbar nach dem Fang den Kopf ab. Die meisten anderen Methoden scheinen diese Urtiere längere Zeit zu überleben.

HINWEIS:

Auch wenn es Methoden gibt, Fische ohne Ausnehmen zuzubereiten, sollten Sie beachten, dass die Organe von unbekannten Arten giftig sein können und im Magen oft giftige oder ungenießbare Nahrung vorliegen kann.

Hat der Fisch große Schuppen und soll er konserviert oder gekocht werden, wird er zuerst geschuppt. Dazu wird er sorgfältig mit dem Messerrücken von der Schwanzspitze in Richtung Kopf abgekratzt, bis alle Schuppen entfernt worden sind. Dabei eher kleine und wiederholende Schabebewegungen machen. Schuppen Sie nie mit der scharfen Seite der Klinge sondern mit dem Messerrücken! Die Bewegung geht naturgemäß in Handrichtung und oft verklemmt das Messer beim Schuppen zwischen den Reihen und rutscht auf die Hand. Außerdem sollte man unbedingt darauf achten, dass die Stachelstrahlen der Fische nach hinten zeigen – greift man mit der Hand schnell genau dort hinein.

Bei giftigen oder vermutlich giftigen Fischen, die Hartstrahlen der Flossen vor

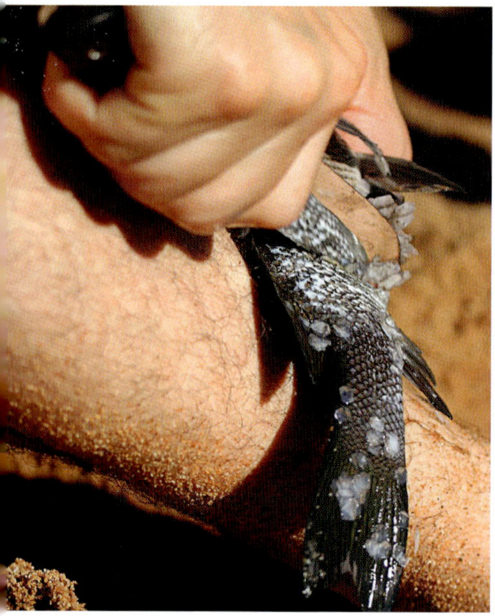

Beim Schuppen wird mit dem Messerrücken »gegen den Strich« gekratzt. Achten Sie dabei unbedingt auf gefährliche Stacheln, die nach hinten gerichtet sind und somit entgegen der Bewegungsrichtung zeigen.

dem Schuppen mit dem Messer abschneiden. Nach dem Schuppen wird der Fisch ausgenommen.

Um einen Fisch auszunehmen gibt es verschiedene Möglichkeiten. Am häufigsten wird mit dem Messer in die Kloake gestochen und der Fisch bis zum Schlund aufgeschlitzt. Das mag auf die Schnelle funktionieren und kein Problem bei genügendem sauberem Wasser und funktionierender Kühlung sein. Für den Feldeinsatz ist diese Methode allerdings nicht gut geeignet. Durch den Stich in die Kloake und das Aufschlitzen werden Darm und Magen beschädigt.

Es kommt zu einer großflächigen Verunreinigungen und Verkeimungen des Fleischs. Sofern der Fisch unmittelbar zubereitet wird, ist die Gefahr dadurch nicht besonders hoch. Allerdings wird es dann problematisch, wenn der Fisch konserviert oder längere Zeit gelagert werden muss. In diesem Fall kann die starke Anfangsverunreinigung zu einem schnellen Verderb des Gewebes und zu Lebensmittelvergiftungen führen.

Aus diesem Grund gehen wir anders vor. Direkt an der Kehle wird auf der Bauchseite eingestochen und der Bauch des Fischs mit flach angelegtem Messer aufgeschnitten, sodass die inneren Organe nicht beschädigt werden können. Dabei wird bei größeren Fischen zwischen und bei kleineren Fischen seitlich am Bauchflossenpaar entlang geschnitten. Der Schnitt endet mit der Messerspitze direkt neben der Kloake. Nun kann der Bauch des Fischs geöffnet werden. Der Schlund wird mit einem Schnitt durchtrennt und alle Organe dem Darm folgend aus dem Körper nach hinten gezogen. Das Darmende hängt noch an der Kloake, die mir einem Schnitt durchtrennt wird.

Auf diese Weise werden dem Fisch alle Organe sauber entnommen, ohne dass es zu Verschleppung von Keimen kommt. Die unter der Wirbelsäule liegende, bitter schmeckende Niere wird längs geöffnet und heraus gekratzt. Bei Aalen geht sie hinter der Kloake noch weiter und bildet im Muskelgewebe einen sogenannten Nierenpfropf. Auch dieser muss entfernt werden.

Sollte beim Ausnehmen die Gallenblase platzen, ist das nicht weiter problematisch. Gallenflüssigkeit ist wasserlöslich und lässt sich rückstandsfrei abwaschen. Das Risiko einer geplatzten Galle wird meines Erachtens weit überbewertet.

HINWEIS:

Wir vermeiden bei allen Schlachtvorgängen die Verschleppung von Darmkeimen auf das Fleisch.

Essbare Organe sind Leber, Herz und Magen. Der Verzehr der Leber ist jedoch nicht ganz ohne Risiko. Es besteht zum Beispiel

Fische ausnehmen

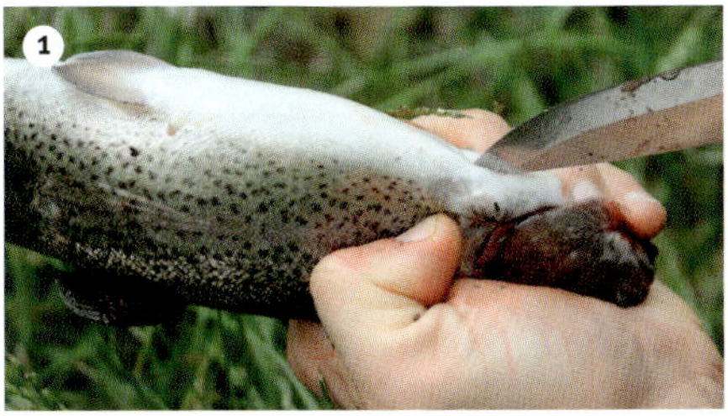

An der Kehle kurz hinter den Kiemendeckeln mit dem Messer einstechen.

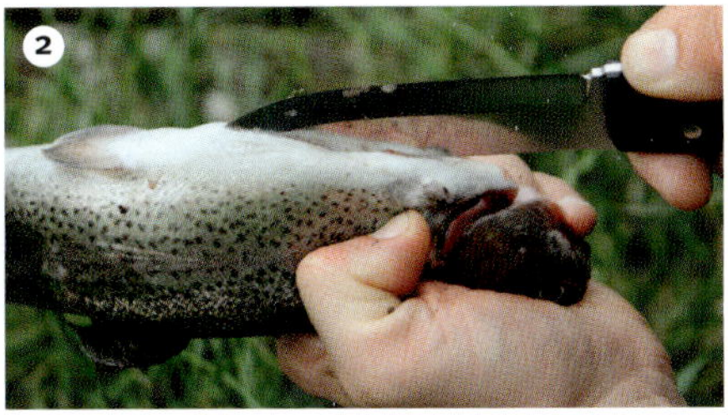

Während die Klinge nach oben zeigt den Fischbauch komplett aufschneiden.

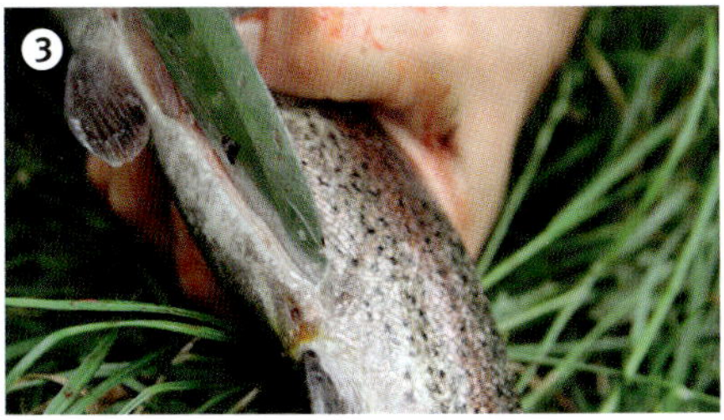

Seitlich an der Kloake vorbei schneiden. Der Darm bleibt dadurch intakt.

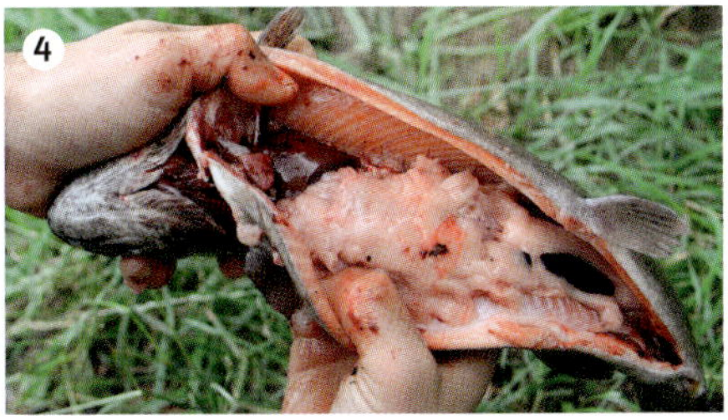

Der Fisch kann nun vollständig geöffnet und die Organe entnommen werden.

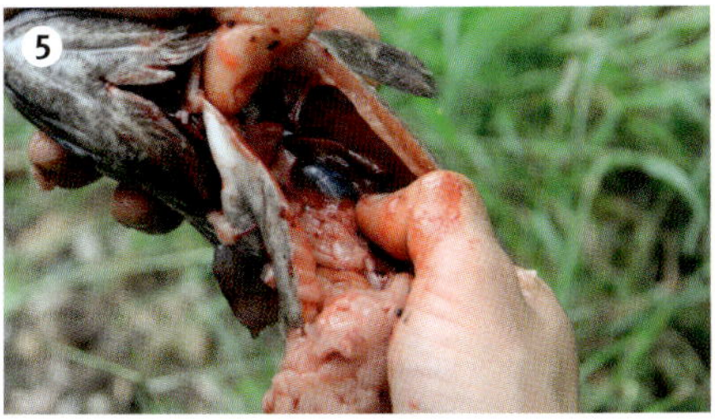

Den Schlund abtrennen. Die Organe hängen alle am Darm und werden aus dem Fisch gezogen.

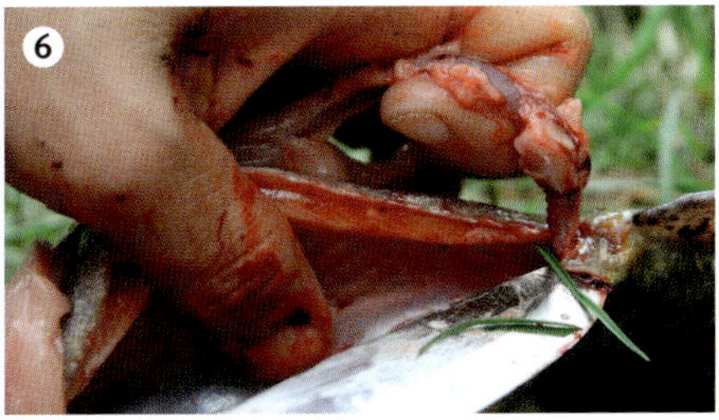

Am Darmausgang angekommen wird die Kloake mit weggeschnitten.

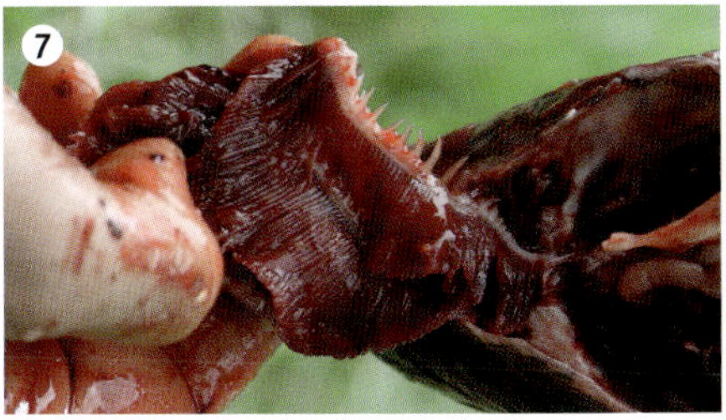

Die Kiemen greifen und mit Richtung Mund aus dem Kopf heraustrennen.

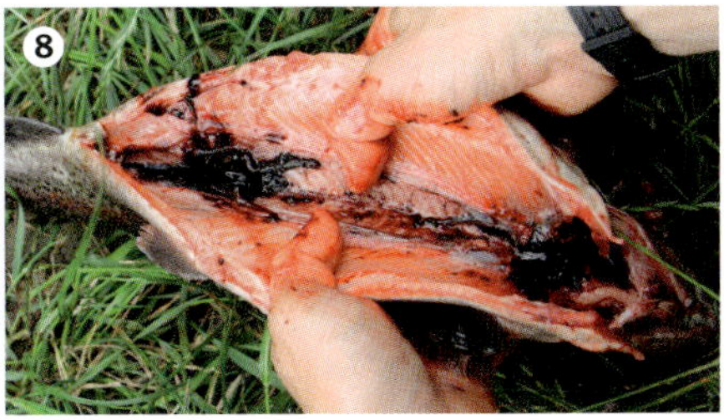

Schwimmblase und Niere werden zuletzt herausgekratzt.

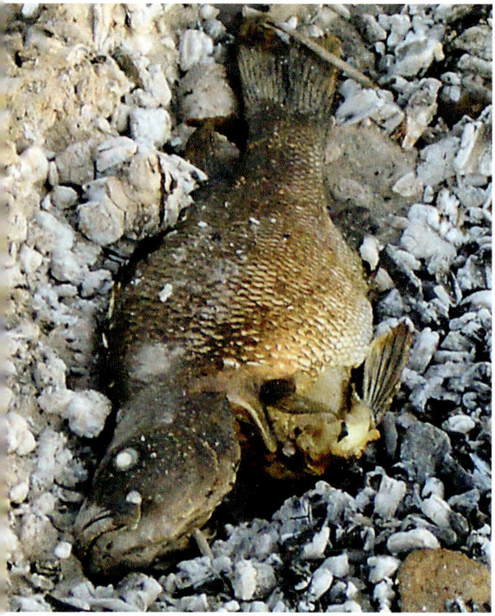

Haben Sie einen großen Fisch gefangen, empfiehlt es sich, ihn, ohne ihn vorher auszunehmen, direkt in der heißen Asche zu garen. Dadurch bleibt das Fleisch saftig und verliert kein Eiweiß oder Fett.

die Gefahr einer Vitamin-A-Hypervitaminose, also einer Vitaminvergiftung. Manche Fischarten reichern in der Leber große Mengen dieses Vitamins an. Die Geschlechtsorgane des männlichen (Milchner, weiße, längliche Organe) und weiblichen (Rogner, Eierstöcke mit Laich) Fisches, sind eine willkommene Bereicherung der Mahlzeit. Zuallerletzt werden die Kiemen entfernt, da sie schnell verderben.

Wenn Sie einen größeren Fisch in der Glut grillen wollen, können Sie auf das Ausnehmen und Schuppen verzichten, da die Bauchhöhle durch Gräten und Bauchfell von den essbaren Teilen getrennt ist. Diese Methode hat den Vorteil, dass keine wertvollen Flüssigkeiten wie Wasser, Fett und Eiweiß austreten.

Zum Grillen entzünden Sie ein mittelgroßes Kochfeuer und legen den Fisch einfach in die Asche, jedoch nicht direkt in die Glut. Der Fisch wird nun mit Asche und etwas Glut bedeckt und 15 bis 30 Minuten gegart. Danach müssen Sie ihn lediglich etwas abklopfen und auf einer Seite die Haut entfernen, um das saftige Fleisch zu erreichen.

Zum Kochen wird der geschuppte und ausgenommene Fisch eine Viertelstunde lang in siedendes Wasser gegeben. Da dabei Nährstoffe austreten, sollten Sie den Sud nach dem Kochen trinken, um keine Nahrung zu verschwenden.

Gefahren

Zu den Gefahren im Umgang mit Fischfleisch sollten Sie die weiter oben im Kapitel »Weichtiere« beschriebenen Regeln beachten. Diese sind nahezu analog übertragbar. Denken Sie auch an Parasiten, von denen Fische befallen werden.

In Europa werden sowohl Süßwasser- als auch Salzwasserfische häufig von Parasiten infiziert sein, die auch uns befallen können. Besonders häufig sind Katzenleberegel und *Anisakis* (Würmer), die sie beide ganz sicher nicht als »Haustier« möchten.

Anisakis kommt auch in Deutschland oft bei Salzwasserfischen vor und bohrt sich durch die Magenwand des Endwirts, was heftige Schmerzen und Infektionen bis hin zur Sepsis zur Folge haben kann.

HINWEIS:

Sie werden keinen Wildfisch ohne Parasiten fangen. Wichtig ist deshalb die korrekte Zubereitung durch Garen. Danach stellen diese Parasiten keine Gefahr mehr dar.

Der Verzehr von rohem Fischfleisch sollte sich also auf den Besuch eines asiatischen Restaurants beschränken. Achten Sie unbedingt auf potenziell giftige Stacheln in Kiemendeckeln und Flossen. Der Sushi-Fisch muss nach Gesetz übrigens wegen der Anisakisgefahr tiefgefroren worden sein und darf nie frisch verzehrt werden.

Achten Sie beim Verzehr von Fischen besonders darauf, keine Gräte zu verschlucken. Diese könnte sich im Hals querstellen und Ihnen die Atemwege blockieren. Kauen Sie das Fleisch aus diesem Grund gründlich, um verborgene Gräten zu entdecken.

Schwer einzuschätzend ist die Gefahr der →Ciguatera, einer Fischvergiftung durch ein Algengift (ähnlich der Red-Tide), das vor allem in warmen tropischen Meeren an Korallenriffen vorkommt. Es wird über die Nahrungskette konzentriert und macht den Verzehr größerer Raubfische wie Barsche und Muränen zu einem Risiko. Kleinere Fische bis wenige Kilogramm Körpergewicht sind nur selten Auslöser der Erkrankung. Wenn Sie sicher gehen möchten können sie das starke Nervengift durch einen einfachen Test überprüfen. Dazu wird ein Stückchen des Fleischs von innen an die Unterlippe gelegt. Eine Belastung erkennt man schnell durch ein Taubheitsgefühlt der Schleimhaut. Das Gift ist Hitzestabil. Sie können das Fleisch also vor der Kontrolle durchgaren, damit es keine Infektionsquelle darstellt.

Nun noch ein allgemeines Wort zu möglichen Gefahren beim Jagen an unbekannten Gewässern: Wasser birgt durch seine hohe spezifische Wärme, seine besonderen optischen Eigenschaften und seine Bewohner viele unsichtbare Gefahren. Sie können bei einem ungewollten Sturz in das nasse Element nicht nur ertrinken, sondern auch unterkühlen und erfrieren, sich an Gegenständen die aufgeweichte Haut verletzen oder von Parasiten befallen und durch Fische oder Reptilien angegriffen werden.

Versuchen Sie, sich mit möglichen Gefahren vertraut zu machen. Achten Sie besonders auf jene Risiken, die Sie nicht sofort erkennen können. **Besteht Flutgefahr oder gibt es unüberwindbare Steilufer? Gibt es an oder in diesen Gewässern Haie, Krokodile, Schlangen oder Bären? Im Zweifel verlassen Sie das Wasser umgehend und verzichten auf den Fangversuch.**

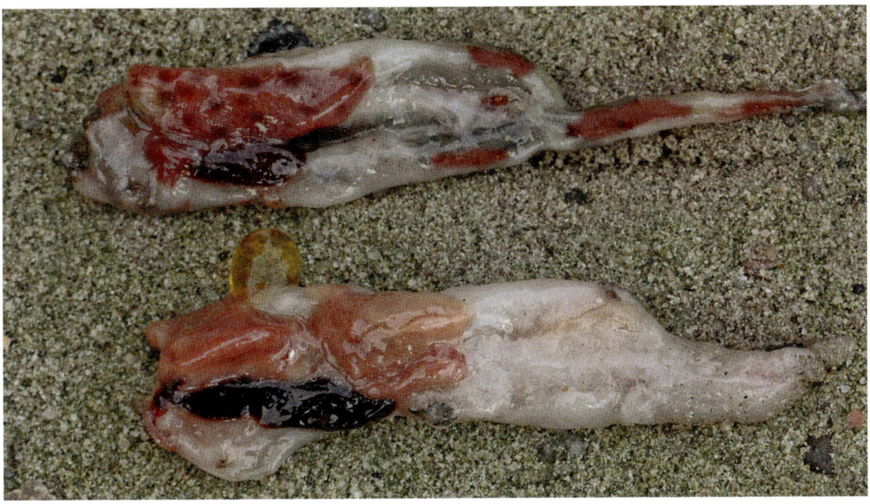

Die Organuntersuchung bei Fischen wird oft vernachlässigt. Dabei sind nicht zwangsläufig Parasiten und Krankheiten, sondern starke Umweltgifte im Wasser diejenigen Stoffe, die einen Unterschied ausmachen. Oben im Bild: Die Leber hat viele rote Einblutungen, die Milz ist verkürzt. Auch der Darm ist stark entzündet. Letzteres kann auch durch Kratzwürmer verursacht werden. Unten im Bild: gesunde Organe.

8 Amphibien

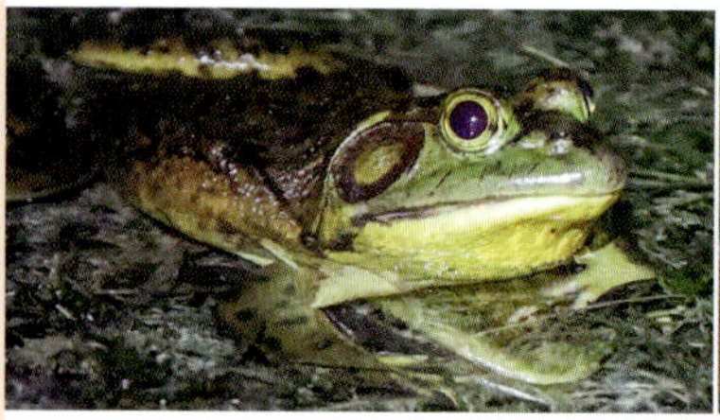

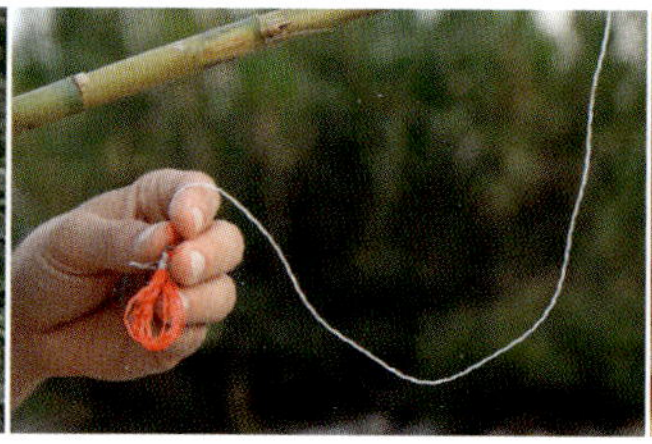

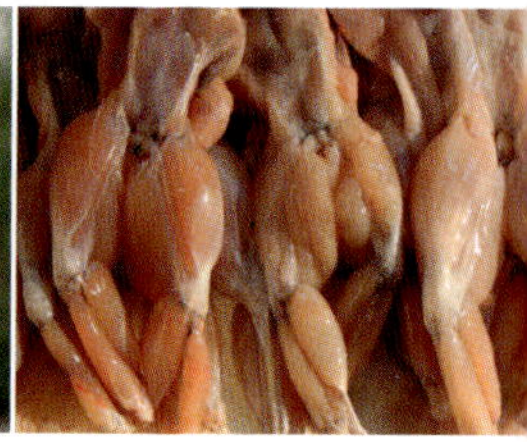

Die wechselwarmen Amphibien unterscheiden sich in besonderer Weise von den anderen Tierformen. Der wohl größte Unterschied liegt in ihrer speziellen Metamorphose, ihrer Entwicklung vom Ei zum ausgewachsenen Lebewesen. Die meisten Amphibien sind außerdem von einer feuchten Umgebung, häufig sogar von dem Vorhandensein von Wasser abhängig.

Der aus dem Griechischen kommende Name bezeichnet diese Klasse sehr treffend. Frei übersetzt bedeutet er so viel wie »doppellebig«. Aus den im Wasser abgelegten Eiern, dem Laich, schlüpfen Larven mit Kiemen. Die Larven der Froschlurche werden Kaulquappen genannt. Die Gestalt dieser Larven verändert sich im Laufe ihrer Metamorphose. Die Kiemen bilden sich zurück, Gliedmaßen beginnen sich zu entwickeln. Es entstehen Lungen und der Lurch wechselt irgendwann sein Element und lebt fortan lungenatmend, hauptsächlich oberhalb der Wasseroberfläche.

HINWEIS:

Manche Kaulquappen haben die Fähigkeit, Giftsekrete abzugeben. Hier sollten Sie Exemplare mit drüsiger Haut meiden.

Der Körper aller Amphibien ist von einer drüsenreichen, schleimigen Haut bedeckt, die auch der Sauerstoffaufnahme dient. Amphibien besitzen ein inneres Skelett. Wie bei allen Wirbeltieren verläuft das Rückenmark innerhalb einer Wirbelsäule. Dies zu wissen ist wichtig, um die Tiere schnell und schmerzfrei töten zu können.

Die bei uns vorkommenden Amphibienarten werden in zwei Kategorien eingeteilt. Zum einen in die Ordnung der Schwanzlurche und zum anderen in die der Froschlurche.

Zu den Schwanzlurchen gehören die salamander- und molchartigen Vertreter mit deutlich sichtbarem Schwanz. Zu den Froschlurchen zählen wir jene in Froschform, also auch Kröten und Unken. Die meisten ausgewachsenen Amphibien sind Fleischfresser. Sie ernähren sich je nach Größe und Art von Würmern, Weichtieren, Insekten und kleineren Säugern.

Die Fortbewegungweise der Schwanzlurche erinnert uns an das Kriechen von Reptilien. Froschlurche hingegen ziehen zumeist ihre Beine an und katapultieren sich, ähnlich wie Heuschrecken, in die Luft. Alle Lurcharten sind gute Schwimmer und Taucher.

Wie viele Tiere mit relativ weichem und ungeschütztem Körperaufbau schützen sich Amphibien gegen Fressfeinde und bakterielle Erkrankungen durch Bildung teils sehr starker Gifte in spezialisierten Drüsen der Haut. Dabei ist die Giftigkeit ein wenig von der Tiergruppe abhängig. Tendenziell sind Molche bzw. Schwanzlurche und Kröten stärker giftig als Frösche – wobei eine der giftigsten Arten, der Pfeilgiftfrosch, hier herausfällt. Tatsächlich bilden aber alle Amphibien Gifte in der Hau, weshalb diese auch bei essbaren Arten sorgfältig entfernt werden muss. Neben den generalisierten und auf der Haut verteilten Drüsen der Amphibien finden wir bei stark giftigen Arten dicke Drüsenleisten oder ganze Giftdrüsenbatterien hinter den Augen längs am Rücken liegen. Diese Ohrendrüsen oder »Parotiden« sind vor allem bei Kröten stark ausgeprägt. Sie geben bei Reizung oder Druck ein milchiges, teils tödlich giftiges Sekret ab. Manche Arten können das Sekret verspritzen. Während die Haut der meisten Amphibien giftig ist, ist das Muskelgewebe darunter nicht belastet. Ein komplettes Entfernen des Kopfes und der Haut und Wässern des Fleischs ermöglicht auch den Verzehr unbekannter Arten.

HINWEIS:

In vielen Regionen der Erde sind Frösche, Kröten und Lurche vom Aussterben bedroht. Entnehmen und töten Sie diese nur im rechtfertigenden Notstand.

Allerdings muss man hier sehr sauber arbeiten und Erfahrung im Froschschlachten mitbringen. Manche Frosch- und Krötengifte sind so giftig, dass bei einem falschen Schnitt über den Muskel ablaufendes Sekret das Gewebe stark giftig machen würde. Man sollte sich im Zweifel an Tiere halten, die keine ausgeprägten Ohrendrüsen haben.

Während die Haut vergleichsweise empfindlich scheint (tatsächlich ist sie derb-bledrig), können die Tiere sehr stark und – manchen Arten – durchaus wehrhaft sein und kräftig zubeißen.

Eine Kröte im tropischen Regenwald. Alleine schon das Berühren der Haut kann gefährlich sein. Das Gift aus den gut sichtbaren Ohrendrüsen von Kröten kann töten. Auch unbekannte Frösche sollten nur mit größter Vorsicht behandelt werden.

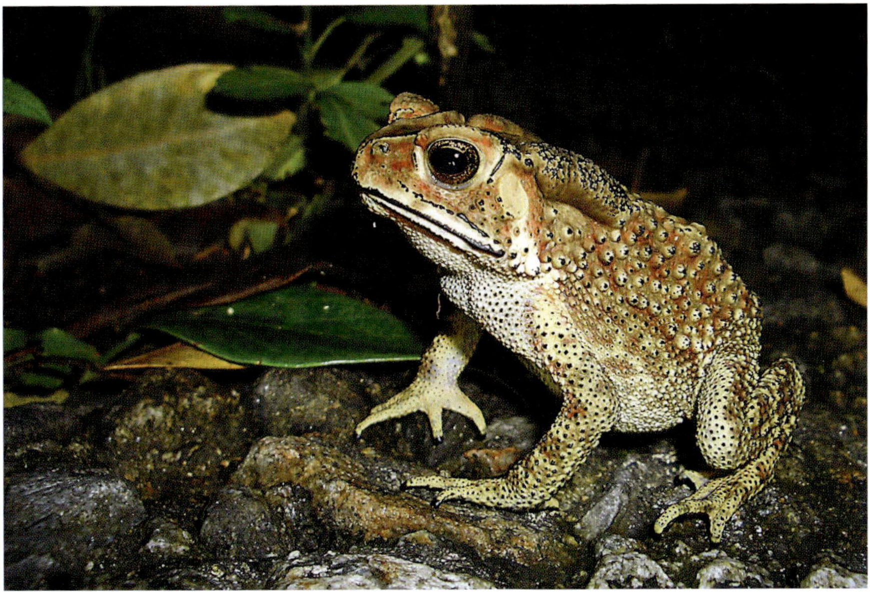

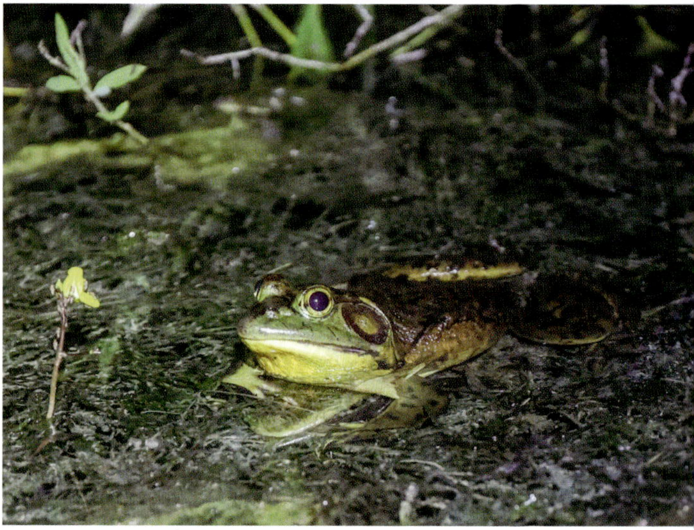

Frösche verstecken sich gerne im krautigen Uferbereich. Dort können sie mit einer →großen Jagdkeule oder einem Speer bejagt werden. Sind die Tiere eher scheu, hilft es, sie mit einer Lampe zu blenden oder den Fang mit einer Reizangel durchzuführen.

Interessant ist zudem, dass Amphibienfleisch unter Wasser gelagert über Tage frisch bleibt. Frösche haben einen dermaßen langsamen Stoffwechsel, dass sie die Muskulatur, von Kopf, Organen und Haut befreit, alleine durch die Sauerstoffdiffusion im Wasser am Leben bleibt und selbst nach vier Tagen Reflexe zeigt. Damit sind Frösche Notnahrung der Wahl – sofern sie verfügbar sind.

Fang

Amphibien (mit Ausnahme einiger großer Kröten und Salamander) sind ausgesprochen schnell. Der Fang mit der Hand ist bei kleinen Arten schwierig, bei großen Arten sogar fast ausgeschlossen. Eine Chance besteht darin, dass man sich von hinten so flach wie möglich an einen Frosch anpirscht und ihn mit der geöffneten Hand gegen den Boden schlägt und zugreift.

Alternativ folgt ein Schlag mit der →langen Jagdkeule oder einem Zwillengeschoss auf den Kopf. Der Frosch wird bewusstlos und kann unmittelbar getötet werden. Allerdings muss man sich sputen und den Frosch zwischen dem schmalen Band zwischen Bauch und Hüfte fassen. Größere Frösche wachen schnell auf und entziehen sich mit großer Kraft und Schnelligkeit.

Eine weitere Methode ist das Fangen des Froschs mit einer Reizangel. Frösche sind schnelle und erfolgreiche Lauerjäger. Allerdings lassen sie bei größeren Tieren seltener als wie im Zeichentrickfilm die lange Zunge heraus schnellen, sondern sie stürzen sich mit weit geöffnetem Maul und vollem Körpereinsatz auf den Köder. Traditionell nutzt man dazu einen eher großen Haken mit roten Fasern. Allerdings springen Frösche auch auf Würmer, Schnecken oder unbeköderte Haken.

HINWEIS:

Froschjagd kann anspruchsvoll sein. Mit etwas Erfahrung lernt man das Verhalten der Tiere kennen und wird häufig Erfolg haben.

Die letzte, ebenfalls erfolgreiche Methode ist der Fang mit dem →Harpunenspeer. Dabei wird der Speer von hinten bis wenige

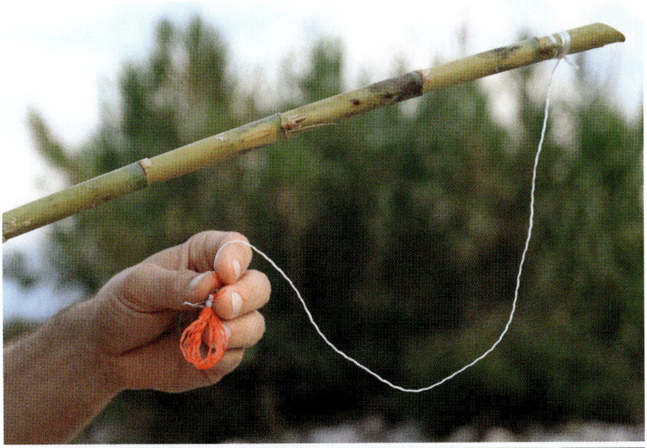

An einer kurzen Stipprute (siehe Seite 91 ff.) wird an kurzer Leine ein grober Haken fixiert. Als Köder nutzt man traditionell rote Fetzen – Frösche fressen aber alles, was sich vor ihnen reizvoll bewegt.

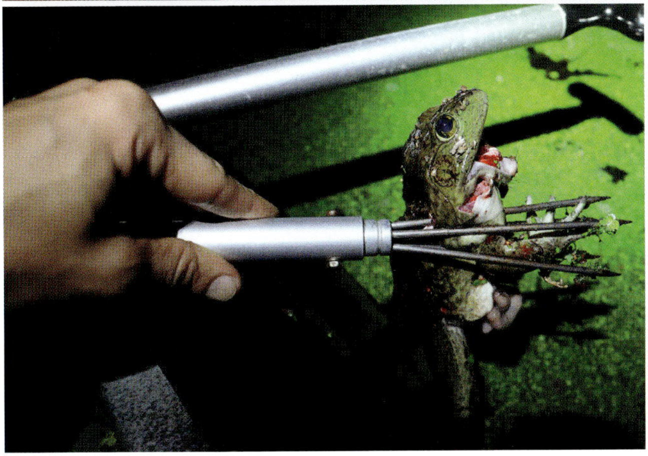

Beim Erlegen mit dem Harpunenspeer zielt man auf den weichen Bereich zwischen den Schultern – nicht auf den Kopf. Die Schädelkapsel ist außerordentlich fest.

Zentimeter über den Frosch geführt und so zugestoßen, dass sich die Spitzen hinter dem Kopf in den Körper schlagen. Auf den Kopf sollte nicht gezielt werden.

Er besteht aus einer massiven Knorpel- und Knochenplatte und lässt sich auch mit scharfen Spießen nicht so einfach durchstechen.

Töten und Zubereiten

Da beim Fang betäubte Frösche relativ schnell wieder »aufwachen«, muss man relativ schnell handeln, den Frosch also innerhalb weniger Momente ergreifen und töten. Dazu wird ihm mit einem Messer kreuzweise hinter den Augen durch den Kopf geschnitten. Um Flucht durch Reflexe zu verhindern, wir dem Frosch bzw. mehreren gleichzeitig ein Stück Schnur eng um die Hüfte geschnürt. Das verhindert die Nutzung der Sprungmuskulatur. Dabei – und bei allen weiteren Vorgängen – kann Kot bzw. ein oft ziemlich widerlicher Brodem aus der Kloake gepresst werden. Das ignorieren wir einstweilen.

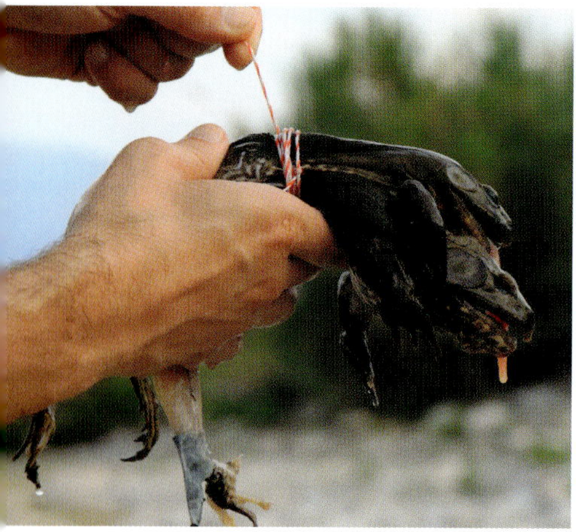

Tote Frösche werden mit einer Leine um die Hüfte an der Flucht gehindert.

Soll es an das Ausnehmen und Häuten gehen, wird der Frosch auf den Rücken gelegt und die Bauchhaut so aufgetrennt, dass die Organe zu sehen sind. Der Schnitt wird bis zum Brustkorb durchgeführt. Zwischen den Oberschenkeln wird die Hüfte vergleichbar wie beim Aufbrechen bei Geflügel (siehe S. 144) aufgebrochen und die Kloake vorsichtig aus der Hüfte geführt. Alle Organe werden mit einem Griff entfernt. Zum Häuten werden zuerst die Hände und Flossen und der Kopf deutlich hinter den Trommelfellen abgeschnitten. Die Haut lässt sich nun relativ leicht abziehen. Danach wird der Frosch gewässert. **Frösche sind Überträger zahlreicher parasitärer und bakterieller Krankheiten und dürfen nur gut durchgegart verzehrt werden.**

Töten und Ausnehmen von Fröschen

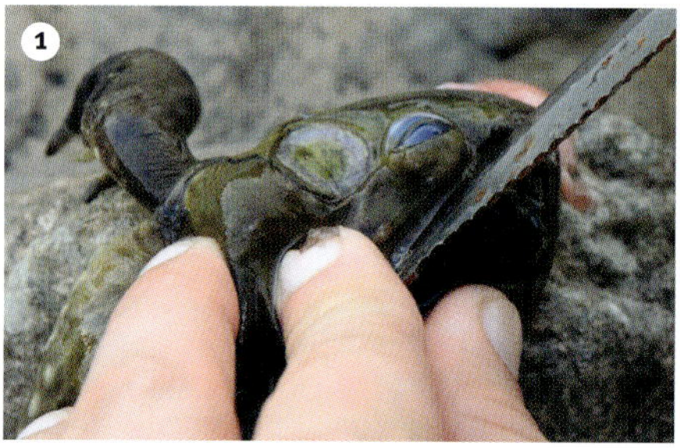

Dem Frosch großzügig kreuzweise hinter den Trommelfellen durch Schädel und Wirbelsäule schneiden.

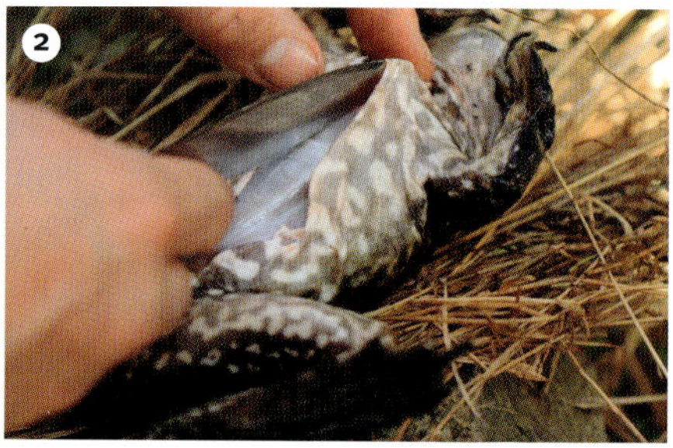

Die Bauchhaut aufschneiden und zur Seite ziehen. Das darunter liegende Gewebe öffnen.

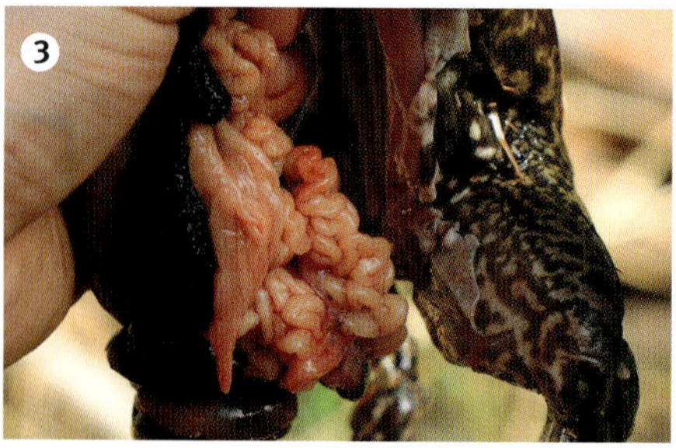

Die Kloake herauspräparieren und alle Organe entfernen.Die rosa-weißen Schlingen sind Fettkörper.

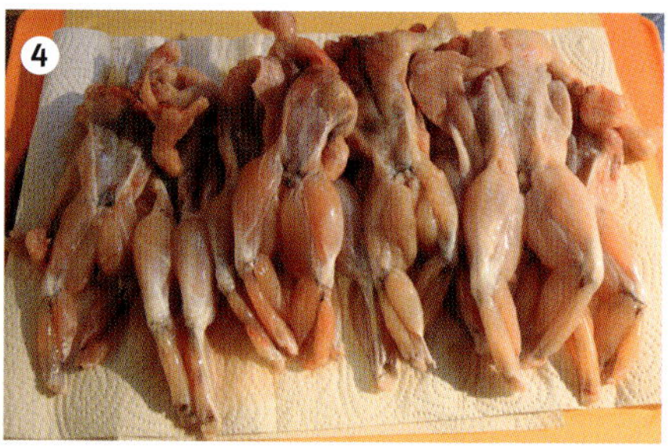

Ohne Kopf und Haut und einige Zeit lang gewässert kann der komplette Rest verzehrt werden.

9 Reptilien

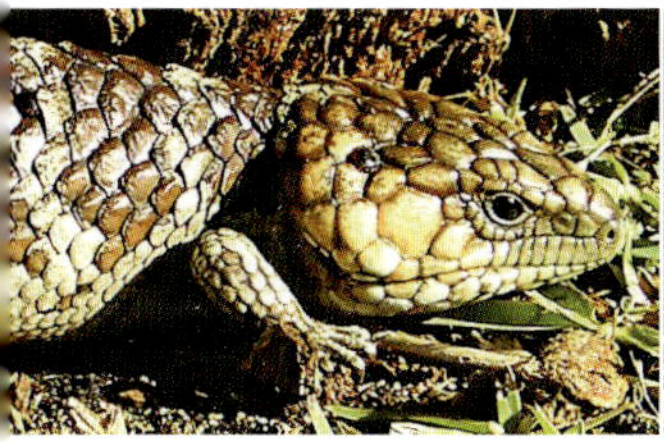
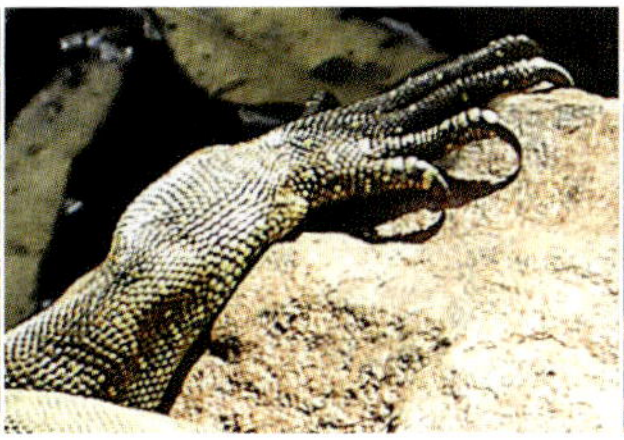
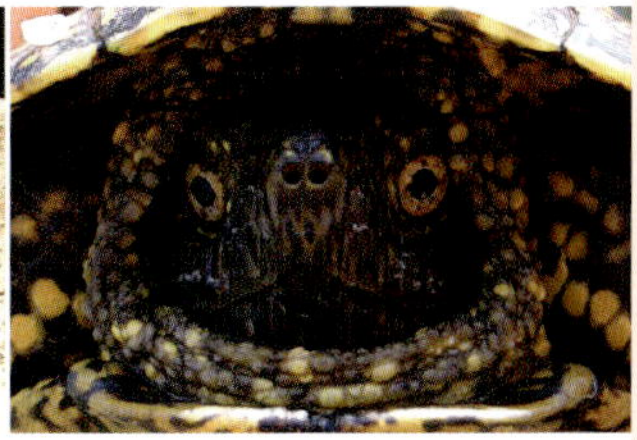

Eine sehr urtümliche und trotzdem perfekt an ihren jeweiligen Lebensraum angepasste Klasse der Wirbeltiere ist die der Reptilien oder Kriechtiere. Nahezu überall auf der Welt, jedoch bevorzugt in wärmeren Regionen, können wir die verschiedensten Formen antreffen. Wohl bekannt sind Ihnen die Schlangen, Eidechsen und Schildkröten Europas sowie Warane, Krokodile und Leguane in den tropischen Gegenden unserer Erde. In Mitteleuropa ist es oft nicht einfach, Reptilien zu entdecken. Südlich der Alpen steigt die Häufigkeit jedoch stetig. Das Aussehen der meisten Kriechtiere ähnelt sich. Fast immer haben sie eine trockene, schuppige Haut und vier Beine. Eine Ausnahme sind hierbei selbstverständlich die Schlangen, bei denen diese Extremitäten zurückgebildet sind.

Die wechselwarmen Tiere sind auf die äußere Erwärmung durch die Sonne angewiesen. Das hat zweierlei Vorteile für uns. Erstens sind Kriechtiere in kalten Jahreszeiten und am frühen Morgen bewegungsträge und somit einfacher zu fangen. Außerdem sammeln sie sich meist an den wärmsten Stellen der Umgebung. Zweitens sind Reptilien dadurch sehr bescheiden im Nahrungsbedarf, da sie ihre Körpertemperatur nicht selbst halten müssen. Darum können Sie diese Tiere selbst in sehr kargen Gegenden finden. Im Gegensatz zu den mit ihnen eng verwandten Amphibien sind Reptilien weder zur Eiablage noch zum Überleben zwangsläufig auf das Vorhandensein von flüssigem Wasser angewiesen.

Ihr Körperbau ist soweit perfektioniert, dass sie sich seit Jahrmillionen kaum noch verändern mussten. Das bedeutet jedoch auch, dass wir beim Versuch, Reptilien zu fangen, ein erhöhtes Risiko eingehen, verletzt oder sogar getötet zu werden.

Gemeinsamkeiten beim Einfangen und in der Zubereitung haben die meisten kleinen Reptilien. Ich handle hier exemplarisch Schlangen und Echsen ab. Zu dieser Untergliederung kommt es aus einem einfach nachvollziehbaren Grund. Während nur sehr wenige Echsenarten Zähne besitzen, die mit Giftdrüsen verbunden sind, ist diese Jagd- und Verteidigungswaffe bei sehr vielen Schlangen vorhanden. Besonders beim Fang dieser Reptilien müssen Sie Vorsicht walten lassen. Nicht ohne Grund gehören sie zu den erfolgreichsten Landlebewesen überhaupt. Bei den Land- und Wasserechsen besteht das Risiko einer mechanischen Verletzung durch deren Gebiss, ihre Krallen und eventuell nachfolgenden Infektionen.

Ich will mich in diesem Abschnitt nicht nur auf den europäischen beziehungsweise klimatisch gemäßigten Lebensraum beschränken. Im Abschnitt »Schlangen« beschreibe ich den Fang einer Giftschlange. In Mitteleuropa ist es zwar wahrscheinlicher, auf eine ungefährliche Schlange zu treffen, wir gehen jedoch bei unbekannten Schlangen immer davon aus, dass ihr Gift tödlich sein könnte.

Im Abschnitt »Echsen« wird der Fang und die Zubereitung von Eidechsen, Geckos und Schildkröten erklärt. Beachten Sie bitte, dass in Deutschland nahezu alle Reptilienarten unter Naturschutz stehen und sehr wichtig für unser natürliches Ökosystem sind. Wenige Ausnahmen machen von Aquarianern ausgesetzte Neozoen, wie Rotwangen- und Schnappschildkröten, oder alljährlich gesichtete →Baggerseealligatoren, die zum Verzehr getötet werden dürfen.

Schlangen

Schlangen als Notnahrung zu beschreiben ist ziemlich heikel. Grund dafür ist sicherlich einerseits der besondere Schutz, der den bei uns sehr selten gewordenen Tieren zu Gute kommt. Viele Menschen töten Schlangen jedoch aus Unwissenheit und Angst. Wie so häufig, stelle ich auch in diesem Fall bei einer akuten Notsituation den Wert des menschlichen Lebens über den des Artenschutzes. Außerhalb solcher Notfälle sollten Sie jedoch keines dieser Tiere töten.

Beim Fang von Schlangen ist zu beachten, dass eine lebendige Schlange grundsätzlich nie berührt werden darf. Aus Sicherheitsgründen muss eine Schlange aus der Distanz getötet werden. Dies wird durch das natürliche Abwehrverhalten einiger Arten vereinfacht. Gemeint ist das Anheben des kopfnahen Körpers zu einer Drohgebärde. Dadurch vergrößert sich die Schlange optisch. In dieser Situation kann man sie durch einen horizontal durchgezogenen Schwung mit der →großen Jagdkeule töten oder verletzen. Ist die Schlange desorientiert oder tot, wird sie mit der Jagdkeule direkt hinter dem Kopf gegen den Boden gedrückt. Bevor Sie die Schlange in irgendeiner Form berühren, schneiden oder hacken Sie ihr den Kopf ab. Nur so sind Sie vor dem Gift sicher, da selbst tote Schlangen noch einen Beißreflex mit dazugehörender Giftabgabe ausführen können.

HINWEIS:

Schlangengift kann entweder aus einem Neuro- oder einem Hämotoxin bestehen.

Neurotoxine sind Nervengifte, welche die Übertragung von Signalen in den Nervenbahnen verändern und so zu Lähmungen oder Krämpfen führen.

Hämotoxine hingegen sind enzymatische Blutgifte, die Proteinstrukturen der Körperzellen wie in Blutgefäßen zerstören und regelrecht auflösen.

Viele Schlangen besitzen sogar Cocktails beider Giftarten (✚ *K 7*).

Außerhalb Europas bestehen große Risiken durch Schlangen, die mehrere Meter lang sind und einen dementsprechend großen Angriffsradius haben. Arten von zwei Metern Länge sind dort teilweise nicht selten und äußerst gefährlich. Andere können ihr Gift zielgenau über mehrere Meter verspritzen. Gerät dieses in Ihre Augen, können Sie blind werden. Wenn Sie alle Gefahren, die beim Fang von Schlangen entstehen, mit der relativ geringen Fleischmenge vergleichen, erkennen Sie sicherlich, dass Schlangen tierische Notnahrung zweiter Wahl sind. Wenn möglich, verzichten Sie gänzlich auf ihren Fang.

Nach dem Töten und Abtrennen des Kopfes können Sie die Schlange ausnehmen. Öffnen Sie vorsichtig den Bauchraum, ohne den Magen oder die Organe zu verletzen, und entfernen Sie alle Innereien vollständig. Wenn Sie die Magen- oder Darmwand zerstören, kann es sein, dass sich faulig verwesender Mageninhalt über das Fleisch ergießt. Die ausgenommene Schlange können Sie direkt in die Glut legen oder gehäutet in Wasser kochen. Zum Entfernen der Haut wird diese von der Abtrennstelle des Kopfes bis zum Schwanzende auf der Bauchseite aufgeschlitzt. Achten Sie dabei aber darauf, nicht zu tief in das Fleisch zu schneiden. Nun wird die Haut mit einer Messerspitze leicht angehoben und in einem Streifen nach hinten abgezogen.

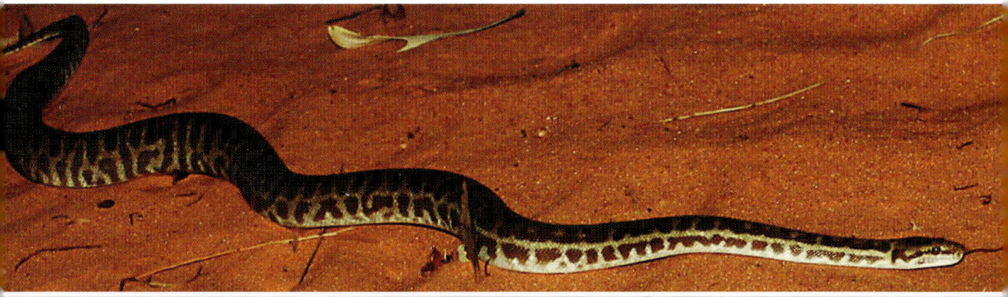

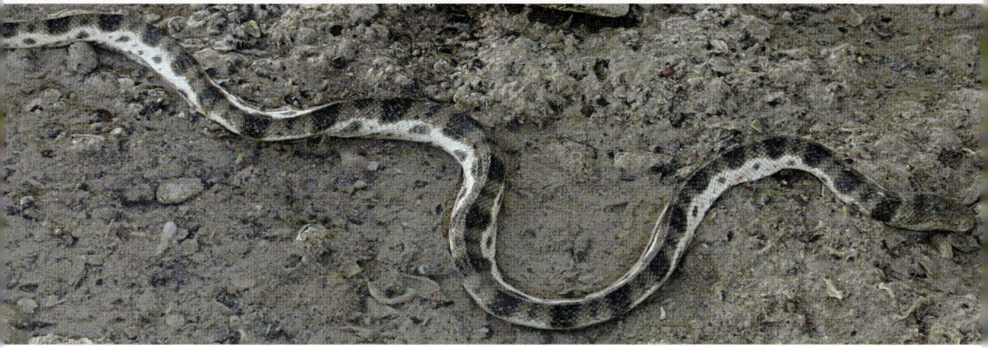

Oben: **Ein etwa zwei Meter langer Stimson-Python. Auch wenn solche Würgeschlangen keine Giftzähne besitzen, kann der Biss eine lebensbedrohliche Sepsis verursachen. Selbst großer Hunger würde mich nur schwer dazu bringen, so ein schönes Tier zu töten.** ***Unten:*** **Eine bei Ebbe angespülte hochgiftige tropische Seeschlange. Aufgrund des ungewohnten Lebensraumes kann sie sich auf Land kaum bewegen.**

Echsen

Der Begriff der Echse ist eine ungenaue Zusammenfassung verschiedener Reptilien. Die bekanntesten Echsen in Europa sind sicherlich Eidechsen. Wir bezeichnen allgemein alle Reptilienarten mit vier Beinen, Schwanz und länglichem Körper als Echsen. Dazu gehören Warane, Eidechsen, Geckos, Chamäleons und ähnliche Arten. In aller Regel können wir bei allen echsenartigen Tieren davon ausgehen, dass sie essbar sind. Im Gegensatz zu Amphibien besitzen diese nämlich gute mechanische Schutz- und Abwehrmechanismen, wie eine zähe Lederhaut, die teilweise harte Panzerplatten oder Dornen ausbildet, und ein starkes Gebiss. Außerdem haben viele Arten ausgefeilte Schutz- und Drohmechanismen, wie einen abtrennbaren Schwanz oder einen aufstellbaren Kragen. Die trockene Haut, die eine Verteilung von Giftsekreten unmöglich macht, lässt uns wissen, dass sie im Gegensatz zur feuchten Schleimhaut der Amphibien kaum eine chemische Verteidigung zulässt.

Typische und einfach zu jagende Echsen sind alle Arten, die nicht länger als 40 Zentimeter werden. In Europa sind das also Eidechsen, Geckos und Chamäleons.

Wenn Sie in tropischen Ländern in die Situation kommen, sich von Echsen ernähren zu müssen, können Sie Ihr Wissen über die mitteleuropäischen Arten analog übertragen. Beachten Sie aber, dass es in Mittelamerika →Echsen mit Giftzähnen gibt.

Mittlerweile geht man außerdem davon aus, dass Warane, die lange Zeit als ungiftig galten, giftige Sekrete aus Drüsen im Kie-

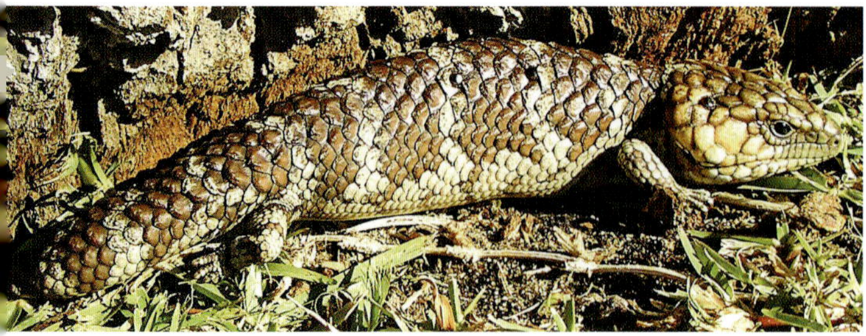

In Mitteleuropa sind Eidechsen meist etwa 20 Zentimeter lang. In warmen Regionen können Echsen jedoch deutlich größer werden. Dieser Blauzungenskink stellt beispielsweise eine üppige Eiweißquelle dar.

fer in den Speichel übertragen. Aus diesem Grund sollten auch kleine Bisse vermieden werden. Hier schätze ich das Risiko einer späteren Infektion jeglicher Bisse als deutlich größer ein als die Giftwirkung. Insgesamt stellt die Giftigkeit von Echsen eine sehr seltene und untergeordnete Gefahr dar. Schwerwiegender sind dagegen Angriffe von Großechsen wie Krokodilen und Alligatoren.

In Australien habe ich einige Tage im Krokodilpark eines bekannten Buschmanns und Tierfilmers ausgeholfen und dort unter anderem junge Salzwasserkrokodile von etwa 30 Zentimetern Länge gefüttert. Als ich etwas unaufmerksam war, sprang einer dieser Babydrachen senkrecht aus dem Bassin und schnappte nach meinem Unterarm, wo er sich recht beharrlich festbiss. Selbst kleine oder junge Echsen können also unangenehm zubeißen. In Europa sind die Arten, die wir finden werden, sicherlich nicht viel länger als eine Hand.

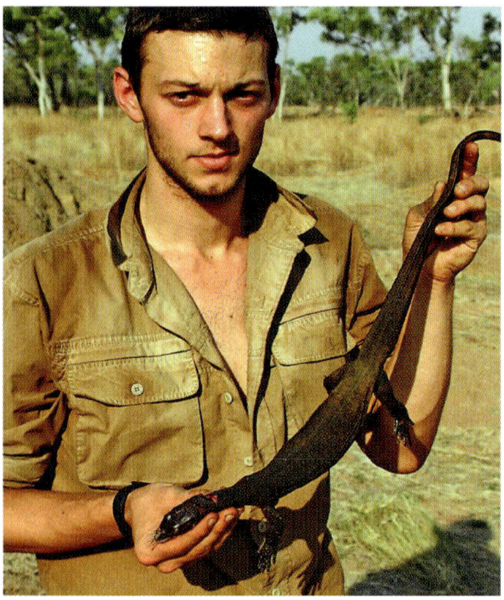

Das Abendessen während einer Expedition. Der junge Bindenwaran hat die ideale Größe für eine Mahlzeit. Wenn Sie wegen seiner Krallen etwas Vorsicht walten lassen, lässt er sich einfach von Hand fangen.

Zum Fang suchen Sie die von Echsen bevorzugten Stellen auf. In heißen, flachen Gegenden werden sich die Tiere gerne an zur Sonne gewandten Flächen aufhalten und bestrahlen lassen. Also meist auf Felsen oder an Baumstämmen.

In schattigen Regionen sollten Sie aufgeheizte Flächen absuchen. Auch unter Steinplatten und in Felsritzen halten sie sich gerne auf. Im Sand lassen sich ihre Spuren manchmal über mehrere hundert Meter zu ihrem Standort verfolgen.

Achten Sie beim Fang der Tiere darauf, dass viele Echsen ihren Schwanz abwerfen können. Damit verunsichern und täuschen sie den Angreifer. Der Schwanz liegt dann sich schlängelnd auf dem Boden und imitiert ein verletztes Tier. Wir lassen uns davon jedoch weder täuschen noch verunsichern und halten das Tier dementsprechend am Rumpf fest. Aber auch hier hält die Natur eine kleine Überraschung für den Häscher bereit: Viele Reptilien verspritzen bei direkter Gefahr, also wenn sie angehoben werden, ein übel riechendes Sekret aus der Kloake. Der Zweck der Masse, die Ihnen hoffentlich nur die Hand hinunterläuft und nicht die Kleidung für die nächsten Monate beduftet, leuchtet sicherlich ein.

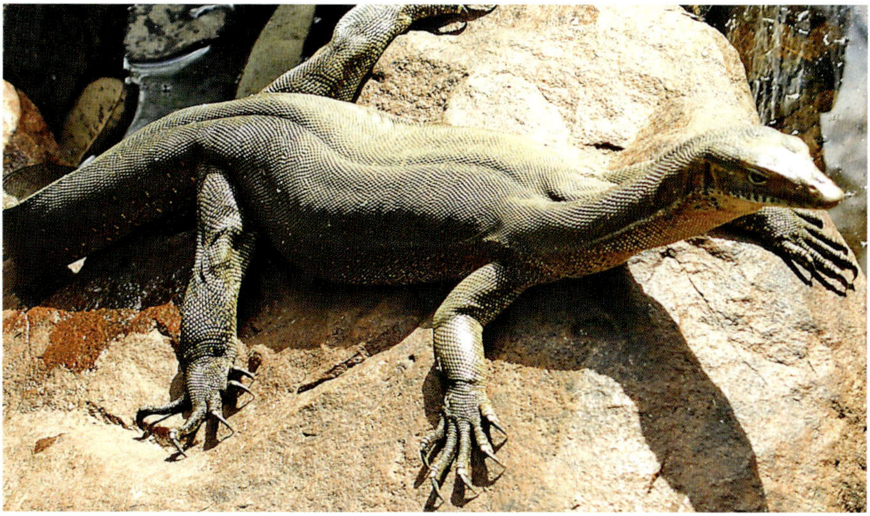

Die scharfen Krallen dieses ausgewachsenen Tiers sind deutlich zu erkennen. Nicht nur mit den Füßen, sondern auch mit dem Schwanz kann sich ein so großes Tier effektiv verteidigen.

Größere Exemplare werden mit einer Keule erschlagen oder mit einem →Harpunenspeer aufgespießt.

Echsen werden durch mehrere starke Schläge auf den Kopf getötet. Zum Ausnehmen wird über der Kloake ein kleiner Schnitt gesetzt, durch den zuerst der Darm, dann alle Organe herausgezogen werden können. Durch diese Prozedur bleibt das Fleisch in der Hitze etwas länger haltbar und beim Grillen saftig. Echsen können nach dem Ausnehmen einfach in der Glut gegart und später zerteilt werden. Großechsen wie Warane und Skinke können in kleinere Stücke zerlegt und mit der Schuppenhaut nach unten geröstet werden.

Schildkröten

Schildkröten sind sehr nah mit den oben beschriebenen Echsen verwandt. Ihr Körper wird jedoch nicht nur durch eine Schuppenhaut geschützt, sondern auch durch einen zusätzlichen, äußeren Panzer, der zumeist aus Knochen besteht, manchmal jedoch auch lederartig sein kann.

Wir unterscheiden zwei Formen dieser Tiere. Zum einen gibt es die hauptsächlich an Land oder im Süßwasser lebenden Schildkröten, also Land- und Sumpfschildkröten. Zum anderen die im Salzwasser lebenden Verwandten, die Meeresschildkröten. Unterscheiden können wir beide Gruppen dadurch, dass Land- und Sumpfschildkröten Beine mit Füßen besitzen, während Meeresschildkröten regelrechte Flossen ausgebildet haben.

Während sich beide in Gewässern schnell und sicher fortbewegen, sind sie an Land sehr unbeholfen. Da sich Meeresschildkröten selten, meist nur zur Eiablage, an den Strand begeben, werden wir unseren Fokus auf Land- und Sumpfschildkröten setzen.

Der Fang von Landschildkröten bedarf keiner genaueren Erläuterung. Aufgefundene Exemplare werden bei Gefahr den Kopf und die Extremitäten in den Panzer einziehen und lassen sich, sofern es ihr Gewicht erlaubt, einfach mittragen. Im Süßwasser lebende Exemplare sind jedoch schon etwas schwieriger zu fangen. Viele Schildkrötenarten halten sich gerne im sumpfigen Randbereich fischreicher Gewässer auf.

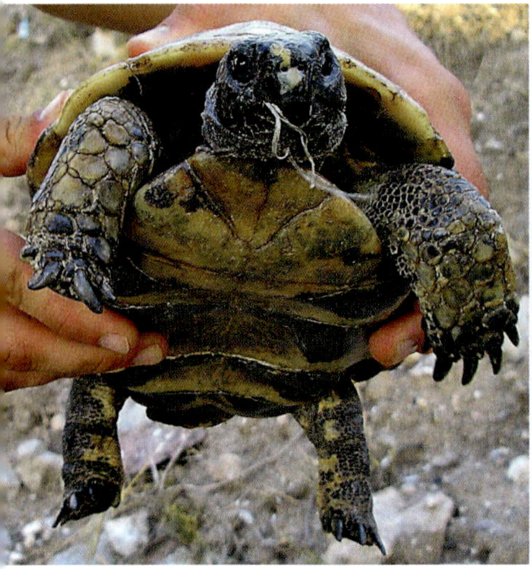
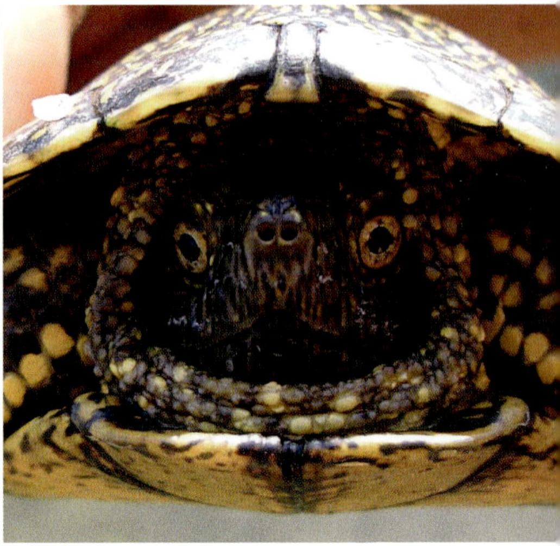

Links: **Landschildkröten sind selten so schnell, dass sie fliehen können. Sie lassen sich einfach aufnehmen und verstecken sich im harten Panzer. Das Öffnen des Panzers ist durchaus eine Herausforderung.** ***Rechts:*** **Mit den scharfkantigen Kiefern können auch kleine Schildkröten tiefe und schlecht heilende Wunden verursachen.**

Als Nahrung dienen zumeist Pflanzenteile, Insekten, Weichtiere und kleine Fische. Kleine Schildkröten lassen sich mit Fischstückchen an das Ufer locken oder mit einem beköderten Angelhaken fangen. Anderen müssen wir auflauern.

In kleineren Teichen können wir unsere Beute beobachten und je nach Entfernung mit einem beherzten Sprung in den Schlamm erhaschen. Schwimmt sie im →Freiwasser, müssen Sie das jedoch gar nicht erst versuchen. Schildkröten sind exzellente Beobachter des Geschehens über dem Wasser und tauchen bei der geringsten Bewegung am Ufer ab. Wenn Sie sich versteckt an den Gewässerrand stellen, besteht die Möglichkeit des Harpunierens mit Speer und →Bogen.

Das Tier muss nahe genug herankommen, damit Sie mit der Spitze den Hals oder ein Bein treffen können. Den Panzer werden Sie nicht durchdringen können. Außerdem können Sie die im Kapitel »Fische« beschriebenen Handfangmethoden anwenden.

Zum Töten wird die Schildkröte kopfüber aufgehängt. Sobald sie ihren Kopf aus dem Panzer schiebt und ihren Hals streckt, wird er abgeschnitten.

Die Schildkröte sollte einige Zeit aufgehängt bleiben und ausbluten. Das Blut kann gesammelt werden, damit wir auch diesen Teil der verfügbaren Nahrung verwenden können. Nach dem Ausbluten wird die Schildkröte auf den Rücken gelegt und ausgenommen.

Hierzu wird durch einen Schnitt um den unteren Teil des Panzers der Brustschild abgelöst. Bei einigen Schildkrötenarten sind die Bauch- und Rückenschilde durch äußerst stabile Stege verbunden, die zerbrochen werden müssen. Die danach offen liegenden Organe werden vorsichtig entfernt. Von der Leber wird die Gallenblase abgelöst. Die Leber selbst und das Herz, sowie eventuell vorhandene Gelege können mitgegessen werden. Der Panzer dieser Reptilien eignet sich gut als Koch- und Aufbewahrungsgefäß. Er wird gereinigt und als Behelf aufbewahrt.

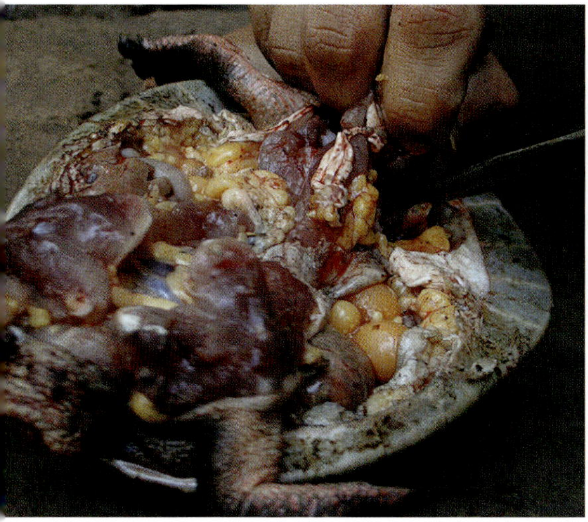

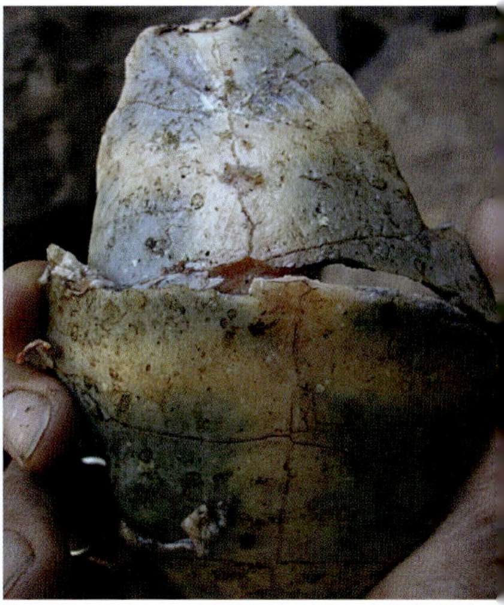

Links: unter dem Bauchschild liegt eine Menge verwertbaren Fetts, Muskeln sowie, bei diesem weiblichen Exemplar, Dutzende Dotterkugeln. Zwischen Vorder- und Hinterextremitäten liegt ein massiver Knochensteg, der zum Ausnehmen zerbrochen werden muss. *Rechts:* Der bauchseitige Knochenschild besteht aus einzelnen Knochen.

Sie können den Panzer mit etwas Süßwasser füllen, die gewaschenen Fleischstücke der Schildkröte hinein geben und beides in die Glut stellen. Schildkrötenfleisch wird normalerweise mehrere Stunden gekocht. Im Allgemeinen ist es jedoch ausreichend, das Fleisch 20 bis 30 Minuten sieden zu lassen oder in schmalere Stücke zu schneiden und zu grillen. Schildkrötenfleisch können Sie sehr gut durch Trocknen konservieren.

HINWEIS:

In einigen Regionen der Erde gibt es Schildkröten mit relativ weichem Panzer. Alleine diese können gespeert werden, ohne dass sie an den Extremitäten getroffen werden müssen.

Wenn Sie in Europa auf Schildkrötenjagd gehen, sollten Sie beachten, dass es sich bei den hier lebenden Arten mittlerweile um gefährliche Neozoen handeln kann. Besonders beim Fang von Schnapp- und Geierschildkröten können Sie erheblich verletzt werden. Diese aktiv jagenden Fleischfresser aus Amerika können durch Gebiss und Krallen ernsthafte Verletzungen verursachen, die sogar zum Verlust von Gliedmaßen führen. Auch viele kleinere Schildkrötenarten können mit ihren verhornten Schnäbeln effektiv zubeißen.

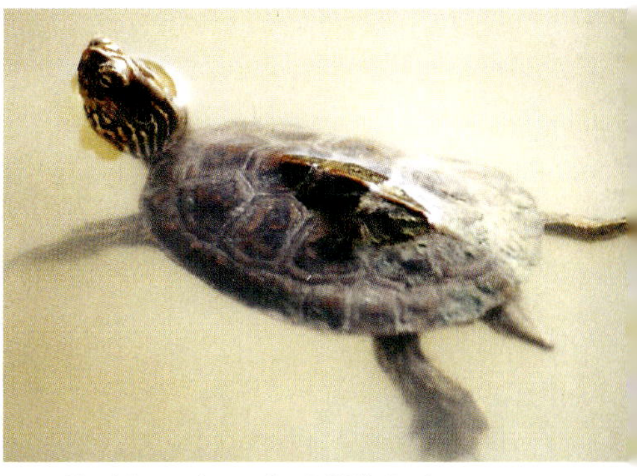

Wenn Sie sich so nahe an eine Schildkröte heranpirschen können, kann diese gespeert werden. Sie müssen dabei jedoch die weichen Extremitäten treffen, da der Panzer zu hart für die →Harpunenspitze ist.

10 Vögel

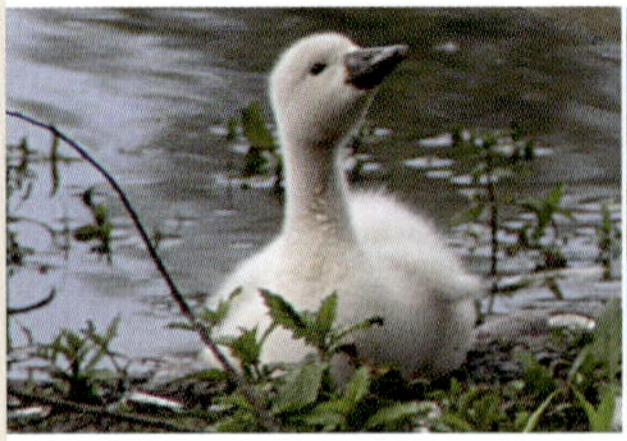
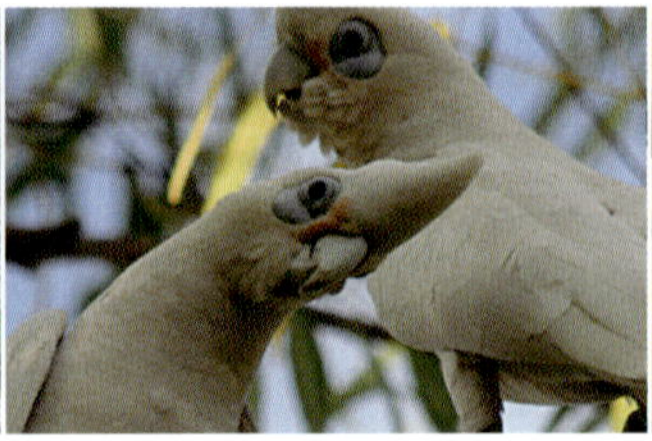
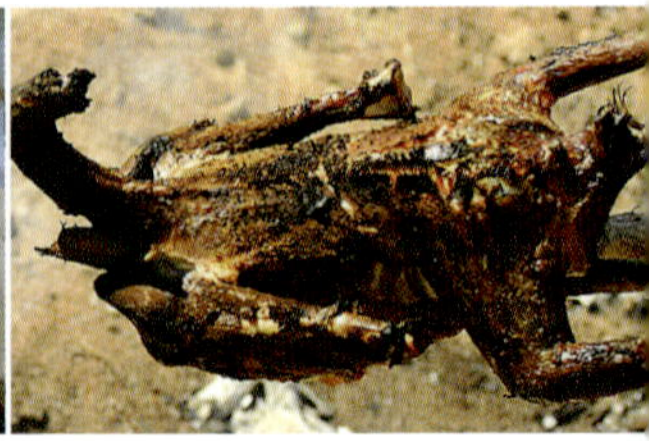

Wo immer Sie sich auch befinden mögen, Sie werden so gut wie immer Vögel entdecken. Vögel sind die Tiere mit der weitesten globalen Verbreitung überhaupt.

Der Aufbau aller Vögel ist grundsätzlich gleich, trotzdem besitzen sie auf ihren jeweiligen Lebensraum spezialisierte Körperformen. Besonders aufmerksam betrachten wir aus diesem Grund Fuß- und Schnabelform, um den mutmaßlichen Lebensraum und die Fress- und Jagdgewohnheiten zu erkennen. So lässt sich an ruderartigen oder regelrecht zu Flossen geformten Füßen mit Schwimmhäuten ableiten, dass die Art vorzugsweise auf dem Wasser lebt. Flache Füße mit einzelnen Zehen, wie sie Hühner besitzen, lassen sich in ähnlicher Form auch bei großen Laufvögeln wie Emus finden. Krallenfüße, die rund gebogene Zehen besitzen, von denen häufig mindestens einer der vier Zehen gegensätzlich steht und so den Fuß zu einer zum Greifen von runden Gegenständen prädestinierten Hand formt, sind oft Füße von Vogelarten, die fliegend auf Nahrungssuche gehen und ungern auf dem Boden landen. Sie fliegen meist horizontal abstehende Äste oder Kanten an, auf denen sie sich festklammern können.

Anhand des Schnabels können wir erkennen, ob es sich bei dem Tier um einen Körner und Insekten fressenden Vogel mit spitz zulaufendem, aber endständigen Schnabel handelt, um einen Weichtiere, Insekten und krautige Pflanzen fressenden mit eher plattem Schnabel oder um einen Raubvogel mit ausgeprägtem Hakenschnabel. Es gibt noch verschiedene andere Schnabel- und Fußformen, sie sind teilweise hoch spezialisiert. Denken Sie zum Beispiel an Pelikan oder Storch.

Weitere Gemeinsamkeiten findet man bei Vögeln in ihrer ausgeprägten Befiederung sowie ihren Flügeln als vorderem von zwei Paar Extremitäten. Vögel besitzen eine Lunge, die aus miteinander verbundenen Luftsäcken besteht, welche unter einer membranartigen Haut im Brustraum fest eingeschlossen sind. Die meisten Knochen sind hohl und entsprechen nur einem geringen Anteil des Körpergewichtes. Herzschlag sowie Temperatur sind höher als bei Säugetieren. Vögel können

Typischer Fuß eines Vogels (Krähe), der sich durch eine opponierende Zehe auf Ästen festklammern kann.

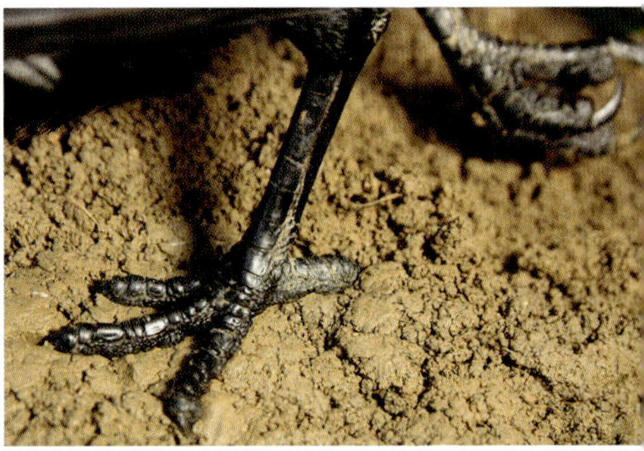

deshalb resistent gegen verschiedene Wildkrankheiten wie Tollwut sein.

Vögel legen zum Fortpflanzen Eier. Diese können wir sammeln beziehungsweise dem Nest entnehmen und unabhängig von der Entwicklung des darin enthaltenen Embryos verwerten.

Beim Jagen und Fangen kategorisiere ich stellvertretend für alle anderen Ordnungen in zwei wichtige Gruppen. In hauptsächlich laufende oder schwimmende Vögel, wie die der Ordnung der »Gänsevögel«, und in die der »Sperlingsvögel«, die sich hauptsächlich fliegend fortbewegen. Ich nenne diese Gruppe nachstehend des Verständnisses halber auch »Flugvögel«, obwohl sich auch Gänse- oder Entenvögel fliegend fortbewegen können.

Während so manche Gänsevögel relativ einfach zu fangen sind, kommt es bei Flugvögeln auf ihre Größe an. Die flinken Singvögel zum Beispiel sind kaum von Hand zu fangen. Hier benötigen wir jene Falle, wie sie im Kapitel »Fallen und Behelfe« beschrieben ist.

Wir beharren nicht auf der Systematik dieser Tiere, sondern übertragen das Wissen auf alle ähnlich lebenden Arten. Der Fang von Gänsevögeln kann auch zum Beispiel bei Kormoranen und Haubentauchern angewandt werden. Aus diesem Grunde ist die folgende Abhandlung wieder exemplarisch.

Der Schnabel eines Fleischfressers ist ideal geformt, um auch zähe Stücke aus der Beute reißen zu können.

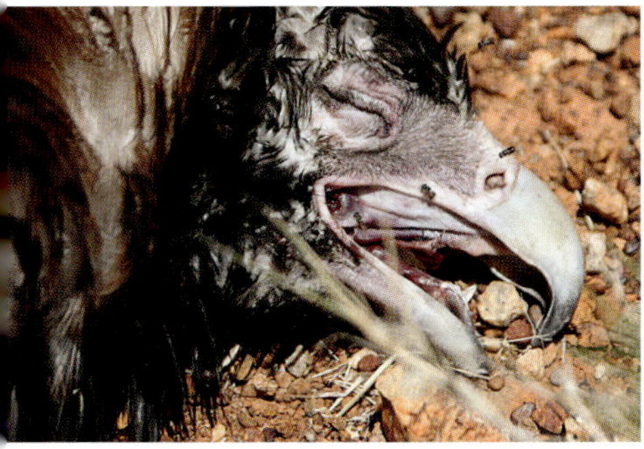

Wasser- und Laufvögel

Die häufigsten großen Vögel, die wir an unseren Gewässern antreffen werden, sind Enten, Schwäne und Gänse. Die recht schwerfälligen Tiere sind an das Leben auf dem Wasser beziehungsweise im Unterholz sehr gut angepasst. Meist schwimmen sie an der Oberfläche eines Gewässers und paddeln und dirigieren sich mit ihren Schwimmfüßen an die gewünschte Stelle. Diese großen Vogelarten bilden häufig Schwärme, einige sind exzellente Taucher. Meist ernähren sie sich von Pflanzenteilen, Weichtieren oder Würmern. Andere sind auf den Fischfang spezialisiert.

Dem Nahrungssuchenden bieten sich einige gute Fangmethoden.

In der Natur haben sich besonders große Arten vor Fressfeinden in Acht zu nehmen, da ihr Körperbau keine schnelle Flucht zulässt. Wenn wir solch einen großen Vogel fangen wollen, müssen wir ihn also zumeist erst anlocken. Wir können Tiere anlocken, indem wir Köder auslegen. Diese können je nach Vogelart aus Weichtieren, toten Insekten, Würmern, Fischen und Pflanzen bestehen.

Bei Tieren, die Schwärme bilden, kann auch eine Vogelattrappe extrem anziehend sein. Um eine solche herzustellen, können wir uns eines einfachen Nachbaus aus Gras und Federn bedienen, der aus der Nähe jedoch schnell als Täuschung erkannt wird. Besser ist es, wenn wir eine mit Federn besetzte Vogelhaut, einen sogenannten Federbalg besitzen. Dieser lässt sich ausstopfen und wird so zu einem echten Pendant eines lebenden Lockvogels.

Haben Sie einen Wasservogel angelockt, bieten sich verschiedene Möglichkeiten an, ihn zu fangen. Eine recht grobe Methode ist es sicherlich, wenn Sie sich in Deckung halten, bis der Vogel den Köder erreicht hat, um dann aufzuspringen und das Tier mit einem Hemd oder einem ähnlichen, wurfnetzartigen Gewebe zu bedecken und festzuhalten. Alternativ können Sie mit der →großen Jagdkeule das Tier erschlagen, bevor es fliehen kann.

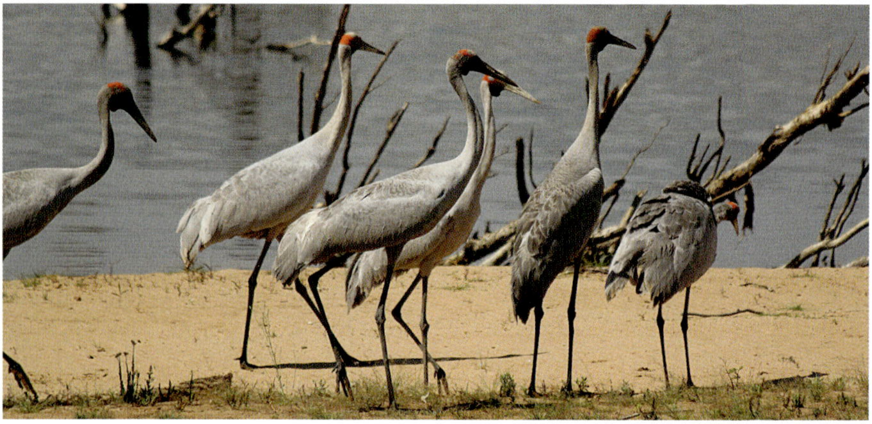

Zwar flugfähig, aber auf der Nahrungssuche schreitend sind große »Laufvögel«. Ideale Beute für gut getarnte Lauerjäger. Wer diese Vögel mit Futter anlockt und geduldig ist, kann hier seinen Jagderfolg finden.

Da die meisten großen Gänsevögel im Vergleich zu kleineren Arten eher träge sind, lässt sich diese Jagdmethode erstaunlich einfach durchführen. Am erfolgreichsten ist es, wenn der Köder oder Lockvogel hierzu in einer leichten Kuhle ausgelegt beziehungsweise aufgestellt wird. Diese verhindert das Wegflattern aus dem Stand, was für die meisten Wasservögel aufgrund ihres plumpen Körperbaus schon schwierig genug ist.

Sind Sie im Besitz einer Schnur oder Angelleine, lässt sich eine spezielle Fangmethode anwenden. Mit einem Haken oder Hakenersatz lassen sich vor allem Gänsevögel einfach fangen. Hierzu müssen die Tiere nicht einmal angelockt werden. Der Angelhaken wird an der Leine befestigt und mit einem passenden Köder bestückt. Es eignen sich vor allem Fischfetzen, Weichtiere und Würmer, in die der Haken tief versenkt werden kann. Diesen lassen Sie angebunden entweder am Ufer liegen oder an der Oberfläche des Gewässers treiben.

Die meisten Sportfischer kennen das Problem, dass sich Wasservögel gelegentlich für den Angelköder interessieren und ihn teilweise verschlingen, obwohl der Angler versucht, die Tiere zu verscheuchen. Anscheinend bemerken die Wenigsten, dass der Köder mit einer Schnur versehen ist. Jener wird nämlich zügig verschluckt. In dem Moment, in dem sich der Wasservogel nach dem Verschlucken des beköderten Hakens weiterer Nahrung zuwendet, ziehen wir die Schnur mit einem Ruck an. Der Haken stößt aus dem Köder und dringt in das recht stabile Schlund- beziehungsweise Kropfgewebe ein. Der Vogel bemerkt dies und versucht zu fliehen. Der Haken jedoch sitzt fest im Gewebe und der Vogel kann eingeholt und mit der →Jagdkeule betäubt werden. Hierzu schlagen Sie mit Wucht stumpf auf seinen Kopf.

Sie können größere Vögel auch mit →Harpunenspeer und →Bogen erlegen. Hierzu verwenden Sie am besten eine scharfe →Einzelspitze oder einen →Dreizack. So können Sie auch vom Boot aus jagen. Einige Verhaltensweisen der Gänsevögel sind besonders erwähnenswert, da das Wissen darüber den Fangerfolg steigern kann.

Wenn ein Wasservogel mit einem Boot verfolgt wird, flieht er normalerweise, bevor wir in Reichweite des Speeres herangefahren sind. Steht der Vogel jedoch im seitlichen Unterholz des Gewässers, ist es nicht selten, dass er sich flach auf die Wasseroberfläche duckt und vermeintlich ungesehen davon-

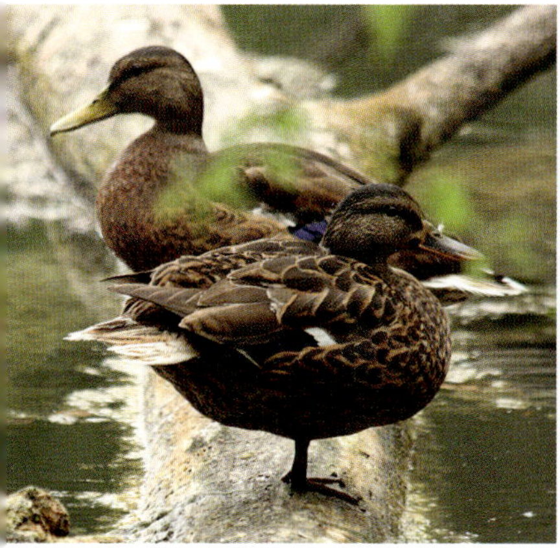

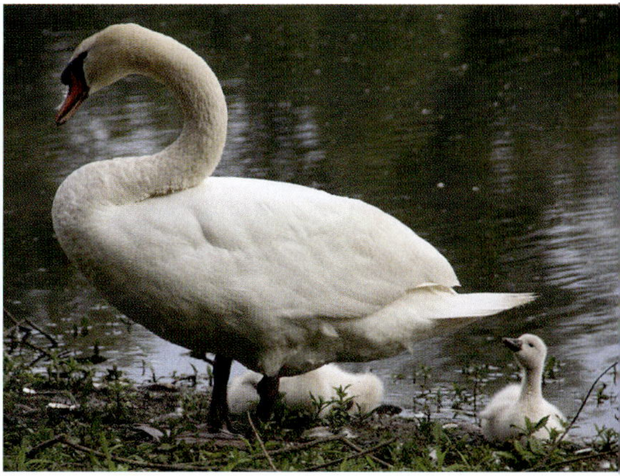

Links: **Schwimmvögel mit »Latschen« aus Schwimmhäuten können auch aus dem Wasser starten.** ***Rechts:*** **Junge Wasservögel sind oft unbedarft und lassen sich einfach ans Ufer locken; teilweise sogar von Hand fangen.**

zuschwimmen versucht. Erst wenn das Tier bemerkt, dass es verfolgt wird, ändert es seine Taktik und versucht wegzuflattern. Also fahren wir neben dem Schleichenden her und nicht direkt auf ihn zu. Nach und nach nähern wir uns tangential bis in Reichweite des Speeres.

Manchmal werden Sie auch ein anderes Verhalten beobachten können. Scheinbar verletzt oder krank schwimmt der Wasservogel direkt vor Ihnen her. Offensichtlich ist er unfähig zu fliegen. Dabei hält er immer den gleichen Abstand ein. Beschleunigen Sie, beschleunigt er. Fahren Sie langsamer, bremst auch er. Von diesen Tieren lassen Sie ab. Der Vogel versucht Sie nämlich von seinen Jungtieren oder dem Nest mit Gelege wegzulocken. Fahren Sie an die Stelle, wo der Wasservogel mit seinem Schauspiel begann und untersuchen Sie diese. Sie werden häufig hier Ihre Mahlzeit finden.

Andere große Wasservögel lassen sich von einem Boot oder Floß nicht beeindrucken. Schwäne plustern sich auf und stoßen einen zischenden Drohlaut aus. Diese Tiere lassen sich vergleichbar einfach mit dem Speer erlegen oder am Hals packen. Beachten Sie, dass von Schnabel und Fuß eine gewisse Verletzungsgefahr ausgeht.

Flugvögel

Im Gegensatz zu den eher plumpen und flugträgen Arten des vorhergehenden Absatzes sind Flugvögel kaum von Hand zu fangen. Wir kümmern uns hauptsächlich um kleinere Vogelarten, da sie durchaus nicht selten sind. Es ist wahrscheinlicher, mehrere kleine Vögel zu fangen, als einen großen. Der Nahrungssuchende kann hier auf die →Vogelfalle zurückgreifen, die im Kapitel »Fallen und Behelfe« beschrieben ist. Ohne diese Konstruktion wird es sehr schwierig sein, einen flinken Flugvogel zu fangen. Solchen Vögeln aufzulauern wird in diesem Fall nicht zum gewünschten Erfolg führen.

Besonders auffällig am Körperbau der Flugvögel ist der große Brustbeinkamm, der als Ansatzpunkt für die gewaltige Flugmuskulatur dient. Mit diesen Muskeln sind Sperlingsvögel innerhalb kürzester Zeit in der Lage, aus dem Stand zu starten.

Der Bau der Vogelfalle ist eine der Fertigkeiten, die Sie quasi zwangsläufig erlernen sollten, wenn Sie auf Sperlingsvögel als Nahrung zurückgreifen wollen. Sie können jedoch auch →Baumschlingen an Ästen

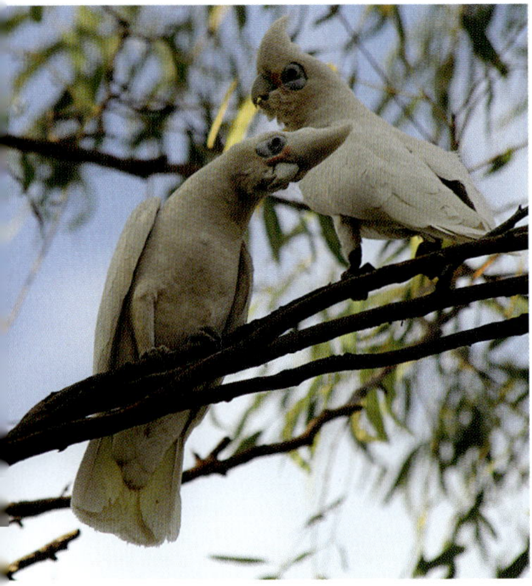

Bevor Flugvögel Nahrung vom Boden aufnehmen oder Nistmaterial sammeln, beobachten sie von erhöhter Position die Umgebung. Dieses Wissen ist zum richtigen Aufstellen von Vogelfallen sehr wertvoll.

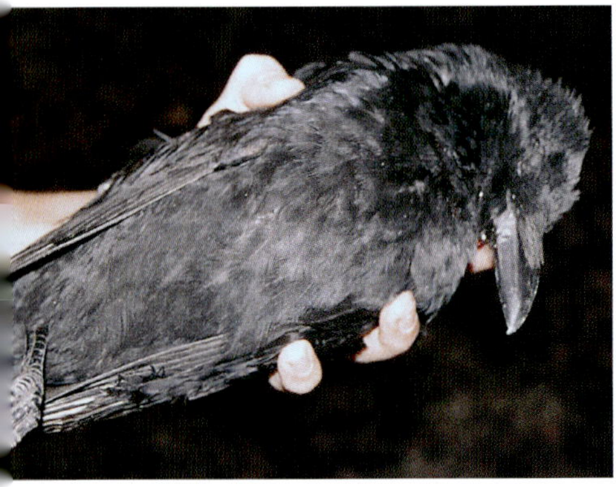

Rabenkrähen sind besonders große Vertreter von Sperlingsvögeln. Das Fleisch ist wider Erwarten zart und schmeckt nach Wild. Da sich diese Tiere von sehr unterschiedlicher Nahrung ernähren, sollten sie sorgfältig zubereitet werden.

befestigen, vergleichbar mit jenen, die im Kapitel »Säugetiere«, Unterkapitel »Baumhörnchen« beschrieben sind.

Gelege

Gelege sind Eier von Vögeln, die in einem Nest oder in einer Höhle abgelegt und meist aktiv bebrütet werden. Ein typisches Beispiel ist ein gewöhnliches Hühnerei. Im Gegensatz zu den uns aus dem Supermarkt bekannten Eiern werden in der Natur gefundene Eier häufig schon bebrütet sein, teilweise wird sich ein mehr oder weniger ausgebildeter Embryo in der Kalkschale befinden.

Wenn Sie sich nicht von dem sicherlich gewöhnungsbedürftigen Anblick eines entwickelten Eies abschrecken lassen, kann es wertvoller Notnahrungsbestandteil sein. Häufig lassen sich auch beim Schlachten von Vögeln die noch nicht vollständig ausgebildeten Ansätze des Geleges entnehmen. Diese Dotterkugeln haben einen hohen Nährwert und enthalten sehr viel Fett und Eiweiß und schmecken hervorragend.

Abgelegte Eier zu finden ist im Frühjahr nicht sonderlich schwer. Brutzeit ist bei vielen Vogelarten zwischen März und Juni. Besonders in dieser Zeit sollten Sie auf Nester achten. Häufig werden diese in geschützten Bereichen angelegt. Beispielsweise in Kronen hoher Bäume, in Felsnischen und Höhlen, an Gewässern und im Unterholz. Wenn Sie ein Nest gefunden haben, in dem sich mutmaßlich Gelege befinden, können Sie sich in Ruhe überlegen, wie diese Nahrung erreicht werden kann.

Einige Vögel, selbst kleine Arten, verteidigen mutig diesen Nachwuchs. Ernsthaft verletzt werden können Sie dadurch wahrscheinlich nicht, aber wenn gerade ein Baum oder eine Felswand erklommen werden muss, ist nicht auszuschließen, dass Sie eine Attacke des Vogels aus dem Gleichgewicht bringt. Nester von Wasservögeln sind schwimmend einfach zu erreichen.

Wie weiter oben beschrieben, verraten die Eltern häufig selbst, wo das Gelege zu

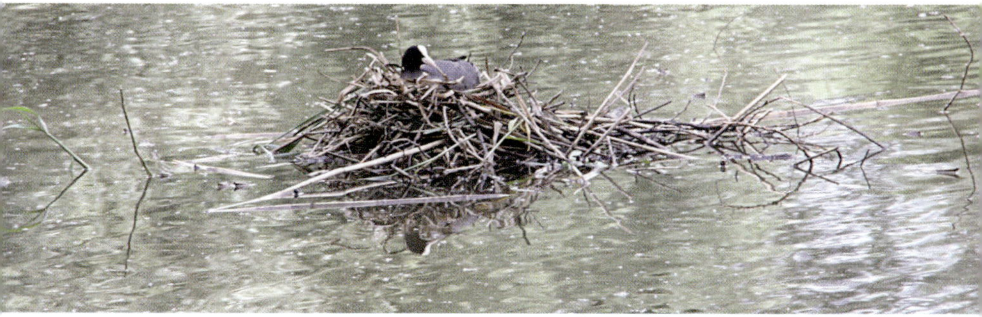

Manche Wasservögel wie diese Blässralle nisten auf schwimmend einfach zu erreichenden Gegenständen.

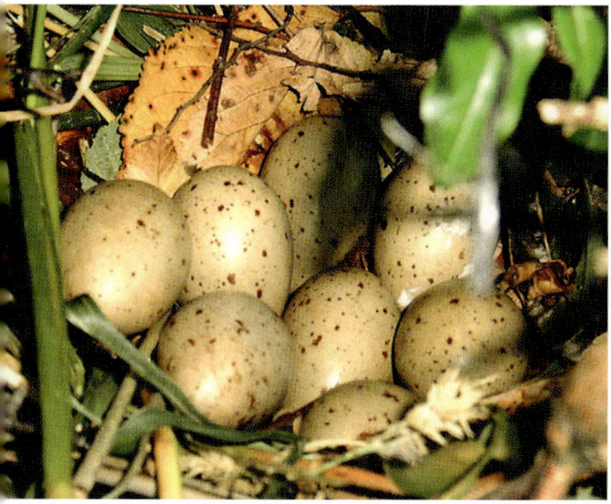

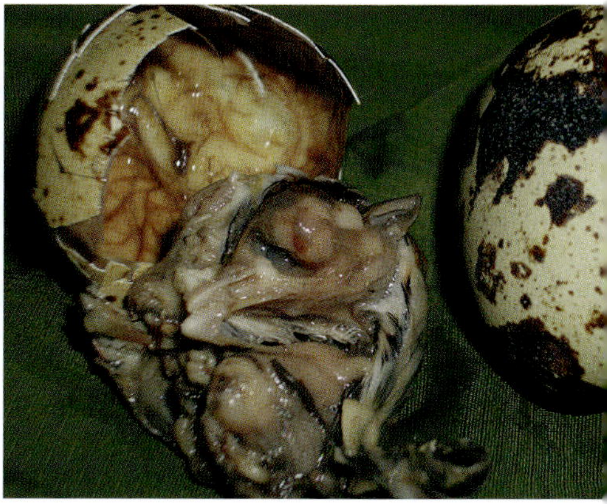

Links: In Nestern finden Sie oft eine Menge von essbaren nahrhaften Eieren. *Rechts:* Allerdings sind diese in aller Regel befruchtet und enthalten einen mehr oder minder entwickelten Embryo. Gewöhnungsbedürftig, aber lecker.

finden ist. Noch flugunfähige, im Nest sitzende Jungvögel können mit einem Genickbruch getötet werden, wenn sie als Nahrung dienen müssen.

Töten und Zubereiten

Wie bei den meisten Wirbeltieren ist bei Vögeln das Durchtrennen des Rückenmarkes die sicherste und schnellste Tötungsart. Bei kleineren Vögeln reicht das Umdrehen oder Abknicken des kopfnahen Halses. Bei größeren Vogelarten ist es nicht ganz so einfach, da sie nicht nur wehrhafter, sondern auch robuster sind. Dies erschwert ein rasches und schmerzloses Töten.

Grundsätzlich sollten Vögel vor dem Töten betäubt werden. Dies geschieht am besten durch einen stumpfen Schlag mit einem kleinen Prügel auf den Hinterkopf.

Bei größeren Vögeln ist das manchmal gar nicht so einfach, da sie wehrhaft sind und nicht still halten. Hier bietet Abhilfe, das Tier für einige Momente an den Füßen kopfüber zu halten. Das Kreislaufsystem der Vögel ist eine Hochleistungspumpe, die bei zusätzlicher Hilfe der Schwerkraft ein Übermaß an Blut in den Schädel schafft. Nach kurzer Zeit wird das Tier bewusstlos und kann zusätzlich durch Schläge betäubt werden. Mancherorts findet die Betäubung auch durch ein schnelles Rotieren des Vogels

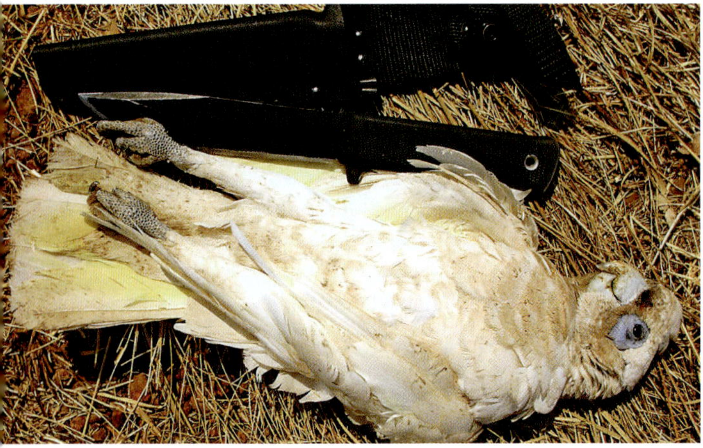

Sicherlich etwas exklusiver als eine Rabenkrähe ist ein Kakadu als Grillhähnchen. Auch wenn die Organe verzehrt werden können, sollte der Mageninhalt unbedingt entfernt werden.

statt. Dabei zerplatzen Gefäße im Gehirn – was schnell an den hervorgequollenen und unterbluteten Augen deutlich wird. Diese Form der Betäubung sollte nur angewandt werden, wenn andere Methoden aufgrund des Risikos von Verletzungen durch den Schnabel nicht möglich sind.

Nach dem Betäuben werden die Halsgefäße geöffnet. Am besten werden unmittelbar unter dem Kopf einige Federn entfernt, bis Sie die Haut sehen. Das Messer wird so gehalten, dass die Schneide vom Hals weg zeigt. Mit der Klingenspitze wird nun seitlich mit »Tendenz Wirbelsäule« eingestochen, bis die Spitze am Knochen des Halses anstößt. Es wird dem Wirbel folgend möglichst tief weiter geschnitten, bis die Klingenspitze auf der gegenüberliegenden Seite den Hals wieder verlässt. Haben Sie alles richtig gemacht, sollte Blut in pulsierenden Stößen aus dem Hals laufen. Ist das nicht der Fall, drehen Sie die Klinge zügig um und schneiden nun von außen gegen den Knochen einmal um die Wirbel. Verfahren Sie so, ist der Schlachtvorgang meist zügiger abgeschlossen, als wenn Sie mit der Klinge versuchten, von außen die rutschige Haut zu aufzutrennen. Bei kleineren Vögeln können Sie auch den Kopf vollständig entfernen. Nun sollte das Geflügel bewusstlos sein.

Alternativ können Sie den Kopf vollständig abtrennen. Das Blut kann aufgefangen und weiterverwertet werden. Gemäß der »Tierschutz-Schlachtungsverordnung« ist die Betäubung eines kleinen Vogels nicht nötig, wenn *»der Kopf unmittelbar und vollständig entfernt wird«*. Das bedeutet, dass er abgehackt bzw. abgeschnitten wird.

Machen Sie das allerdings bitte nicht so, wie Sie es vielleicht bei den Großeltern gesehen haben und wie ich es schon bei »Outdoortreffen« miterleben musste: Mit der Axt ist das Abtrennen des Kopfes nicht nur gefährlich – oft schlägt der aufgeregte Erstschlachter daneben, verletzt das Tier schwer und schmeißt es dann endlich kopflos »zum Ausbluten« oder »Auszappeln« in den Schmutz, wo es mitunter noch einige Minuten flatternd im eigenen Blut liegt. Diese Methode ist nicht nur denkbar respektlos gegenüber einem Tier, dessen Leben Sie gerade nehmen, sondern außerdem der Lebensmittelhygiene mehr als abträglich.

Mit der frischen Schnittwunde am Hals, dabei aber noch mit vollständig funktionierendem Kreislauf, werden Dreck, Erde und Keime regelrecht in den Körper gesaugt und bis in die kleinste Kapillare verteilt. Außerdem ist die Gefahr groß, dass das kopflose, aber immer noch voll flugfähige Tier im

Wasser, unauffindbar im Gebüsch – oder aber im Zwinger von des Nachbarn Rottweiler landet.

Entfernen Sie dem Tier den Kopf, legen Sie nach dem Betäuben die Klinge von hinten direkt auf die Wirbelsäule und ziehen sie bis zur Unterlage in einem Schnitt durch. Bei Vögeln ab der Größe eines Huhns können Sie mit einem Schlag auf den Klingenrücken nachhelfen, oder Sie verfahren wie oben beschrieben.

Sind die Gefäße geöffnet, verfahren Sie generell gleich: Das Tier wird mit einer Hand um die geschlossenen Flügel, mit der anderen an den Beinen fest gepackt und am Boden gehalten. Das →Blut kann aufgefangen und später weiter verwertet werden. Sie halten den Vogel nicht nur so lange fest, bis das Blut aufhört zu fließen, sondern deutlich darüber hinaus. Größere Vögel reagieren kurz vor dem Tod noch einmal mit erheblicher Energie, selbst wenn sie richtig betäubt worden sind und das Blut nicht mehr pulsiert. Hier kann es vorkommen, dass die geschlossenen Augen plötzlich aufgerissen werden, das Tier zu strampeln beginnt und einen letzten, anhaltenden Schrei sich von gibt. Das tatsächlich sichere Zeichen des Todes ist ein wenige Sekunden ansteigender und nur Momente dauernder Streckkrampf, der nicht immer bemerkt wird, aber mit einem feinen Zucken und Vibrieren und letztendlichem Erschlaffen der Muskulatur endet.

HINWEIS:

Durch das saubere Töten und Ausbluten kann sichergestellt werden, dass das Fleisch nicht sofort in Fäulnis übergeht, wenn keine Kühlung zur Verfügung steht.

Der Vogel sollte rasch ausgenommen werden. Haben Sie vor, ihn innerhalb der nächsten Stunden zu verzehren, wird er erst kurz davor ausgenommen, da Schnittränder immer Eintrittspforten für Keime sind, die das Fleisch verderben können. Allerdings »ver-

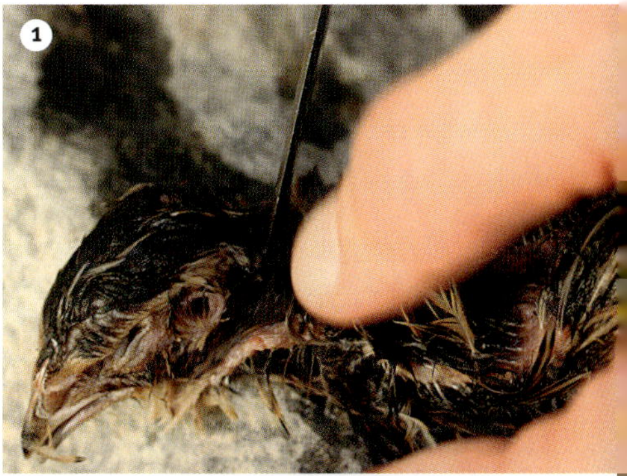

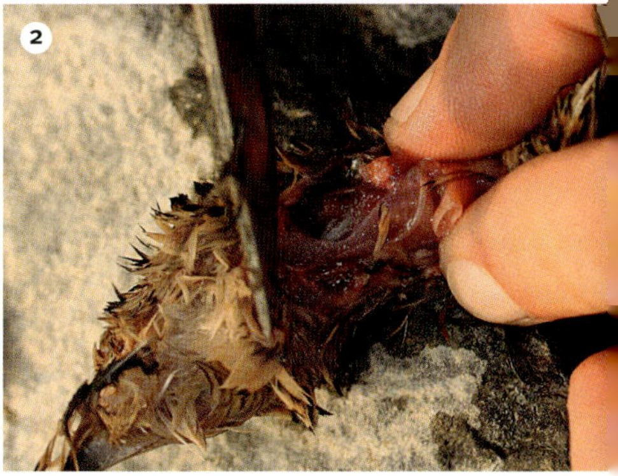

Mit der Klinge nach oben wird der Hals bis zur Wirbelsäule durchtrennt (1). Trifft der Schnitt nicht, wird das Messer gedreht und in Gegenrichtung bis zum Wirbelknochen nachgeschnitten (2).

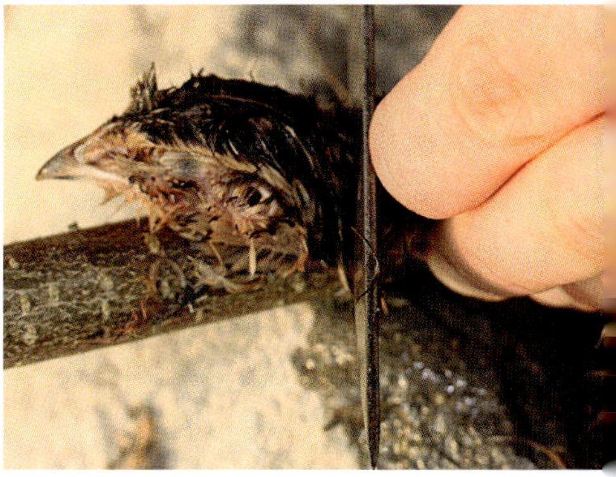

Kleinen Vögeln mit schwachem Hals und dünnen Wirbelkörpern kann alternativ auch der Kopf unmittelbar nach dem Betäuben vollständig abgetrennt werden.

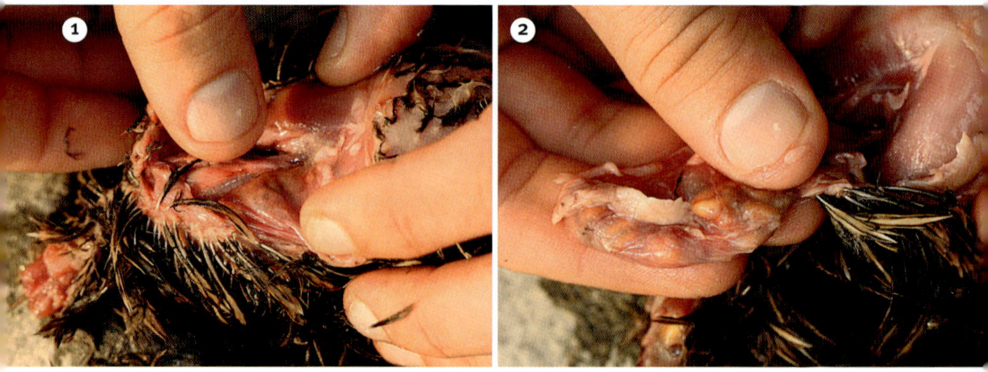

Kropf entnehmen: Auf dem oberen Brustmuskel wird die Haut eingeschnitten und zur Seite gezogen (1). Darunter liegt zwischen Hals und »Wishbone« der Kropf (manchmal muss man suchen), der vorsichtig herausgezupft wird (2).

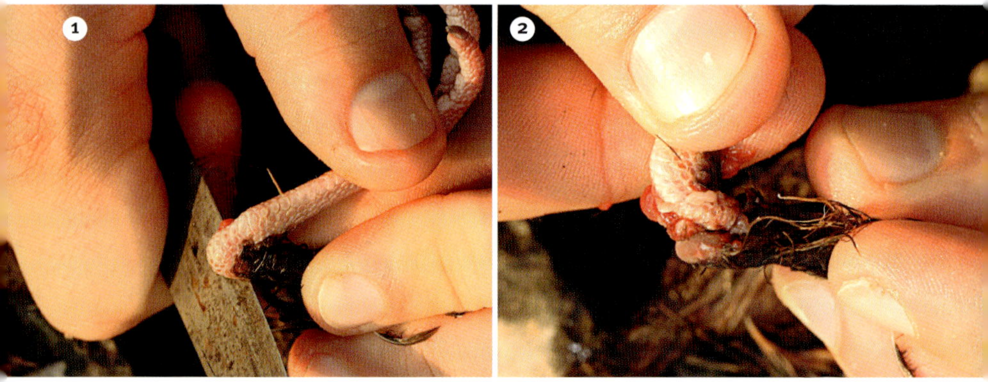

Füße abtrennen: Die in der Ferse liegende Sehne wird gestreckt und zerschnitten (1). Die restlichen seitlichen Bänder werden durchtrennt, so dass der Fuß einfach abgedreht werden kann (2).

daut« sich das Tier von innen selbst, weshalb Sie das Tier gleich ausnehmen können, wenn es erst mehr als zwei Stunden später zubereitet und verzehrt werden soll.

In jedem Fall entfernen Sie unmittelbar nach dem Töten den Kropf. Hier liegen unverdaute Insekten und Samen, die schnell zu gären beginnen. Dazu entfernen Sie ein paar der Federn an der Stelle unter der Kehle, an der die Brustmuskulatur endet. Unmittelbar unter der Haut liegt an dieser Stelle eine dünne Aussackung der Speiseröhre. Jene wird nach Auftrennen der Haut ohne sie zu verletzen aus dem Körper gezogen. Bei größeren Tieren müssen Sie ggf. unten in Richtung Magen die Speiseröhre durchschneiden. Das obere Ende ist schon beim Öffnen der Halsgefäße abgetrennt worden.

Nun stehen Ihnen zwei verschiedene Methoden zur Verfügung, das Tier von seinen Federn zu befreien. Sie können den Vogel abziehen oder rupfen. Ich persönlich bevorzuge das Abziehen, da dabei Ektoparasiten, wie Milben, sicher entfernt werden. Außerdem sind Sie danach im Besitz eines Federbalges zum Bau einer Vogelattrappe. Nachteil bei dieser Methode ist, dass Haut

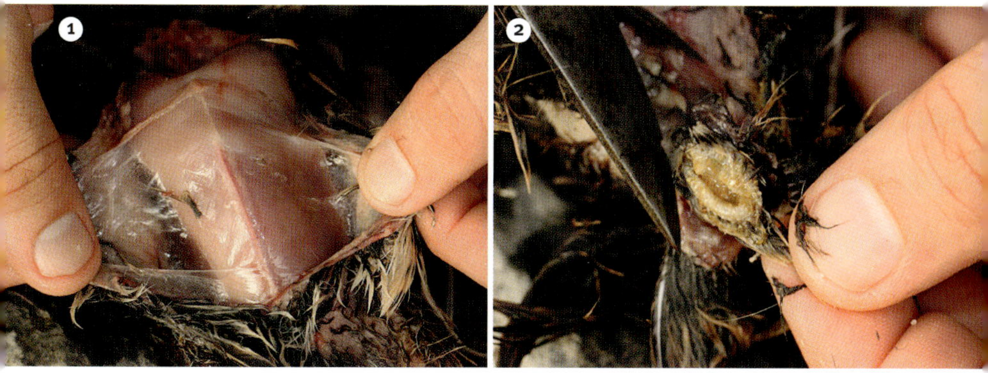

Häuten: Auf dem Brustbeinkamm wird die Haut eingeschnitten und auseinandergezogen, bis die Brustmuskulatur zu sehen ist (1). Um die Kloake wird die Haut ringförmig aufgetrennt, ohne den Darm zu verletzen (2).

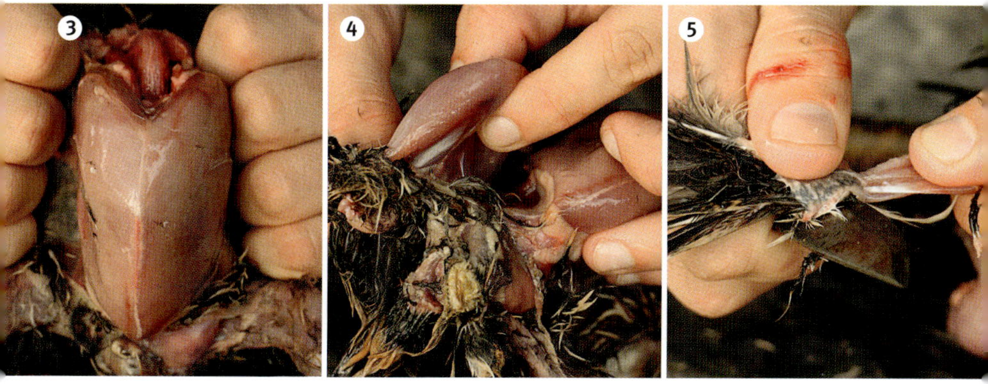

Der Vogel wird aus der Haut »geschält« (3), wobei die Schenkel gezielt gegriffen und abgezogen werden müssen (4). Dasselbe ist bei den Flügeln notwendig, die bis zum letzten Gelenk gehäutet werden; der Rest wird abgeschnitten (5).

und Teile des Unterhautfettes als Nahrung verloren gehen.

Um einen Vogel abzuziehen, gehen Sie wie folgt vor: Der Kopf wird abgetrennt, sofern er nicht schon beim Töten entfernt wurde. Schneiden Sie hierzu von vorne durch das Halsgewebe und trennen Sie die Wirbel. Von Vorteil ist es, wenn die Haut auf der hinteren Seite intakt bleibt und der Kopf am Federbalg hängt. Strecken Sie nun die Beine des Tieres. Die Achillessehne wird deutlich abstehen. Durchtrennen Sie diese. Öffnen Sie die Haut rund um das Knöchelgelenk und zerschneiden Sie die seitlichen Bänder. Nun können Sie den Fuß mit einer Drehbewegung abtrennen.

Entfernen Sie jetzt einige Federn auf dem Brustbeinkamm und ritzen Sie die darunter liegende Haut vorsichtig auf der gesamten Länge ein. Wenn Sie zu tief schneiden, kann es sein, dass Sie das Brustmuskelgewebe verletzen, was das Abziehen erschwert.

Außerdem schneiden Sie die Haut unterhalb des Bürzels um die Kloake ein, damit der Darm beim Häuten nicht aus dem Körper gerissen wird.

Die Haut wird nun rund um den Schnitt angehoben. Der Vogel wird mit einer Bewe-

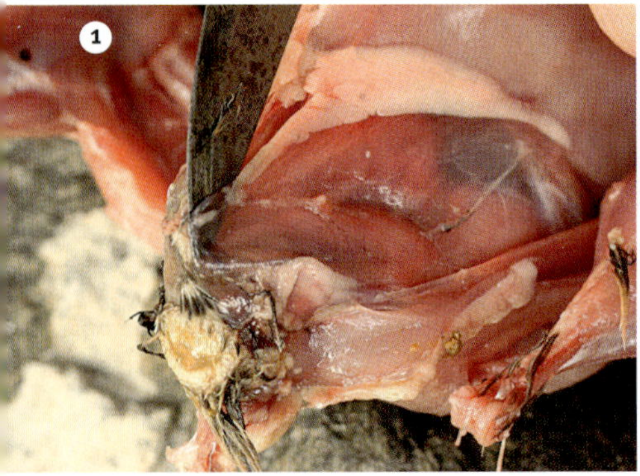
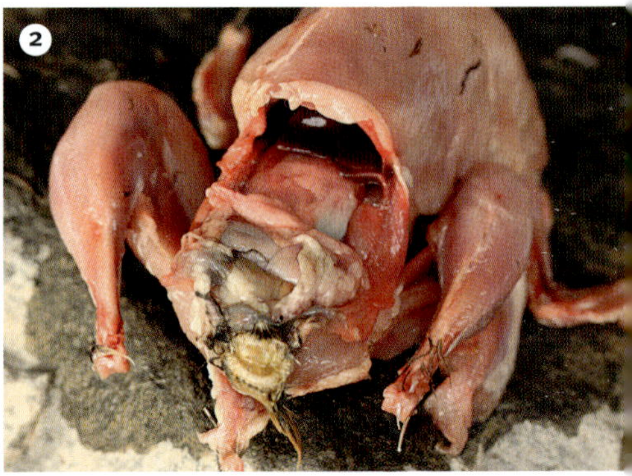

Ausnehmen: Die dünne Bauchhaut wird aufgetrennt, ohne Kloake oder Darm zu verletzen (1). Die Organe werden freigelegt und schon ein erstes Mal in Augenschein genommen (2).

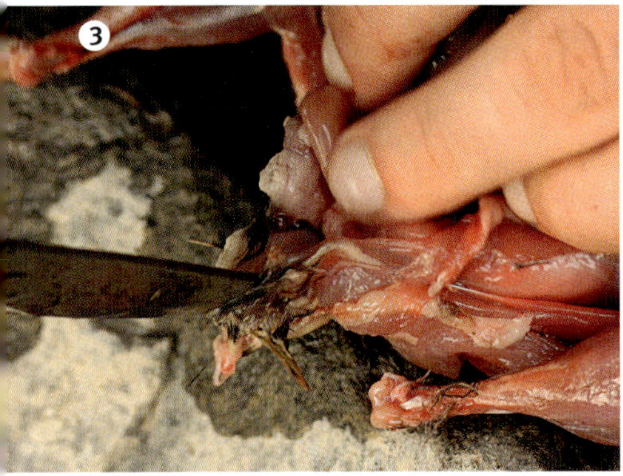
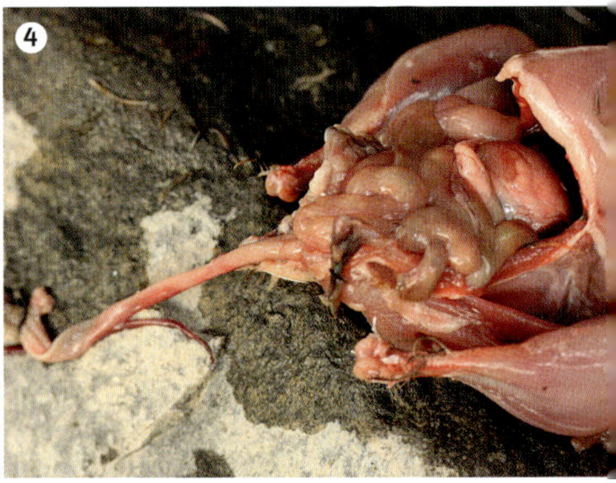

Die Kloake wird aus dem Hüftknochen herausgeschnitten. Dabei darf kein Kot an das Gewebe gelangen (3). Die Kloake kann nun mit dem daran hängenden Darm ein Stück weit aus der Hüfte gezogen werden (4).

gung herausgedrückt, als wollten Sie einen in einer Socke eingeschlossenen Apfel nach außen wenden. Dazu wird ein wenig Kraft nötig sein. Wenn die Haut bis auf die äußeren Flügelsegmente gewendet ist, werden die Gelenke unterhalb dieses Flügelgliedes abgetrennt.

Nun sollte der Vogel »nackt« vor Ihnen liegen. Da unter der Haut meist Fett in gelben Tropfen eingelagert ist, sollten Sie diese abschaben und sammeln.

Wenn Sie den Vogel rupfen möchten, sollten Sie ihn zuerst kurze Zeit in kochendes Wasser tauchen. So lassen sich die Federn leichter entfernen. Gerade bei größeren Vögeln kann das Rupfen einige Zeit in Anspruch nehmen. Legen Sie den Vogel am besten auf den Boden und halten Sie ihn mit einer Hand fest. Mit der anderen greifen Sie in das Gefieder und reißen die Federn heraus. Nach dem Rupfen kann eventuell noch vorhandener Flaum abgeflammt werden.

Legen Sie nun den Vogel auf den Rücken. Trennen Sie vorsichtig den Bauch mit einem Schnitt vom Brustbeinkamm zum Bürzel auf. Achten Sie dabei darauf, die Organe nicht zu verletzen.

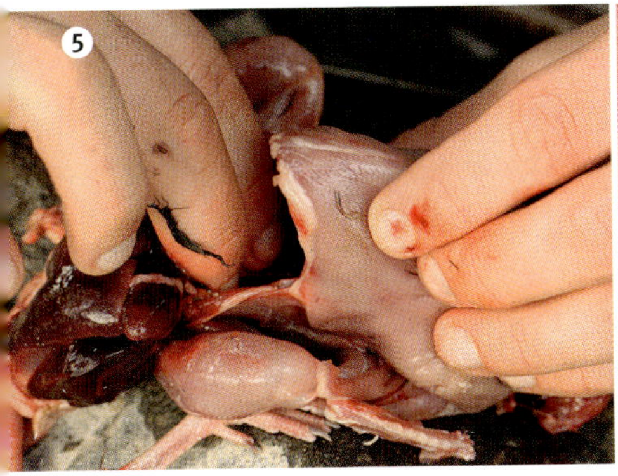

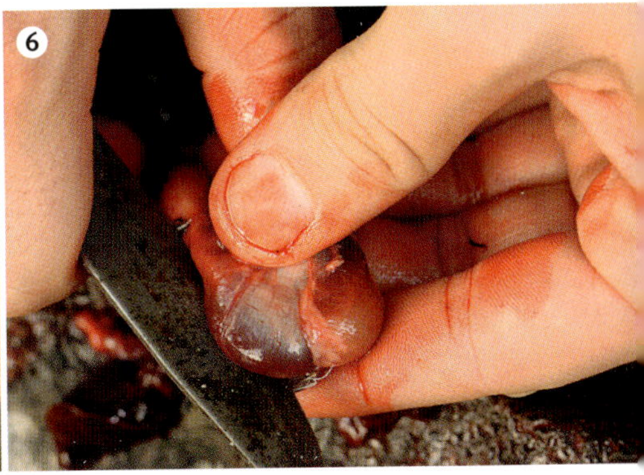

Mit zwei Fingern wird möglichst tief in den Brustraum gegriffen und alle Organe werden nach unten gezogen (5). Die roten Organe werden abgetrennt und der Magen quer eingeschnitten (Vorsicht, Steine im Magen!) (6).

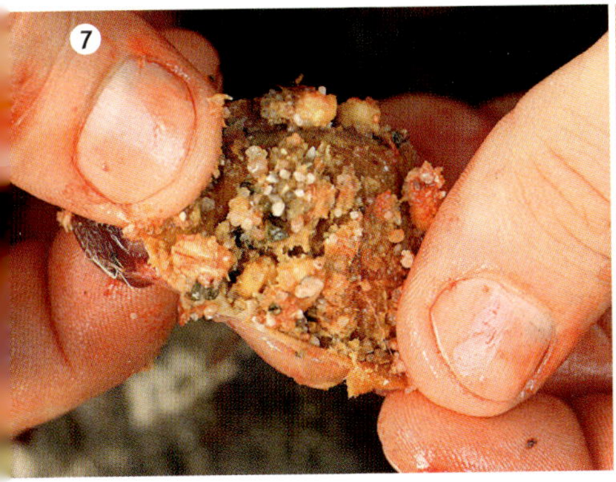

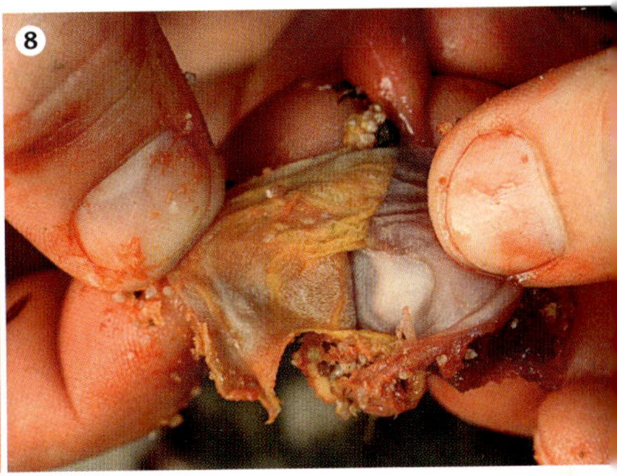

Der Magen wird aufgeklappt und geleert. Gut sichtbar sind hier die Steine, die bei der Verdauung helfen (7). Auf der Innenseite des Magens liegt eine ledrige gelbe Haut, die leicht abgezogen werden kann (8).

Der Darm liegt zwischen Bauchhöhle und Kloake und ist von den Hüftknochen eingeschlossen. Da Sie idealerweise die inneren Organe entfernen sollten, ohne dass der Kloakenausgang oder Kot mit dem Fleisch in Berührung kommt, zerschneiden Sie den Hüftknochen mit einem Längsschnitt von oben, ohne den Darm zu zerschneiden. Wurde der Vogel gerupft und nicht gehäutet, müssen Sie die Kloake noch mit einem darum liegenden Schnitt freilegen. Die Hüfte kann nun etwas aufgeklappt werden. Greifen Sie mit zwei Fingern in die Bauchhöhle, greifen möglichst weit oben den Schlund und die Luftröhre und entnehmen alle Organe, wobei der Darm so aus dem Körper genommen wird, dass die Kloake nicht in die Bauchhöhle rutscht, sondern immer außerhalb bleibt.

Magen, Leber, Herz und Nieren (letztere verbleiben beim Ausnehmen im Körper) sind essbar und sollten nicht weggeworfen werden. Der Magen, eine sehr feste Struktur, muss vorher noch längs zerteilt, geleert und von der innen liegenden Hornhaut befreit werden. Sammeln Sie zwischen den Organen liegendes Fett. Nach dem Auswaschen der Leibeshöhle ist der Vogel »küchenfertig«.

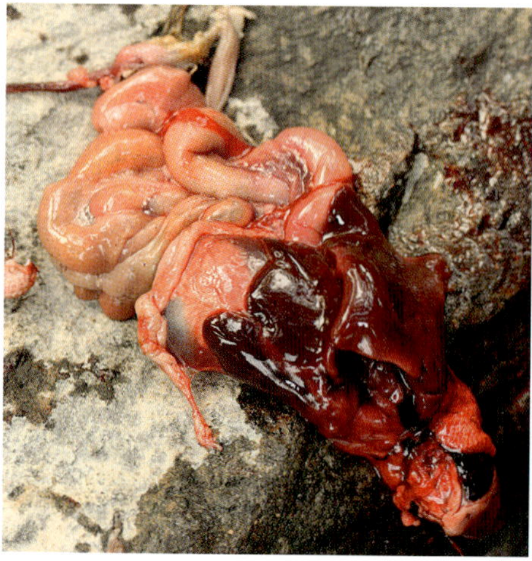

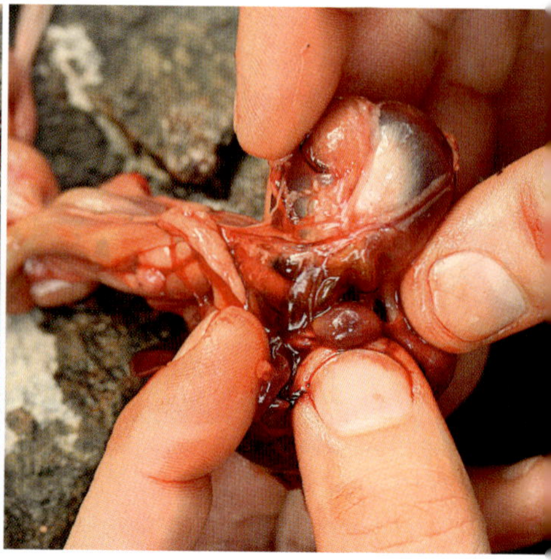

Links: Lage der Organe unmittelbar nach dem Ausnehmen. Mehrlappig und tiefrot ist hier die Leber zu erkennen. Das hellrote Gewebe unten rechts sind Teile der Lunge. *Rechts:* Lage der Milz (rund, rosa) direkt am Magen.

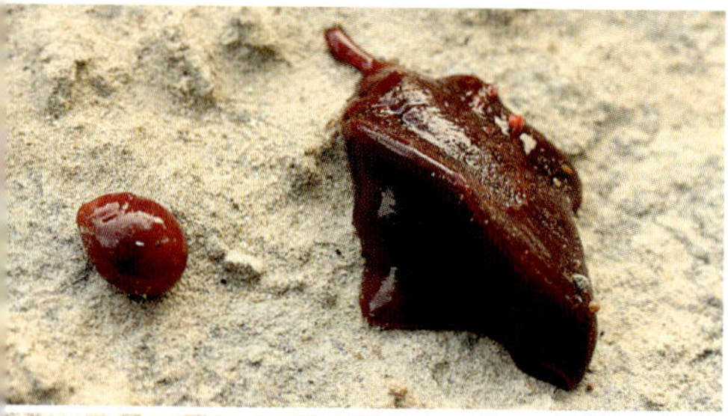

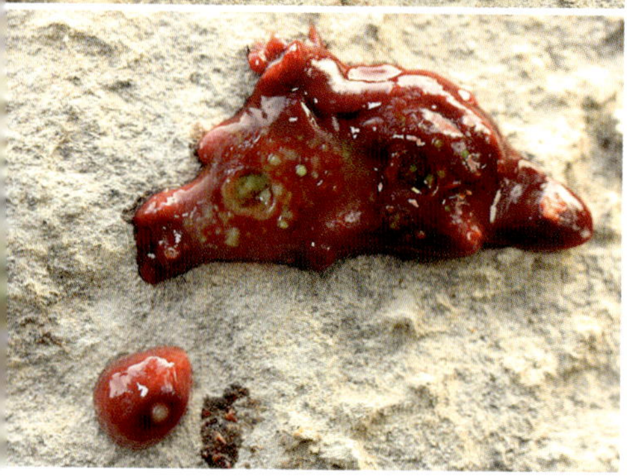

Oben: Gesunde Milz (links) und Leber. *Unten:* Die Leber ist stark entzündet und hochgradig zersetzt. Die Milz hat eitrige Abszesse und ist schwammig geschwollen. Ganz klar: Gesamtes Tier verwerfen!

Vögel sollten auf jeden Fall gegart werden, um zum Beispiel einer *Salmonelleninfektion* oder einem Parasitenbefall vorzubeugen. Um das Fleisch schneller zuzubereiten, kann das Tier halbiert oder gedrittelt werden. Besonders gut eignen sich kleine Vögel zum Räuchern und Trocknen.

HINWEIS:

Wenn Sie zu Hause das Schlachten üben wollen, wenden Sie sich an einen Geflügelmastbetrieb oder besser noch an den lokalen Kleintierzuchtverein. Hier wird man Ihnen sicherlich gerne ein frisch getötetes Huhn zur Verfügung stellen und Sie vielleicht sogar fachgerecht einweisen.

Üben Sie aber bitte die ersten Male nicht alleine mit lebendem Federvieh, sondern machen Sie sich mit dem Vorgang an einem getötetem Tier vertraut oder lassen Sie sich beim Schlachten von einer kundigen Person betreuen, die eingreifen und unterstützend wirken kann.

Gefahren

Bei Vögeln können Sie prinzipiell nichts falsch machen, wenn man einmal von kleineren Blessuren oder mäßig angenehmen Hack- und Kratzverletzungen absieht.

Allerdings ist die korrekte Zubereitung unbedingt notwendig, da Vögel oft *Salmonellen* und andere Krankheitserreger in ihrem Darm regelrecht züchten. Da die Keime über die Eierstöcke auch direkt in das Gelege geraten, können auch junge Vögel befallen sein.

Außerdem sollte bei Geflügel die Schlachthygiene besonders beachtet werden. Wenn möglich, verwenden Sie eine Klinge, die nur fürs Schlachten und Ausnehmen verwendet wird. Damit vermeiden Sie unangenehme Infektionen, falls Sie sich beim Schnitzen schneiden sollten, sowie Lebensmittelvergiftungen, wenn mit dem Schlachtmesser andere Nahrung zerteilt wird. Wenn möglich, verwende ich bei kleinen Vögeln für den gesamten Schlachtvorhang geschnitzte scharfkantige Holzstäbchen als »Schlachtmesser«.

Neben bakteriellen Infektionsgefahren gibt es durchaus – aber im Vergleich zur Vielzahl der Arten unendlich selten – giftige Vögel. Bekannt und relevant giftig sind beispielsweise der Pitohui, Blauklappenflöter (beide Neuguinea) sowie die Sporngans (Afrika).

Man kann davon ausgehen, dass der Kontakt zu diesen Tieren denkbar selten sein wird, sofern man sie nicht gezielt aufsucht: Die Sporngans sammelt in ihrem Körper Cantharidin an – den Wirkstoff der »Spanischen Fliege«, die sie beflissentlich frisst (allerdings nicht nur die Ganter, sondern auch die Gänse).

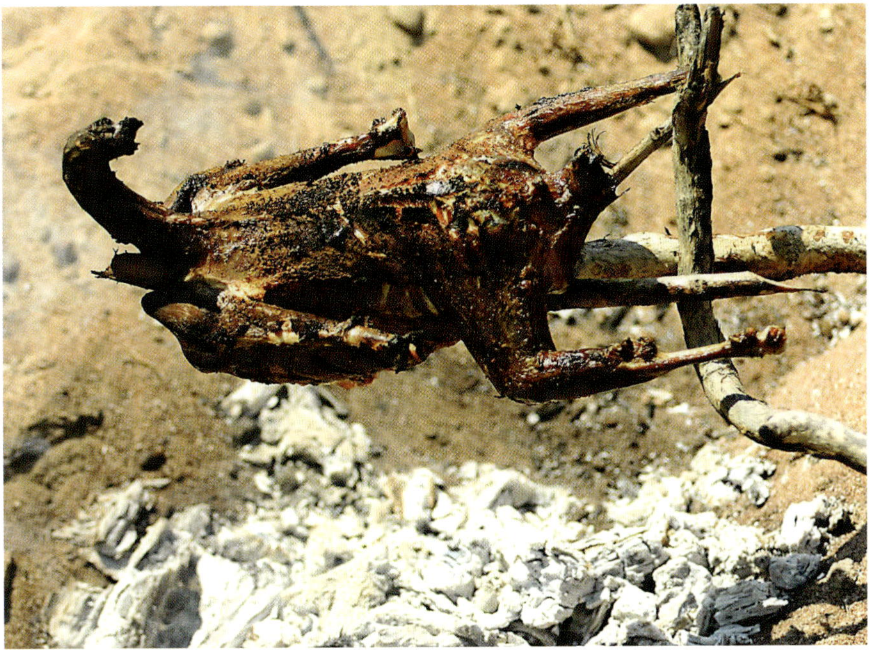

Vögel aller Größen lassen sich auf einem Spieß über dem Feuer grillen. Alle Parasiten und Krankheitserreger werden dabei abgetötet. Voraussetzung ist jedoch ausreichendes Garen.

11 Säugetiere

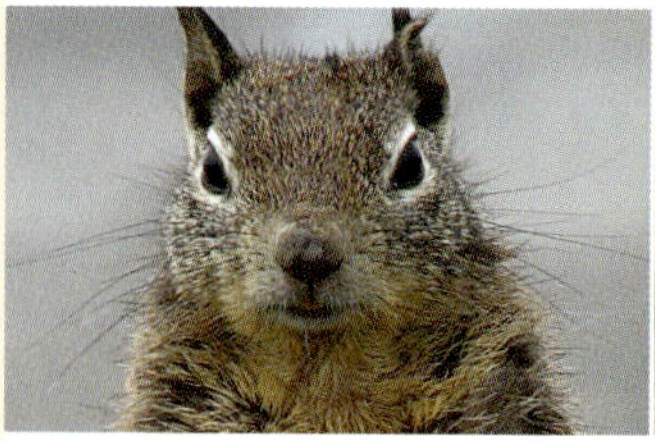 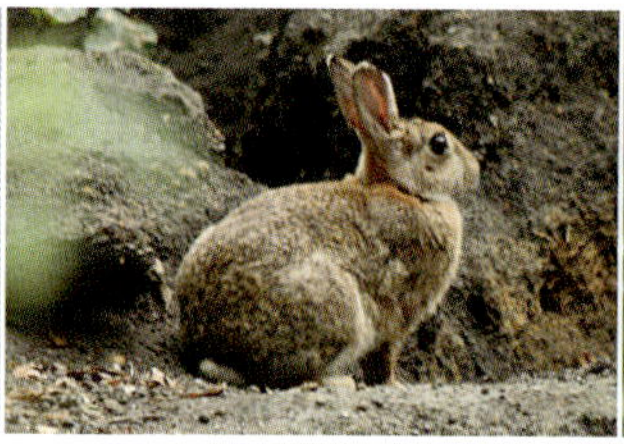 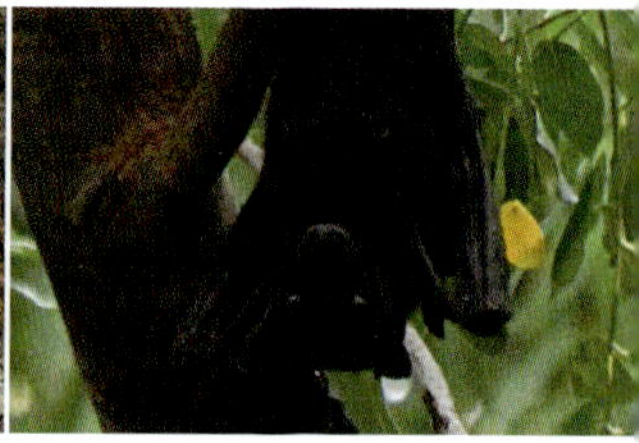

Die im folgenden Kapitel beschriebenen Jagd- und Fangmethoden sollen nicht über den Zweck des Buches hinwegtäuschen. Dieser ist es, die Expeditions- und Notfallverpflegung zu beschreiben, und nicht das Jagen in seiner konventionellen Form.

Die hier beschriebenen Fangmethoden sind dem unbedingt einzuhaltenden Tierschutzgedanken konträr. Sie dürfen nur im äußersten Notfall angewendet werden. Bitte verzichten Sie darauf, das Fangen und Töten dieser Tiere in der freien Natur zu üben. Wenn Sie sich mehr als nur theoretisch vorbereiten und zum Beispiel das Schlachten oder das Abziehen praktisch üben wollen, wenden Sie sich an eine Schlachterei oder an einen selbst schlachtenden Bauern. Dieser ermöglicht es Ihnen vielleicht, bei einer Schlachtung dabei zu sein oder ein frisch getötetes Tier auszuweiden und vorzubereiten. Außerdem erhalten Sie auf Nachfrage zur Übung beim örtlichen Jäger oder Kleintierzüchter Kaninchen, Nutria und andere Kleinsäuger.

Möglicherweise werden Sie ein wenig verwundert sein, welche Tierarten hier als tierische Nahrung aufgeführt sind. Es wird sich, um das schon vorwegzunehmen, hauptsächlich um Kleinsäuger beziehungsweise Nagetiere handeln. Darum werden Sie den Fang von Wildschweinen und Bären mit Hilfe von Schlagfallen in diesem Buch ebenso vergeblich suchen wie das Erlegen von Reh- und Rotwild mit Pfeil und Bogen. Die Gründe hierfür dürften jedem erfahrenen Waldläufer einleuchten. Es ist selbst für den Geübten so gut wie unmöglich, frei lebendes und gesundes Großwild mit einem selbst gebauten Bogen oder einer Falle zu jagen. Sicherlich ist man in der Lage, stark geschwächtes oder altes Wild beziehungsweise Jungwild abzufangen, jedoch wird diese Situation eine Ausnahme sein.

Die in vielen Büchern beschriebenen Methoden des Fallen- und Jagdwaffenbaus sind Augenwischerei und in der Praxis nicht anwendbar. Der gesunde Menschenverstand verbietet es dem Nahrungssuchenden, sich lediglich mit einem Messer oder Speer bewaffnet auf einen Eber oder ein vergleichbar großes Tier zu werfen. Durch den Überlebenstrieb, die bei allen Lebewesen stärkste Triebkraft, wird selbst ein kleines Tier im Kampf um Leben und Tod unerwartet stark und somit gefährlich für unsere Gesundheit oder unser Leben sein.

Die in Filmen zur Belustigung erfahrener Jäger und Fallensteller häufig gezeigten Schlagfallen aus Holzstämmen mit eingeschnitzten Holzpflöcken, die mit einem Seil angehoben werden und nach dem Auslösen aus 10 Metern Höhe nach unten rauschen, sind wenig mehr als gefährliches Männerspielzeug. Um einen ausreichenden Schlagimpuls zum Töten eines größeren Wildtieres zu erzeugen, benötigt man aufgrund der geringen gleichmäßigen Erdbeschleunigung von etwa 10 m/s² einen langen Beschleunigungsweg. Nehmen Sie einmal eine realistische Fallhöhe von 5 Metern und 30 Kilogramm Schlaggewicht an. Nach dem Auslösen durch ein Tier fällt das Gewicht lärmend, bis es auf den Boden auftrifft. Dafür benötigt es etwa eine ganze Sekunde! In dieser Zeit ist jedes Wildtier auch bei gemächlicher Flucht 10 Meter von der Falle entfernt. Auf dem Boden kommt das Gewicht mit etwa 3 Metern pro Sekunde an. Das entspricht der Geschwindigkeit eines Autos in der Fußgängerzone. Nehmen wir weiter an, dass das Tier aus irgendwelchen Gründen nach dem Auslösen an der Stelle ausharrt, bis das Schlaggewicht mit seinen gemächlichen 10 km/h aufkommt.

Vergleichen Sie nun diese Werte mit dem Totalschaden, der nach dem Zusammentreffen eines Fahrzeugs mit 80 km/h Geschwindigkeit mit einem Reh entsteht, und recherchieren, wie viele der Wildtiere noch Kilometer weit laufen und nur mit Jagdhunden aufgespürt und zur Strecke gebracht werden, können Sie sich Ihre Chancen dieser abendfüllenden Fallenschnitzerei ausrechnen. Hier bringen auch ein paar ins Holz eingebrachte Spitzen nichts.

Solche Fallen wurden durchaus als Guerilla-Technik zum Verletzen von Menschen verwendet. Der Sinn dabei war aber, einen Menschen durch Brüche, Prellungen, Schnitte und Infektionen kampfunfähig zu machen – nicht ihn an Ort und Stelle zu erlegen. Außerdem sind Aufmerksamkeit und Fluchtgeschwindigkeit eines Kombattanten in voller Ausrüstung nicht ganz dieselbe wie diejenigen von Fluchttieren.

Grundsätzlich sind Tiere nur bis zu einer bestimmten Größe für uns als Nahrung geeignet. Die Menge des Fleisches sollte diejenige nicht übersteigen, die innerhalb eines Tages verzehrt oder konserviert werden kann. Uns stehen nur einfache Konservierungsmethoden zur Verfügung, weshalb das Frischhalten und die rasche Verarbeitung größerer Fleischmengen alles andere als einfach ist.

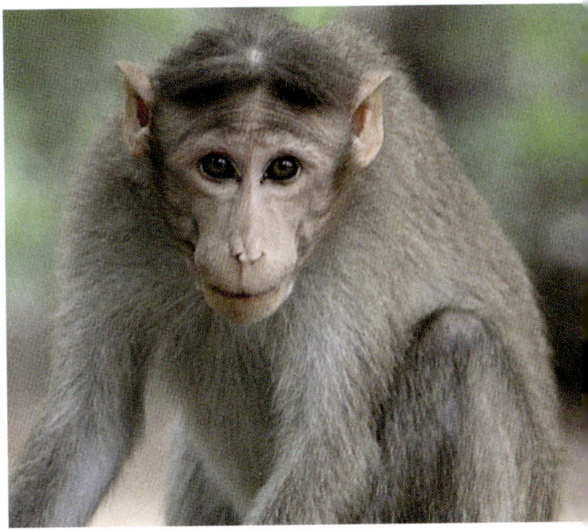

Je menschenähnlicher Fleisch ist, desto besser können wir es verwerten. Allerdings steigt auch die Infektionsgefahr. Deshalb sollten Sie niemals Primaten essen.

Aus diesen Gründen ist die Größe der verwertbaren Tiere auf etwa fünf Kilogramm Lebendgewicht beschränkt. Weitere Aspekte schränken uns in der Auswahl der Beute ein. Die Fangmethoden müssen so einfach wie möglich sein und mit geringem Zeit- und Energieaufwand zum gewünschten Erfolg führen. Auch Häufigkeit und Verbreitung der Arten spielen bei der Wahl der beschriebenen Tiere eine große Rolle. So ist es sinnvoller, über den Fang und die Verarbeitung von Kaninchen zu berichten als über die Jagd auf Klippschliefer Vor allem Tiere, die in Erdhöhlen, den sogenannten Röhren leben, sind für uns von Interesse.

Diese Aspekte lassen die exemplarische Abhandlung folgender Tierarten für sinnvoll erscheinen: Mauseartige, Baumhörnchen, Kaninchen und mit Einschränkung Dachse. Es wird für Sie kein Problem darstellen, einen Igel oder einen Nutria zu fangen und zu verarbeiten, wenn Sie dies bei Kaninchen oder Ratten geübt haben. Beachten Sie bitte, dass einige der beschriebenen Tierarten in Deutschland geschützt sind. **Das Töten frei lebender Wildtiere, ohne die notwendige Berechtigung wird empfindlich bestraft.**

HINWEIS:

Das Fangen und Töten von Wildtieren zur Übung ist zu unterlassen, sofern Sie keine entsprechende Jagdberechtigung besitzen.

Auch tot aufgefundene Tiere können unter das Naturschutz- oder Jagdgesetz fallen und sind Eigentum des entsprechenden Jagdpächters. Im Zweifel erbitten oder erkaufen Sie sich bei diesem die Erlaubnis, das Stück verarbeiten zu dürfen. Kaum ein Waidmann wird Ihnen die Bitte in kameradschaftlichem Interesse abschlagen.

Eine Möglichkeit, Exemplare zum Üben zu besorgen, ist der Fang von Mäusen und Ratten auf dem eigenen Grundstück. Sie können Kleinsäuger auch in Futtertierzuchten erwerben. Im Tierhandel werden zum Beispiel Nager zum Füttern von Reptilien angeboten. Achten Sie trotzdem auf weitere Bestimmungen des Tierschutzgesetzes. Wenn Sie Tiere aus Fallen verwenden, beachten Sie, dass das Tier möglicherweise vorher Gift aufgenommen hat.

Die rechtliche Lage wird jedoch anders sein, wenn Sie im Notfall auf Nahrung dieser Art angewiesen sind. Ob Sie das Jagdrecht in der vorliegenden Situation Ihrem Leben überordnen, sei Ihnen überlassen.

Der Fang der meisten Säugetiere kann in zwei Kategorien eingeteilt werden. Zum einen haben wir das aktive Ausgraben von Nagern, zum anderen das Aufstellen von einfachen Fallen.

Ratten und Mäuse

Wenn der Stadtmensch von Mäusen spricht, meint er damit alles, was die Form einer Maus hat. Dazu gehören zuweilen auch Spitzmäuse, die jedoch nicht zu den Nagetieren, sondern zu den Insektenfressern wie Maulwurf und Igel gehören. Letzterer ist aufgrund seines Stachelkleides so gut vor Fressfeinden geschützt, dass ihm die Natur bis auf ein Zusammenrollen keine weiteren Flucht- und Schutzmöglichkeit gegeben hat. Der Igel ist ein gutes Beispiel dafür, wie Sie Ihr angeeignetes Wissen auf andere Arten übertragen können. Aus diesem Grund werden in diesem Kapitel familienfremde Tierarten wie Maus und Spitzmaus zusammengefasst behandelt.

Befassen wir uns nun mit kleinen, in Röhren wohnenden Vertretern der Nagetiere. Nehmen wir exemplarisch die Ratten und Mäuse.

Nahezu überall lassen sich Nagetiere und Insektenfresser fangen. Sogar auf weitgehend biologisch isolierten Erdteilen haben sich Nagetiere mit großer Geschwindigkeit vermehrt. Ein Grund für ihren evolutionären Erfolg ist die ungeheure Fruchtbarkeit, die in mehreren Würfen pro Jahr von sechs bis 20 Jungtieren zum Ausdruck kommt. Was dem zivilisierten Menschen als Erntevernichter und Ungeziefer ein Graus ist, kann uns aufgrund der starken Häufung und Verbreitung von großem Nutzen sein.

Im mitteleuropäischen Raum ist es einfach, innerhalb kurzer Zeit genügend Nagetiere als Nahrung für einen Tag zu fangen. Besonders geeignete Orte zum Fang dieser Tiere sind Ufer und lockere Böden, wie sie in Wäldern vorkommen. Um ein Waldmausnest zu finden, braucht ein erfahrener Überlebenstechniker selten mehr als eine halbe Stunde. Ausgraben und Fangen dauert dagegen etwas länger.

In der freien Natur lebende Ratten finden Sie zumeist an Gewässern und in deren Nähe. Ihre Höhlen sind oft in lehmige Erde getriebene Röhren. Es ist nicht einfach, bewohnte von unbewohnten Höhlen zu unterscheiden. Da die Rückzugsbereiche dieser Röhren oft weit vom Eingang entfernt liegen und der Kraftaufwand, eine solche Höhle aufzugraben, erheblich ist, sollten Sie dies nur bei sicher bewohnten Höhlen tun. Anzeichen für bewohnte Röhren sind zum Beispiel frische Scharr- und Kratzspuren oder Losung am Eingang.

Wenn Sie einen Überblick über das Ufer haben und weitere Löcher finden, sollten Sie diese mit Steinen abdecken oder zudrücken, um Fluchtmöglichkeiten zu unterbinden. Wenn Sie an einem Eingang zu graben beginnen, denken Sie daran, dass sich die Ratte zu wehren weiß. Benutzen Sie Handschuhe oder einen →Grabstock. Versuchen Sie nie, eines der Tiere mit bloßen Händen zu halten. Es wird sich winden und Ihnen mit den Zähnen erhebliche Verletzungen zufügen.

Ratten fressen so ziemlich alles, was sie verdauen können. Deshalb nehmen sie neben Aas und fäkal verseuchter Nahrung auch Parasiten und Krankheitserreger auf. Darum sollten Sie den Rumpf des Tieres beim Töten nicht quetschen, da es durch innere Verletzungen und Austritt von Kot oder Urin in die Leibeshöhle zur Verkeimung des Fleisches kommen kann. Ratten wird man mit einer selbst gebauten Falle kaum fangen können. Die hohe Intelligenz zeichnet die Überlebensfähigkeit dieser Spezies genauso aus, wie ihre Zähigkeit und Resistenz gegen für uns schädliche Umstände.

Einfacher als Ratten sind Mäuse und ähnliche Tiere zu erlegen. Die nur etwa 30 Gramm leichten Tiere besitzen zwar nicht viel nutzbares Fleisch. Sie sind aufgrund ihrer Lebensweise jedoch einfach zu fangen. Viele von Ratten übertragene Krankheiten haben den Ursprung in ihrer omnivoren Nahrungsgewohnheit. Das heißt, sie sind Allesfresser. Mäuse und Insektenfresser hingegen ernähren sich hauptsächlich von Früchten, Nüssen, Körnern und Insekten. Die Gefahr, sich hier an einer gefährlichen Krankheit anzustecken, ist geringer als bei den großen Verwandten. Beachten Sie jedoch unbedingt die weiter unten folgenden Ausführungen zum Thema Fuchsbandwurm und *Hanta-Viren*.

Im Wald werden Sie ohne Mühe Mäuse fangen können. Die Such- und Fangmethode ist denkbar einfach. Wie viele Tiere suchen sich Mäuse den für sie sichersten Ort. Dieser liegt häufig unter Steinplatten, Holzteilen und zwischen Wurzeln versteckt. Die Röhren dieser kleinen Nager sind oft sogar so nahe unter der Oberfläche angelegt, dass die Gänge nach dem Entfernen der schützenden Abdeckung offen liegen. Manchmal liegt darunter der Kessel, eine Röhrenerweiterung zum Wohnen und zur Aufzucht der Jungen. Mäuse zu fangen, bedeutet Steine zu drehen. Wählen Sie einen Wald- oder Wiesenbereich mit herumliegendem Totholz und lockerem Boden. Streifen Sie umher und wenden Sie jede lose Bodenbedeckung. Drehen Sie auch Baumstämme, die zum Teil in der Erde liegen. Selbst recht große Stämme können ohne Schwierigkeiten durch eine Person weggerollt werden. Hierzu scharren Sie auf einer Seite den Boden weg und entfernen Stöcke und Steine, die das Rollen verhindern. Nun wird der Stamm angeschoben. Sie werden ihn nicht weit drehen können.

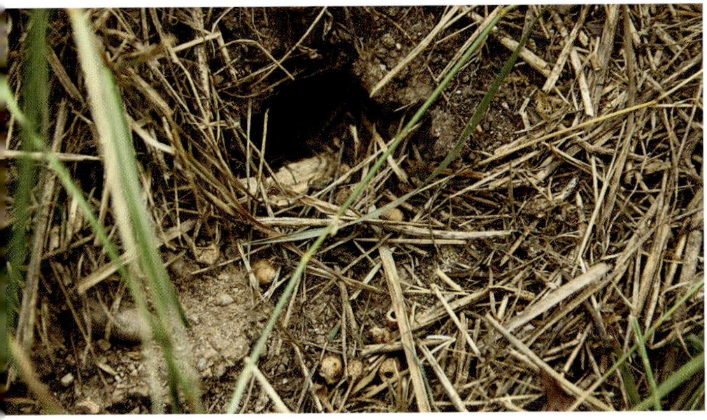

Löcher im Boden und davor herumliegende Speisereste (in diesem Fall aufgenagte Kirschkerne) weisen auf eine bewohnte Nagetierröhre hin. Hier kann Aufgraben der Wohnhöhle und Verwerten der »Nestlinge« Sinn machen.

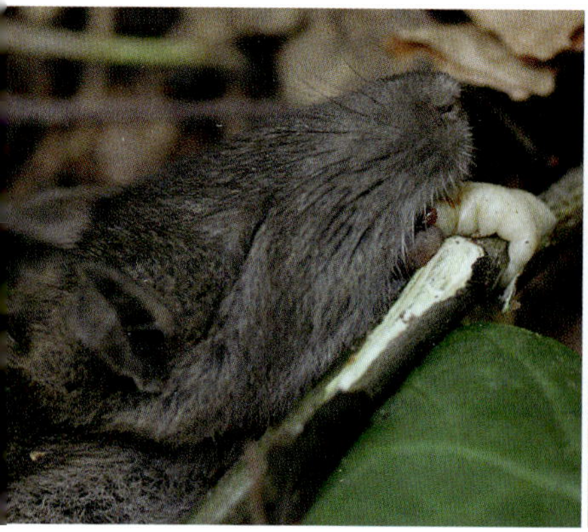
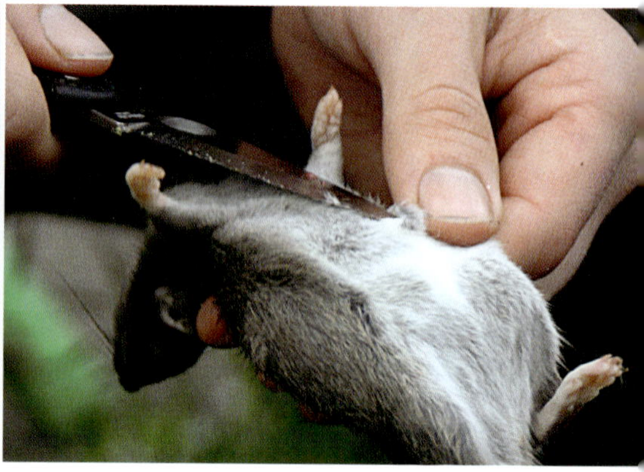

Links: **In Schlagfallen gefangene Kleinsäuger wie Nagetiere sollten sofort nach dem Auffinden ausgenommen und zubereitet werden, da der Schlagimpuls den großen →Nagetierblinddarm oft zerstört.** ***Rechts:*** **Ratten sind als Krankheitsüberträger immer gefährlich und lassen sich auch nicht allzu einfach mit Fallen überlisten. Beim Verwerten von Ratten sollten Sie sich unbedingt mit dem Erkennen schwerer Krankheiten auskennen.**

Sobald schwerer Widerstand zu spüren ist, lassen Sie den Stamm abrupt los, damit er wieder in die Ausgangsstellung und sogar etwas weiter darüber hinaus zurückrollt. Genau dann, wenn der Stamm den weitesten Ausschlag in Ihre Richtung macht und sich anschickt wieder zurückzurollen, schieben Sie zusätzlich zur Rollbewegung des Stammes an und wippen ihn so immer weiter aus der Kuhle heraus und lassen ihn dann wieder zurückfallen. Irgendwann sollte bei richtigem Anschieben ein Punkt erreicht sein, an dem sich der Stamm mit geringer Anstrengung vollständig wegrollen lässt. Achten Sie darauf, dass er jedoch noch im letzten Moment zurückschlagen kann. Sichern Sie den Stamm durch Steine oder Holzstücke gegen das Zurückrollen.

Passen Sie im Moment des vollständigen Freilegens einer Wohnhöhle auf fliehende Tiere auf. Möglicherweise haben Sie die Bewohner schon durch das Öffnen der Wohnung getötet und können sie einsammeln. Wenn sich Tiere jedoch versteckt gehalten haben, werden sie im Moment des Freilegens aus dem Wohnraum huschen und mit langen Sprüngen im Unterholz oder zwischen den nächsten Wurzeln verschwinden. Seien Sie deshalb mit einer Jagdkeule in der Hand bereit, um die Flucht zu verhindern.

Gefangene Mäuse beißen manchmal um sich, wobei sie jede Körperstelle erreichen oder sie resignieren und erstarren im Schreck.

HINWEIS:

Da sich Nagetiere häufig vermehren, ist es möglich, dass Sie neben einer erwachsenen Maus auch mehrere Jungtiere fangen. Je nach Art können Sie so bis zu 100 Gramm Nahrung pro Höhle finden.

Wenn Sie nicht direkt den Kessel finden, sondern einen Gang entdecken, können Sie diesen bis zur Wohnstube aufgraben. Erweitern Sie die Röhre, indem Sie mit einem →Grabstock hineinstoßen und nach oben aufhebeln. Der Gang kann sich direkt unter der Oberfläche in immer wiederkehrenden Schleifen sogar überschneiden. Wenn er fast senkrecht in die Tiefe führt, ist das ein sicheres Zeichen dafür, dass Sie in die richtige Richtung gegraben haben. Andernfalls werden Ihre Bemühungen an einem Ausgang enden. Sie werden schnell die nötige Erfahrung haben, wo Tiere gefunden werden können.

Weitere Stellen, wo Mäuse häufig gefangen werden können, sind morsche aber trockene Baumstämme. Manchmal sind diese im Kern hohl und dienen als Wohnraum. Solche Stämme sollten Sie immer in Augenschein nehmen. Benutzen Sie den →Hebelstock und schälen Sie den Stamm, indem Sie die einzelnen Schichten Holz abhebeln. Dazu wird die Hebelspitze in das Holz gerammt und nach unten weggedrückt. So lassen sich nebenbei auch Insekten und Larven sammeln. Wenn der Stamm tatsächlich hohl ist, wird er irgendwann regelrecht platzen und auseinanderklappen. Die Bewohner werden nicht fliehen, während der Stamm bearbeitet wird, sondern darin bleiben, bis er geöffnet ist. Erst dann werden Fluchtversuche unternommen. Auch hier sollten Sie bereit sein, flüchtende Tiere abzufangen.

Um ein so kleines Nagetier auszunehmen ist ein wenig Fingerspitzengefühl gefragt. Das Zubereiten ist im Absatz »Kaninchen« ausführlich beschrieben. Bei kleinen Nagetieren und Eichhörnchen funktioniert es analog.

Baumhörnchen

Eichhörnchen und ihre Artverwandten sind in vielen Ländern der Welt beheimatet. Die flinken Kletterer mit dem buschigen Schwanz sind als Nahrungstiere besonders gut geeignet, da sie neben dem optimalen Gewicht von etwa 400 Gramm auch relativ einfach zu ködern und zu fangen sind.

Eichhörnchen und andere Baumhörnchen leben fast ausschließlich auf Bäumen. Nur zum Sammeln von Nahrung auf dem Boden und zum Wechseln des Baumes verlassen sie die sicheren Wipfel. Während Baumhörnchen mit einer Schleuder oder einem (Luft-)Gewehr einfach zu erlegen sind, ist der Fang ohne Fernwaffen etwas komplizierter. Es bieten sich zwei mögliche Fangmethoden an: das Erschlagen mit einer langen Jagdkeule und das Fangen mit Baumschlingen. Sie sind trotz ihrer geringen Größe sehr zutraulich und verspielt. Viele ältere Menschen und auch Kinder füttern Eichhörnchen regelmäßig in Parks. Hin und wieder nehmen die kleinen Nagetiere sogar Nüsse direkt aus der Hand an. In manchen Ländern machen sich gelangweilte Jugendliche einen Spaß daraus »Eichhörnchenschleudern« zu bauen. Das sind überdimensionierte Steinschleudern, in deren Korb Eichhörnchen gelockt und verschossen werden. Wir wollen diese Tierquälerei sicherlich nicht gut finden, sie zeigt uns jedoch, wie einfach es ist, Baumhörnchen anzulocken.

Am liebsten fressen die Tiere Nüsse und Baumsamen. Vor allem mit Haselnüssen lassen sie sich locken. Sehr häufig lässt sich der Bestand schon von weitem an den am Stamm auf und ab kletternden Tieren erkennen. Sammeln Sie geeignete Nahrung aus der Umgebung, legen Sie diese in kleinen Häufchen aus und beobachten Sie diese. Mit etwas Glück wird der Köder entdeckt und angenommen. Sie sollten in der Nähe

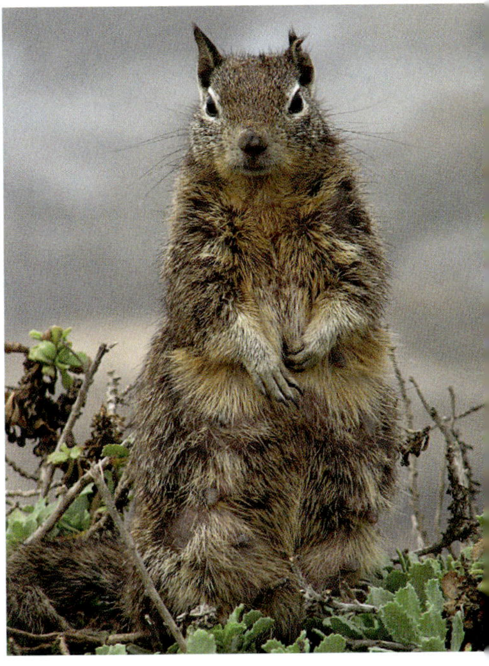

Eichhörnchen lassen sich oft einfach mit Ködern anlocken. Sie sind häufig regelrecht naiv und können deshalb schnell mit Jagdkeulen erschlagen werden.

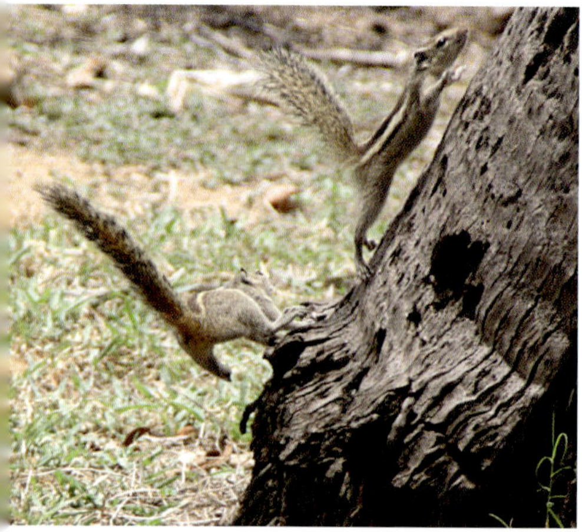

Baumhörnchen überspringen oft den ersten halben Meter beim Besteigen eines Stamms. Deshalb sollten Schlingfallen zu ihrem Fang hoch angelegt werden.

warten und sich ruhig verhalten. Sie können die Nüsse auch wie eine kleine Straße zu Ihrem Standort hin auslegen. Möglicherweise wird es einige Zeit dauern, bis sich ein Tier in Ihre Nähe traut. Ist es so weit, sollten Sie mit der langen Jagdkeule bereitstehen. Holen Sie langsam aus und bleiben still, bis das Tier nah genug heran gekommen ist, um es dann mit einem geschwungenen Schlag zu erschlagen.

Diese Methode hört sich nicht nur brutal an, sie ist es auch und kann das Baumhörnchen, statt es sofort zu töten, auch lediglich streifen und ihm so Verletzungen und Schmerzen zufügen.

HINWEIS:

Im akuten Nahrungsnotfall müssen Sie selbst entscheiden, ob und wie Sie ein Lebewesen töten.

Die zweite Methode ist das Auslegen von Baumschlingen. Diese Fallenform ist besonders erfolgreich, wenn Bäume so weit voneinander entfernt stehen, dass Eichhörnchen den Stamm nicht durch einen Sprung wechseln können. Sie kommen mit kleinen Sprüngen den Stamm heruntergeklettert, um etwa einen Meter über dem Boden abzuspringen. Dieses Verhalten zu kennen ist wichtig, um die Schlingen in der richtigen Höhe anzubringen.

Eine Baumschlinge ist nicht etwa eine einzige Schlinge, sondern vielmehr eine Anordnung vieler kleiner Schlingen um den Stamm. Verwenden Sie wenn möglich durchsichtige Nylonschnur, dünnes aber stabiles Garn oder Draht. Binden Sie in der Höhe von mindestens anderthalb Metern eine Schlinge um den Stamm und verknoten Sie diese fest. Nun stellen Sie aus kleinen Schnurstückchen mehrere Schlingen mit etwa zehn Zentimetern Durchmesser her. Hierzu wird an das Ende eine kleine Schlaufe geknotet, durch die das andere Ende der Schur gezogen wird. Der so entstandene Ring zieht sich bei leichtem Zug zu. Die vorbereiteten Schlingen werden nun an die Schnur am Stamm geknüpft und so gedreht, dass sie senkrecht vom Baum abstehen. Klettert ein Eichhörnchen den Stamm entlang und streift dabei eine der Schlingen, wird es mit großer Wahrscheinlichkeit hängen bleiben.

Ein regelmäßiges Überprüfen dieser Falle ist unverzichtbar, da die so gefangenen Tiere nicht getötet werden, sondern elend verenden würden.

Mit einem Baumhörnchen verfahren Sie beim Schlachten wie mit Kaninchen.

Kaninchen

Kaninchen sind im Vergleich zu ihren Verwandten, den Feldhasen, kleiner und wendiger. Der Feldhase schläft im Gegensatz zu den Kaninchen in gescharrten Kuhlen und nicht in Höhlen, was den Fang ohne Schusswaffe nahezu unmöglich macht und sich auf Zufallsfänge in Schlingen an Zwangswechseln beschränkt. Kaninchen hingegen leben in der Regel paarweise in einem Bau, der mehrere Ein- und Ausgänge und eine tief liegende Kammer besitzt. Durchschnittlich werden Kaninchen bis zu 40 Zentimeter lang und um die zwei Kilogramm schwer.

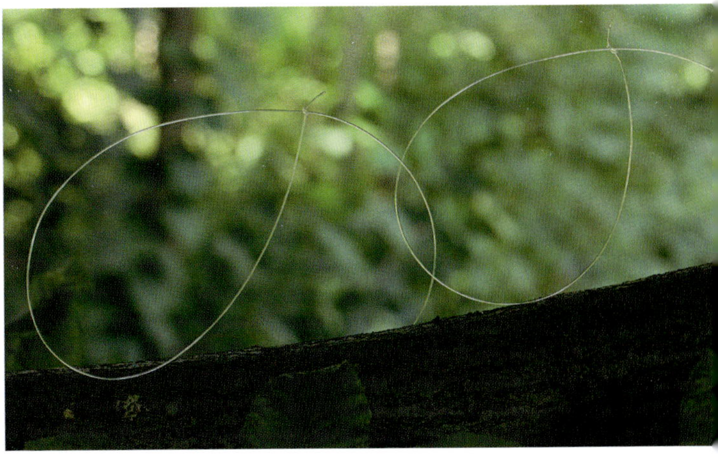

Kleine Schlingen, wie sie auch beim Vogelfang verwendet werden, wurden früher aus Pferdehaar hergestellt. Heute verwendet man natürlich feste Angelleine oder dünnen Draht (siehe auch »Fallen und Behelfe«, »Schlingfallen«). Eine ganze Reihe dieser Schlingen wird am Stamm und auf Ästen verteilt.

Die Masse des verwertbaren Fleisches ist also reichlich vorhanden. Kaninchen vermehren sich bis zu sieben Mal im Jahr, wobei jeder Wurf acht Jungtiere groß sein kann.

Einen bewohnten Kaninchenbau können Sie leicht durch davor liegende Losung, die typisch faserigen dunkelbraunen Kügelchen, erkennen. Kaninchen sind sehr anpassungsfähig und können fast jede Umgebung besiedeln. Allerdings bevorzugen sie sandigen oder lehmigen Boden, der sich zum graben von Höhlen eignet. Ohne natürliche Feinde vermehren sie sich so schnell, dass sich ihre Population durch fehlende Nahrung selbst einschränkt. Was eine ökologische Katastrophe ist, kann Menschen im Notfall das Überleben und dem Extremreisenden die Mahlzeit sichern.

Der Bestand der wilden Kaninchen wurde in der Nachkriegszeit enorm dezimiert. Nicht nur, weil sie in allen Zeiten der Not gejagt und gegessen wurden, sondern auch weil sich eine Viruserkrankung, die *Myxomatose*, zu einer regelrechten Kaninchenseuche ausweitete, der ein großer Teil der Tiere zum Opfer fiel. Die von Stechmücken und anderen saugenden Parasiten übertragene Krankheit ist für den Menschen absolut ungefährlich. Nach der Infektion eines Kaninchens entzünden sich die Augen und Atemwege des Tieres und schwellen an. Halbblind hoppeln diese Tiere völlig orientierungslos umher, unfähig Nahrung aufzunehmen. *Myxomatose* ist nicht heilbar. Infizierte Kaninchen werden mit Sicherheit sterben. Solche kranken und wehrlosen Tiere sind natürlich eine leichte Beute für Raubtiere und für uns. Mit dem Wissen, dass sich die Krankheit nicht auf den Menschen überträgt, können Sie so entdeckte Kaninchen leicht fangen und von ihren Qualen erlösen. Sie können wie gesunde Tiere zubereitet werden.

HINWEIS:

Gesunde Kaninchen mit der Hand zu fangen, ist nicht möglich. Als Meister im Hakenschlagen entkommen sie selbst schnellen Raubtieren. Die Möglichkeit, die realistisch zum Erfolg führen kann, ist das Legen von Schlingen am Kaninchenbau oder das Erlegen mit einer Schleuder.

Da die Ein- und Ausgänge durch das häufige Benutzen erweitert sind, bedarf es keines scharfen Blickes, um eine Wohnstätte zu entdecken. Die Röhren sind in der Regel in verschiedene Richtungen gewandt und innerhalb eines Umkreises von etwa fünf Me-

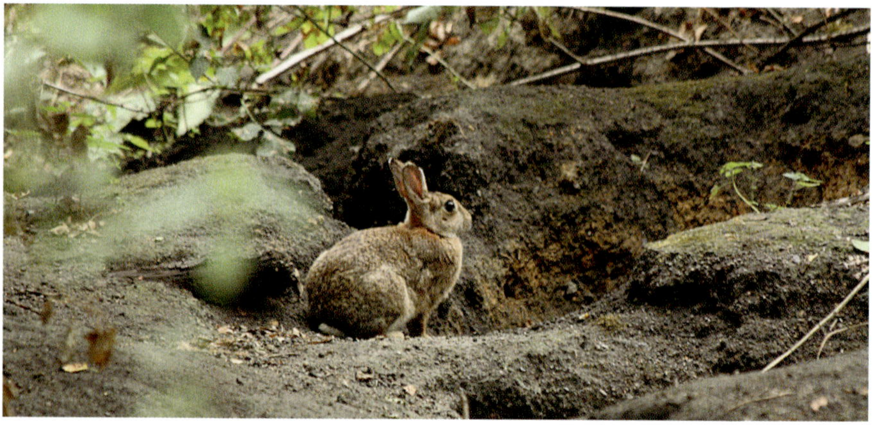

Kaninchen sind ausgesprochene Röhrenbewohner, die sich schnell vermehren. Oft pflügen sie regelrecht ganze Felder auf. Bis zur Abenddämmerung bleiben sie meist in oder nah am Bau und flüchten bei Störung. Schlingen am Röhreneingang oder in Baunähe unter Gestrüpp sind absolute Fanggaranten.

tern angelegt. Wenn ein Kaninchen den Bau verlassen will, muss es zwangsläufig eine der Röhren passieren.

HINWEIS:

Das Wissen über den Fang und das Verarbeiten von Kaninchen können Sie auf zahlreiche Röhrenbewohner wie Nutria, Murmel, Biber oder Bisam übertragen.

Kaninchen bleiben zumeist tagsüber in ihrem Bau, um ihn bei Anbruch der Dämmerung zur Äsung zu verlassen. Tagsüber können wir uns am Bau bewegen, ohne dass die Kaninchen misstrauisch werden. Jeder Eingang muss mit einer Schlinge versehen werden. Hier haben wir zwei Möglichkeiten. Entweder benutzen wir eine Federschlinge, also eine solche, die bei Auslösung nach oben schnellt, oder eine einfache →Schlingfalle, die locker geknotet ist und bei leichter Berührung zusammenfällt. Den Bau von Schlingfallen finden Sie im Kapitel »Fallen und Behelfe« beschrieben.

Die fertigen Schlingen werden so in der Röhre befestigt, dass ein Kaninchen beim Hindurchgehen daran hängen bleibt. Die Schnur und die Knoten müssen darauf ausgelegt sein, dass das Tier im Todeskampf letzte große Kraftreserven mobilisieren kann. Um unnötige Qualen zu vermeiden, sollten Sie die Fallen regelmäßig kontrollieren.

Abschließend noch ein Hinweis zum Unterschied von Kaninchen zu Feldhasen. Während es einige für den Menschen ungefährliche Kaninchenseuchen wie die beschriebene Myxomatose oder die sogenannte China-Seuche (RHD) gibt, können Feldhasen auch in Deutschland eine sehr gefährliche bakterielle Krankheit übertragen, die Tularämie. Sie kann zwar auch bei anderen Tieren vorkommen, ist aber beim Hasen besonders häufig. Beachten Sie hierzu die Hinweise zur Erkennung von Krankheiten im Kapitel „Aufbrechen“.

Dachse

Wer Kaninchen mit Schlingfallen jagt, sollte sich mit Dachsen und ihren Gewohnheiten auskennen. Ebenso wie Kaninchen wohnen diese Räumpanzer des Waldes nämlich auch in unterirdischen Röhren. Allerdings gestaltet sich ihr Fang etwas schwieriger –

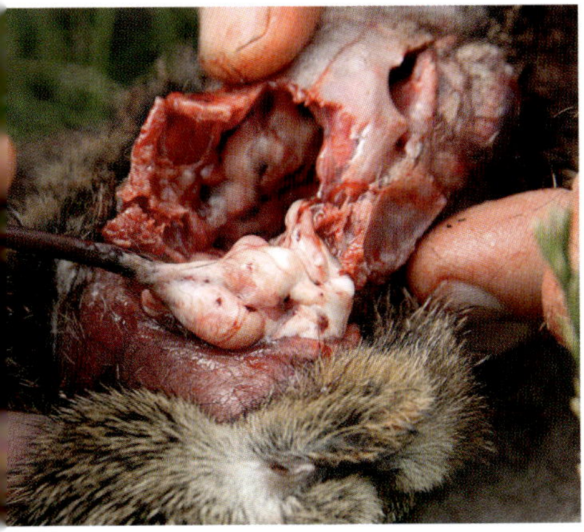

Von wegen Verhungern durch mageres Kaninchenfleisch: Im Schädel jedes Säugetiers ist im Hirn eine Menge Fett, das leicht zu erreichen ist.

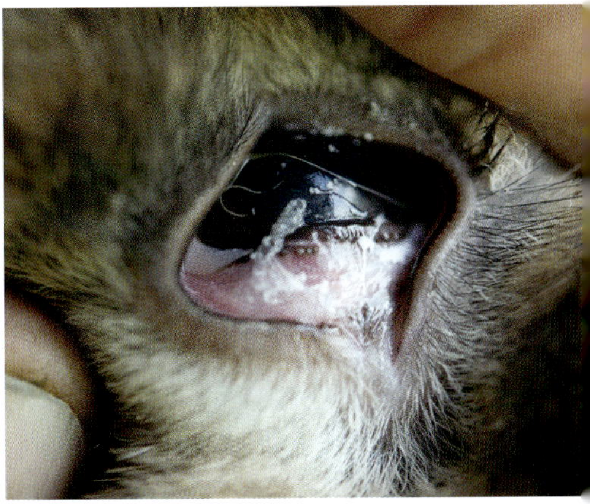

Eiter im Auge bei kranken Tieren ist ein Zeichen für *Myxomatose*. Für uns ist die Krankheit nicht gefährlich, das Tier ist also dennoch essbar. *Foto: Frank Bauer*

insbesondere, wenn sie unerwartet in der Falle sind. Während Kaninchen mit maximal rund zwei Kilogramm schon groß sind, erreichen Dachse im Herbst spielend 15 bis 20 Kilogramm mit entsprechendem Muskelbau. Sie sollten sich bei unklarer Sachlage entscheiden, ob Sie das Risiko eingehen, einen Dachs zu fangen, oder ob Sie versuchen, auf andere Nahrungsquellen zurückzugreifen. Das liegt vor allem daran, dass Dachse die Nase ziemlich am Boden halten und deshalb auch in Kaninchenfallen hängen bleiben können. Dachsbauten können weit verzweigt und auch in der Nähe von Kaninchenröhren angelegt sein.

HINWEIS:

Dachse gehören zu den klassischen Fehlfängen beim Fangversuch von Röhrenbewohnern wie Kaninchen und Nutria.

Um einen Dachs zu fangen, benötigen Sie bei einer Schlagfalle rund 40–50 kg Schlaggewicht (diese werden den Dachs aber nicht töten, sondern bestenfalls festklemmen) und bei Schlingfallen Leine oder Draht mit einer Bruchfestigkeit von mindestens 100 Kilogramm. Alles, was darunter liegt, wird nicht für den Fang von Dachsen geeignet sein. Außerdem hat der bei der Jagd »kopfspringende« Dachs eine enorme Nackenmuskulatur und einen gedrungenen und massiven Körperbau. Die Wahrscheinlichkeit ist groß, dass das Tier noch sehr wehrhaft ist, wenn Sie sich ihm nähern.

Das Betäuben des Tieres ist alles andere als einfach. Auf dem Dachsschädel steht ein Knochenkamm, an dem eine zentimeterdicke Kaumuskulatur ansetzt. Damit und mit seinem starken Gebiss kann das Tier dem Jagenden allerschwerste Verletzungen zufügen. Vor allem aber federt diese Muskulatur den Schlag für die Betäubung ab – Sie werden das Tier nur mit exzessiver Gewalt betäuben können. Und selbst dann sollten Sie dem Tier nicht zu nahe treten. Wacht es auf, bekommen Sie es nicht fixiert – es wird Sie in diesem Fall tief beißen. Ist der Dachs sicher fixiert und durch Betäubung zumindest bewegungsunfähig, versuchen Sie, aus einiger Entfernung mit einer an der Spitze eines Stabes fixierten Klinge durch die Schwarte zwischen die Rippenbögen zu stechen. Dringt die Klinge ein, verschließt das Fett sofort die

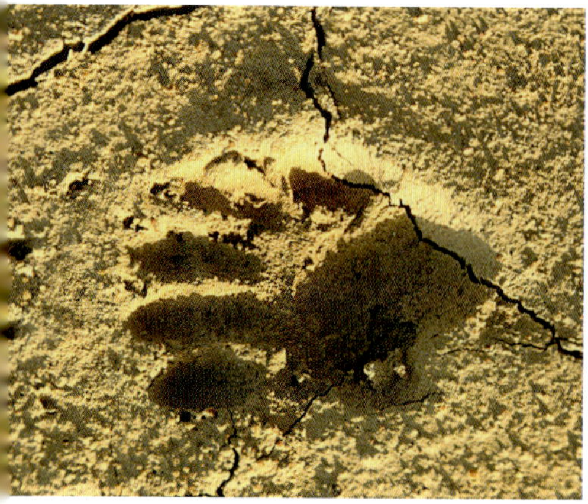
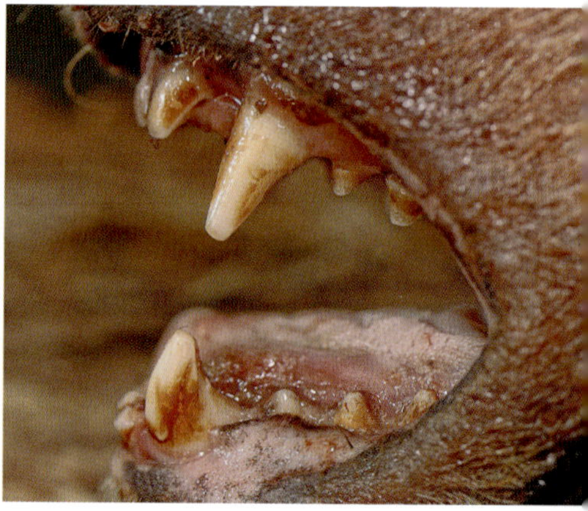

Links: Wenn Sie keinen Dachs in der Schlinge haben möchten, verzichten Sie auf das Aufstellen einer solchen, wenn Sie Dachsspuren in der Umgebung finden. Auffällig sind bei seinen Abdrücken die links im Bild sichtbaren Nagelabdrücke. Außerdem haben Dachsbauten eine deutliche Rinne am Boden des Eingangs. *Rechts:* Gegen Bisse von Dachsen sind Hundebisse fast schon eine Lappalie. Kieferapparat und die Kaumuskulatur des Dachses sind brachial.

Wunde, weshalb die Klinge gedreht werden muss (ggf. mehrfach nachstechen). Ist die Klinge lang genug, treffen Sie ein großes Gefäß in Herznähe. Ansonsten fällt nur die Lunge durch die einströmende Luft zusammen. In diesem Fall (es ist kaum Blut an der Klinge) stechen Sie von der anderen Seite nochmals in den Brustraum. Mit beiden zusammengefallenen Lungen erstickt das Tier bald.

Insgesamt ist es keine schöne Sache, Dachse ohne großkalibrige Schusswaffe zu töten, aber im Notfall möglicherweise gerechtfertigt, insbesondere weil fast ein Drittel der verwertbaren Nahrung aus reinem Fett besteht, das sich ungekühlt lagern lässt. Mit der Energie aus einem großen Dachs kommen Sie ohne Schwierigkeiten über einen gesamten Monat.

Töten und Zubereiten

Wir behandeln hier das Schlachten und Verarbeiten eines Kaninchens, da dies aufgrund der Verbreitung und Fangmöglichkeit zu den häufigsten Notnahrungstieren gehört. Sie können dieses Wissen auf jedes ähnlich große Tier übertragen.

Ist ein Tier durch eine der Schlingen gefangen, wird es mit der flachen Hand oder einem Ast gegen den Boden gepresst und durch einen kräftigen, stumpfen Schlag mit einer Jagdkeule auf den Kopf betäubt. Unmittelbar danach werden die Halsschlagadern mit einen Schnitt durch die Kehle geöffnet.

Dabei wird der Schnitt genauso geführt, wie auf Seite 140/141 beschrieben. Während des Ausblutens wird das Tier mit gestrecktem Bein am Boden fixiert. Im Gegensatz zu Geflügel muss das Tier dabei unbedingt eng am Nacken gefasst werden. Kommt das Tier wieder zu sich oder krampft es im Todeskampf, kann es sonst schwere Bissverletzungen verursachen. Beim Ausbluten wird der Kopf überstreckt, damit die Gefäße frei liegen. Auch das nahrhafte →Blut von Säugetieren wird aufgefangen und später als Nahrungsmittel weiterverarbeitet. Ist das Tier tot (auch bei Säugetieren macht sich das durch einen Streckkrampf oder Muskelflattern bemerkbar), müssen Sie sich entscheiden, wann es weiterverarbeitet werden soll. Schneller noch als bei Vögeln erfolgt die Autolyse, also das innere Verdauen von Magen und Darm. Außerdem sind Krankheiten des Tieres nur an frischen Organen auch für den Laien sicher erkennbar. Und diese Untersuchung ist bei jedem geschlachteten Wildsäugetier zwingend notwendig, da diese diverse lebensgefährliche Keime übertragen können. Das Tier sollte also alsbald ausgenommen werden; wenn Sie die Zubereitung jedoch erst einige Stunden später planen, ändern Sie die Reihenfolge der beiden folgenden Tätigkeiten:

Wird das Tier innerhalb von wenigen Stunden gegart, wird es zuerst abgezogen und dann ausgenommen. Ohne Fell ist die Schnittführung einfacher, außerdem verunreinigen keine Haare die Bauchhöhle.

Soll die Zubereitung erst einige Stunden bis maximal einen Tag später (beachten Sie hierzu bitte das Kapitel »Tot aufgefundene Tiere«) erfolgen, wird das Tier bei vollem Pelz ausgenommen und erst unmittelbar vor dem Erhitzen gehäutet. Die Haut verhindert als natürlicher Schutz das Eindringen von Fäulnisbakterien – der Verwesungsprozess wird verzögert.

Testschnitt

Bevor wir uns an die Arbeit des Häutens und Ausnehmens machen, müssen wir bei Risikotieren wie Hase oder Murmel unbedingt einen Testschnitt machen, um zu überprüfen, ob das Tier eine schwere, möglicherweise gefährliche Infektion hat, die den Verzehr ausschließt. Dabei ist sehr große Vorsicht zu wahren. Einige Krankheiten können sogar durch die gesunde Haut eindringen und zu einer Infektion führen.

Für den Testschnitt wird das Tier unmittelbar nach dem Erlegen und vor jedem weiteren Hantieren auf den Rücken gelegt. Mit der Messerklinge wird das Gewebe unterhalb des letzten Rippenbogens quer aufgetrennt. Mit Handschuhen (!) oder einem Holzstückchen wird der Magen aus dem Körper gedreht und die Milz betrachtet (Angaben siehe bei „Begutachtung der Organe und Erkennung von Krankheiten").

Ist die Milz nicht gesund, wird das Tier umgehend verworfen und alle Arbeitsgeräte mit heißem Wasser sorgfältig gereinigt.

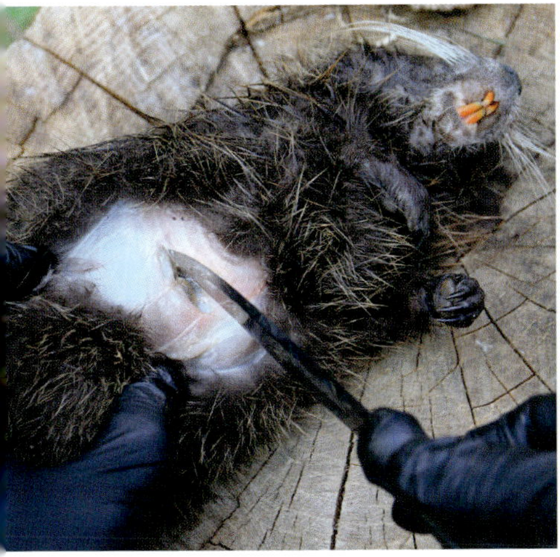

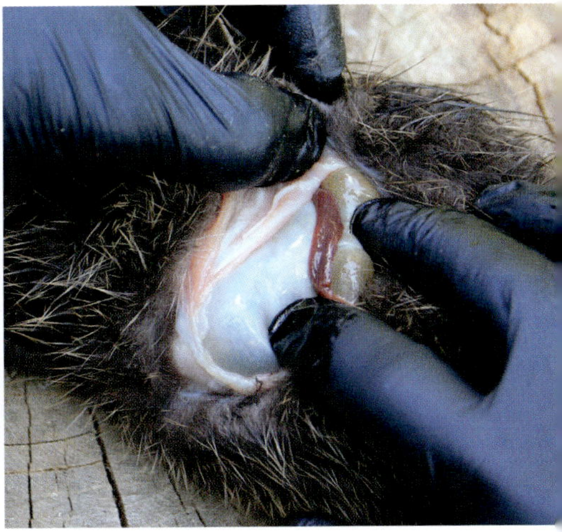

Für den Testschnitt wird der Bauch direkt unter dem Brustkorb geöffnet. Dies legt den Magen frei. Dreht man ihn etwas, sieht man sofort die wurmartige Milz und kann sie vor jeder weiteren Manipulation am Tier untersuchen. Für diesen Vorgang sollte man möglichst Handschuhe tragen.

Häuten

Nachdem fürs Erste durch den Testschnitt die Nutzbarkeit des Tieres sichergestellt ist, kann das Häuten erfolgen. Die einfachste und schnellste Methode, ein Tier zu häuten, dauert bei einem Tier von Katzengröße wenig länger als eine Minute. Zuerst werden die Füße an den Sprunggelenken abgeschnitten. Wenn Sie auf die geringen Mengen Fleisch darin angewiesen sind, lassen sich diese später auskochen oder »schälen«. Sofern Sie vor dem Ausnehmen abziehen, wird nun um After und Geschlechtsorgane die Haut in einem Ring eingeschnitten, damit Sie den Darm nicht beim Abziehen abreißen. Das Tier wird bäuchlings abgelegt und die Haut am Rücken angehoben und mit einem Querschnitt versehen, ohne in die Muskulatur zu schneiden. Greifen Sie nun mit beiden Händen in den Schnitt

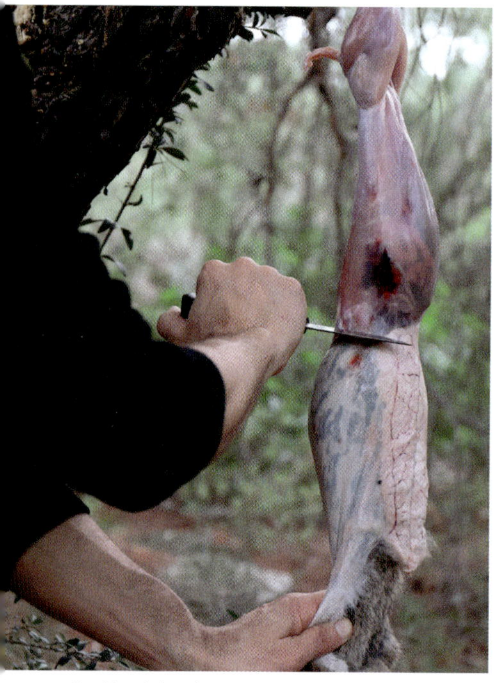

Das Verarbeiten im Hängen ist bei mittelgroßen Tieren einfacher als am Boden.

und reißen ihn auseinander. Die Haut kann man nun mit etwas Kraft in Schwanz- und Kopfrichtung zerren – dabei trennt sie sich in zwei Teile. Während der untere Hautlappen vollständig abgezogen werden kann, müssen Sie am oberen im Nacken, an Wimpern, Lidern, Augen, Tasthaaren und Lippen nachschneiden. Achten Sie dabei unbedingt auf die Schneidezähne, die bei Nagetieren selbstschärfend und oft rasiermesserscharf sind.

Das Häuten oder Abziehen kann natürlich auch so vollzogen werden, dass Sie am Ende des Vorgangs eine saubere geschnittene und zusammenhängende Rohhaut zum Weiterverarbeiten haben. Für größere Tiere kann es dabei sehr hilfreich sein, sie mit dem Kopf nach unten aufzuhängen, Es werden zuerst Ringschnitte um alle Fesseln durchgeführt. Auf der Bauchseite werden die Schnitte jeweils den Armen und Beinen folgend auf Brustkorb und Hüfte vereinigt. Die beiden Schnittlinien werden (sofern hier nicht ohnehin schon ein Schnitt vom Ausnehmen liegt) mit einem längs über Brustkorb und Bauch gehenden Schnitt zu zwei Y-förmigen Schnitten miteinander verbunden. Zudem wird ein Ringschnitt um Darmausgang und Geschechtsorgane geführt, damit diese nicht beim Häuten aus dem Tier gerissen werden. Bei allen Schnitten wird nur mit der Messerspitze gearbeitet, die unter der Haut liegenden Gewebe werden nicht beschädigt. Nun präpariert die Haut vom Tierkörper, teilweise unter Nachschneiden der Bindegewebe.

Ausnehmen

Das Ausnehmen erfolgt bei praktisch allen Säugetieren gleich – vor oder nach dem Häuten. Oberstes Ziel ist es, alle Organe an einem Stück ohne Zerstörung aus dem Körper zu bekommen, ohne dass Darm- oder Mageninhalt mit dem Fleisch in Berührung kommt. Begonnen wird mit einem Schnitt auf dem Brustbein in Hüftrichtung, der die Bauchhöhle öffnet. Dabei wird die Haut leicht angehoben, damit die Messerspitze nicht den Darm trifft. An der Hüfte angekommen, zerteilen Sie das Gewebe über dem Knochen auf der Schambeinfuge (das tierische Pendant zum »Venushügel«). Jene wird mit einem vorsichtigen Schnitt aufgebrochen. Bei größeren oder älteren Tieren kann dabei die Klinge aufgesetzt und mit dosierten Schlägen auf den Klingenrücken durch den Knochen getrieben werden.

Durch Spreizen der angezogenen Oberschenkel kann der Hüftknochen jetzt auseinander geklappt werden. Dünne Häutchen über dem Darm werden zerschnitten.

Nun greifen Sie das vorher (siehe oben) freigelegte Pelzstückchen um den Darmausgang und ziehen dieses nach oben weg. Teilweise müssen für diesen Vorgang dünne Bindegewebehäutchen entfernt werden. Achten Sie darauf, dass Darm und Blase dabei nicht beschädigt werden.

Darm und alle daran hängenden Organe bis zum Magen werden aus dem Tier gehoben. Teilweise müssen für diesen Vorgang dünne Bindegewebehäutchen entfernt werden. Achten Sie darauf, dass Darm und Blase dabei nicht beschädigt werden.

Der Magen ist immer noch am Schlund fixiert. Greifen Sie mit zwei Fingern um den Magen und ziehen ihn nach unten. Dabei wird der Schlund mit den beiden Fingern abgeklemmt, damit keine Nahrung aus dem Schlund gepresst wird. Lässt sich der Schlund nicht abreißen, wird mit dem Messer nachgeholfen. Im Bauchraum sind nun noch die beiden bohnenförmigen Nieren, die Sie zur Begutachtung entfernen. Der Brustraum ist zwischen den Rippenbögen zum Bauchraum hin durch das Zwerchfell abgetrennt. Dieses wird durchschnitten, Lunge und Herz entnommen.

Das Tier ist nun abgezogen und sauber aufgebrochen. Wenn Sie alles richtig gemacht haben, treten weder Blut noch Magen- und Darminhalt aus. Das Tier muss in diesem Fall nicht einmal ausgewaschen werden.

Nun zupfen Sie alle im Hüftraum verbliebene Drüsen (alle weißen und rosafarbige Knoten) aus. Bei vielen Säugetieren (bei Kaninchen beispielsweise die »Geschlechtsecken«) liegt seitlich in der Muskulatur um

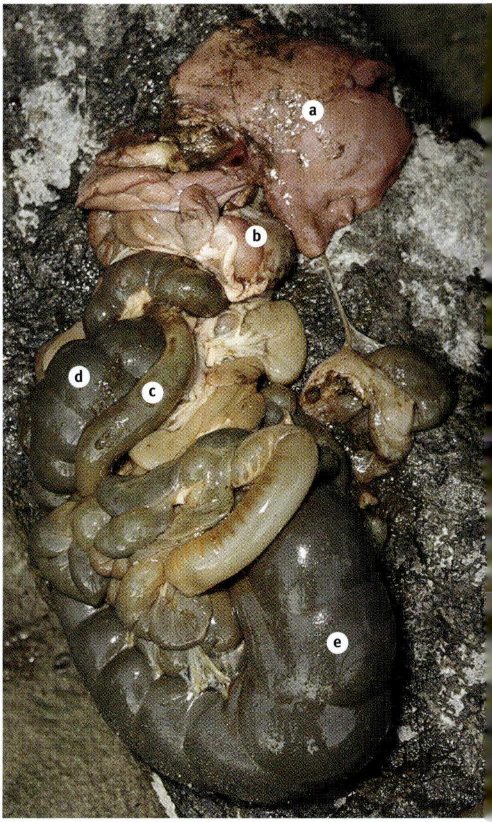

Situs der Organe im Bauchraum (ohne Lunge und Herz): Leber (a), Magen mit Milz (b), Dünndarm (c), Dickdarm (d), Blinddarm (e). Nebenbefund: Durch enzymatischen Abbau nach dem Tod ist Mageninhalt ausgetreten; Darmschlingen sind durch Gärung aufgebläht.

den Darmausgang ein Paar aus muskulären Stinkdrüsen. Diese werden großzügig und vorsichtig ausgeschnitten, ohne sie zu verletzen. Als ich meinen ersten erlegten Dachs aufbrach, quetschte ich solche Drüsen nach dem Herauslösen zu stark – eine klare und infernalisch nach Raubtierkäfig stinkende Flüssigkeit ergoss sich auf mein Gesicht, Hände und Kleidung – eine Duftnote, die auch nach mehrmaligem Waschen der Kleidung und mehreren Duschgängen noch gut zu identifizieren war.

Häuten von Säugetieren

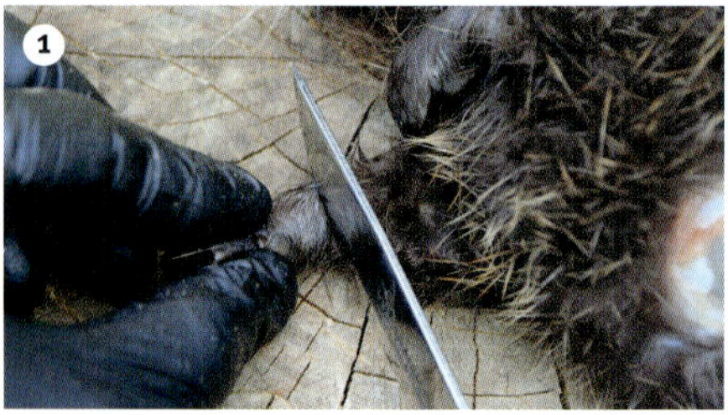

Alle Pfoten entfernen und einen Ringschnitt um After und Geschlechtsorgane legen.

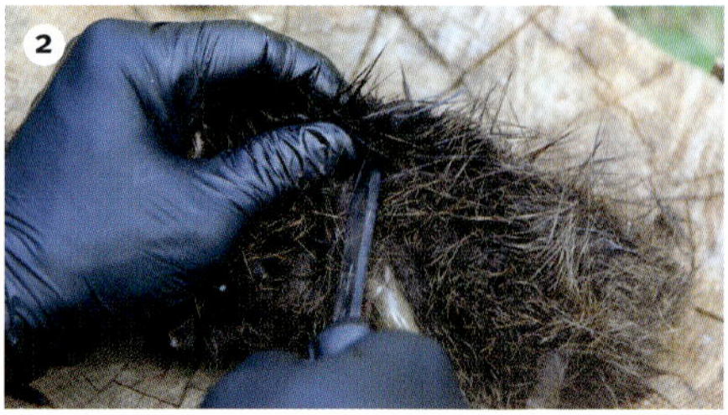

Unterhalb der Schulterblätter die Haut anheben und quer durchtrennen.

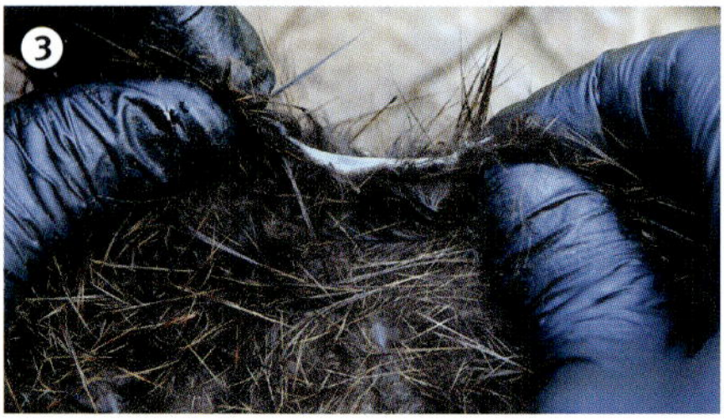

Die Schnittstelle aufdehnen und mit den Fingern hineingreifen.

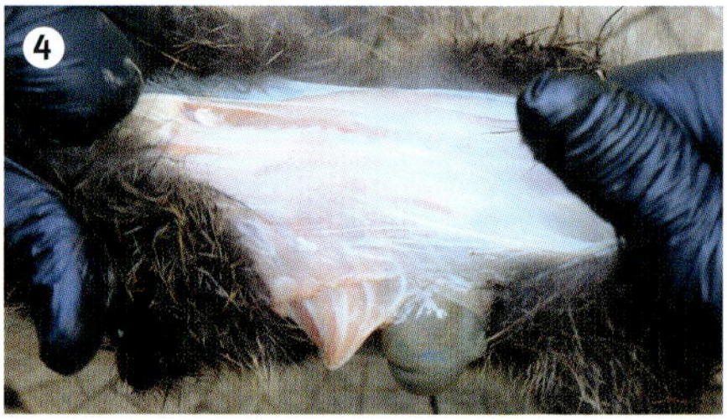

Das Fell in Fuß- und Kopfrichtung reißen. Der Balg löst sich in zwei Teilen.

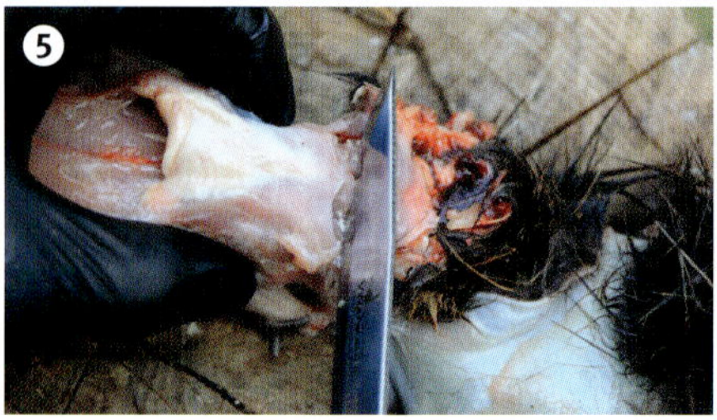

Am Kopf an der Haut nachschneiden oder den Kopf komplett entfernen.

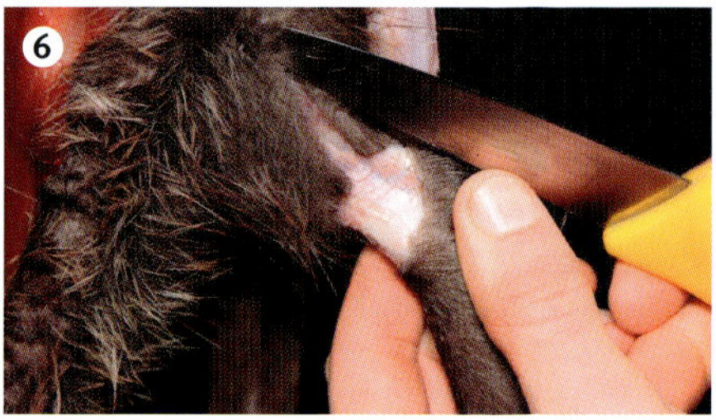

Will man den Balg behalten, Ringschnitt um die Pfoten und Diagnonalschnitt zu Brust bzw. Hüfte.

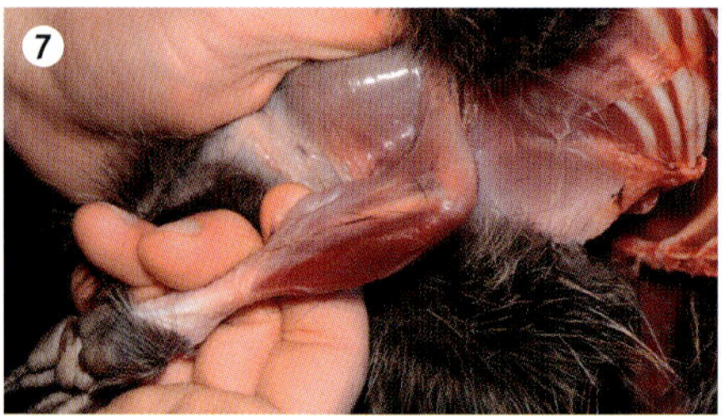

Die Haut zuerst von den Extremitäten lösen und Richtung Rücken abschälen.

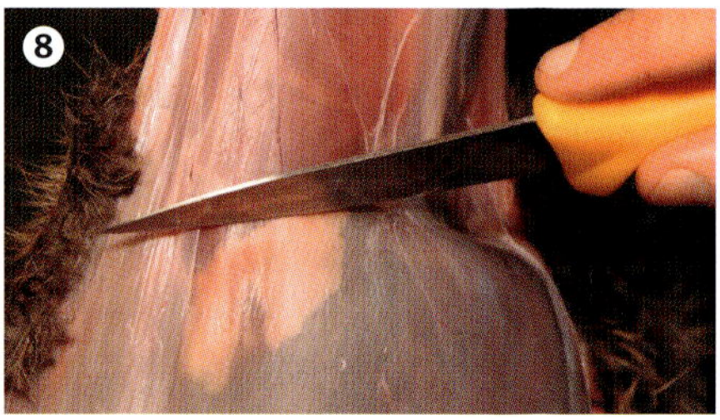

An Schulterblättern, Küfte, Nacken und am Kopf muss das Bindegewebe zerschnitten werden.

Aufbrechen von Säugetieren

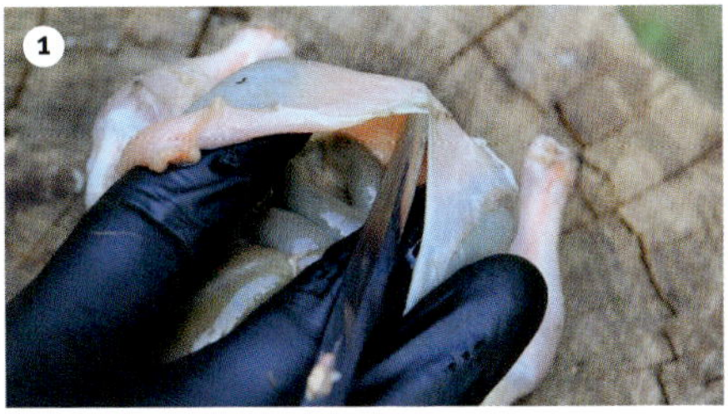

Das Gewebe zwischen Hüftknochen und Brustbein vorsichtig auftrennen. Den Darm nicht verletzen!

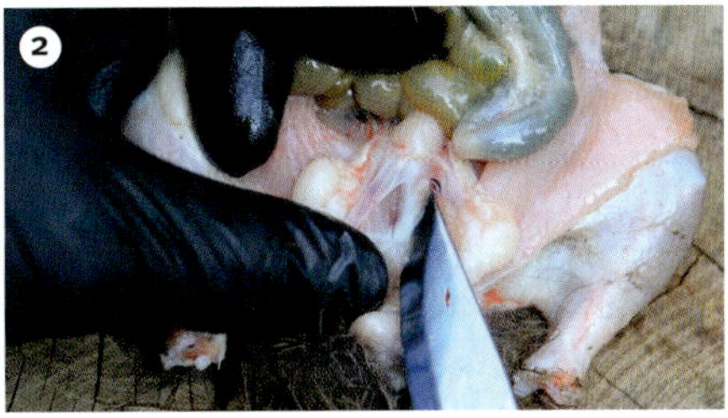

Die Schambeinfuge freilegen. Sie ist als knorpelige Linie zu sehen. Hier den Hüftknochen durchtrennen.

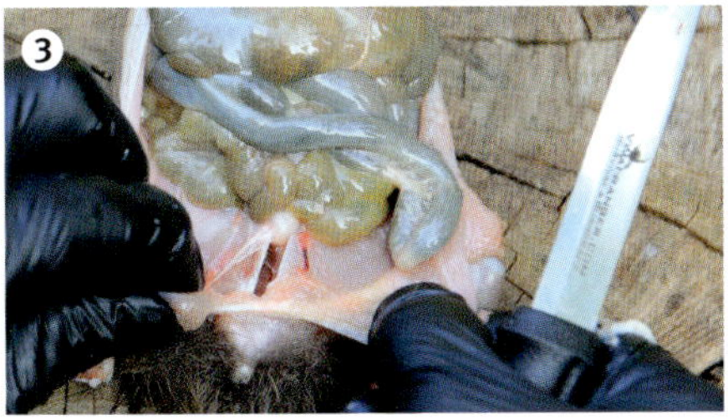

Den Schnitt in der Hüfte aufbrechen. After und Geschlechtsorgane frei präparieren.

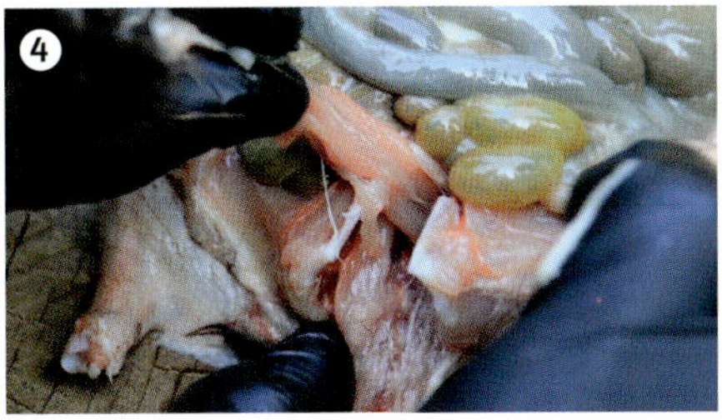

Den Enddarm nach oben aus der Hüfte ziehen. Ggf. muss dabei vorsichtig nachgeschnitten werden.

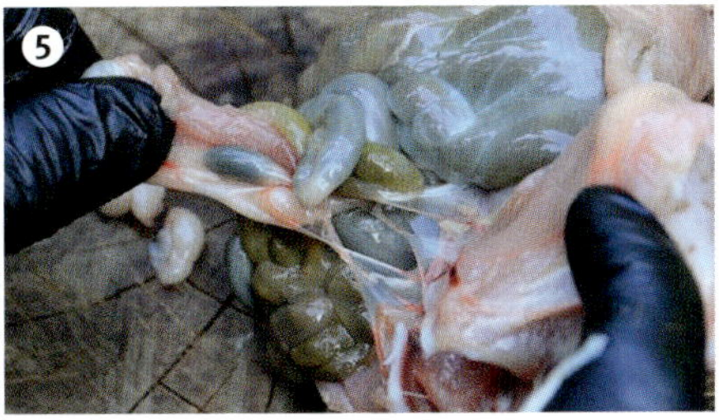

Den Darm und alle daran hängenden Organe aus dem Bauchraum ziehen. Bindegewebe vorsichtig durchzupfen.

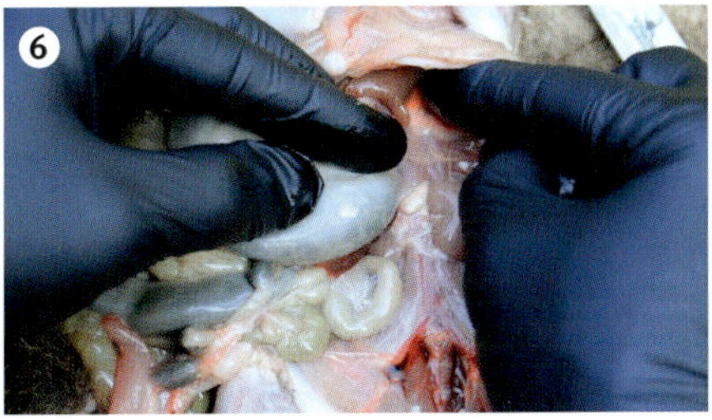

Den Magen mit zwei Fingern greifen und nach unten aus dem Tier ziehen. Dabei den Schlund abklemmen.

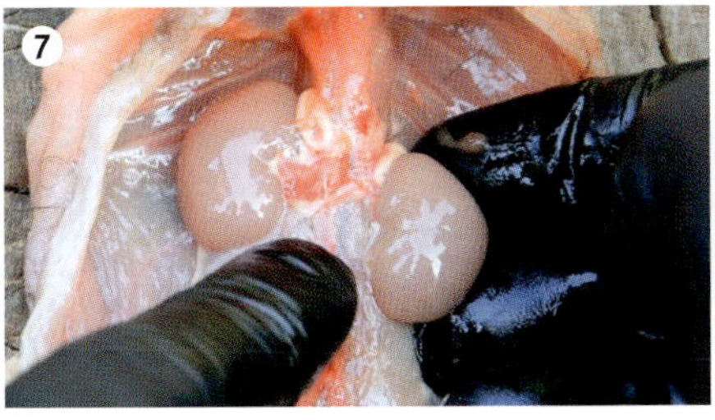

Im Bauchraum sind nur noch die Nieren vorhanden. Diese zur Untersuchung entfernen und aufschneiden.

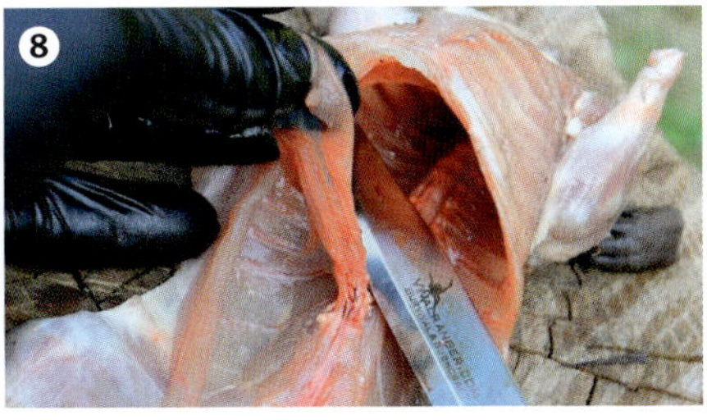

Zuletzt das Zwerchfell herausschneiden und Herz und Lunge entfernen.

Begutachtung der Organe und Erkennen von Krankheiten

Zoonosen, also Krankheiten, die vom Tier auf den Menschen übertragen werden können, stellen eine große Gefahr dar. Diese zu erkennen ist eine schwierige und sehr wichtige Aufgabe. Grundsätzlich muss man unterscheiden zwischen wildtiertypischen Krankheiten, die ungefährlich sind, und solchen, die eine Infektion verursachen können. Wenn Sie beim Aufbrechen des Tieres eine Menge von Band- und Spulwürmern durch die Haut von Dickdarm oder Blinddarm sehen, ist das ein normales Bild. Ebenso Würmer, die unter der Haut, in Körperöffnungen von Mund und Nase oder in der Lunge leben, Zecken oder Milben. Auch mit Flüssigkeit gefüllte Blasen auf der dünnen Haut zwischen den Darmschlingen oder der Niere (dies sind Bandwurmfinnen) finden sich bei wildlebenden Tieren sehr häufig.

Ebenfalls sieht man oft die gelblich knorpeligen Tumore der Fuchsbandwurmfinnen des kleinen Fuchsbandwurms bei kleineren Säugetieren. Sie stellen in diesem Zustand keine Gefahr dar – essen würde ich so eine Leber allerdings nicht.

Ein Parasitenbefall kann sich allerdings ebenso wie Brüche und andere Verletzungen zu einer generalisierten Infektionen (Sepsis) entwickeln, die das Tier als Nahrungsmittel unbrauchbar macht. Daneben gibt es eine große Menge von Bakterien und Viren, die sich Wildtiere durch Kontakt mit Artgenossen oder bei der Nahrungsaufnahme zugezogen haben. Hierzu gehören die Erreger von *Pseudotuberkolose*, *Pasteurellose*, *Tularämie*, *Brucellose*, *Hantainfektion* und *Borreliose*.

HINWEIS:

Kranke Organe zu erkennen ist eine der wichtigsten Survival-Fähigkeiten und muss geübt werden.

Einen ersten Hinweis auf solche Krankheiten kann die Beobachtung des lebenden Wildtieres geben. Jedes untypische Verhalten gilt als verdächtig. Allerdings ist es auch für den Jäger nicht sicher möglich, in fremden Ländern und bei unbekannten Tieren artuntypisches Verhalten zu diagnostizieren. Vor allem bei toten Fallenfängen kann das Verhalten nicht nachvollzogen werden.

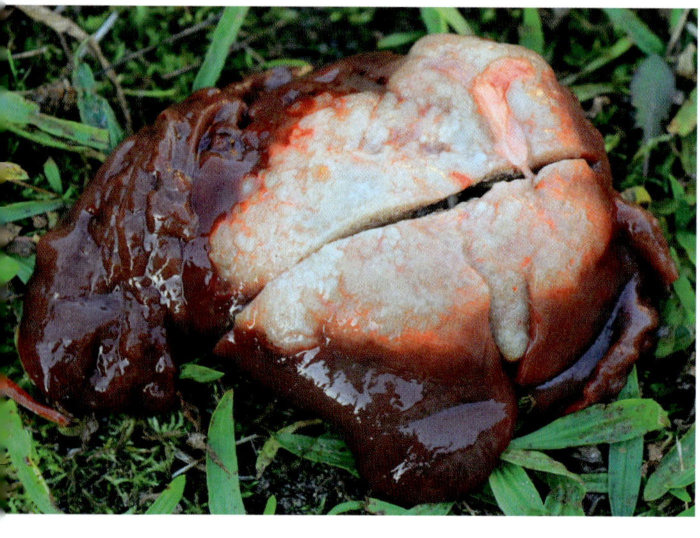

Unappetitlich, aber in diesem Zustand nicht gefährlich. Die knorpeligen Tumore des kleinen Fuchsbandwurms findet man auf der Leber vieler wild lebender Nagetiere.

Organvergleich *jeweils gewöhnlicher Zustand (links) – erkrankt (rechts)*

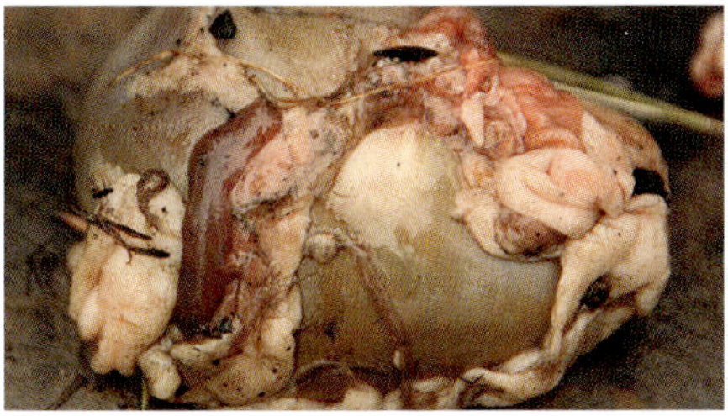

Einheitlich gefärbte Milz (am Magen) mit glatter Oberfläche. Durch Schlachtung lediglich leicht verunreinigt.

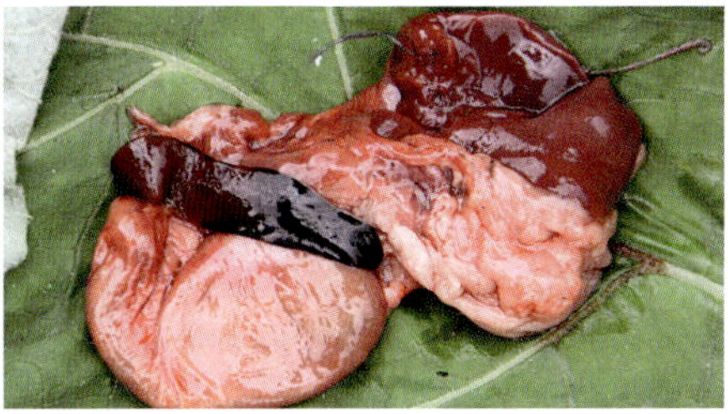

Vergrößerte und geschwollene Milz mit deutlich schwarz gefärbten Bereichen.

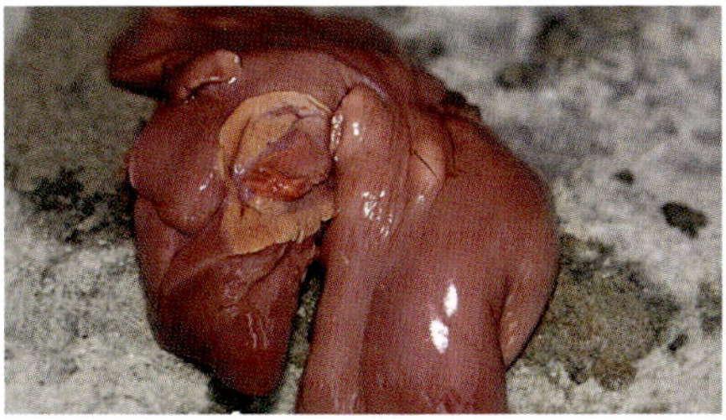

Leber aus Fallenfang, deshalb leicht blass. Sattrote Farbe ohne Abszesse und Schwellung.

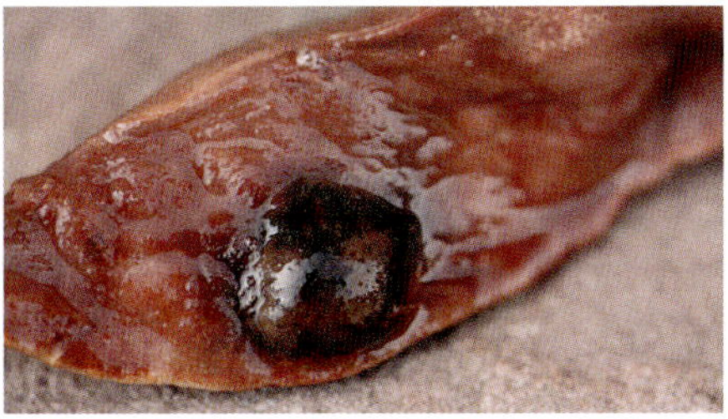

Schwerer Abszess in einem Leberlappen. Sticht man in die Blase, entleert sich blutiger Eiter.

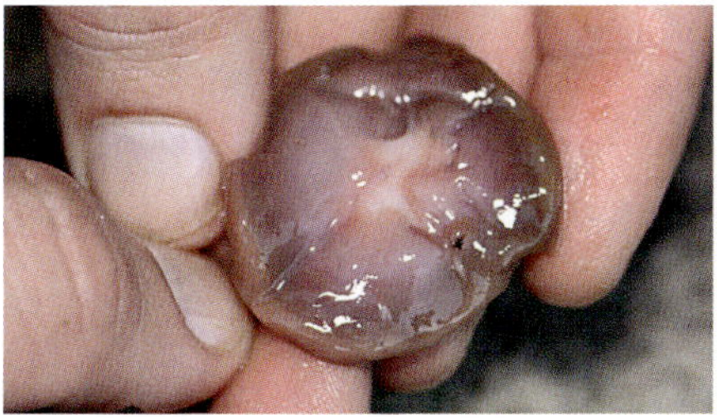

Der Nierenquerschnitt ist innen immer heller gefärbt als in den Randzonen. Kein auffälliger Befund.

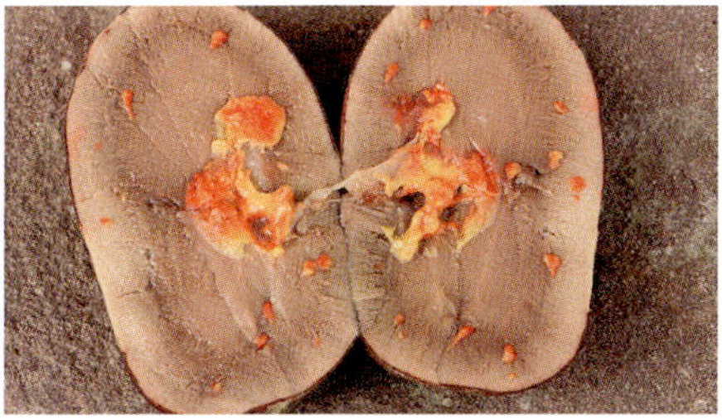

Eröffnete, stark geschwollene Niere: Die Harnleiter sind mit verkästem Eiter verschlossen.

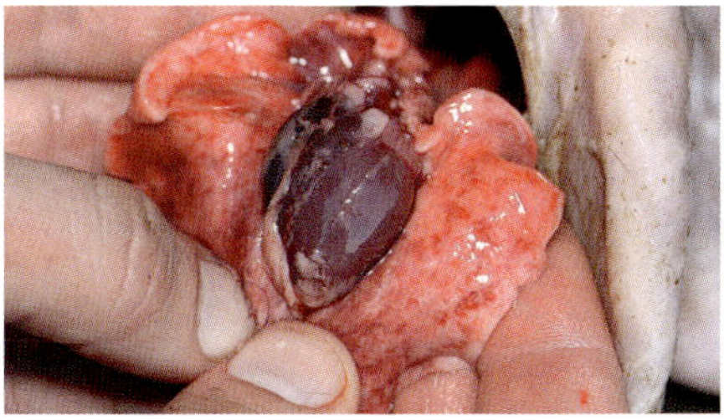

Lunge mit Herz: Die hellrosa Marmorierung rührt vom Entbluten. Keine Abszesse und Entzündungen sichtbar.

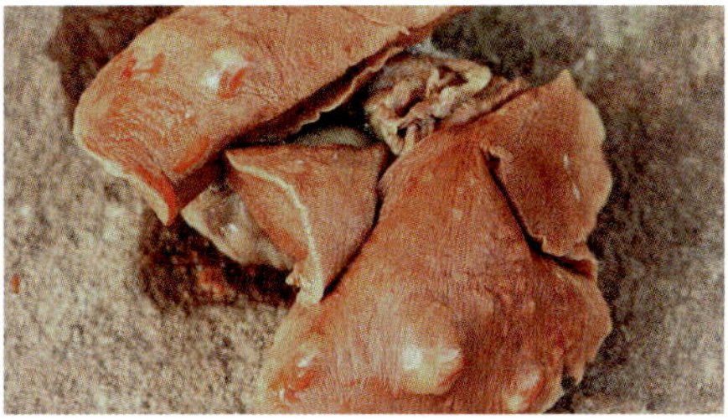

Lunge ist durchzogen mit diversen Eiterherden. Sofern keine Lungenwürmer erkennbar sind: Tier verwerfen.

Auch die folgenden Hinweise sind uneindeutig: extremer Parasitenbefall, zerzauste, schwache oder magere Erscheinung sowie mit Kot verklebte Hinterläufe weisen darauf hin, dass etwas nicht stimmt – diese Zeichen können aber variieren oder beispielsweise durch das Töten durch ein Schlaggewicht bzw. Erdrosseln in einer →Schlingfalle verursacht worden sein. Ein wichtiges Krankheitszeichen ist es, wenn Sie beim Abziehen kein Unterhautfett und nach dem Ausnehmen in der Bauchhöhle kein Eingeweidefett finden, obwohl Futterangebot vorhanden ist (in der Wüste aufgefundene halbverhungerte Tiere haben dagegen nicht zwingend eine Krankheit).

Also werden die neben dem Tier ausgebreiteten Organe begutachtet – mit dem Wissen, dass nichtentblutete Totfänge aus Fallen sowie eine Verzögerung beim Ausnehmen die Begutachtung noch zusätzlich erschwert.

Eigenschaften gesunder Organe, die systemische Infektionen ausschließen, sind gleichmäßige Färbung, glatte und glänzende Oberfläche sowie scharfe Organränder.

HINWEIS:

Das Aussehen der Milz variiert unter den Tierarten. Häufig ist sie aber wurmförmig.

Sie suchen sich zuerst den Magen. Hieran liegt angeheftet ein kleines und bei den meisten Tieren wurmförmiges Organ: die Milz. Jene ist das wichtigste Immunorgan, weshalb sie auch als erstes begutachtet wird. Entspricht dieses Organ deutlich nicht unseren Erwartungen, wird der gesamte Wildkörper verworfen. **Eine gesunde Milz hat innen eine feinkörnige Konsistenz. Sie ist bei Hasen und Kaninchen hell rötlich (bei Totfängen auch dunkelrot). Sie ist flach und scharfkantig, gleichmäßig gefärbt (also nicht marmoriert, keine schwarzen oder violetten Flecken), hat keine gelben durchscheinenden Eiterblasen bzw. Abszesse und ist maximal »streichholzlang« und »kleinfingerdick«.**

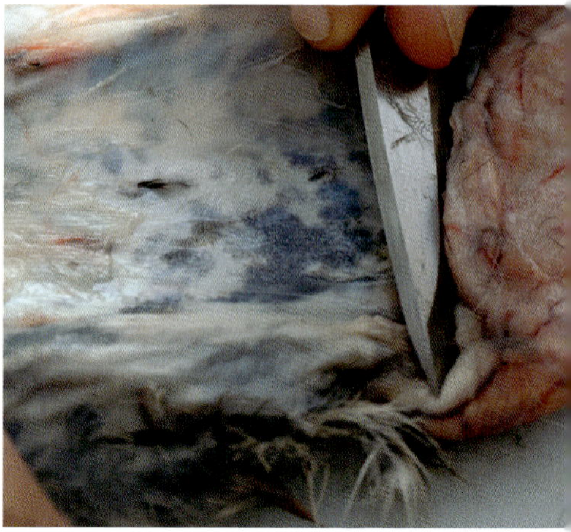

Viel Fettgewebe unter der Haut und im Bauchraum sind ein wichtiges Kennzeichen gesunder Tiere.

Alles, was deutlich davon abweicht (aufgeblasener, runder Querschnitt, doppelte Länge, daumendick), ist Signal für eine Krankheit.

Die Größe der Milz wird entsprechend dem Körpergewicht umgerechnet, und die Größenregel kann so auf andere vergleichbar große Tiere wie Mäuse, Bisams oder Nutria übertragen werden: Doppelt so viel Gewicht bedeutet etwa doppelt so große Milz. Da die Einschätzung nicht einfach ist, achtet man vor allem auf Färbung, Abszesse und Schwellung (in diesem Fall kein scharfer Organrand).

Nachdem die Milz als gesund erklärt wurde, wenden Sie sich der Leber zu. Auch hier achtet man auf durchgängige Färbung des mehrlappigen Organs und sucht nach Knoten und Abszessen. Ebenso wird mit der Niere verfahren. Hierfür muss sie allerdings erst von einer dünnen Haut befreit und quer aufgeschnitten werden. In der Niere bleiben oft Parasiten aus dem Blut hängen, wo sie sich eitrig entzünden oder Finnenblasen bilden (letztere sind bei Wildtieren normal). Als letztes wird die Lunge betrachtet. Bei diesem Organ ist eine weiß-rötliche Marmorierung allerdings normal, wenn das Tier ausgeblutet wurde. Schwarze oder deutlich angehobene gelbe Stellen dagegen sollten genauer begutachtet werden. Dabei handelt sich möglicherweise um Lungenwürmer (um das abzuklären, wird die Luftröhre längs aufgeschnitten – hier findet sich schleimiger Schaum und Würmer).

Die Lunge wird verworfen, der Rest ist essbar. Ist das nicht der Fall, kann das Tier eine Lungenentzündung haben – im Notfall und sofern die Milz gesund ist, kann das Tier verzehrt werden. Alle »roten« Organe können gegart als Nahrung dienen und sollten nicht weggeworfen werden. Darm und Magen können Sie als Köder zum Fischfang oder für Fallen einsetzen.

Gefahren

Wenn wir tierische Notnahrung sammeln, kann man sagen, dass wir das Mahl mit erhöhtem Energieaufwand und vor allem mit dem Risiko einer Verletzung oder Krankheit vergelten. Gerade beim Fang von Säugetieren besteht eine große Gefahr, gebissen zu werden oder durch den Verzehr unsachgemäß zubereiteter Nahrung zu erkranken. Nachfolgend werden die wichtigsten Gefahren und deren Vermeidung beschrieben.

Abwehrverhalten

Mit dem Überlebenstrieb als Initiator können gefangene, verletzte oder in die Enge getriebene Tiere ungeahnte Kräfte und Mut zeigen. Gerade Säugetiere haben aufgrund ihrer relativ zur Umgebung wärmeren Körpertemperatur jederzeit die Möglichkeit, sich gegen Angreifer zu wehren. Das Verhalten wird je nach Spezies verschieden sein. Einige Tiere resignieren und stellen sich tot, sobald sie merken, dass es keine Fluchtmöglichkeit gibt. Andere werden bis zum letzten Atemzug mit dem vollen Einsatz ihrer verfügbaren Kräfte kämpfen. Nicht zu unterschätzen ist dabei die Gefahr, die vom Kiefer mit den mehr oder weniger großen Zähnen ausgeht. Bisse sowie Kratzer von Klauen oder Krallen können gefährliche Wundinfektionen bis hin zur Sepsis verursachen. Auch die Gefahr, die von Fußtritten ausgeht, ist nicht zu unterschätzen. Um ein solches Risiko zu minimieren, sollten Sie einige Regeln beachten. Bei der Wahl eines Beutetieres sollten Sie sich auf Tierarten beschränken, die einfach zu fangen und innerhalb eines Tages zu verwerten sind. Tragen Sie wenn möglich Handschuhe oder einen anderen Handschutz beim Einfangen oder Ausgraben und versuchen Sie, die Füße und Waden zu schützen. Nähern Sie sich einem verletzten Tier nur so nahe, dass es mit einer langen Jagdkeule getötet werden kann.

Unterschätzen Sie nie die Kraft eines gefangenen oder verletzten Tieres und respektieren und schützen Sie das Leben derer, die Sie nicht als Nahrung verwenden können.

Viren

Viren sind infektiöse Erreger ohne eigenen Stoffwechsel. Im Grunde enthalten sie nur genetische Informationen, mit denen Wirtszellen infiziert werden. Für uns stellen Vi-

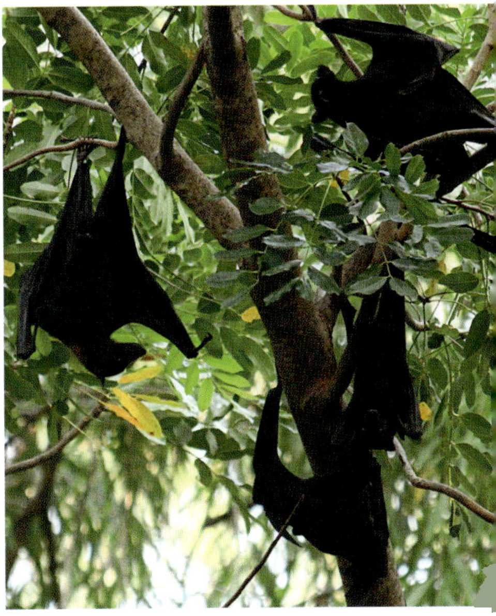

Flughunde und Fledermäuse sind ein stabiles Reservoir für Tollwut bzw. Lyssaviren. Diese Tiergruppen sollten keinesfalls verwertet werden.

ren, die von Tieren auf den Menschen übertragen werden können, eine große Gefahr dar. Dazu gehören zum Beispiel *Hanta* und *Tollwut* (✚ K15, »Viren«).

Hantaviren sind für uns von Bedeutung, weil sie vor allem durch Nagetiere verbreitet werden und leicht auf den Menschen übertragbar sind. Wie bei den meisten Krankheitserregern lässt sich das Risiko durch vorsichtiges Handhaben der Beute und gründliches Kochen sowie Abkochen der Schlachtwerkzeuge minimieren. Eine Übertragung lässt sich jedoch kaum ausschließen.

Eine der Viruserkrankungen, vor der sich der Nahrungssuchende besonders in Acht nehmen muss, ist die Tollwut. Die Tollwut ist außer auf dem fünften Kontinent auf allen wärmeren Kontinenten ein ernstzunehmendes Risiko. In Mitteleuropa ist der häufigste Überträger der Rotfuchs. Im Süden sind es wilde Hunde. Da der Fuchs auch häufiger Überträger des gefährlichen Fuchsbandwurmes ist, sollte er als Beutetier nur im äußersten Notfall und unter Beachtung aller Schutzvorkehrungen verwendet werden.

HINWEIS:

Tollwut ist eine Erkrankung, die ohne Behandlung sicher zum Tode führt. Der Erreger wird sehr leicht übertragen. Häufig durch den Kontakt von Speichel mit Blut oder Blut mit Blut.

Die Tollwut zeichnet sich in ihrem Verlauf durch die Zerstörung des Denkvermögens durch eine Gehirnentzündung, eine *Enzephalitis*, aus. Hieraus resultiert ein artuntypisches Verhalten. Tollwut kann auf viele verschiedene Tierarten übertragen werden. Infizierte Tiere sind ungewöhnlich aggressiv oder zutraulich. Und genau darin besteht für uns eine große Gefahr, an ein tollwütiges Tier geraten. Ungewöhnlich einfach zu fangende Tiere sind mit besonderer Aufmerksamkeit zu betrachten. Dies ist sicherlich leichter, wenn wir den Krankheitsverlauf und die Symptome kennen.

Das Verhalten eines an Tollwut erkrankten Tieres lässt sich in zwei Kategorien einteilen. Einerseits in ein unerwartet aggressives Angriffsverhalten, welches sich ohne sichtbaren Grund aus einer zutraulichen Annäherungsphase heraus entwickeln kann, und andererseits ein ruhiges, übermäßig zurückgezogenes und lethargisches Verhalten.

Bei fortgeschrittener Erkrankung erfolgt durch die Zerstörung des Nervensystems eine Rachenlähmung, die das Schlucken des Speichels verhindert und so zum typischen Schaum vor dem Mund und zu unkontrolliertem Speichelfluss führt. Jedoch auch Tiere ohne äußere Anzeichen können infiziert sein.

Zumeist wird Tollwut durch den Biss des infizierten Tieres übertragen. Der Speichel enthält eine hohe Konzentration des Erregers. Eine Übertragung kann schon dadurch erfolgen, dass Ihnen ein erkranktes Tier über einen Kratzer leckt. Eine weitere Übertragung kann erfolgen, wenn Sie infizierte Beute aufbrechen oder häuten und mit Blut oder Gewebeflüssigkeit in Berührung kommen. Da sich das nicht vermeiden lassen wird, sollten Sie besonders auf die Krankheitsmerkmale achten, um potenziell erkrankten Tieren aus dem Weg zu gehen.

Wenn Sie von einem Tier gebissen wurden, sollten Sie umgehend einen Arzt aufsuchen. Der Erreger bewegt sich recht langsam über die Nervenbahnen zum Hirn, weshalb auch noch nach einem Biss eine Impfung Schutz bieten kann. In der Wildnis, wo Sie keine Möglichkeit haben, einen Arzt aufzusuchen, muss die Wunde sofort mit Seife ausgewaschen werden. Da das Virus sensibel auf eine alkalische Umgebung reagiert, bietet dies einen gewissen Schutz. Außerdem kann die Wunde ausgebrannt oder großzügig ausgeschnitten werden, sofern Sie vermuten, dass das Tier infiziert war, und keine Hilfe innerhalb der nächsten drei Tage zu erwarten ist.

Wer sich weiter über die Risiken von Tollwut informieren will, möge sich an seine örtliche Forstverwaltung, das Robert-Koch-Institut oder an sein örtliches Gesundheitsamt wenden.

Bakterien

Auch Bakterien können für uns eine Gefahr darstellen. Besonders riskant sind Jagd und Verzehr von geschwächten oder tot aufgefundenen Tieren, sowie von solchen, die aus schmutziger und bakteriell hochgradig verseuchter Umgebung, wie Kanalisation oder Mülldeponie, kommen.

Wichtig im Zusammenhang mit bakteriellen Vergiftungen sind vor allem die Konzentrationen gefährlicher Keime. Warmes und feuchtes Klima steigert die Bakterienvermehrung, Kälte verlangsamt oder stoppt sie. Hitze über 70° Celsius zerstört die meisten Bakterien. Maßnahmen gegen Bakterienvermehrung sind die sofortige Verarbeitung von gejagten Tieren, das Meiden von tot aufgefundenen Tieren und erhöhte Hygiene beim Schlachten, soweit dies in einer Notsituation möglich ist.

Oft führt der Verzehr von bakteriell verseuchter Nahrung zu einer Lebensmittelvergiftung, die bei geschwächten Personen auch tödlich verlaufen kann. Schuld hierfür sind meist giftige Spalt- und Abbauprodukte der Bakterien. Hier würde ein Abkochen die Nahrung nicht genießbar machen können.

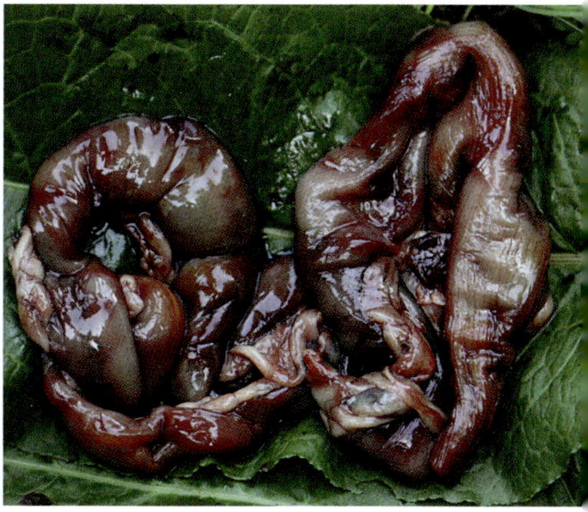

Tiere aus stark mit Bakterien belastetem Lebensraum leiden selbst an Infektionen. Hier zu erkennen ist eine blutige Entzündung des Dünndarms.

Als schwerste Form einer Lebensmittelvergiftung gilt der →Botulismus, eine durch das anaerobe Bakterium Clostridium botulinum verursachte Vergiftung. Das von ihm produzierte Gift, das sogenannte *Botulinus-Toxin* (in Schönheitspraxen auch unter dem Handelsnamen »Botox« bekannt), gilt als eines der stärksten Gifte überhaupt. Es ist um ein Vielfaches gefährlicher als die Amanitine, die Gifte der Knollenblätterpilze.

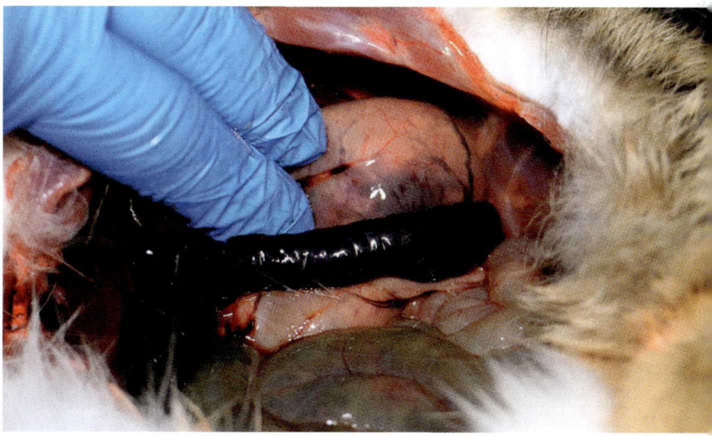

Lebensgefahr! So sieht eine geschwollene und verfärbte Milz eines Hasen aus. Dieses von einem Hund in meinem Revier gewilderte Tier hat die für den Menschen lebensgefährliche Hasenpest. Sie kann sogar durch gesunde Haut in den Körper eindringen.

Der Botulismus ist zwar selten und tritt meist in Verbindung mit verdorbenen Konserven auf, er verläuft jedoch nahezu immer tödlich. Daher ist es wichtig, dass konservierte Nahrung tierischer Herkunft immer gut belüftet und in dünnen Scheiben verpackt gelagert und transportiert werden sollte.

Andere Bakterienarten wie *Salmonellen* sind für Infektionskrankheiten verantwortlich. Auch die Hasenpest, die auch unter dem Namen *Tularämie* bekannt ist, stellt eine Bedrohung dar. Die Krankheit befällt Nagetiere sowie Hasenartige und kann beim Kontakt mit Menschen übertragen werden. Diese bakterielle Infektion kann ähnlich wie die *Hantavirusinfektion* tödlich verlaufen. Zur Vermeidung sind auch hier die wichtigsten Gegenmaßnahmen das Abkochen von Fleisch und Werkzeugen sowie Händewaschen nach Umgang mit Tieren.

Niemals darf Fleisch oder →Blut von diesen Tiergruppen roh verzehrt werden, wie es teilweise in »Waldläuferbüchern« beschrieben ist.

Ektoparasiten

Eine nicht zu unterschätzende Gefahr sind Parasiten, die den Wirt von außen befallen, also sogenannte Ektoparasiten.

Die für uns wichtigsten Vertreter dieser Gruppe sind Zecken, Milben und Flöhe. Beim Hantieren an Beutetieren besteht die Möglichkeit, dass im Fell oder Gefieder lebende Parasiten auf den nächstwärmerem Wirt umsteigen. Das sind Sie.

Die zumeist von Blut oder Haut lebenden Tiere verursachen neben Sekundärinfektionen an der Bissstelle auch die Ansteckung mit verschiedenen, unter Umständen lebensgefährlichen Krankheiten. Zecken übertragen *Frühsommer-Meningo-Enzephalitis (FSME)* und *Borreliose*. Gegen *FSME* sollten Sie sich impfen lassen, wenn Sie sich häufig in Risikogebieten bewegen oder regelmäßig Umgang mit gejagten Tieren haben. Zur Zeit breitet sich eine der *FSME* nah verwandte, aber vielfach gefährlichere Krankheit in Europa aus: *RSSE (»Russian Summer Spring Encephalitis«)* bzw. *TBEV* ist eine Virusgruppe, die von Zecken verbreitet wird. Die Endemiegebiete scheinen sich immer mehr in Richtung Mitteleuropa auszudehnen – insbesondere auch in Regionen, in denen es bisher keine *FSME* gab. Deshalb kann eine *FSME*-Impfung, die auch vor *RSSE* schützt, sinnvoll sein, obwohl sie nicht durch *FSME*-Fälle in der Region indiziert scheint.

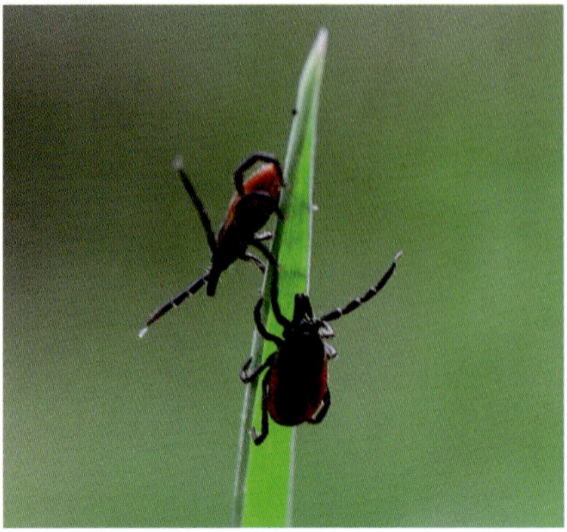

Zecken befallen einen nicht nur beim Laufen durch den Wald. Auf Wildtieren tummeln sich oft abertausende.

HINWEIS:

Um sich vor Ektoparasiten zu schützen, sollten Sie am Tier mit freien Unterarmen arbeiten. So können Sie Parasiten erkennen und entfernen, bevor sie sich in der Kleidung verstecken.

Außerdem können Sie die Beute nach dem Ausbluten etwas auskühlen lassen. Der kalte Körper wird von einigen Parasiten verlassen.

Endoparasiten

Die häufigsten Parasiten, die im Körperinneren des Tieres leben, also Endoparasiten genannt werden, und uns Menschen schädigen können, sind Leberegel, Bandwürmer, Trichinen und Spulwürmer. Nachfolgend werden exemplarisch der kleine Fuchsbandwurm und die Trichine behandelt.

Die Entwicklung des kleinen Fuchsbandwurmes vom Ei zum erwachsenen Wurm verläuft über einen Zwischenwirt. Häufig sind das kleine Nagetiere. So darf man nicht davon ausgehen, dass nur Füchse von diesem Parasiten befallen werden. Vielmehr sind Füchse die Endwirte, die durch den Bandwurmbefall selbst nicht geschädigt werden, sondern ihre Umgebung durch hochgradig infektiöse Ausscheidungen kontaminieren.

Die im Darm des Fuchses lebenden Würmer sind nur wenige Millimeter groß. Mit den Ausscheidungen des Wirtstiers werden eingekapselte Eier unter anderem auch auf Pflanzen und Früchten verteilt, weshalb es nicht ohne Risiko ist, Beeren vom Boden zu sammeln und ungekocht zu verzehren. Die Eier sind gegen Sommerhitze und Kälte beständig und bleiben mehrere Monate entwicklungsfähig. Man geht heute jedoch davon aus, dass die Infektion des Menschen nicht über die orale Aufnahme durch Waldbeeren erfolgt, sondern durch eingeatmete Eier.

Werden die Eier von Nagetieren aufgenommen, schlüpft die Larve, bohrt sich durch die Darmwand und setzt sich zumeist in der Leber fest. Das Organ wird wie durch einen Tumor befallen und zerstört. Wird ein geschwächter Zwischenwirt von einem weiteren Tier aufgenommen, so befallen die mittlerweile ausgewachsenen Würmer dessen Dünndarm. Der Lebenszyklus beginnt hier wieder von vorne. Für den Menschen als Fehlzwischenwirt entsteht eine große Gefahr durch diesen Bandwurm. Er zerstört innerhalb von Jahrzehnten Organe wie Leber, Lunge und das Hirn.

Beim Abziehen von Beute ist zu beachten, dass im Fell klebende Kotreste mit Bandwurmeiern aufstäuben und durch Einatmen aufgenommen werden können. Waschen Sie Ihre Hände nach dem Kontakt mit Fell und Innereien gründlich. Die wichtigste Vorsichtsmaßnahme ist wie immer das sorgfältige Zubereiten, also das vollständige Garen des Fleisches.

HINWEIS:

Fleischfresser sind besonders oft Überträger gefährlicher Parasitosen.

Trichinen sind mikroskopisch klein und können in der Muskulatur von vielen Tieren vorhanden sein, die Fleisch- oder Allesfressser sind. Sie werden die Larven in der Muskulatur nicht mit bloßem Auge erkennen. Bild: 80-fache Vergrößerung.

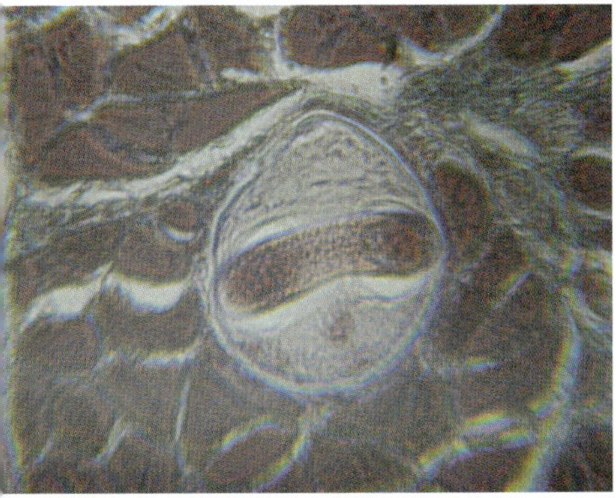

Auch Trichinen sind kleine parasitär lebende Tiere, nämlich Fadenwürmer, die durch die Aufnahme befallenen Fleisches übertragen werden. Als Wirt kommen alle Tiere in Frage, die Fleisch fressen. Dazu gehören auch →Mischkostverwerter wie Schweine und Ratten. Die kleinen Würmchen entwickeln sich in Magen und Darm zu geschlechtsreifen Tieren. Im Darm gezeugte Nachkommen bohren sich durch die Darmwand und erreichen die Muskulatur, wo sie sich festsetzen und eingekapselt werden.

Die Larven bleiben so Jahrzehnte lebensfähig. Der Befall eines Menschen kann tödlich verlaufen. Trichinen kann man mit dem bloßen Auge nicht entdecken. Der vorsichtige Nahrungssuchende geht bei jedem gefangenen Tier generell davon aus, dass es von allen denkbaren Krankheiten befallen ist, und erhitzt es vollständig über 70° Celsius, noch besser bis zum Siedepunkt. Dies gilt auch für Tiere, die kein Fleisch fressen.

Tierische Notnahrung ist zur eigenen Sicherheit bis auf wenige Ausnahmen immer zu erhitzen.

Verdorbenes Fleisch

Bei Normaltemperaturen verändern sich verendete oder getötete Säugetiere unmittelbar nach dem Herzstillstand. Da jedoch viele Immunzellen teilweise noch über Tage aktiv sind, ist die Zersetzung nicht sofort ein gefährlicher Vorgang. Abhängig ist das natürlich sehr von der Außentemperatur (siehe Kapitel »Tot aufgefundene Tiere«).

Ist keinerlei Kühlung möglich und sind die Außentemperaturen hoch, ist es das sicherste, das Tier unmittelbar auszunehmen und zuzubereiten. Die Fleischkonsistenz ist dabei manchmal alles andere als zart – was im Notfall aber nachrangig sein wird.

Verwest Fleisch, entstehen hochgiftige Stoffwechselprodukte, die von Bakterien ausgeschieden werden. Allerdings findet diese »gefährliche« Verwesung bei weitem nicht so schnell statt, wie man es vielleicht annimmt. Ein ausgeprägter Fäulnisgeruch ist nicht dasselbe wie der sogenannte →*Hautgout*. Dieser entsteht schnell, wenn Fleisch ungekühlt gelagert wird. Dabei werden Proteine und Glycogen im Gewebe durch körpereigene Enzyme oder bakterielle Fermentation abgebaut. Dies ist manchmal durchaus gewünscht. Lässt man erlegte Tiere einige Zeit vor dem Zerteilen (ohne Häutung, aber im ausgenommenen Zustand) bei moderater Temperatur liegen, baut sich das Glycogen in Milchsäure um. Dadurch wird das Fleisch leicht sauer, die Totenstarre löst sich. Zerteilt man Fleisch erst nach dieser 5- bis 24-stündigen Wartepause (je nach Temperatur und Größe des Tiers), um es zu trocknen oder zu räuchern, ist die Verkeimungsgefahr sogar geringer als bei unverzüglich zerschnittenem Fleisch.

HINWEIS:

Verdorbenes Fleisch ist nicht immer am Geruch sicher feststellbar. Merkmale, die auf fortgeschrittene Verwesung hinweisen und durch mangelnde Schlachthygiene begünstigt werden, sind gelb-schleimige Oberfläche, bleiches Gewebe, starke Grünfärbung des Fleischs (Fäulnisbakterien).

Wenn es mit mehr als 20° Celsius dazu zu warm ist, kann diese Reifung nicht erfolgen – das Fleisch fängt schnell an, aasig zu riechen. Wenn das Tier zügig →ausgenommen wurde, sind die vorhandenen Keime nicht in der Anzahl vorhanden, die ein geplatzter Darm in die Körperhöhle entlässt. Nach einiger Zeit fügt sich zum strengen und süßlichen →*Hautgout* eine Schwefelnote.

Trotz inzwischen stark vermehrter Bakterien auf dem Fleisch ist das Gewebe noch nicht per se giftig oder gefährlich – die korrekte und sorgfältige Zubereitung vorausgesetzt. Es dauert (abhängig von Vorverkeimung und Temperatur) tatsächlich einige Tage, bis durch die Bakterien gefährliche Toxine in relevanter Menge angesammelt worden sind. Wird das Fleisch gut gegart, lässt es sich in aller Regel ohne Schaden verzehren. Voraussetzung hierfür ist allerdings, dass das Tier keine infektiöse →bakterielle Krankheit hatte. Verzehren Sie allerdings Fleisch mit deutlicher Aasnote »medium«, ist eine Infektion mit *Salmonellen* und anderen Keimen möglich.

Zusammenfassend kann gesagt werden, dass Fleisch, das für Sie schon sehr abstoßend riecht, meist noch essbar ist – sofern das Tier korrekt geschlachtet/getötet und zügig ausgenommen wurde. Haben Sie allerdings länger als drei bis vier Stunden mit dem →Ausnehmen gewartet, ist das Tier nicht ausgeblutet oder beim Töten oder Ausnehmen Darminhalt an das Gewebe geraten, sollten Sie aasiges Fleisch nicht mehr essen. Weitere Zeichen fortgeschrittener Verwesung sind blasse Farben und dunkle Flecken der Haut sowie schleimige Oberfläche angeschnittenen Gewebes und geringer Widerstand gegen Druck.

Verdorbenes Fleisch kann als Köder für Fallen, zum Angeln oder zur Zucht von Fliegenmaden verwendet werden. Sie sollten sich allerdings mit dem sogenannten *Hautgout* (siehe »Tot aufgefundene Tiere«) vertraut machen, denn bei weitem nicht alles Fleisch, was unappetitlich riecht, ist auch gesundheitsschädlich.

12 Tot aufgefundene Tiere

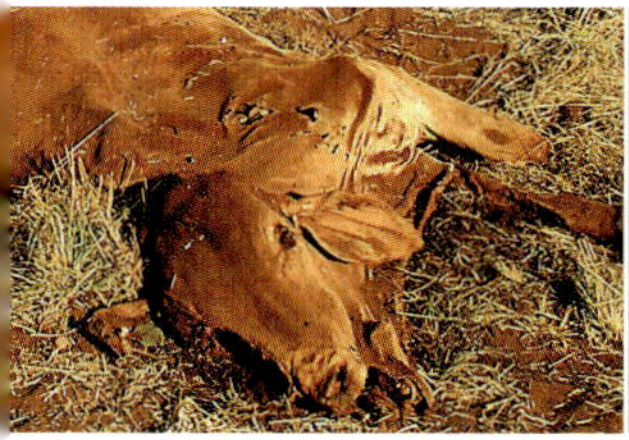

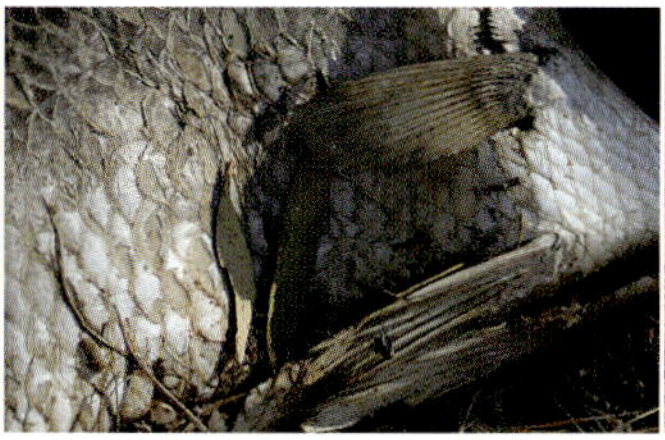

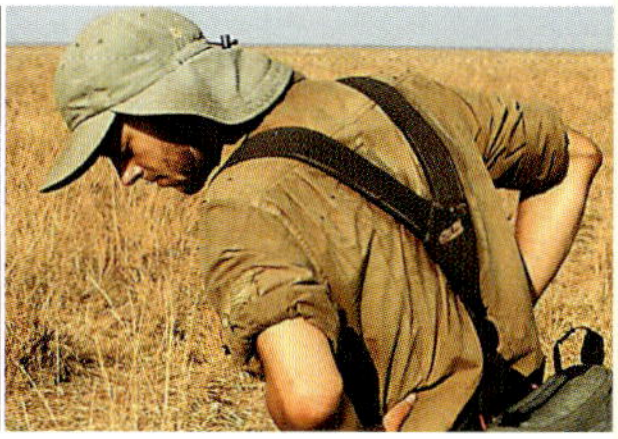

In besonderen Notzeiten sowie auf speziellen Expeditionen wird es sich manchmal nicht vermeiden lassen, tot aufgefundene Tiere zu verwerten. Vorab sollten Sie sich im Klaren darüber sein, dass Sie sich hierbei mit ungenügender Sorgfalt schnell in Lebensgefahr begeben können. Einige Informationen sollten Sie dem Fundort und dem Zustand des Tieres entnehmen, bevor Sie es verwerten.

Bevor Sie eine weitere Einschätzung vornehmen, klären Sie unbedingt die Todesursache. Tiere ohne erkennbaren Todesgrund sollten auf keinen Fall verarbeitet und gegessen werden. Hier liegt Tod durch Krankheiten, die möglicherweise auch auf den Menschen übertragbar sind, nahe. Überfahrene oder in Feuern verendete Tiere, von Raubtieren hinterlassene Kadaver, durch Strommasten getötete oder in Netzen beziehungsweise Fallen gefangene Exemplare beispielsweise sind für den späteren Verzehr unbedenklich.

Fische, die von ablaufendem Wasser bzw. Ebbe überrascht werden, trocknen oft innerhalb weniger Stunden.

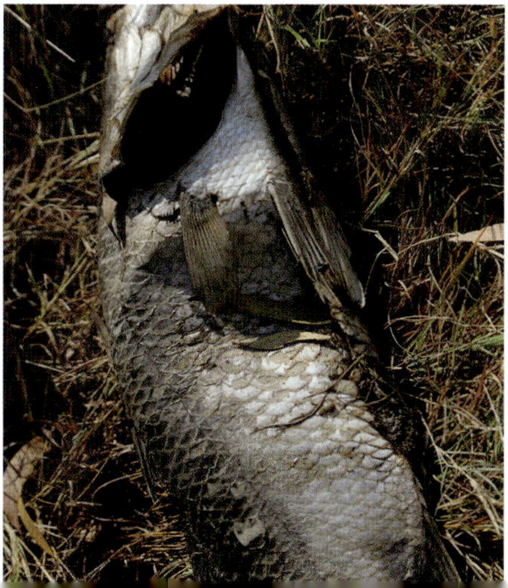

Besonders interessant sind Außen- und Körpertemperatur des Kadavers. In sehr heißen Gegenden wird das Gewebe des Tieres innerhalb weniger Stunden ungenießbar sein. Bei größeren Tieren erkennen Sie schon nach wenigen Stunden, dass Gärgase die Bauchhöhle aufblähen.

Viele Teile des Tiers sind in diesem Zustand nicht mehr essbar. Durch das »Zerfließen« der inneren Organe und das schnelle Bakterienwachstum durch die Hitze sind Torso, Kopf und die oberen Bereiche der Oberschenkel mit Bakterien und Toxinen versetzt. Darunter und bis zu den Füßen ist das Gewebe durch die Haut gut gegen Verkeimung geschützt. Bakterien und Toxine erreichen diese Regionen aus der Bauchhöhle kommend erst nach mehreren Tagen.

Kleine Tiere oder sehr dünne Gewebebereiche wie Ohren, Lippen und teilweise die Extremitäten trocknen jedoch schnell aus und können selbst nach Monaten in der Dürre liegend noch überlebenswichtige Nahrung sein.

Befindet sich der Kadaver in kalter Umgebung (unter 5° Celsius oder sogar unter dem Gefrierpunkt), kann er einige Tage bis Wochen verwertbar sein. Schwierig ist das Einschätzen bei einer Umgebungstemperatur zwischen diesen beiden Extremwerten. Liegt die Außentemperatur spürbar unter der Körpertemperatur, können Sie anhand der Restwärme des Tieres abschätzen, wie lange es schon tot ist. Fäulnisvorgänge können jedoch bei schon lange verendeten Tieren die Temperatur erhöhen.

Ein ziemlich sicheres Zeichen dafür, dass der Tod relativ kurz vorher eingetreten ist, ist die Totenstarre. Sie ist ein deutliches Indiz einer noch vorhandenen Zellstruktur im Muskel. Durch fortschreitende Zersetzung löst sich diese Erstarrung wieder. Tiere mit ausgeprägter Totenstarre sind in der Regel verwertbar.

Ein weiterer wichtiger Test ist die Untersuchung des Gewebes. Wenn es den typischen Leichengeruch verströmt, ist es auf keinen Fall genießbar. Besonders gut bieten Körperöffnungen Aufschluss über den Zustand. Testen Sie den Geruch des Mundes. Hier lässt sich Totengeruch sehr früh feststellen. Sehr schwer ist die olfaktorische Einschätzung jedoch bei Tieren, die einen starken Eigengeruch besitzen. Nagetiere wie Ratten und Eichhörnchen oder einige Reptilienarten verströmen einen stechenden Geruch, der nicht ohne weiteres vom Leichengeruch unterschieden werden kann.

Die nächste Untersuchung wird am Fleisch selbst vorgenommen. Wenn alle anderen Faktoren dafür sprechen, dass das Fleisch essbar ist, schneiden Sie es mit einem Messer ein und testen noch einmal den Geruch. Ziehen Sie das Gewebe auseinander. Erscheint dieses gelb-weißlich, schleimig und zerfasert es beim Auseinanderziehen, dann ist es verdorben. Ist es jedoch rot, trocken und fest, können Sie davon ausgehen, dass es relativ bedenkenlos zubereitet werden kann – abhängig natürlich vom Ergebnis der Untersuchung der Organe.

Bei der weiteren Zubereitung sollten Sie jedoch besonders großen Wert auf Hygiene und gründliches Garen legen.

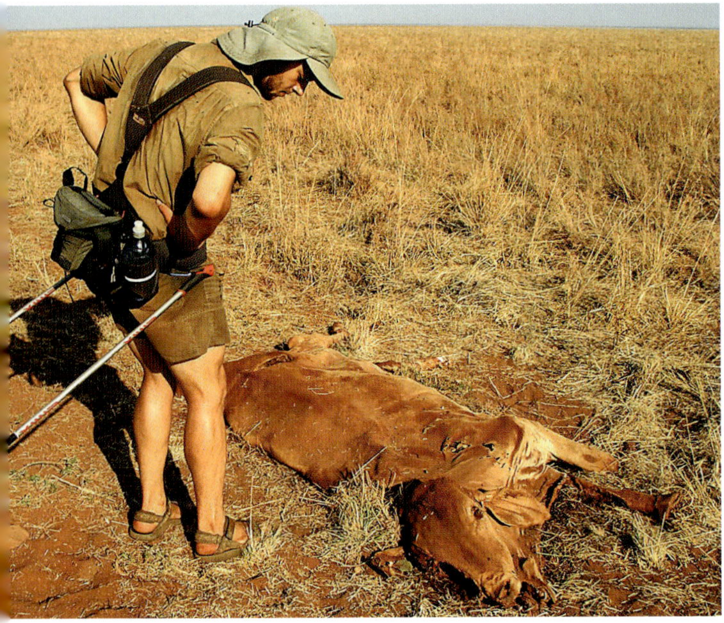

Dünne Gewebestücke wie Ohren oder Beine des vor Monaten im Outback verendeten Rindes wären im Notfall noch als natürliches Beef-Jerky essbar. Bevor Sie ein Tier zu verarbeiten beginnen, sollten Sie immer versuchen, dessen Todesursache festzustellen.

13 Fallen und Behelfe

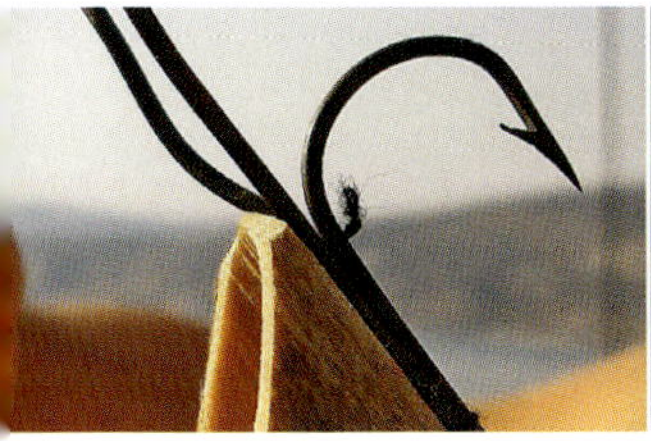

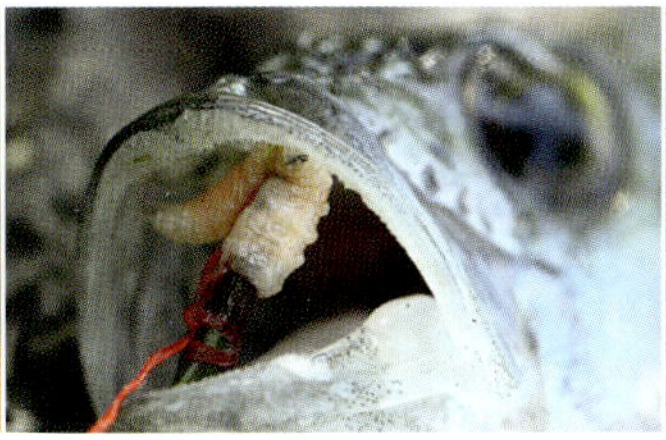

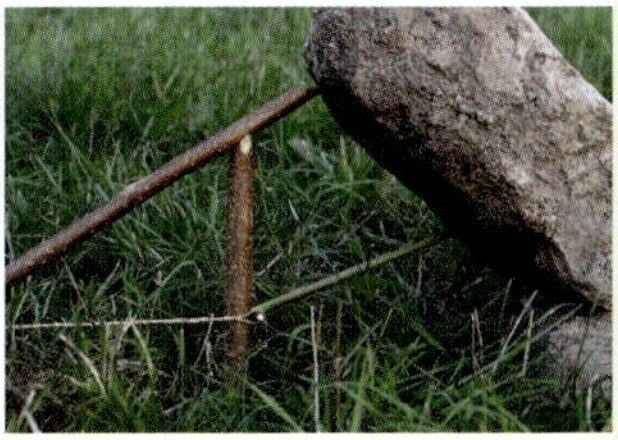

Obwohl viele Survivalbücher, speziell die des amerikanischen Marktes, davon ausgehen, wird der Extremreisende nicht die gewohnten, teilweise hoch technisierten Werkzeuge und Waffen zur Hand haben. Es gibt jedoch die Möglichkeit, einige dieser Werkzeuge aus natürlichen Materialien herzustellen. Dazu ist sicherlich eine gewisse Fingerfertigkeit nötig, die sich der Interessierte durch ein wenig Übung aneignen kann.

Ich habe bewusst keine Beschreibung zum Bau von Fernwaffen in dieses Buch aufgenommen. Wenn Sie den Bau von Jagdbögen sowie die Herstellung von Blasrohren und vergifteten Pfeilen nachvollziehen wollen, können Sie die Anleitungen aus einem der vielen Survivalbücher entnehmen, die leider fast alle die gleichen, meist unbrauchbaren Behelfe beschreiben.

Zuerst werde ich den Bau und die Anwendung verschiedener einfacher und primitiver Behelfe aus Holz erklären, danach den Bau von etwas komplexeren Jagdbehelfen und Fallen.

Grab- und Hebelstöcke

Häufig wird der Nahrungssuchende in Situationen geraten, in denen er einen Teil des Erdbodens aufscharren muss. Wie weiter oben beschrieben, ergibt sich dies bei der Suche nach Nagetieren und Insekten. Außerdem sollten wir in der Lage sein, morsche Bäume aufzuhebeln, ohne unser wertvolles Messer durch Hebelbelastung zu beschädigen. In der Praxis zeigten sich zwei Grab- und Hebelstockformen als besonders brauchbar.

Grabstock

Der Grabstock ist eine Art Feldharke, die stabil genug ist, um auch festeren Boden aufzureißen.

Wir benötigen eine Astgabel, deren eine Seite sich als Grabblatt abflachen lässt. Dabei wird der natürliche Faserverlauf nicht zerschnitten, sondern ihm wird gefolgt. Dadurch ist die Verbindungsstelle zwischen Blatt und Stiel besonders stabil. Der Stiel sollte einen Durchmesser von etwa zwei bis drei Zentimetern besitzen, das Blatt selbst sollte so breit wie möglich sein. Die Länge des Stiels wählen Sie so, dass Ihre Armlänge nicht überschritten wird, da die sonst sehr groß werdenden Hebelkräfte das Grabblatt abbrechen könnten. Verwenden Sie dazu am besten harte Holzarten, die sich gerne verzweigen. Eiche und Buche sind ebenso geeignet wie Hasel.

Mit dem Grabstock wird gegraben, indem seine Spitze in die Erde geschlagen wird, wie man es mit einer Spitzhacke macht. Mit einer leichten Hebelbewegung nach oben wird er wieder aus dem Boden gezogen, wobei das Erdreich aufgelockert wird. Dieses wird aus der Kuhle gescharrt oder mit Händen beiseite geräumt. Trifft man auf kleinere

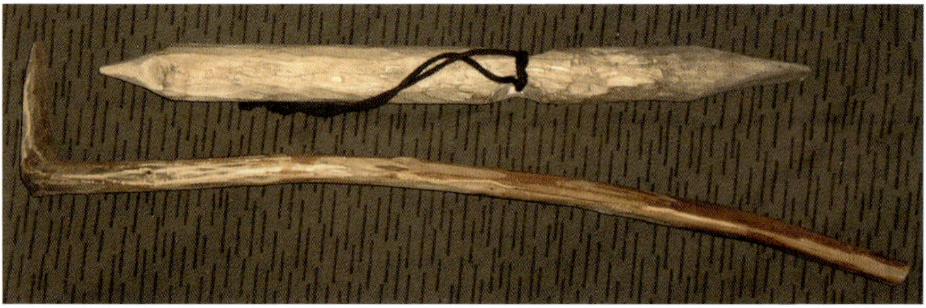

Zwei gebräuchliche Formen von Grab- und Hebelstöcken. Mit dem Grabstock wird die Erde wie mit einer Harke aufgerissen. Der Hebelstock wird in harte Materialien gestemmt. Deshalb ist er deutlich stabiler als der Grabstock. Beide Werkzeuge sind die wichtigsten Behelfe des Waldläufers.

Wurzeln, so lassen sich diese mit dem Hebelstock abhacken oder zerreißen.

Hebelstock

Der Hebelstock hat eine besonders wichtige Funktion, wenn Sie zum Beispiel auf der Suche nach Insekten sind, die in Totholz leben, oder falls Sie Wurzeln und Knollen ausgraben möchten. Dieses derbe Werkzeug wird zum Ablösen von Borke verwendet, zum Spalten von morschen Stämmen und zum Anheben und Wenden schwerer Steinplatten und Hölzer.

Als Material wird ein Pfosten mit etwa vier bis fünf Zentimetern Durchmesser geschnitten. Die Gesamtlänge misst etwa eine Elle. Damit Sie den Hebelstock für verschiedene Einsatzzwecke verwenden können, wird er mit zwei unterschiedlichen Spitzen gefertigt. Die eine wird zu einem Keil abgeflacht. Mit diesem werden Wurzeln durchtrennt und flache Scheiben von morschem Holz abgehebelt. Die andere Seite wird zu einer Vierkantspitze verjüngt. Diese Spitze ist weit stabiler als das flache Ende und kann auch in härtere Materialien getrieben werden.

Wenn Sie das richtige Holz gewählt haben, können Sie mit diesem Werkzeug viele hundert Stämme zerteilen und Steine anheben. Sehen Sie den Hebelstock jedoch nicht als Pendant einer Axt oder eines Spaltkeils. Getrocknetes, hartes Holz werden Sie damit nicht bearbeiten können.

Um die Spitzen dieser Werkzeuge gegen Verschleiß resistent zu machen, müssen sie im Feuer gehärtet werden. Dazu halten Sie die Spitze in die unmittelbare Nähe der Glut, bis sich das Holz dunkelbraun färbt und die dünnen Filamente zu verkohlen beginnen.

Jagdkeulen

Keulen gehören zu den primitivsten und ältesten Jagdwaffen der Menschheit. Sie sind schlicht dafür gedacht, Tiere zu erschlagen. Die Anwendung einer Jagdkeule lässt sich in zwei verschiedene Kategorien gliedern, für die es je eine entsprechende Ausführung gibt.

Kleine Jagdkeule

Die kleine Jagdkeule findet ihre Anwendung zumeist erst, wenn der Fang oder die Jagd erfolgreich waren. Sie wird fast ausschließlich zum Betäuben und Töten von gefangenen Tieren verwendet. So zum Beispiel zum Abschlagen von Fischen oder Kleinsäugern.

Aus einem etwa drei Zentimeter dicken und 30 Zentimeter langen Rundholz wird die Form so ausgearbeitet, dass eine abgerundete Schwungmasse verbleibt. Locker zwischen Daumen, Zeige- und Mittelfinger gelegt und mit Schwung aus dem Hanggelenk geführt, lässt sich ein großer Schlagimpuls erzeugen, der ausreicht, um Tiere bis zur Größe eines Kaninchens sicher zu betäuben.

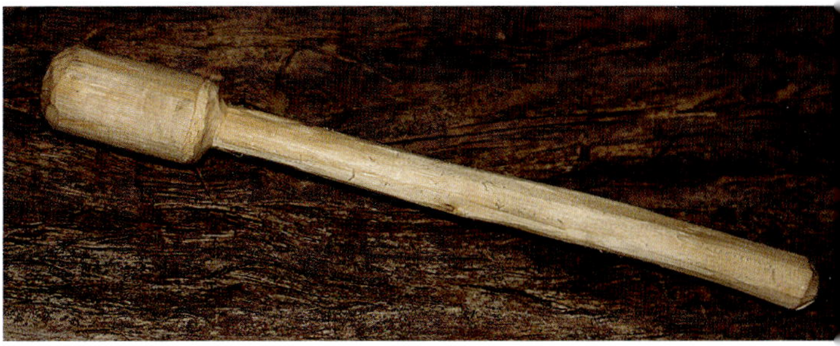

Die kleine Jagdkeule wird locker in die Hand gelegt und aus dem Gelenk geschwungen. Mit diesem kleinen Werkzeug können ausreichend große Schlagimpulse erzeugt werden, um mittelgroße Tiere zu töten.

Große Jagdkeule

Für einige der beschriebenen Jagdmethoden eignet sich eine große Jagdkeule besonders gut. Ob Sie auf Insektenfang gehen oder →Wasservögeln auflauern, die große Jagdkeule findet häufig Verwendung. Mit eineinhalb bis zwei Metern Länge und einem entsprechend großen Schwungkopf kann sie eine starke Waffe sein. Da es mühsam ist, aus einer dickeren Rute einen Schwungkopf herauszuarbeiten, bietet es sich an, Hölzer mit schon vorhandener Verdickung zu verwenden. Der Schwungkopf muss keine besondere Form und kein bestimmtes Gewicht haben. Es reicht, wenn er beim Schwingen der Keule deutlich als Impulsmasse fungiert.

Ich vergleiche die Verwendung der Keule gerne mit einem Golfabschlag. Sie können sich vorstellen, welche Energie ein schnell durchgezogener Schlag haben kann. Entsprechend eignet sich diese Waffe auch zum Töten und Betäuben von größeren und wehrfähigen Tieren wie großen Reptilien oder Vögeln.

Harpunenspeer

Um einen Harpunen- oder Fischspeer zu bauen, ist schon ein wenig mehr Mühe nötig als beim Bau von Keulen oder Grabstöcken. Mit diesem Speer lassen sich die verschiedensten Tiere fangen. Grundsätzlich ist er vor allem zum Erlegen von Fischen und Kopffüßern sowie kleineren Reptilien und Amphibien gedacht. Außerdem erleichtert er die Jagd auf Krebse.

Wenn das zu fangende Tier nicht besonders schnell ist, können Sie mit der Speerspitze nach der Beute stoßen. Der Fang von Beute außerhalb der direkten Stoßweite benötigt außerdem noch einen einfachen, aber starken →Bogen, mit dem der Speer in sein Ziel katapultiert werden kann.

Der Bau eines Harpunenspeers besteht aus drei Arbeitsschritten: aus der Herstellung des **Speeres** selbst, der Fertigung brauchbarer **Spitzen mit →Widerhaken** sowie aus dem Bau eines **Bogens bzw. einer Schleuder**.

Speer

Wie immer, wenn wir Geräte aus natürlichen Materialien herstellen, müssen wir Sorgfalt bei der Auswahl der Ausgangsmaterialien walten lassen. So auch beim Speer. Um einen präzisen Speer zu bauen, müssen wir lange und gerade Ruten finden. Da das Finden des richtigen Materials sowie die weitere Verarbeitung zeitaufwändig sind, ist es sinnvoll, wenn Sie einen guten Speer fertigen, der mit verschiedenen Spitzen besetzt werden kann. Müssten Sie für jede Spitze einen eigenen Speer bauen, wäre eine geringere Sorgfalt zu erwarten als beim Bau eines einzigen, umfassend einsetzbaren.

Als Material eignen sich lang gewachsene, flexible und dünne Hölzer. Ich verwende zum Beispiel gerne Robinie oder Hasel. Das untere Ende hat einen Durchmesser von etwa eineinhalb, das obere von etwa einem Zentimeter. Der Stab sollte nicht länger sein als Ihre Körpergröße, da größere Abmessungen mit sinkender Präzision beim Stoßen einhergehen.

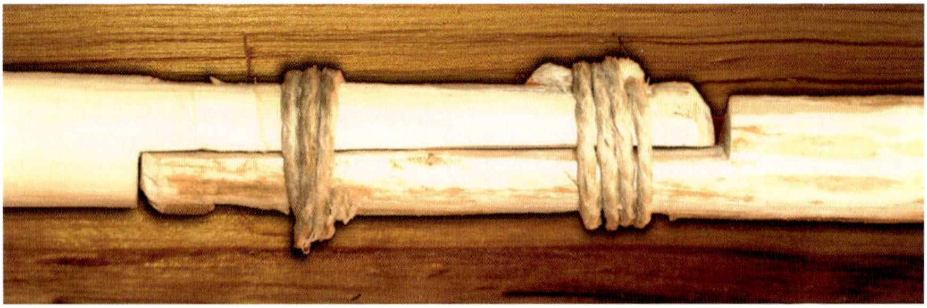

Ein einfacher Absatz an Speer und Harpunenspitze erzeugt eine lösbare Verbindung. So können immer passende Harpunenspitzen eingelegt und festgebunden werden.

Nach dem Schälen wird der Stab gerichtet. Kaum ein natürlich gewachsener Stock ist wirklich gerade. Windungen und Biegungen erschweren später das Anpeilen. Der Pfahl wird an den entsprechenden Krümmungen über dem Feuer, oder besser im Wasserdampf, erhitzt. Ab einer bestimmten Temperatur wird der Faserverbund verformbar und der Pfahl lässt sich in die gewünschte Form biegen. Nach dem Abkühlen bleibt diese bestehen. Am dickeren Ende wird später die Spitze befestigt. Das dünne Ende wird mit einer Nut zur Aufnahme der Bogensehne und einem Absatz zum Befestigen einer Sicherungsleine versehen.

Unser Harpunenspeer muss nicht befiedert werden. Da über sehr kurze Distanzen geschossen wird, ist das Trudeln des Speeres nicht von Bedeutung. Viel wichtiger als eine schöne Flugbahn sind richtiges Zielen sowie die Beachtung von Wasserparallaxen.

Harpunenspitzen

Der Fangerfolg mit dem Harpunenspeer hängt stark von der Qualität der verwendeten Spitzen ab. Erstens muss die Form der Spitze ihren teilweise sehr speziellen Anforderungen genügen, zweitens darf der schon aufgespießte Fang nicht mehr fliehen können. Ich verwende darum meist drei Formen: die des Dreizacks, die Einzelspitze und die Form des Aalstechers. Einen Verlust des schon gespießten Fanges vermeiden Sie durch das Anbringen von Widerhaken.

Dreizack

Die sicherlich am häufigsten verwendete Harpunenspitzenform ist der Dreizack. Diese Spitze teilt sich in drei oder mehr kleine Einzelspieße auf, von denen jeder selbst ausreicht, um die Beute sicher zu halten. Der wichtigste Vorteil ist hierbei, dass durch eine aufgefächerte Neigung der Spitzen eine größere Fläche abgedeckt werden kann.

Besonders ordentlich sollten Sie beim Bau des Dreizacks den Stumpf und Ansatzpunkt aller Einzelteile verarbeiten. Ein zur Spitzenaufnahme des Speeres passendes Rundholz wird so mit Nuten versehen, dass die etwa fünf Millimeter dicken Einzelspieße sicher aufgenommen werden können.

Die Tiefe der Nut ist nicht konstant, sondern wird von vorne nach hinten tiefer. Dadurch spreizen sich die Einzelspieße ab. Die Nuten werden gleichmäßig um das Rundholz verteilt.

Als Baumaterial eignen sich alle stabilen Hölzer mit dem gewünschten Durchmesser. Sie sollten jedoch massiv, das heißt markfrei sein. Also eignen sich beispielsweise gerade Eichentriebe, aber kein Holunderholz. In der Nut wird der Spieß mit einer Schnur festgezurrt.

Einzelspitze

Vor allem bei der Jagd auf größere Reptilien sowie beim Fang von großen Fischen kann eine Einzelspitze nützlich sein. In ein rundes Hartholzstück mit Vierkantspitze müssen Sie dazu effektive Widerhaken einschnitzen. Diese sollten in verschiedene Richtungen zeigen.

Achten Sie beim Schnitzen der Widerhaken darauf, dass das Kernholz, also der Holzbereich in der Mitte, nicht eingeschnitten wird, da dadurch die Gesamtstabilität beeinträchtigt werden würde. Wenn Sie die vordere Spitze im Feuer härten, können Sie damit sogar den dicken Panzer einer Kurzschwanzkrabbe durchdringen.

Aalstecher

Ein besonders schönes Beispiel hoch spezialisierter und dabei funktionierender Behelfswerkzeuge ist der Aalstecher. Ähnliche Formen werden schon seit Jahrtausenden verwendet.

Die Funktion ist recht einfach nachzuvollziehen. Schlangenartige Fische wie kleinere Welse und Aale können mit dieser Spitze einfach gefangen werden. Wenn sie auf dem Gewässerboden, auf Sandgrund oder zwischen Algen im Morast stehen, können Fische dieser Form einfach von oben aufgespießt werden. Häufig werden Sie diese Situation im Winter, während die Fische träge sind, oder in warmen Sommernächten vorfinden.

Der Aalstecher besteht aus zwei Leitzinken und einem gehärteten Mitteldorn. Die beiden äußeren Zinken sind mit Widerhaken versehen und so geformt, dass Fische mit rundem Körper nicht nur eingeklemmt und so festgehalten, sondern auch zum Dorn in der Mitte geführt werden. Dieser durchsticht das Tier in der Mitte und durchtrennt, wenn der Speer genau von oben geführt wird, das Rückenmark. Die Biegung der abgeflachten Leitzinken ist so gedacht, dass größere Fische weiter unten, kleinere direkt oben an der Ansatzstelle des Dorns festgeklemmt werden.

Um einen Aalstecher herzustellen, schnitzen Sie zuerst den mittleren Dorn, um ihn dann mit seitlichen Nuten zu versehen. In die werden die Blättchen der Zinken eingepasst und festgebunden.

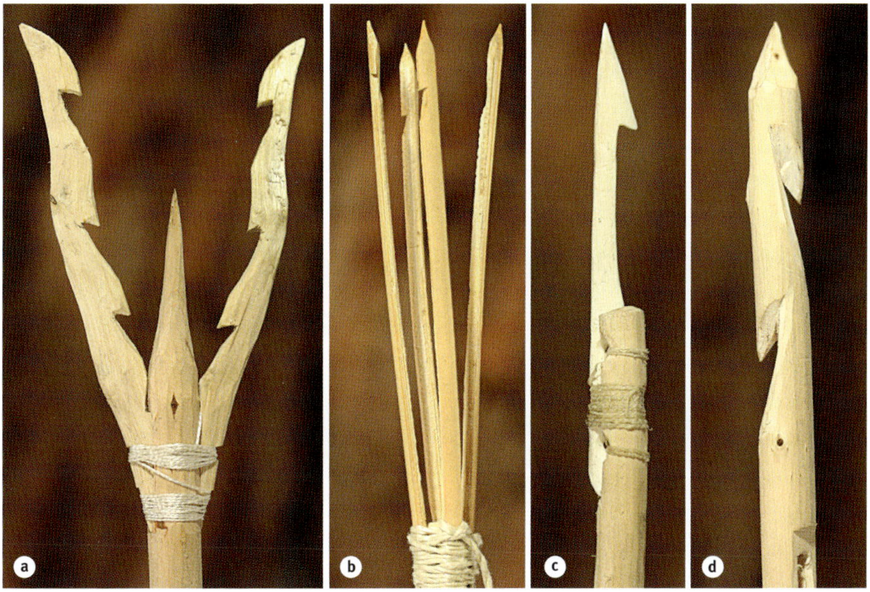

Gängige Harpunenspitzen: Aalstecher mit gehärtetem Mitteldorn (a), Vielzack mit Widerhaken aus Schilf (b), Einzelspitze aus Knochen für kleinere Fische (c), Einzelspitze aus Holz für Reptilien und größere Fische (d).

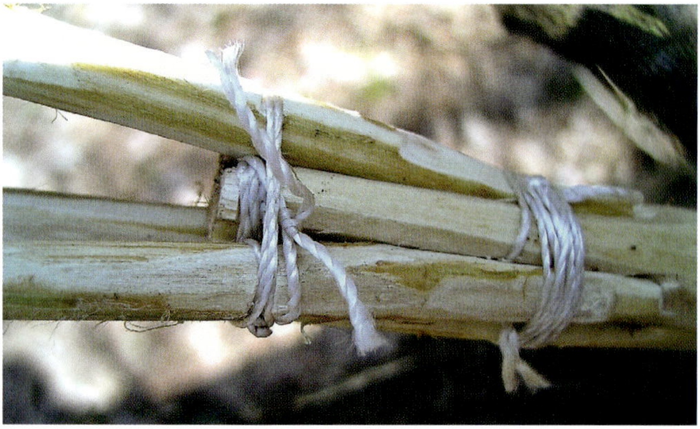

An der Stelle, an der die Einzelspieße zusammentreffen, werden sie in drei oder mehr Nuten eingepasst. Nachdem sie festgebunden worden sind, sitzen sie sehr sicher in dieser Verbindungsstelle.

Widerhaken

Die grundsätzliche Aufgabe des Widerhakens ist es, zu verhindern, dass aufgespießte Beute fliehen kann. Dazu bohrt sich beim Herausziehen die Spitze in das Gewebe, das die Eindringstelle umgibt. Von Vorteil ist, wenn der Widerhaken das Eindringen nicht behindert oder erschwert.

Widerhaken kann man sich schnitzen. So lässt sich ein ganz ordentlicher Widerhaken herstellen. Hierzu schneidet man das Holz an der Stelle, die später die Widerhakenspitze werden soll, kreuzweise ein. Das Material unter der Kreuzung wird entfernt und der vordere Teil verjüngt. Das Häkchen wird angespitzt und gehärtet.

Ein anderer Widerhaken, der das Eindringen jedoch leicht behindert, da er von der Spitze absteht, wird aus einem Dorn, einem Hartholzstück oder Feuerstein gefertigt. Ich verwende gerne die Dornen und Stacheln von Weißdorn und →Robinien. Hinter der Spitze wird zum Anbringen eine kleine Kerbe geschnitten. Dort wird der gewünschte Widerhaken eingelegt und festgebunden.

Einzelspieße zum Einsetzen in den Dreizack können aus unterschiedlichen Materialien und Formen bestehen. In Einzelspieße aus Knochen oder Holz kann ein Widerhaken geschnitzt oder können beispielsweise Dornen eingesetzt werden. Ohne Widerhaken können Sie sich den Fangversuch mit dem Mehrzack allerdings sparen.

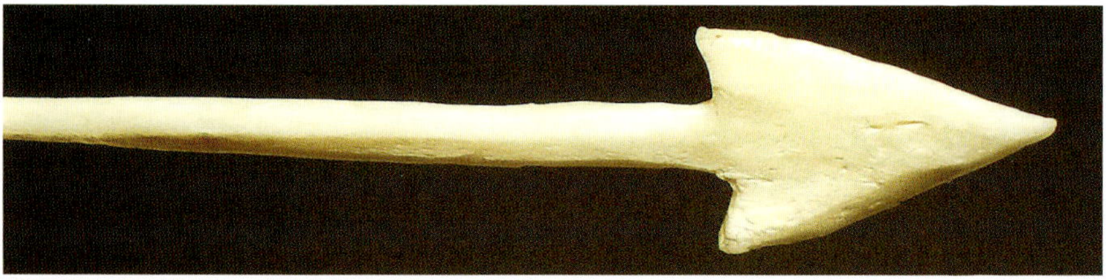

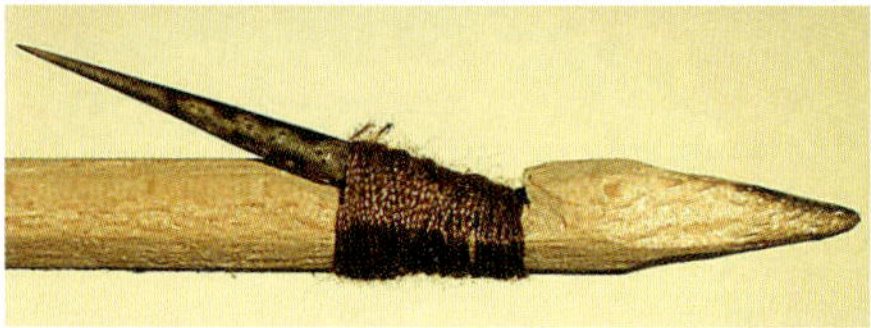

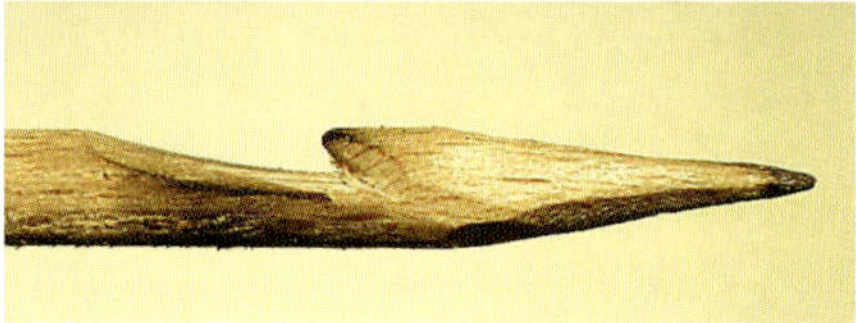

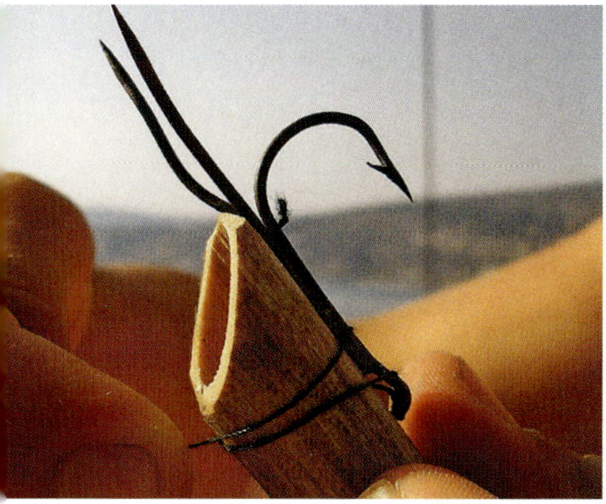

Auch mit einem aufgebogenen Drillings-Angelhaken lässt sich eine einfache Harpune mit Dreizack improvisieren. Sie muss nur an einen geraden Stab gebunden werden.

Das vordere Ende der Spitze wird abgeflacht. An gewünschter Stelle wird ein Absatz eingeschnitten (1). Die überstehende Kante wird kreuzförmig von oben zu einem spitzwinkligen Keil geschnitzt (2). Vorsichtig wird unter diesem Keil Holz entfernt, sodass der Widerhaken »untergraben« wird (3). Gleichzeitig wird der Widerhaken von unten schmaler und spitzer geschnitten. Erst nachdem der Widerhaken fertig geschnitzt ist, wird die Spitze vollständig ausgearbeitet, gehärtet und der Schaft verjüngt, da sonst beim Bearbeiten des Widerhakens die Spitze brechen kann (4).

Bogen

Jeder, der schon einmal einen richtigen Bogen gefertigt hat, weiß, wie zeitaufwändig und kompliziert der Bau ist. Abhängig von der Wahl des Materials, der richtigen Trocknung und den komplizierten weiteren Fertigungsschritten ist das Resultat jedoch meist mäßig. Ein für unseren Harpunenspieß zweckmäßiger Bogen lässt sich jedoch in relativ kurzer Zeit fertigen. Er eignet sich nicht zur Jagd mit Pfeilen auf Großwild, die in der Praxis meiner Meinung nach utopisch und deren Beschreibung somit hinfällig ist.

Wir verwenden frisches Holz mit hoher Federkraft, das auch nicht besonders aufwändig bearbeitet wird. Suchen Sie sich einen daumendicken, elastischen Stab, der einigermaßen gerade gewachsen ist. Damit sich die Biegung später über die Länge des Stabes verteilt und nicht an wenigen Punkten besonders hohe Biegekräfte wirken, die den Bogen zerstören würden, muss dieser ungewöhnlich lang sein, nämlich etwa 1,50 bis 1,80 Meter. Die Körpergröße des Jägers sollte er trotzdem nicht überschreiten, da seine Handhabung sonst zu kompliziert ist. Die geschälte und astfreie Rute wird an den Enden vorsichtig dünner geschabt.

1

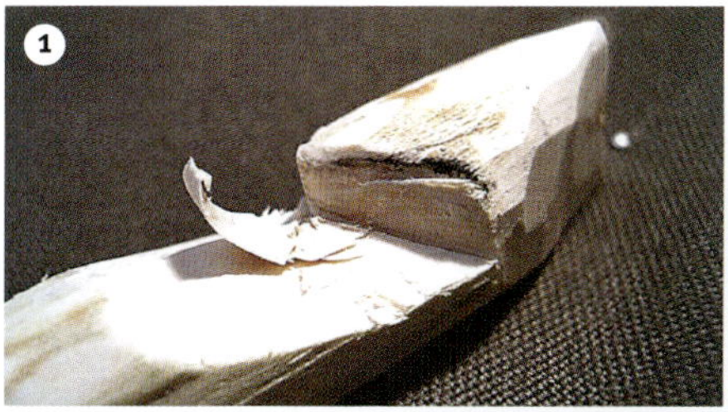

2

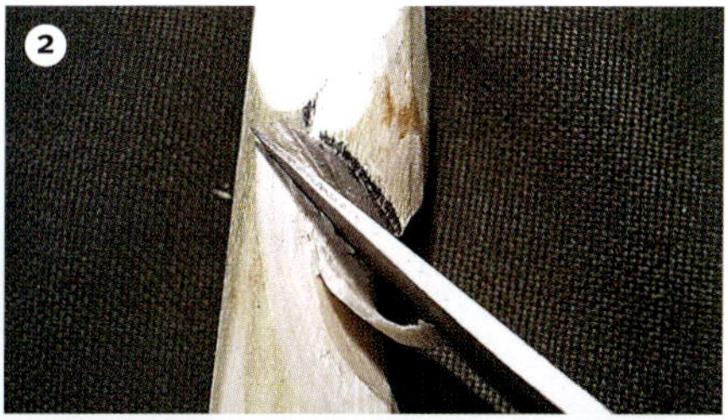

3

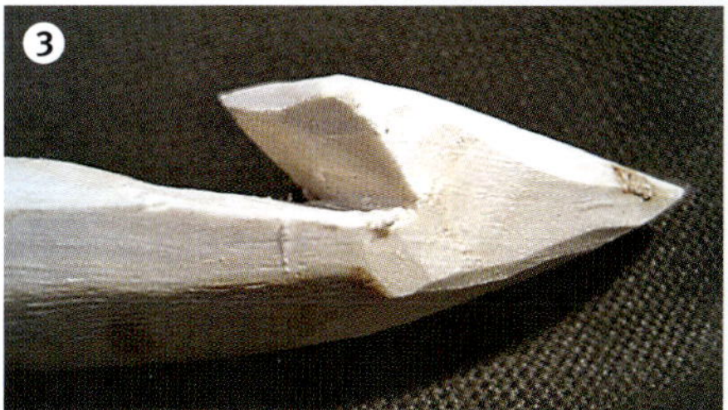

4

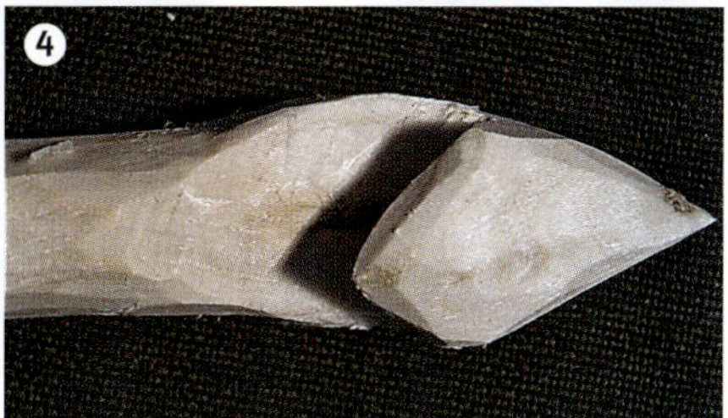

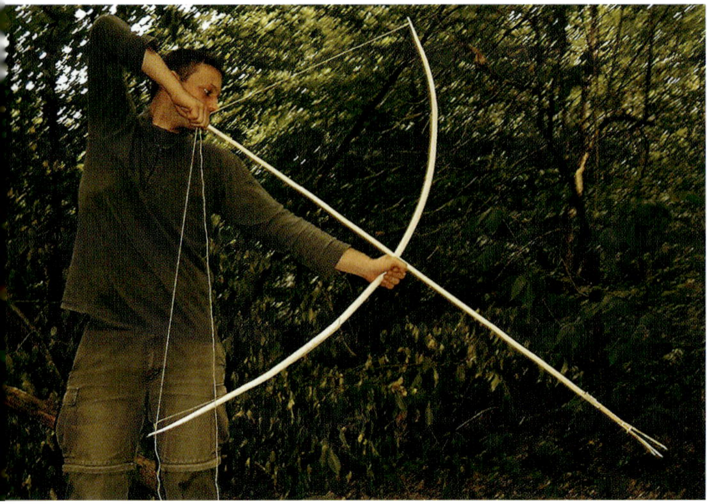

Mit Bogen und Harpune auf Jagd nach Amphibien, Reptilien oder Fischen. Sie werden die Verwendung einige Zeit üben und perfektionieren müssen.

Wenden Sie den Bogen hin und wieder und testen Sie, ob die Biegung gleichmäßig ist. Ist eine Seite zu steif, müssen Sie noch Holz abschaben. Der so entstandene Bogen ist nicht sehr dauerhaft. Er genügt jedoch unseren Zwecken und ist einfach herzustellen. Der Bogen wird nun mit einer Sehne so vorgespannt, dass er im Grundzustand fast unbelastet ist. Soll er etwas haltbarer sein, wird seine Form gerichtet, wie es weiter oben beschrieben ist, getrocknet und im erwärmten Zustand eingefettet.

Schleuder

Mit Übung und auf kurze Entfernungen kann ein unbefiederter Speer auch mit einer Schleuder beschleunigt werden. Wird mit einer Schleuder gearbeitet, erhält der Speer keine Nocke, sondern eine konische Vertiefung am hinteren Ende. Die Speerschleuder zum Jagen von Reptilien, Fröschen und großen Fischen direkt unter der Oberfläche besteht aus einem etwa eine Elle langen Ast (ich verwende hier übrigens »Elle« nicht als Anachronismus, sondern die Maße beziehen sich auf die unterschiedlichen Körpergrößen; außerdem haben Sie im Notfall vermutlich kein Maßband zur Hand). Optimalerweise besitzt er eine leichte Biegung und am Ende auf der konkaven Seite einen Ast. Um diesen Ast herum wird ein Haken geschnitzt, der zum langen Ende zeigt. Die konische Vertiefung wird in den Haken eingelegt – alles gemeinsam mit einer Hand gehalten und wie ein Dartpfeil auf das Tier geworfen. Erst in letztem Moment ziehen Sie die Speerschleuder nach unten und beschleunigen den Speer. Auf diese Weise können Sie etwa 3–5 Meter weit zielgenau treffen. Um größeres Wild zu bejagen, taugt diese Form der Speerschleuder allerdings nicht – wie Sie wissen, lohnt sich die Jagd darauf in aller Regel auch nicht.

Angelbehelfe

Wenn Sie nicht im Besitz von Angelmaterial sind, können Sie einige einfache Behelfe herstellen, deren Verwendung jedoch auch beim Fang von unvorsichtigen Fischen schwierig ist. Eine brauchbare Angelschnur aus natürlichen Materialien herzustellen, halte ich persönlich für nahezu unmöglich. Sicherlich kann der geübte Überlebenstechniker aus Pflanzenfasern, Sehnen oder Tierhaaren eine stabile Leine produzieren. Der

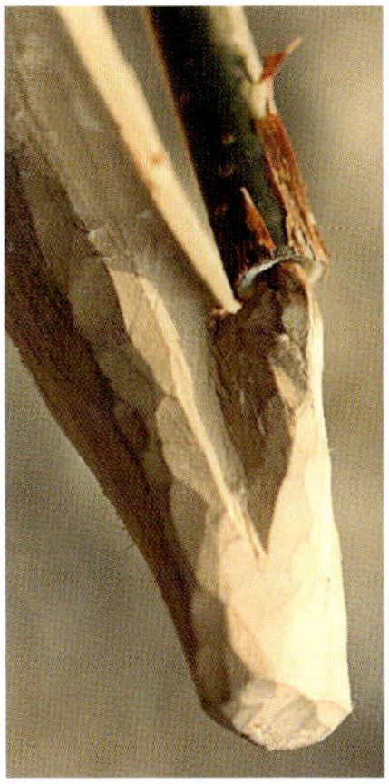

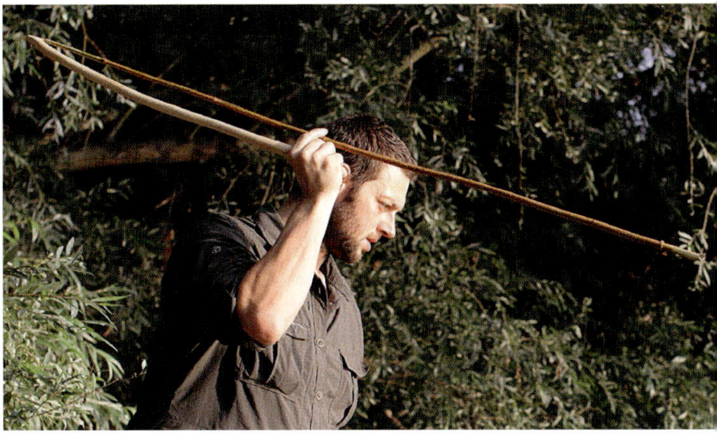

Links: Der Haken der Speerschleuder wird in eine kleine Vertiefung eines geraden, aber unbefiederten Speers eingelegt. *Rechts:* Zum Werfen der Speerschleuder über etwa fünf Meter peilen Sie Ihr Ziel an, beschleunigen zuerst den Speer wie beim Steinwurf und lassen ihn erst im letzten Moment los, wobei die Speerschleuder beschleunigt.

Aufwand ist jedoch im Vergleich zur Suche nach anderen Nahrungsquellen ungleich höher und schließt sich dadurch nahezu aus. Mit etwas Geschick können Sie aus Schnürsenkeln oder Kleidungsstücken eine geeignete dünne Schnur herstellen. Die Verwendung derselben als Angelleine halte ich in den meisten Fällen für schwierig, aber denkbar.

Haken

Auch bei der Hakenproduktion sehe ich Klärungsbedarf. In der Survival-Literatur werden häufig absurde Knochen-, Stein- und Holzkonstruktionen als funktionelle Haken angepriesen. In der Realität lassen sich diese Bauten jedoch so gut wie nie anwenden. Eine Art Angelhaken können Sie sich aber aus einer gebogenen Nadel herstellen, wenn Sie eine solche besitzen.

Aus natürlich vorhandenen Werkstoffen aufgebaut und dabei wirklich brauchbar sind jedoch die Haken, die aus einem doppelt angespitzten Stift bestehen. Diese werden aus Dornen oder Knochensplittern hergestellt. Mit der Konstruktion lassen sich tatsächlich Fische fangen. Das Verhältnis von entkommenen Exemplaren zu gefangenen ist jedoch auch hier ungleich hoch. Die Doppelspitze wird in einem Köder, zum Beispiel einem Wurm, versenkt. Verschluckt ein Fisch, oder wie im Kapitel »Vögel« beschrieben, ein Federtier den Köder, wird die Leine angespannt. Die Spitze des Hakenersatzes stellt sich in Magen oder Schlund quer und bohrt sich tief in das Gewebe. Nun muss die Leine ständig unter Zug gehalten und der Fang vorsichtig näher gezogen werden.

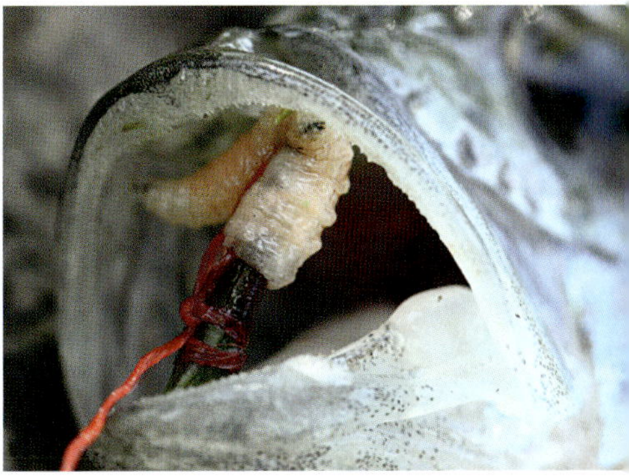

Improvisierte Haken verklemmen sich oft nur kurze Zeit im Kiefer oder in den Kiemen. Deshalb muss der Fang möglichst schnell, aber schonend geborgen werden.

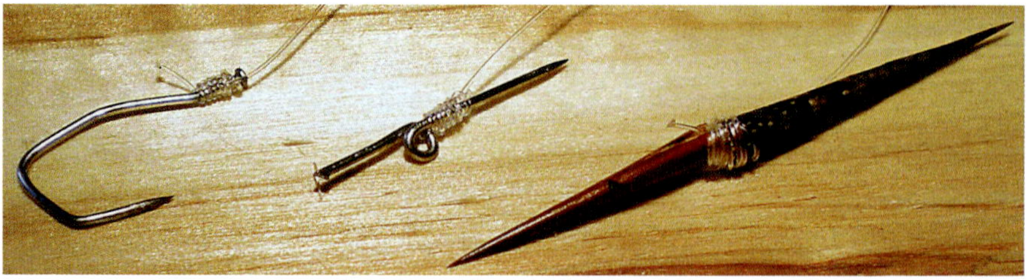

Ein funktionierender Hakenersatz kann aus gebogenen Nadeln oder zusammengebundenen Dornen, Knochen und Holzteilen hergestellt werden. Ohne Widerhaken muss die Leine beim »Drill« ständig gespannt bleiben.

Fisch- und Krebsreusen

Der Bau einer Reuse, wie sie im Kapitel »Fische« beschrieben wird, kann sehr zeitaufwändig sein und erfordert einiges Geschick. Reusen können sich in ihrer Gesamtform stark voneinander unterscheiden. Einige besitzen eine runde Trichteröffnung, die nach innen gerichtet ist. Andere versperren dem Fang durch sich überlappende, leicht nach innen gerichtete Wände den Ausgang.

Den Grundkörper können Sie herstellen, indem Sie ein Bündel Binsen oder vergleichbares Material an einer Seite zusammenbinden. Flechten Sie außerdem einen Ring, der den gewünschten Reusendurchmesser besitzt. Die Binsen werden nun sternförmig aufgefächert und um den Ring gelegt zu einer Tonne geformt. Um einen zweiten Ring desselben Durchmessers wird der offene Rand eingefasst. Der noch etwas instabile Rohling wird mit Zwischenstreben stabilisiert, die eingewebt werden.

Ähnlich wichtig wie der äußere Korb ist die Einschwimmöffnung. Es werden wiederum zwei Ringe hergestellt, einer mit Reusendurchmesser und ein zweiter erheblich kleinerer. Der Abbildung entsprechend werden sie zu einem Trichter verbunden und die Enden eingefasst. Dieser Konus wird nun mit dem kleineren Ende voran in die Reuse gesteckt. Die beiden zusammentreffenden Ringe werden verbunden. Um eine größere Stabilität der Konstruktion zu erreichen, können Kreuzungen zusätzlich mit einem Knoten versehen werden.

Verbinden Sie beide Enden der Reuse mit einer Leine zum Einsetzen und Herausheben aus dem Wasser. Legen Sie die mit einem Köder versehene Reuse in Ufernähe auf den Gewässergrund. Achten Sie dabei darauf, dass die Einschwimmöffnung leicht nach unten zeigt. Dies erleichtert der Beute das Eindringen in die Reuse und erschwert die Flucht.

Wenn Sie eine →Krebsfalle erzeugen wollen, verfahren Sie bei der Produktion genauso wie bei der Fischreuse. Die Gesamtlänge der äußeren Röhre wird jedoch reduziert, damit die Reuse mit der Öffnung nach oben aufgestellt werden kann. Am besten wird dieser sogenannte Krebskorb leicht im Morast eingegraben, damit die Krustentiere einfacher die Öffnung finden und erreichen können.

Fallenbau

Je mehr Erfahrung Sie im Fallenbau haben, desto seltener werden Sie auf die Idee kommen, alleine mit selbst gebauten Fallen Ihren Nahrungsbedarf decken zu wollen. Sehr häufig wird in Büchern, die sich mit Überlebenstechniken beschäftigen, eine Vielzahl von Auslösemechanismen vorgestellt. Wer sich je die Mühe gemacht hat, alle nachzubauen und zu testen, kann bestätigen, dass die meisten keine wirkliche Funktionalität besitzen. Sie eignen sich jedoch vorzüglich zum Basteln aus Zeitvertreib im heimischen Garten.

Zumeist wird Grundlegendes unterschätzt: nämlich der Instinkt und die »Denkweise« der Beutetiere. Die meisten Konstruktionen

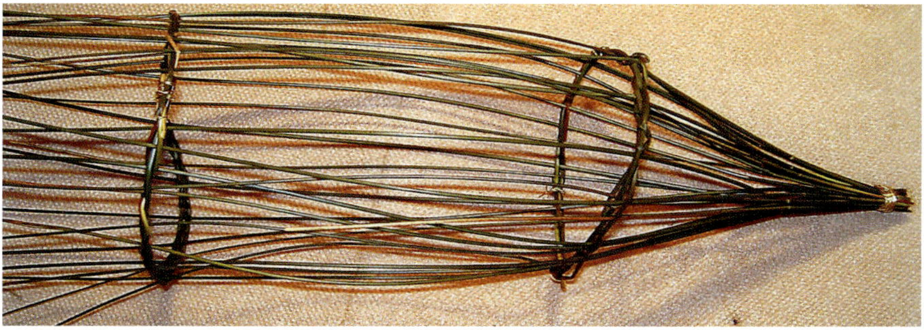

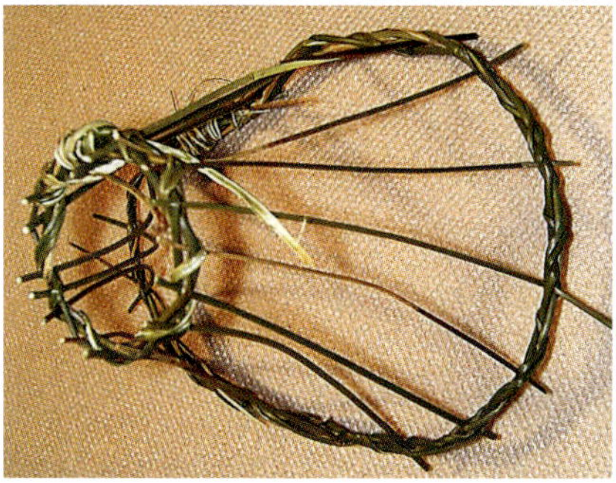

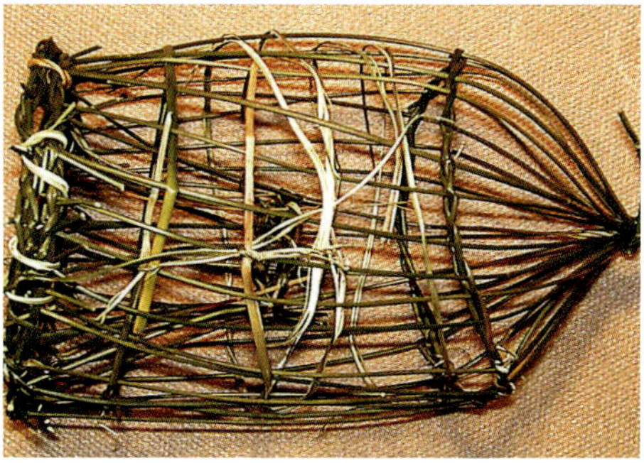

Zusammengebundene Binsen werden aufgefächert und mit Ringen zu einer offenen Tonne geflochten. Der trichterförmige Einsatz wird mit der kleineren Öffnung nach innen in diesen äußeren Korb eingesetzt.

sind darauf ausgelegt, dass eine große Zahl besonders hungriger Tiere mit sehr eingeschränkter Hirnfunktion auf Nahrungssuche geht. Ein Tier wird aber tatsächlich im Zweifel den Köder unangetastet lassen. Der Grund hierfür ist, dass der Fallensteller während des Baus seiner Konstruktion Hautschuppen und Schweiß verliert, die Umgebung zum Beispiel durch Abknicken von Gehölz oder Gräsern verändert oder den Boden durch sein Auftreten komprimiert, sodass er ein anderes Federverhalten zeigt.

HINWEIS:

Tiere wittern die geringsten Spuren von menschlichem Geruch, ja sie registrieren den Duft austretender Flüssigkeit der Vegetation. Kurz, sie werden die Falle erkennen und auf die Aufnahme des Köders verzichten.

Selbst mit industriell gefertigten Systemen ist der Erfolg nicht garantiert. Uns fehlt nicht nur die Erfahrung langjähriger Trapper, sondern auch die nötige Technik.

Trotzdem lässt sich mit einigen der Selbstbaufallen, wie dem Viererauslöser, Beute machen, wenn sie mit stark riechendem Köder bestückt werden. Doch auch hier ist Übung nötig, damit die Auslöser tatsächlich so funktionieren wie gewünscht.

Der Fallenbau lohnt sich also nur, wenn zwei Voraussetzungen gegeben sind. Zum einen, wenn wir Tiere fangen wollen, die in sehr großer Häufung auftreten und keinen oder kaum Geruchssinn besitzen. Zum anderen, wenn die von uns verwendete Falle so einfach zu bauen ist oder so gut funktioniert, dass mit an Sicherheit grenzender Wahrscheinlichkeit Beute gemacht werden kann. Dies führt uns zu folgenden einfachen Fallen: einfachen Schlingfallen, →Springschlingen, dem Viererauslöser und Vogelfallen.

Schlingfallen

Wie der Name schon zum Ausdruck bringt, handelt es sich hierbei um eine Schlinge, die das Tier durch Zuziehen entweder bindet oder erdrosselt. Besonders wichtig ist bei dieser Falle der Ort der Anbringung. Geeignet sind stark begangene Wildwechsel, die durch das Unterholz führen und kleine, oft benutzte Durchschlupflöcher besitzen. Außerdem die Ausgänge von Röhren und Höhlen.

Als Grundmaterial eignen sich nicht nur industriell hergestellte Leinen, sondern auch stabile Pflanzenteile, wie Rindenbast oder Klettenfasern (*K6*). Vergessen Sie jedoch nicht, dass ein Tier im Todeskampf große Kräfte aufbringen kann. Deshalb muss die Schnur so stabil sein, dass sie mindestens zweimal das Eigengewicht des Tieres aushalten kann.

Wer für den Schlingenbau vorbereitet sein möchte, packt sich eine kleine Rolle Draht oder besser noch geflochtene Angelleine bzw. Dyneema von der Stärke 25 oder stärker ein. Diese Leinen sind unglaublich stabil (etwa 10 Kilogramm je 0,1 Millimeter) und dabei dünn und praktisch unsichtbar. Ein weiterer Vorteil liegt darin, dass sie so dünn sind, dass sie unter Zug einschneiden und so das Leiden des Tieres in unbeobachteten Momenten verkürzen können (bei Lauffängen allerdings auch verstärken). Ein Leser berichtete mir von kanadischen Bogenjägern, die bei Ausbleiben des Jagderfolgs mit 0,8 Millimeter Dyneema, die eigentlich als Bogensehne dienen sollte, junge Weißwedelhirsche fingen.

Diese stabile Leine im Notfall zur Hand zu haben, ist auf jeden Fall kein Nachteil. Sie dürfen allerdings keine geknoteten Schlingen in das Notfallgepäck packen – alleine die Herstellung ist in Deutschland schon verboten.

Denken Sie daran, dass manche Tierarten dazu neigen, sich Gliedmaßen abzutrennen, wenn sie daran festgebunden werden. Deshalb ist ein regelmäßiges Kontrollieren der Fallen unabdingbar, auch um gefangenen Tieren unnötiges Leiden zu ersparen. Diese können dann je nach Größe mit der großen oder der →kleinen Jagdkeule betäubt oder erschlagen werden.

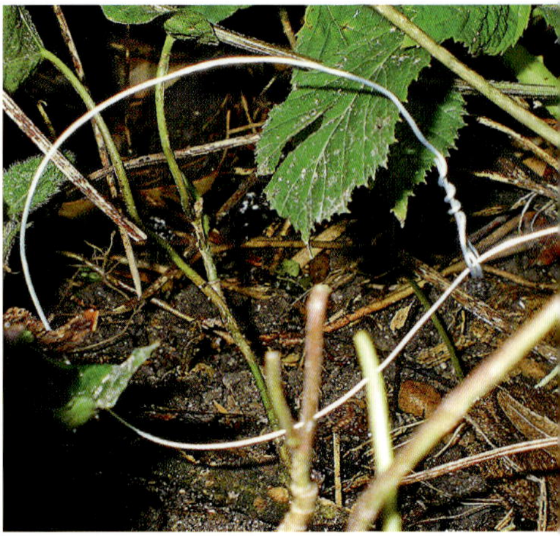

Eine einfache Schlinge aus Draht wurde in einen kleinen, häufig benutzten Kaninchenwechsel gehängt. Solche Schlingen werden von Wilddieben seit langem mit großem Erfolg eingesetzt.

Die Schlingen müssen so geknotet werden, dass sie bei geringstem Zug zusammenfallen. Das darin verschnürte Tier hält die Schnur selbst straff, da es in Panik versuchen wird, sich zu lösen. Größe und Lage der Schlinge werden anhand der zu fangenden Art festgelegt. Wenn Sie Röhrenbewohner fangen wollen, hat die Schlinge einen etwas kleineren Durchmesser als der Eingang der Höhle. Das freie Ende der Leine wird an einem Pfahl festgebunden, der in den Boden getrieben wird. Die Schlingfalle kann durch feinste Hölzchen oder Tannennadeln offen gehalten werden.

Um eine Schlinge zu knoten, bieten sich verschiedene Methoden an. Die sicherste Form ist Schnur oder Draht, an dessen Ende eine Schlaufe mit wenigen Millimetern Durchmesser gefertigt wird. Durch diese Schlaufe wird das andere Ende gefädelt.

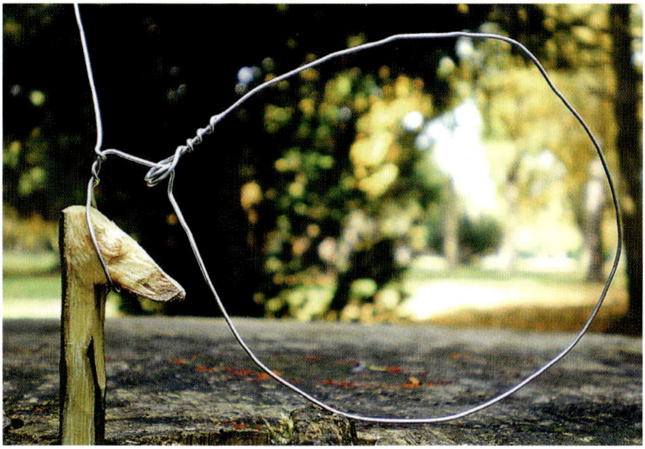

Bleibt ein Tier in dieser Vorrichtung hängen, zieht es die Halteschlaufe vom Haken, wodurch die Schlinge nach oben zugezogen wird. Diese Falle benötigt keine komplizierten Auslöser.

Wenn Sie glatte Schnur verwenden, zum Beispiel eine Angelleine, sollten Sie beim Knoten einen doppelt gelegten Schlingknoten und einen darauf folgenden Schlaufenknoten knüpfen. Dies verhindert, dass die Schnur durch den Knoten rutscht.

Der Schlingenknoten wird einmal zu einem »Ankerstich« zurückgeschlagen, durch die beiden entstehenden Löcher wird das Ende der Leine gefädelt. Auf diese Weise lässt sich die Größe der Schlinge genau einstellen – sie fällt aber unter Zug schnell zusammen und verhindert das Lösen der Schlinge, falls der Zug reduziert wird.

Springschlingen

Einer einfachen Schlinge gegenüber hat eine Springschlinge einige Vor-, aber auch Nachteile. Wenn Sie eine Schlinge legen, besteht immer die Gefahr, dass das gebundene Tier durch Zug die Schnur zum Reißen bringt oder sich den gefangenen Körperteil abtrennt. Außerdem könnte sich die Schlinge lösen, wenn der Zug nachlässt. Um beides zu verhindern, befestigen wir beim Bau der Springschlinge das Ende der Schnur nicht an einen Pfahl, sondern an einen stabilen, federnden Ast. Dieser muss nicht so stark sein, dass das Beutetier in die Höhe gezogen wird, er soll lediglich elastischen Zug auf die Schnur geben, gegen den das Tier kämpfen kann.

Mit dieser Konstruktion wird die Schnur permanent unter Zug gehalten. Wie mit einer Angel wird die Beute stetig entkräftet. Sicherlich erwarten Sie nun einen komplizierten Auslöser, der bei leichtester Berührung die Falle auslöst. Dieser ist jedoch überhaupt nicht nötig. Die Schlinge soll erst hochschnellen, wenn ein Tier bereits gefangen ist. Alle weiteren Manipulationen am Röhrenausgang oder Wechsel verringern unsere Fangchancen.

Die Konstruktion ist denkbar einfach. In die Leine unserer Schlingfalle wird eine weitere kleine Halteschlaufe eingeknüpft. Diese wird auf einen diagonal eingesteckten Stab oder Haken gelegt, der die Schnurkraft nach oben aufnimmt, von dem die Schlinge jedoch bei Zug in horizontaler Richtung heruntergezogen wird. Zum Aufstellen dieser Falle wird zuerst die elastische Rute mit der daran angeknüpften Schlinge in die Erde gerammt und der kleine Haltestab befestigt. Nun wird die Schnur nach unten gezogen, mit der Halteschlaufe befestigt und die eigentliche Schlinge wird aufgerichtet.

Bei Röhrenbauten werden alle sichtbaren Öffnungen mit Schlingen versehen. Sobald der Bewohner, meist werden es wohl

Kaninchen sein, die Höhle verlässt oder betritt, wird er in der Schlinge gefangen. Auf Wildwechseln suchen Sie eine Stelle mit möglichst kleinem Durchgang, den Sie durch trockenes Gestrüpp noch weiter verengen können. An dieser zentralen Stelle ist der Erfolg am wahrscheinlichsten. Bereiten Sie die Falle trotzdem an einem anderen Ort vor, damit so wenig menschliche Spuren wie möglich hinterlassen werden.

Viererauslöser

Vielleicht haben Sie schon einmal vom »Viererauslöser« gehört. Es handelt sich hierbei um einen einfachen und sehr effektiven Schlagfallenauslöser. Wie schon mehrfach erwähnt, lohnt es sich nicht, Großwild zu erlegen. Aus diesem Grund und aus dem Grunde der eigenen Sicherheit sollten Sie Versuche vermeiden, mit zentnerschweren Felsen und Holzstämmen Fallen zu bauen. Schon für eine Schlagfalle mit einem Schlaggewicht von etwa 25 Kilogramm benötigen Sie starke Auslösehölzer und eine sehr präzise Verarbeitung, um nicht schon während des ersten Aufstellens verletzt zu werden. Am besten üben Sie den Bau als Nagetierfalle mit einem bis zwei Kilogramm Schlaggewicht.

Wenn Sie den Auslöser bereits kennen, vergessen Sie alle Konstruktionen, bei denen der Auslöser aus gewachsenen Astgabeln hergestellt wird. Sie funktionieren nicht.

Die Falle besteht aus drei Holzpflöcken und dem Schlaggewicht. Außerdem gegebenenfalls aus einer Auflagefläche, die dem Schlaggewicht auf einer Seite als Podest dient und es auf Höhe des Grundpflockes hält.

Suchen Sie drei etwa daumendicke und eine halbe Elle messende Hartholzstäbe, zum Beispiel aus Hasel, Buche oder Eiche. Den dicksten der drei Pfähle **(1)** spitzen Sie an einer Seite an, um ihn später einfacher in den Boden treiben zu können.

Parallel zur Auflagestelle des Schlaggewichtes wird Pfahl 1 spatenförmig abgeflacht. Nun nehmen Sie den nächsten Pfahl **(2)** und kerben ihn etwa zehn Zentimeter vor einem Ende so ein, dass er auf die Spitze des

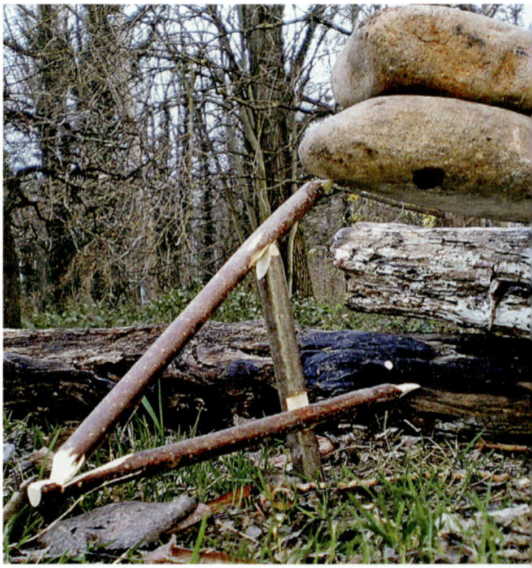

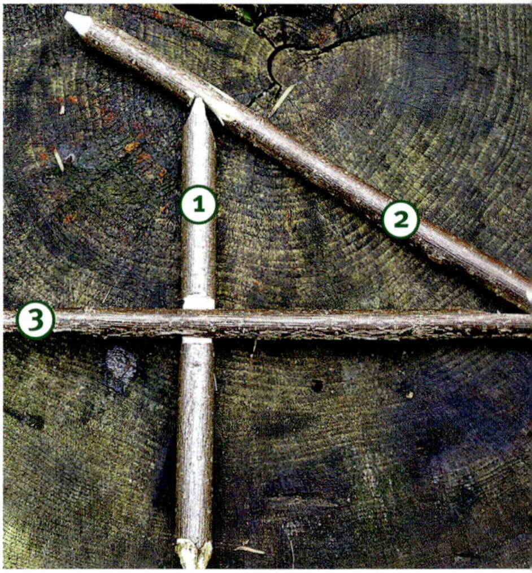

Oben: **Eine große Schlagfalle mit rund 20 Kilogramm Schlaggewicht. Solche Aufbauten sind zuverlässige Auslöser zum Fang von Tieren bis zehn Kilogramm Lebendgewicht.** ***Unten:*** **Obwohl das Fertigen des Viererauslösers trickreich ist, besteht er aus drei einfachen Pfählen, die durch ein System von Kerben und Rinnen gegeneinander verhakt werden können.**

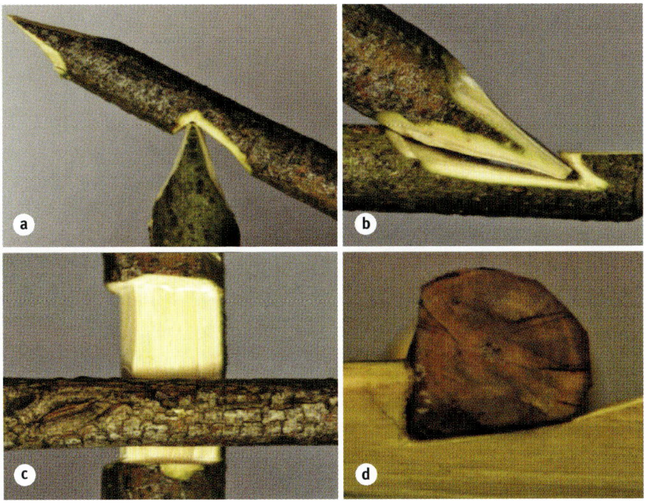

Das Scharniergelenk aus Kerbe an Pfahl 2 und Spitze an Pfahl 1 (a). Untere Spitze von Pfahl 2 im Haken des dritten Pfahles eingehängt (b). Überkreuzungsstelle von Pfahl 1 und Pfahl 3 (c). Ansicht der Überkreuzungsstelle im Querschnitt (d). Durch die Größe des Hakens kann die Sensibilität der Falle eingestellt werden. Ohne Wind und Erschütterung reichen oft wenige Millimeter Hakentiefe.

ersten Pfahls gesetzt werden kann. Auch die Enden des zweiten Pfahls werden abgeflacht.

Nun nehmen Sie den letzten der drei Pfähle **(3)** zur Hand. Dieser wird Querstab und eigentliches Auslöseholz der Schlagfalle. In das untere Ende schnitzen Sie einen Haken, wie er unter »Widerhaken« im Kapitel »Harpunenspitzen« beschrieben ist, kappen dessen Ende jedoch, statt es zuzuspitzen. In diesen Haken wird die Spitze des längeren Endes von Pfahl 2 eingepasst. Der Haken blockiert eine Scharnierbewegung, wenn auf die obere Kante von Pfahl 2 Druck ausgeübt wird.

Markieren Sie auf Pfahl 1 und 3 jene Stelle, an der sich beide kreuzen, wobei Pfahl 3 waagerecht an Pfahl 1 liegen muss. An dieser Stelle schneiden Sie in Pfahl 3 eine leicht hakenförmige Kerbe und an entsprechender Stelle von Pfahl 1 eine rechtwinklige Kante, welche die Gesamtkonstruktion in sich selbst blockiert und stabilisiert. Wenden Sie große Sorgfalt an, besonders um die Winkel und Kerben auf der richtigen Seite zu setzen.

Um die Falle zu spannen, treiben Sie Pfahl 1 an beliebiger Stelle in den Boden. Auf dessen Spitze wird die Kerbe von Pfahl 2 aufgesetzt. Jetzt wird das längere Ende des zweiten Pfahls in den Haken von Pfahl 3 eingehakt und dieser wiederum an der Kante von Pfahl 1 blockiert.

Halten Sie den Auslöser unter Spannung, indem Sie leicht auf Pfahl 2 drücken, während das Schlaggewicht aufgelegt wird. Belasten Sie die Falle langsam und entfernen Sie sich, jedoch nicht durch die Zone gegenüber dem Schlaggewicht. Löst die Falle aus, wird Pfahl 3 wie ein Geschoss in diese Richtung katapultiert.

Die Falle wird von der Seite mit einem Ast ausgelöst und getestet. Wenn sie zuverlässig funktioniert, wird vor dem Spannen ein Köder an Pfahl 3 befestigt. Am besten eignet sich Fleisch oder Fisch.

Mit dieser Falle können Tiere bis zur Größe und Statur von Katzen gefangen werden. Als Schlaggewicht eignen sich kleine Stämme sowie Felsen bis etwa 30 Kilogramm. Achten Sie darauf, dass das Gewicht so aufliegt, dass es beim Herabstürzen nicht von Pfahl 1 blockiert wird. Fassen Sie außerdem niemals unter eine aufgestellte Falle!

Pajute-Schlagfalle

Der Pajute-Auslöser ist im Grundprinzip der Viererfalle sehr ähnlich. Im Gegensatz zu ihr wird bei größeren Schlaggewichten

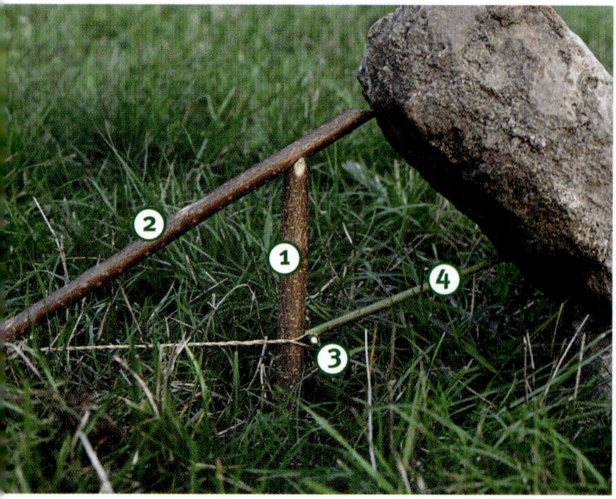

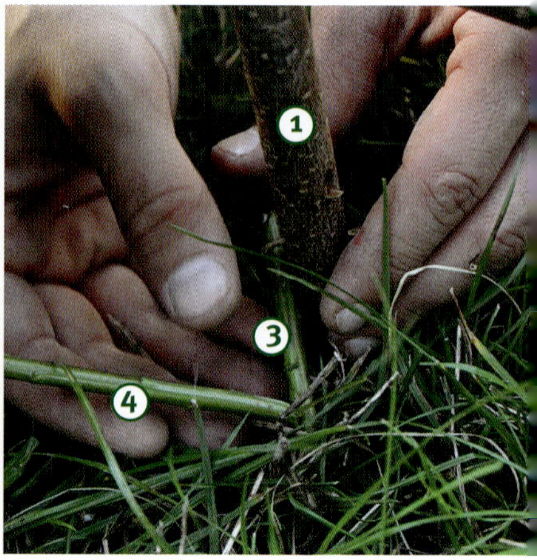

Links: **Der aufgebaute Pajute-Schlagfallenauslöser: Die Wippe (2) liegt auf dem Grundpflock (1) stabil auf. Das Auslösen wird nur durch die gespannte Leine verhindert, die wiederum am Knebel (3) gesichert ist. Das Auslösen wird mit dem dünnen Blockadehölzchen (4) verhindert, an dem der Köder befestigt ist.** ***Rechts:*** **Detailbild von Knebel und Auslösehölzchen; aufgenommen von der gegenüberliegenden Seite.**

allerdings nicht das Auslösegewicht, also die Kraft, mit der ein Tier am Köder ziehen muss, erhöht. Dies wird durch eine ausgeklügelte Knebeltechnik ermöglicht. Damit ist die Pajute-Schlagfalle die ideale Falle, um vorsichtige Kleintiere wie Mäuse, Ratten und Eichhörnchen zu fangen. Im Gegensatz zu Reptilien und anderen Räubern, die am Köder zerren und schieben, um ihn zu lösen (hier ist die Viererfalle geeignet), zupfen und knabbern vorsichtige Tiere am Köder, ohne ihn stark zu bewegen.

Der Bau kann mit etwas Übung in wenigen Minuten erfolgen. Die Falle besteht wie die Viererfalle aus einem Grundpflock **(1)** und einer darüber gelegten Wippe **(2)**. Der Grundpflock muss jedoch nicht mit einer hakenförmigen Kerbe und die Wippe nicht mit einer flachen Spitze, sondern mit einer Kerbe zum Befestigen einer Leine versehen werden. Dort wird etwas Leine festgebunden. Bei aufgelegter Wippe wird die Leine einmal so um den Grundpflock gelegt, dass sie etwa rechtwinklig ankommt. An dieser Stelle wird ein kleiner Knebel **(3)** eingeknotet, die Leine gekürzt. Zum Spannen der Falle muss nun das Schlaggewicht aufgelegt und die Wippe unter Spannung gehalten werden. Der Knebel wird um den Grundstock gewickelt (spiralig, sodass die Leine sich nicht selbst blockieren kann). Der Knebel wird mit einem dünnen Hölzchen **(4)**, dem eigentlichen Auslöser, am Aufwickeln gehindert. Im vorderen Drittel wird der Köder befestigt. Die Kontaktstelle zwischen dem Hölzchen und dem Knebel kann nun so verschoben werden, dass die leichteste Berührung zum Auslösen der Falle führt.

Vogelfallen

Eine weitere, etwas schwerer zu bauende Falle ist die Vogelfalle. Vögel sind diejenigen Tiere, die mit einer Falle so gut wie immer gefangen werden können. Dazu ist lediglich ein wenig handwerkliches Geschick nötig.

Passive Schlingfallen lassen sich zwar einfach auf Ästen aufstellen, ihre Effektivität ist jedoch nicht mit der Funktionalität dieser Vogelfalle vergleichbar, deren Auslöser ich mit einigem Aufwand selbst entwickelt und später verbessert habe.

Bei dieser Falle wird der Umstand ausgenützt, dass Vögel häufig ihre Umgebung betrachten, bevor sie Nahrung aufnehmen. Dazu setzen sie sich gerne auf einen erhöhten Platz, von dem aus sie die Umgebung nach Fressfeinden absuchen können.

Vögel, die sogenannte Sitz-, Klammer- oder Kletterfüße besitzen, also solche, die runde Gegenstände umfassen können, fliegen zumeist einen Ast an. Da wir nie wissen, welche Art Vögel eine Falle annimmt, muss sie sowohl kleinere als auch große Exemplare sicher fangen können.

Die Konstruktion, die ich verwende, ist zwar recht kompliziert, die Mühe des Erlernens wird jedoch durch den fast sicheren Erfolg gerechtfertigt. Ob in der Steppe, im Gebirge, auf Wiesen oder im Wald, Sie werden mit dieser Falle nahezu immer Beute machen können.

Die fertig gebaute Falle lässt sich innerhalb von Sekunden an der gewünschten Stelle anbringen. Sie muss lediglich in den Boden gesteckt und gespannt werden. Das hat den Vorteil, dass Sie beim Bau die notwendige Sorgfalt aufwenden können, ohne die Beute zu verjagen.

Die Vogelfalle besteht aus drei zusammenhängenden Modulen. Wir haben einen Grundstock, eine Federrute und den Auslöser selbst. Als Grundstock eignet sich jeder etwas längere, mindestens daumendicke Ast. Dieser wird am unteren Ende angespitzt, damit er sich einfacher in den Boden stecken lässt.

Etwa in die Mitte des Grundstockes wird eine Nut geschnitten, in die sich der etwa ein Meter lange Federstock einsetzen lässt. Jener wird am unteren Ende der Nut angepasst und darin festgebunden. Kürzen Sie den Federstock auf die Länge, mit der er sich in einem Rundbogen bis zum oberen Ende des Grundstockes durchbiegen lässt.

In das Ende des Federstockes schneiden Sie eine Kerbe zum Befestigen einer Schnur.

Links: **Eine vollständig vorbereitete Vogelfalle lässt sich innerhalb weniger Sekunden am Bestimmungsort aufstellen. Wenn etwas Köder verteilt wurde, werden Vögel nicht lange auf sich warten lassen.** ***Rechts:*** **Die Federrute wird in eine Kerbe im Grundstock geklemmt und festgebunden. Diese Stelle muss die gesamte Federkraft aufnehmen, ohne zu tordieren. Andernfalls verliert die Falle Spannkraft und Fehlfänge sind vorprogrammiert.**

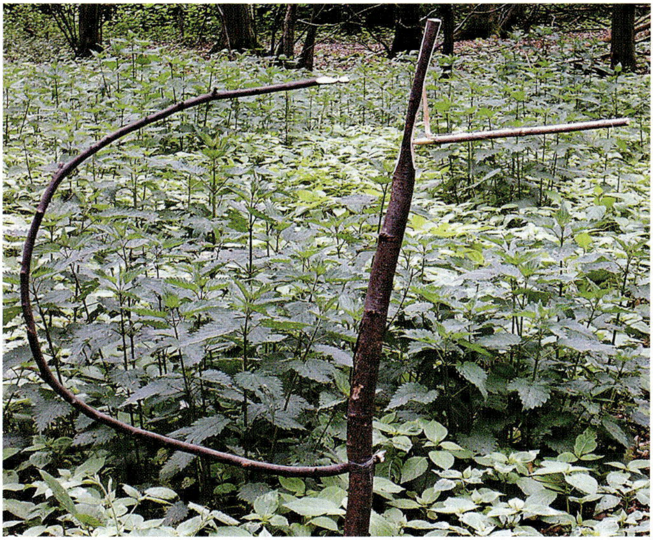

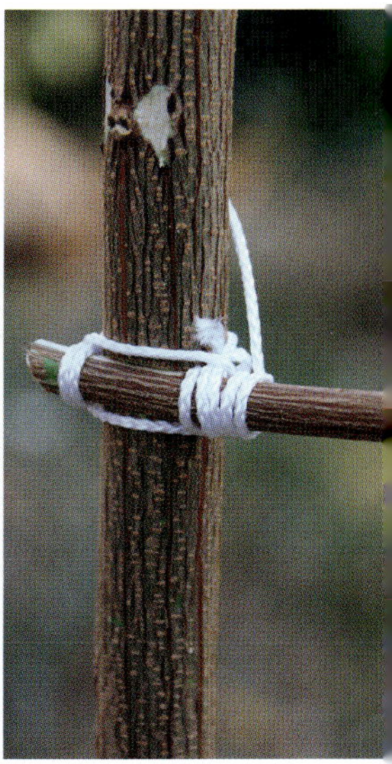

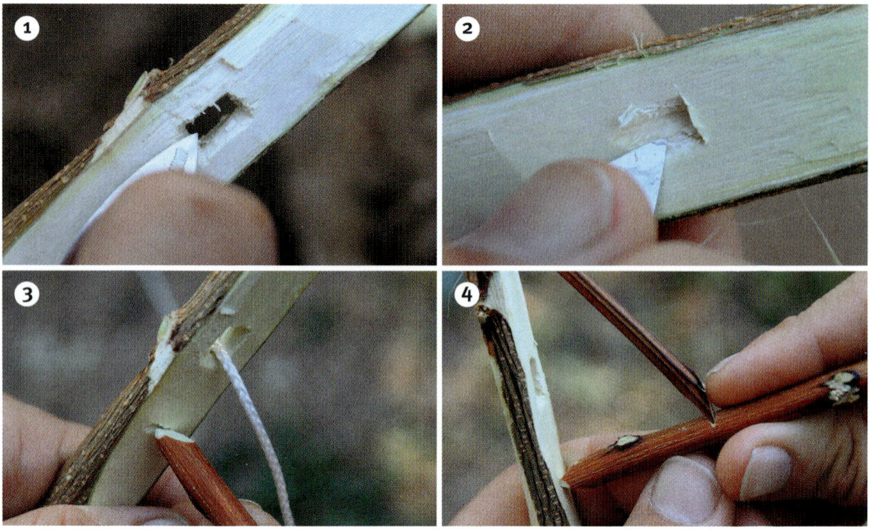

Auslöser: In das abgeflachte Ende des Grundstocks wird ein sauberes Loch geschnitten (1). Einige Zentimeter darüber entsteht eine halbrunde Kerbe, die den Auslösestift aufnehmen soll (2). Unterhalb des Lochs wird eine Kerbe als Scharnier für das Querholz eingedrückt. Der Auslösestift hält den Querstab in der Rinne und waagerecht (3+4).

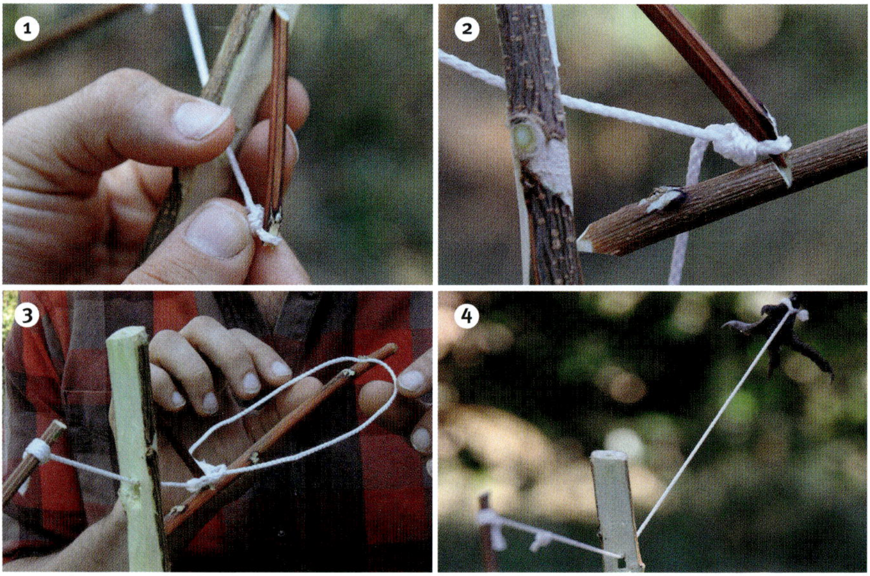

Spannen: Die Schlaufe wird gegen den Zug des Federstabes durch das Loch geführt und gegen die unterste Spitze des Holzstifts geführt (1). Der Holzstift wird in die Kerbe im Querholz gelegt, selbiges in die Scharnierrinne und der Holzstift oben in die halbrunde Kerbe gesteckt (2). Vorsichtig wird das System losgelassen, die Schlinge auf den Querstab gelegt und an einer Holzlocke fixiert (3). Setzt sich ein Vogel, wird er an den Füßen gefangen (4).

Das obere Ende des Grundstockes flachen Sie auf einer Länge von 20 Zentimetern so ab, dass die durchgebogene Federrute rechtwinklig darauf zeigt. Auf der anderen Seite wird später der Auslöser angebracht.

In die Mitte dieser Fläche wird ein kleines Loch geschnitten, dessen Randfasern sauber abgetrennt sein müssen, damit sich die hindurchgefädelte Schnur nicht verkeilen oder einschneiden kann. Etwas oberhalb dieses Loches wird eine halbrunde Kerbe geschnitzt, die später einen Teil des Auslösers, einen kleinen Holzstift, aufnimmt und verhindert, dass dieser nach oben wegrutscht.

Der Auslöser besteht aus besagtem Stift und einem Querholz. Das Querholz ist der Teil des Auslösers, auf dem sich später die Beute niederlässt. An einer Seite wird es angespitzt und in eine kleine, entsprechend angebrachte Kerbe im Grundstock gedrückt, die das Querholz wie ein Scharnier hält. Nicht weit von diesem Ende entfernt wird eine Rinne in das Querholz geschnitten, in die der Holzstift passt. Den genauen Aufbau entnehmen Sie der Detailansicht.

Die an der Federrute befestigte Schnur wird durch das Loch gezogen und so weit wie möglich gespannt. Knüpfen Sie an der Stelle, an der die Schnur durch den Grundstock geführt wird, eine kleine Schlaufe. Diese wird zusammen mit dem Querholz und dem Holzstift gespannt und gegenseitig blockiert.

Das Querholz wird alleine durch den Druck, der über die Schnur beziehungsweise den Stift auf die Rinne ausgeübt wird, waagerecht gehalten.

Etwa 30 Zentimeter nach der Schlaufe am Auslöser wird die Schnur gekappt und, wie bei der Schlingfalle beschrieben, zu einer Schlinge geknotet. Nach dem Spannen und Blockieren des Auslösers wird diese auf das Querholz gelegt.

Sobald eine geringe Kraft, beispielsweise durch das Aufsetzen eines Vogels, das Querholz nach unten drückt, rutscht der Haltestift aus der Rinne und löst die Schlaufe. Die Federrute schnellt nach hinten und zieht die Schnur durch das Loch. Die Schlinge wird zugezogen. Da Vögel das Querholz beim Aufsetzen mit den Klauen umschließen, werden die Beine sicher durch die Schlinge gefangen.

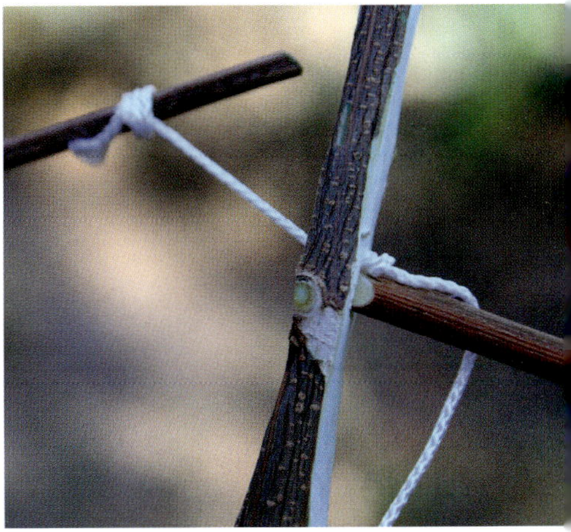

Alternativ kann kann der Vogelfallenauslöser ganz klassisch durch einen im Durchgangsloch mit dem Sitzstab geknebelten Knoten aufgebaut werden. Nachteil ist, dass bei starken Federstöcken die Auslösekraft sehr hoch wird.

Die Vogelfalle wird am besten auf einer Lichtung oder einer vergleichbaren freien Fläche aufgestellt. Manchmal benötigen Sie nicht einmal Köder für die Vogelfalle. Der Querstab alleine übt schon eine große Anziehung als Ausguck aus. Es ist jedoch besser, wenn in der unmittelbaren Umgebung der Falle Köder verteilt werden.

HINWEIS:

Sie können Insektenteile, Körner und Ähnliches auf dem Boden verstreuen oder sogar direkt auf dem Auslöser festbinden. Außerdem reicht manchmal das Aufscharren des Bodens aus, um Vögel auf ihrer Suche nach Insekten anzulocken.

Sicheren Fangerfolg kann keine Falle garantieren, aber mit dieser Konstruktion werden Sie zumeist nach kurzer Zeit erfolgreich sein.

14 Zubereiten und Konservieren

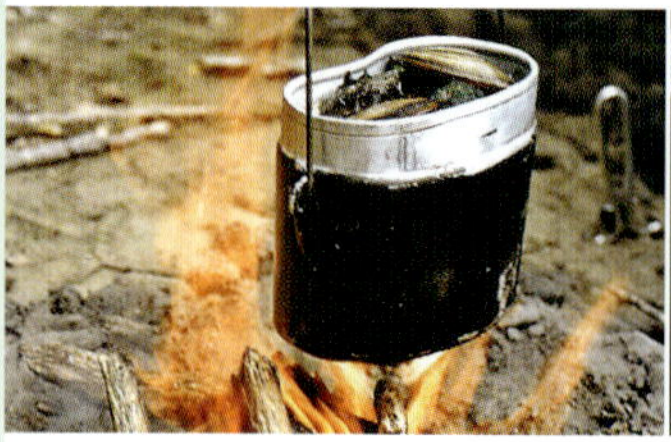

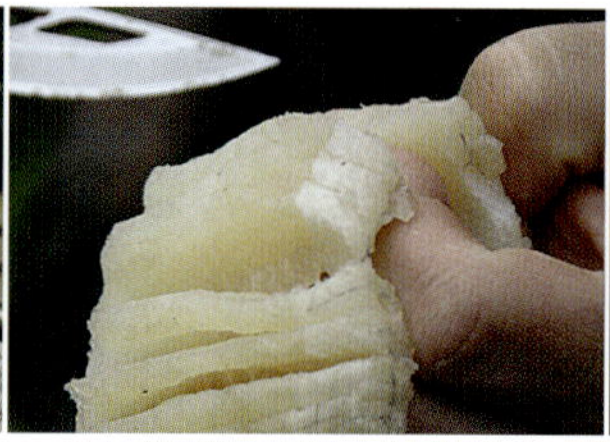

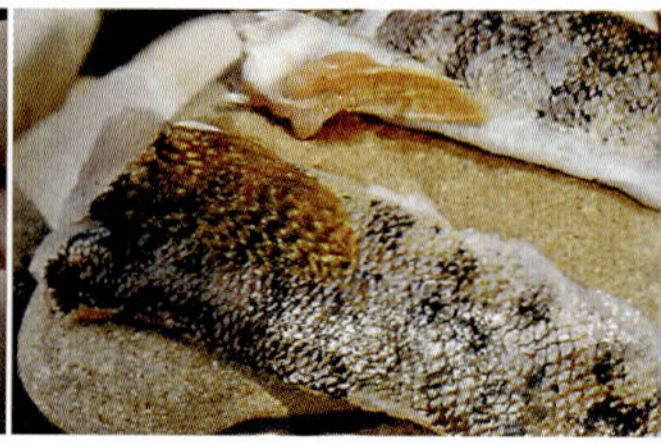

Wenn Beute gemacht werden konnte und sie getötet, aufgebrochen oder ausgenommen, bewertet und gehäutet wurde, muss sie in aller Regel bald zubereitet werden, um die Gefahr des Lebensmittelverderbs zu reduzieren. Je sauberer Sie gearbeitet haben, desto länger ist das tierische Gewebe genießbar. Allerdings muss auch frisches Getier unbedingt sicher zubereitet werden. Durch das Garen beziehungsweise Erhitzen über 75° Celsius an allen Stellen des Gewebes werden gefährliche Keime und Parasiten abgetötet. So trivial sich das anhört, ist das gar nicht so einfach, wenn man nicht schon Erfahrung sammeln konnte. In aller Regel werden Hitze und Garzeit völlig falsch eingeschätzt. Ganz häufig grillt man bei viel zu hoher Hitze – die äußeren Schichten sind dann verkohlt, während das Tier innen noch Körpertemperatur hat.

HINWEIS:

Die sichere und korrekte Zubereitung von Lebensmitteln ist ein überlebenswichtiger Bestandteil des Survivaltrainings.

Manchmal werden auch von der heimischen Küche bekannte Regeln auf die Notfallernährung übertragen. Niemals solle man Fleisch rosa oder gar englisch verzehren, außer, man weiß wirklich ganz genau, was man tut. In Extremsituationen sind Infektionen – und sei es nur eine einfache Durchfallerkrankung schnell lebensgefährlich. Manche klassischen Regeln aus der Küche gelten aber auch im Busch. Es gilt strikte Ortstrennung zwischen Nahrungszubereitung und Nahrungsaufnahme. Rohe und gegarte Lebensmittel dürfen nie mit den selben Werkzeugen bearbeitet werden, sofern sie nicht heiß abgewaschen worden sind.

Neben der eigentlichen Zubereitung ist natürlich auch die Konservierung für uns interessant. Wen man mal besonderes Jagdglück hatte, und mehr Fleisch verfügbar ist, als gerade benötigt, möchte man die Nahrung für schlechtere Zeiten vorhalten können.

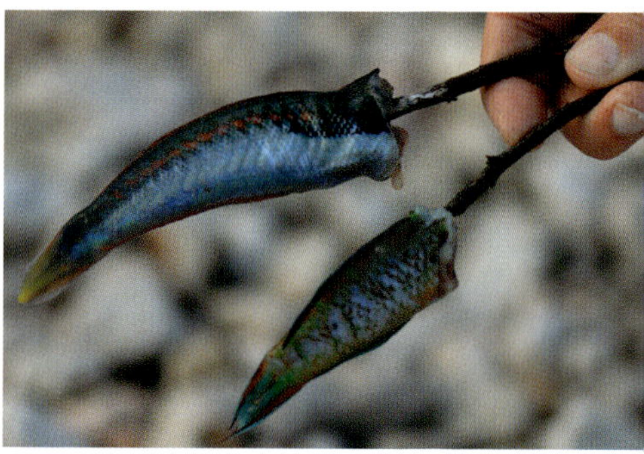

Besonders kleine Lebensmittel werden auf zahlreichen Spießen parallel gegrillt und einzeln gewendet. Das stellt sicher, dass auch alle durchgaren.

Hierbei können wir einige einfache Methoden anwenden. Für den Erfolg gilt auch bei der Zubereitung und Konservierung: Sorgfältiges und sauberes Arbeiten schützen vor Erkrankung.

Grillen

Zu den schnellsten Zubereitungsmethoden zählt mit Sicherheit das Grillen. Im Gegensatz zum Kochen ist hierbei kein Gefäß notwendig. Häufig ist nicht einmal ein Rost vonnöten.

HINWEIS:

Der Nachteil beim Grillen ist, dass aus dem Fleisch vor allem Fett und Gewebeflüssigkeit austreten. Dies bedeutet einen deutlichen Energieverlust unserer Nahrung. Durch die hohe Hitze ist Grillen jedoch die sicherste Zubereitungsmethode.

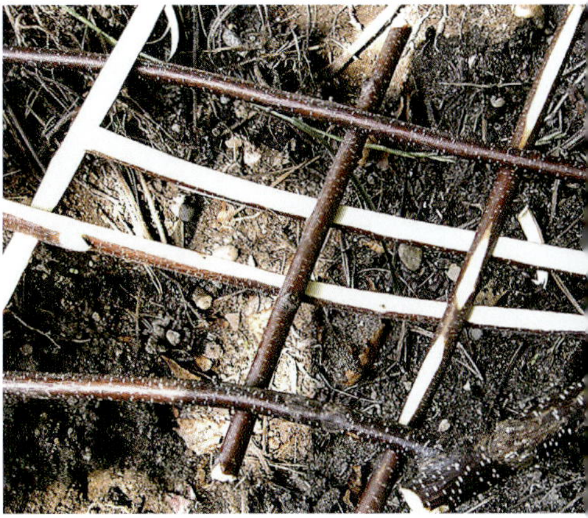

Einen solchen Grillrost aus frischen Ästen können Sie direkt über die Feuergrube legen. Auf diesem Gitter kann größeres Grillgut gegart werden. Kleinere Tiere legen Sie einfach auf flachen Steinen in die Asche.

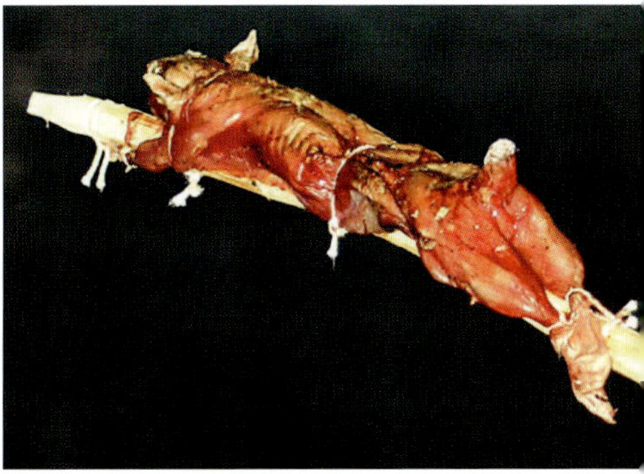

Vor dem Verzehr von riskanten Nahrungsbestandteilen stellt langes Grillen eine sichere Zubereitungsmethode dar. Dabei werden außerdem die schmackhaften Röststoffe gebildet.

Die einfachste Grillmethode wird von vielen Ureinwohnern angewandt. Hierzu wird auf trockenem Boden ein mittelgroßes Feuer entzündet, das bis auf die Glut heruntergebrannt wird. Mit einem Holzstab fegen Sie in Glut und Asche eine Rinne, in die Sie das Grillgut legen. Dieses können Sie, je nach Größe, zusätzlich mit Asche und Glut bedecken. Die obere Glut und der aufgeheizte Boden garen das Fleisch gleichmäßig. Kleinere Bestandteile, wie Insekten und kleine Fische, werden an den Rand des Feuers auf flache Steine gelegt. Je nach Konsistenz des zu grillenden Materials kann die Asche nach dem Grillen einfach abgeklopft werden; manchmal müssen Sie auch die oberste, eingetrocknete Schicht abkratzen. Um die Garzeit so kurz wie möglich zu halten und ein durchgängiges Erhitzen zu gewährleisten, sollten größere Stücke in dünne Scheiben geschnitten werden.

Eine weitere Methode des Grillens ist das Erhitzen des Grillguts auf einem Rost über der Glut. Zu diesem Zweck scharren Sie am besten eine kleine Kuhle, ähnlich der Feuergrube, die weiter unten beschrieben wird. In dieser wird das Feuer entzündet. Das hat den Vorteil, dass Sie einen Rost einfach über diese Vertiefung legen können und kein Gestell fertigen müssen, das den Rost über der Glut platziert. Außerdem wird die Wärme zentriert abgegeben. Die Hitze sollte auf Höhe des Rostes mindestens so stark sein, dass Sie Ihre darüber gehaltene Hand nach wenigen Sekunden wegziehen müssen, um

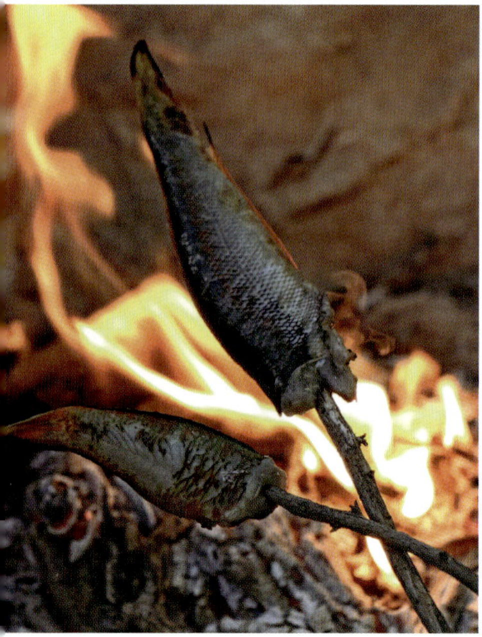

Die Hitze des Feuers darf nicht zu hoch sein. Sonst verkohlt das Tier außen, während es innen roh ist.

sich nicht zu verbrennen. Sehr viel heißer sollte es allerdings nicht sein, da größere Fleischbereiche innen roh bleiben, während sie außen verbrennen. Bei dieser Hitze wird Fleisch je Zentimeter Dicke mindestens 5 Minuten gegrillt. Das Grillgut sollte gelegentlich gewendet werden.

Bei der dritten bewährten Methode wird das zu garende Stück mit einem Spieß über dem Feuer platziert. Für kleinere Tiere wie Heuschrecken wird eine kleine Gabel mit mehreren Zinken gefertigt. Größere Tiere werden auf einem durchgehenden Stab platziert und festgebunden, damit sie über dem Feuer gedreht werden können.

Boodog

Eine Sonderform des Grillens ist das Boodog, ein bei asiatischen Steppenvölkern beliebtes Garen eines Tieres im eigenem Pelz. Diese Zubereitungsmethode hat – so sonderbar sie einem erscheint, einige enorme Vorteile. Allerdings muss man geübt bei der Verarbeitung von Säugetieren sein und schon einige ausgenommen haben, um unschöne Überraschungen zu vermeiden.

Für das Boodog wird das Tier komplett über einen kleinen Schnitt an der Hüfte ausgenommen, ohne dass das Tier abgezogen geworden ist. Ein Feuer wird entzündet und einige Steine hineingelegt und stark erhitzt. Sobald die Steine heiß sind, werden sie gemeinsam mit Kräutern durch die kleine Öffnung in den Tierkörper geschoben und das Tier mit Haut und Haaren in das Feuer gelegt.

Die Haare werden im Feuer komplett abgeflammt und später abgeschabt. Durch das absengen und die heißen Steine wird das Tier von Innen und Außen gegart.

Das stinkt widerlich und der Geruch bleibt lange Zeit an den Händen. Der große Vorteil dieser Methode ist allerdings nicht, dass das so zubereitete Fleisch sehr saftig ist, da fast kein Wasser oder Fett aus dem Tier austritt, sondern dass das Fleisch in der eigenen Haut so eingekocht bzw. konserviert wird. Es kann in diesem Zustand ungekühlt einige Tage gelagert und transportiert werden.

HINWEIS:

Boodog ist eine besonders hilfreiche Methode zum Zubereiten größerer Tiere, wenn keine Kühlung verfügbar ist.

Kochen

Gekocht wird, indem die Nahrung eine bestimmte Zeit in siedendem Wasser erhitzt wird. Wichtig ist beim Kochen, dass das komplette Lebensmittel mit Wasser bedeckt ist. Die Hitze wird so eingestellt, dass das Wasser deutlich siedet, ohne überzukochen. Wenn Lebensmittel eine bestimmte Zeit gekocht werden müssen, zählt die Zeit erst mit Beginn des Siedens. Beim Kochen im Wasser bietet sich an, mehrere Lebensmittel zusammen zu einem Sud oder Ein-

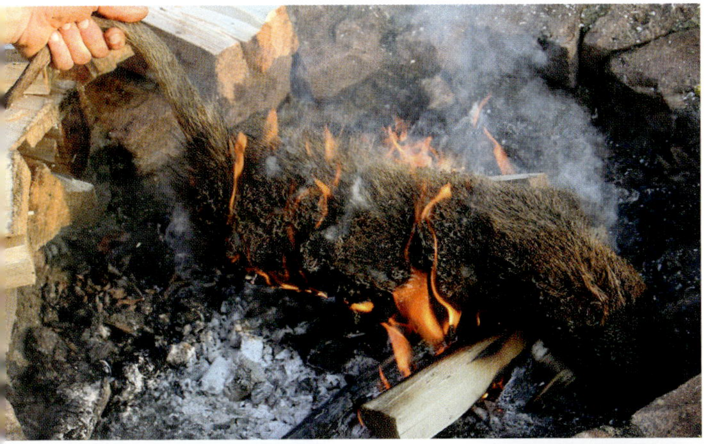

Das durch eine kleine Öffnung am Bauch ausgenommene Tier wird mit heißen Steinen gefüllt und in die direkte Glut gelegt. Das qualmt und stinkt erst einmal gewaltig.

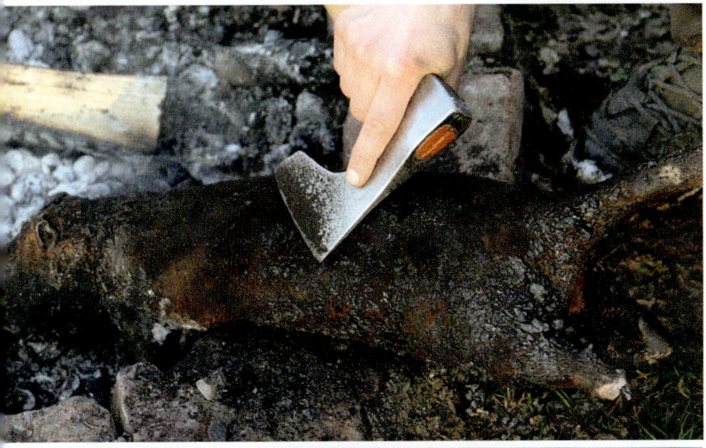

Wenn der komplette Pelz abgebrannt ist, wierden die Reste mit einem Stein oder dem Messerrücken abgeschabt. Dabei soll die Haut nicht einreißen. Sie dient als Dampfbehälter und Schutz vor Keimeintritt. So korrekt zubereitete Tiere sind mehrere Tage ohne Kühlung haltbar.

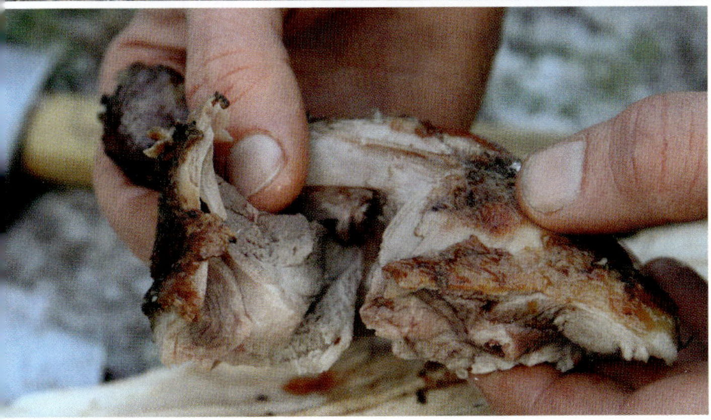

Es gehen bei dieser Zubereitung weder Fett noch Flüssigkeit verloren. Willkommener Nebeneffekt: Das Fleisch wird zart, extrem saftig und schmackhaft. Dennoch eignet sich die Technik eher nicht zum Grillen auf dem Balkon.

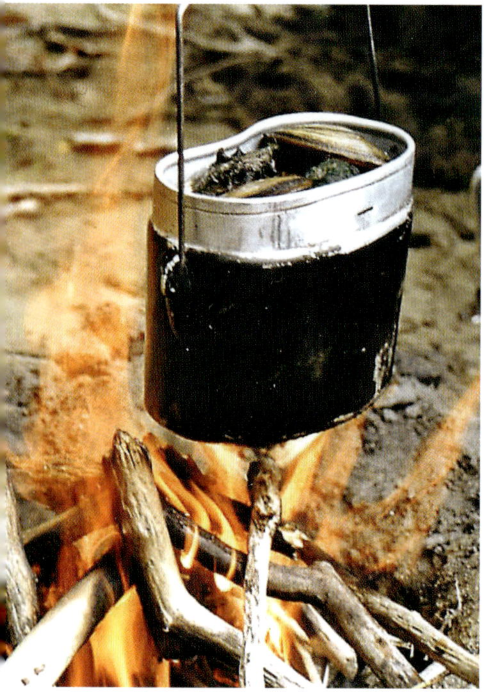

Mutet schon fast langweilig an: Auch das Kochen mit dem Topf über dem Feuer ist möglich.

topf zuzubereiten. Nicht gut zum Kochen eignen sich Lebensmittel mit Knochen, die sehr weich werden und sich im Wasser zerlegen. Fisch wird aus diesem Grund nur in nicht kochendem, aber sehr heißem Wasser ziehen gelassen. Davon abgesehen ist der Vorteil des Kochens, dass bei überlangem Garen das Gericht nicht verkohlt bzw. anbrennt.Wenn Sie Lebensmittel kochen wollen und kein geeignetes Gefäß mit sich führen, ist es teilweise schwierig, ein solches zu improvisieren. Vielleicht können Sie auf einen natürlichen Gefäßersatz wie Birkenrinde oder große Blätter zurückgreifen. Diese können in ein Gestell gelegt, mit Wasser befüllt und direkt über dem Feuer platziert werden.

Eine andere Methode besteht darin, in einen Holzblock eine schalenförmige Vertiefung zu glühen, die mit Wasser gefüllt wird (*K 10*). Nun werden im Feuer immer wieder Steine erhitzt und in den Topfersatz gerollt. Das Wasser nimmt die Hitze auf und erhitzt sich mehr und mehr, bis es anfängt zu kochen. Das funktioniert auch mit einer Kuhle im Erdboden, die mit wasserdichtem Material, beispielsweise Leder oder großen Blättern, ausgelegt wird. Die Methode ist eher zeitaufwändig. Deshalb bevorzuge ich meistens das Dünsten.

Dünsten

Dünsten entspricht in gewisser Weise dem Kochen. Die dazu verwendete Flüssigkeit wird jedoch nicht hinzugegeben, sondern es wird die im Gewebe enthaltene Flüssigkeit verwendet.

Diese Zubereitungsmethode hat mehrere Vorteile. Zum einen ist sie nahezu immer anwendbar und es werden keine besonderen Gegenstände oder Materialien benötigt. Zum anderen wird im Gegensatz zum Kochen weder Fett noch Gewebeflüssigkeit ausgewaschen.

HINWEIS:

Zubereitungsmethoden, bei denen keine Sichtkontrolle durchgeführt werden kann, benötigen Übung und Erfahrung.

Zum Dünsten eignen sich wasserreiche mittelgroße Tiere besonders gut. Beispielsweise Fisch, Kopffüßer, Krebse oder Weichtiere. Zum Dünsten wird eine kleine Feuergrube gegraben oder eine Fläche von etwa 40 x 40 Zentimetern mit hohen Steinen umkreist. Dies hilft, die Hitze auf das Kochgut zu leiten. Ein Kochfeuer wird heruntergebrannt, sodass etwa 2 Liter glühende Kohle übrig bleibt. Die Lebensmittel werden eng in mehreren Lagen (ungiftigen) Blättern eingewickelt und zentral auf die Glut platziert. Einige Äste werden über und neben dem Päckchen entzündet. Innerhalb der Wicklungen entsteht eine heiße Dampfatmosphäre, die das Lebensmittel zuverlässig

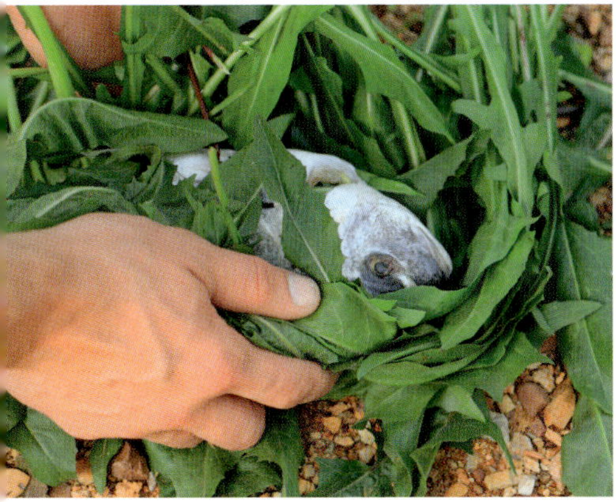
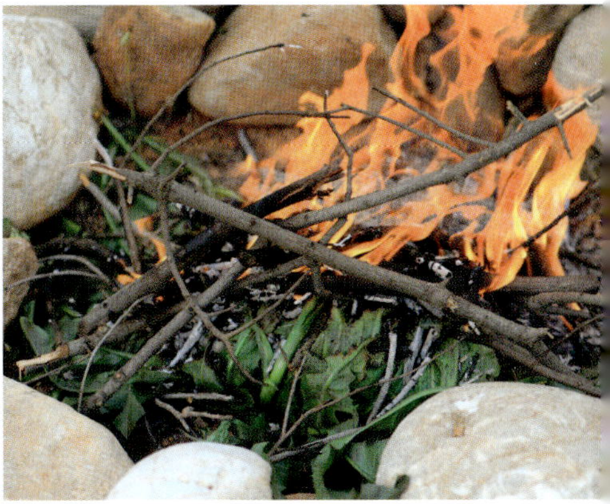

Zum Dünsten die Lebensmittel in einer dicken Schicht Blätter, Gras oder Rindenbast einwickeln *(links)* und auf die Glut legen. Einige Äste darüber platzieren und abbrennen lassen *(rechts)*.

durchgart. Man benötigt etwas Erfahrung, um die Zubereitungszeit abschätzen zu können, innerhalb von etwa 15 Minuten ist ein Fisch von der Größe einer Forelle aber sicher durch.

Erdofen

Eine sehr gute Methode zur Zubereitung von großen Lebensmitteln ist der Erdofen. Allerdings ist der Aufwand ebenfalls groß und man benötigt einige Erfahrung, um die Zubereitung erfolgreich werden zu lassen. Je Kilogramm Fleischgewicht brauchen wir etwa 10 Kilogramm Steine. Ein großes Feuer entzünden und die Steine hineinlegen. Man belässt sie darin, bis das Feuer heruntergebrannt ist.

Eine Grube so tief ausheben, dass bei eingelegten Steinen und Lebensmitteln noch mindestens 40 Zentimeter Platz bis zum Rand bleibt. Die heißen Steine in die Grube rollen. Darüber kommt eine etwa 10 Zentimeter dicke Schicht aus Pflanzenmaterial oder flachen (kalte) Steine. Hierauf das Lebensmittel legen und wiederum mit einer dichten Schicht Pflanzen bedecken. Sorgfältig arbeiten, die Schicht muss so dicht sein, dass keine Erde hindurch fal-

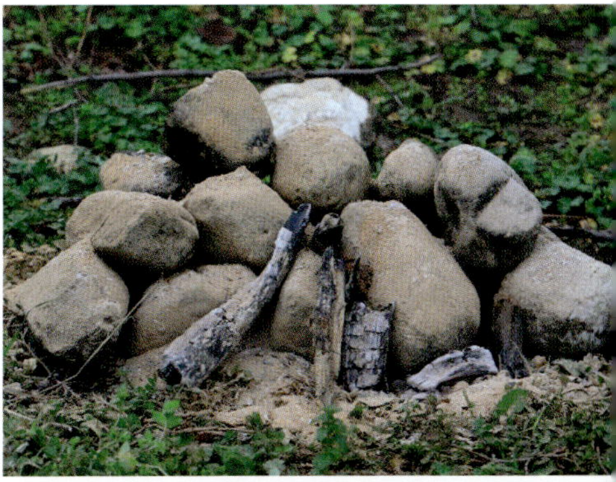
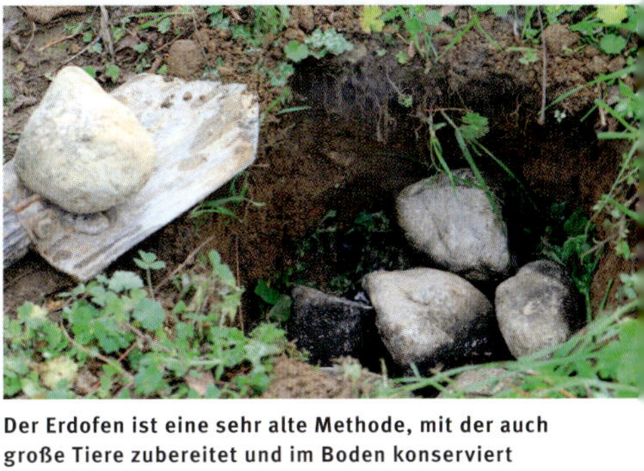

Der Erdofen ist eine sehr alte Methode, mit der auch große Tiere zubereitet und im Boden konserviert werden können. Die hier genutzten Steine reichen für etwa 2 Kilogramm Fleisch.

len kann. Die Grube wird nun zugeschüttet und versiegelt. Das Garen dauert je nach Hitze der Steine und Aufbau der Grube 8 bis 20 Stunden. Vorteil ist: Man kann das Fleisch, ist es gut durchgaren mehrere Tage in der versiegelten Grube belassen, ohne dass es schlecht wird.

Heißräuchern

Im Gegensatz zu den allgemein bekannten Räuchermethoden ist die nachfolgend beschriebene Methode ein nur bedingt geeignetes Mittel, um Nahrung zu konservieren:

Das »Heißräuchern« ist eine Garungsart, die im Gegensatz zum »Kalträuchern«, das zur Konservierung von Schinken angewandt wird, nur kurze Zeit dauert.

Kalt geräuchertes Fleisch wird gepökelt und hängt mehrere Tage bis Wochen im kalten Rauch. Heiß geräucherte Lebensmittel werden einer Hitze von 70 bis 100 °Celsius ausgesetzt und sind nur wenige Tage haltbar. Das Räuchergut wird durch Glut in der Feuergrube erhitzt und gleichzeitig dem Rauch ausgesetzt. Wenn Sie Geräuchertes später trocknen, wird die Konservierung deutlich begünstigt und Insekten werden fern gehalten.

Wir verwenden eine längliche Feuergrube, entzünden ein größeres Feuer, lassen es niederbrennen und bedecken die Glut mit einer dicken Schicht aus trockenen, daumendicken Stöckchen, hierauf das Räuchergut. Ein wenig in die Glut blasen, bis das Holz zu brennen beginnt.

HINWEIS:

Besonders gut eignen sich wegen des schmackhaften, intensiven Aromas Buchenholz oder Wacholder. Direkt auf diese Schicht werden die Lebensmittel gelegt. Wichtig ist, dass sie »unverpackt« direkt dem Rauch ausgesetzt sind.

Sobald die ersten Flammen aus dem Holz schlagen, sofort eine weitere Schicht aus trockenem Holz auflegen, dann folgt Rasenziegel. In der obersten Schicht lassen Sie eine kleine Öffnung, aus der nach kurzer Zeit dicker Qualm aufsteigen sollte.

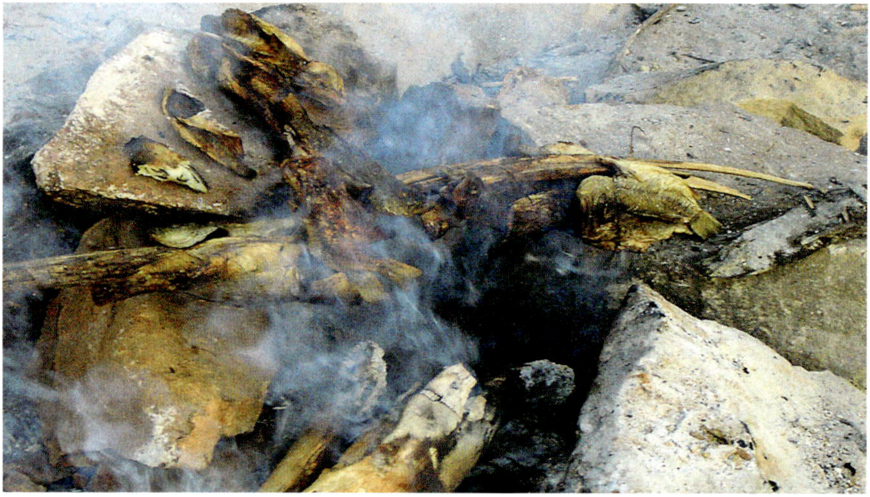

Ein improvisierter Trocken- und Räucherofen muss ständig betreut werden. Die dicken, qualmenden Holzstücke dürfen keine Flammen schlagen, da das Räuchergut sonst sofort verkocht, wodurch die Haltbarkeit deutlich gesenkt würde.

Falls Flammen aus der Öffnung schlagen, wird sie etwas verkleinert. Sie sollten zwischen einer halben und einer Stunde warten, bevor Sie die Grube wieder öffnen.

Kalträuchern

Wenn Fleisch für lange Zeit konserviert werden soll, müssen Sie sich dafür auch einige Zeit nehmen. Der Kalträuchervorgang wird outdoor nur in einer Kombination mit →Dörren oder Pökeln erfolgreich sein, da Sie das Räuchern nicht mehrere Tage am Stück durchhalten können.

Voraussetzung ist, dass Sie das Fleisch wie zum Trocknen und Pökeln sehr dünn aufschneiden. Auf einem Gerüst werden die Streifen aufgehängt und mit Steinen oder Holz in einen runden Turm eingebaut. Dabei bleibt eine Lücke auf dem Boden frei, in die Sie glühendes Holz einschieben können. Das Räuchergut sollte mindestens 30–50 Zentimeter über der Glut liegen – dementsprechend hoch wird der Räucherofen. Die obere Öffnung wird locker abgedeckt, damit sich der Rauch etwas sammeln kann.

In einem Feuer werden möglichst dicke Stämme entzündet und nach wenigen Minuten durch Schlagen auf den Boden abgelöscht. Sie warten einige Momente, ob auch keine Flamme mehr entsteht, und schieben dann die qualmende Spitze in den Ofen. Dabei achten Sie ständig darauf, dass keine Flamme entsteht. Ist das doch der Fall, ziehen Sie das Holz sofort heraus, damit das Fleisch nicht verkocht (in diesem Fall wird es schnell schlecht).

HINWEIS:

Entsteht beim Kalträuchern zu viel Hitze, wird das Fleisch verkocht und kann nicht mehr so lange gelagert werden.

Nach einer Stunde Rauch können Sie das Räuchergut einsammeln und in einem Netz aufbewahren, bis Sie wieder dazu kommen zu räuchern (nicht später als 48 Stunden nach dem ersten Vorgang). Währenddessen

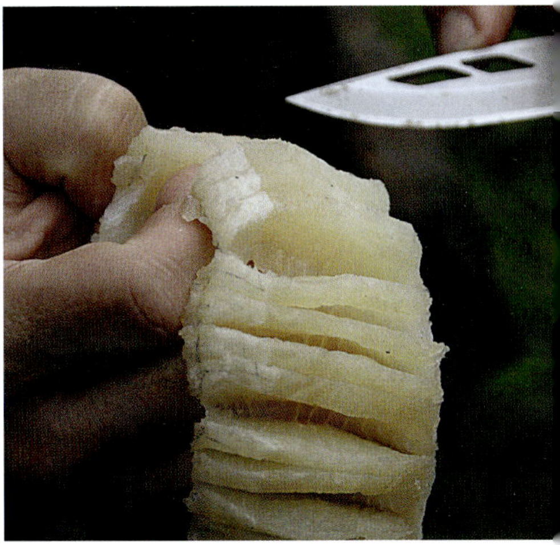

Zum Trocknen, Räuchern oder Äschern sollten dicke Fleischteile in möglichst feine Segmente aufgefächert werden. Hierdurch steigt allerdings die Gefahr der Verkeimung, weshalb danach umgehend mit der Konservierung bzw. Weiterverarbeitung begonnen wird.

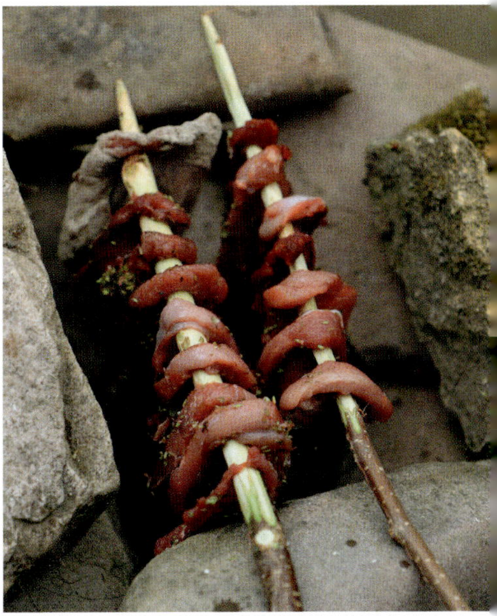

Alternativ ist das komplette Zerteilen ganzer Tiere in feine Streifen, die zum Konservieren nebeneinander auf Spieße gesteckt werden.

diffundieren die konservierenden Stoffe aus dem Rauch – allen voran Formaldehyd – durch das Fleisch und verteilen sich. Mit jedem Räuchervorgang wird die Konservierung zuverlässiger.

Trocknen und Pökeln

Lebensmittel zu trocknen ist eine der ältesten und sichersten Konservierungsmethoden, die wir anwenden können. Mit dem Wissen, dass Wasser die Grundlage allen Lebens ist, also auch das der Mikroorganismen, wird dem Lebensmittel Flüssigkeit entzogen. Dies geschieht am schnellsten durch leichtes Erhitzen.

Dafür gibt es zwei verschiedene Methoden. Einerseits das Trocknen an der Sonne, das freilich nur an warmen Tagen und in Gegenden mit geringer Luftfeuchtigkeit funktioniert, andererseits das Trocknen am Feuer, das auch »Dörren« genannt wird.

Beide Methoden sind in etwa gleichwertig. Zum Trocknen muss die tierische Notnahrung in möglichst schmale Scheiben zerteilt werden. Am besten wird das Fleisch vorher schon gegart. Sie müssen unbedingt darauf achten, während des Trockenvorgangs Insekten fernzuhalten. Vorheriges Räuchern schreckt viele Insekten ab und ist deshalb besonders hilfreich.

HINWEIS:

Zum Trocknen in der Sonne eignen sich als Untergrund aufgeheizte Steine oder ein Rost, der die Nahrung über dem Boden hält und so unerreichbar für krabbelnde Insekten macht. Außerdem kann als weiterer Schutz gegen Insekten und Bakterien qualmendes Holz unter das Gerüst gelegt werden.

Um den Trockenvorgang zu beschleunigen, kann das Tier mit einem Stein zerstampft werden. Dabei werden die Zellen geöffnet und Gewebeflüssigkeit tritt aus. Außerdem werden Knochen von kleineren Tieren wie Echsen, Vögeln und Fischen zerkleinert und geöffnet. Dadurch verdunstet selbst das im Knochen eingeschlossene Wasser schnell.

Ein größeres Trockengestell zum gleichzeitigen Dörren von etwa 500 Gramm in Streifen zerteilten Fleischs.

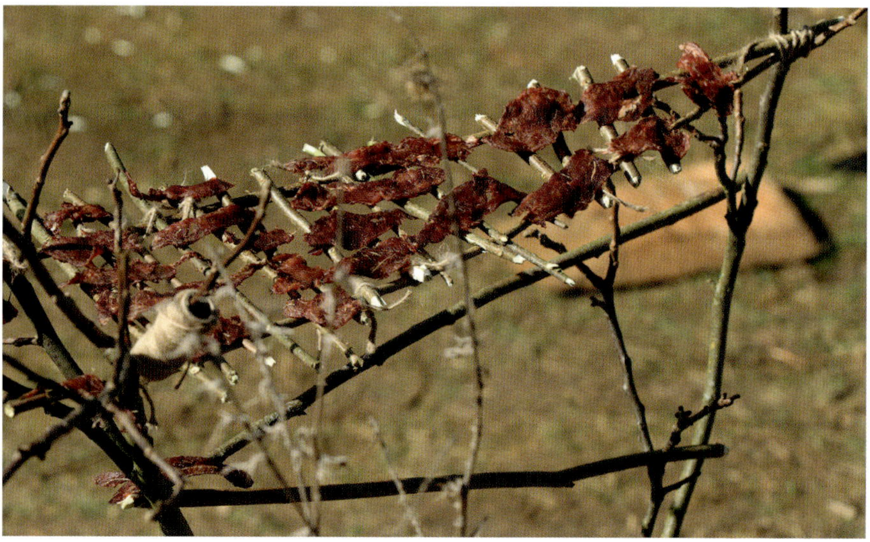

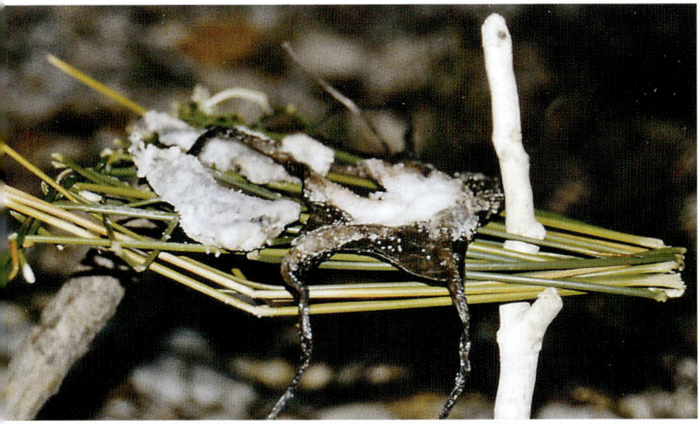

Auf einem einfachen Trockengerüst in der Sonne werden hier Krake und Fischfilet mit Seewasser benetzt und so gepökelt. Dabei sind sie vor krabbelnden Insekten geschützt.

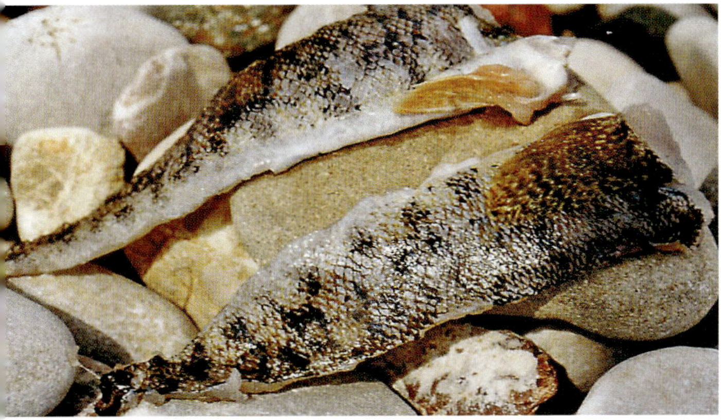

Kleinere Fleischstückchen können auch flach geklopft auf Steinen getrocknet werden. Zum Schutz vor Parasiten sollten sie vor dem Essen erhitzt werden.

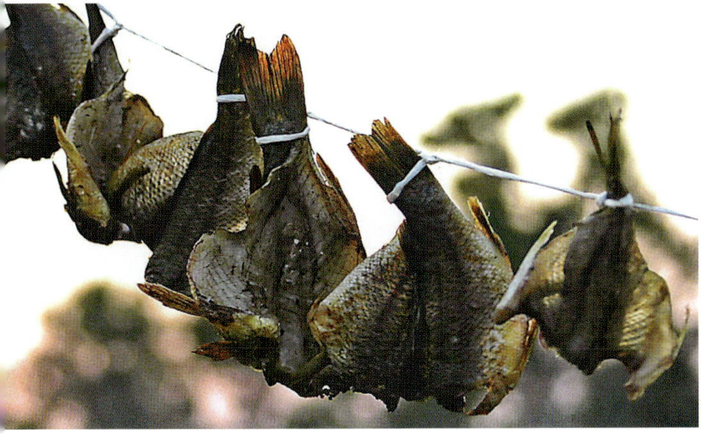

Ganze Fische werden ausgenommen, von innen an der Wirbelsäule aufgeschnitten, aufgeklappt und an einer Schnur aufgereiht. Im Wind getrocknet sind sie prinzipiell jahrelang haltbar.

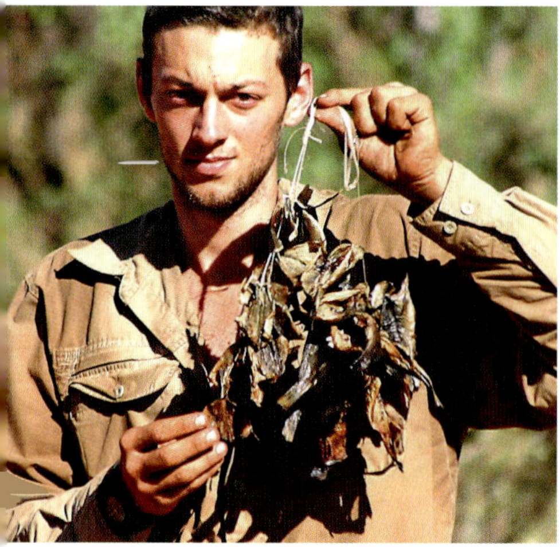

Einige hundert Gramm getrocknete und geräucherte Fische können luftig gelagert für einige Tage als Nahrungsvorrat dienen. Auf Tour freue ich mich immer besonders auf die tägliche Ration Trockenfisch.

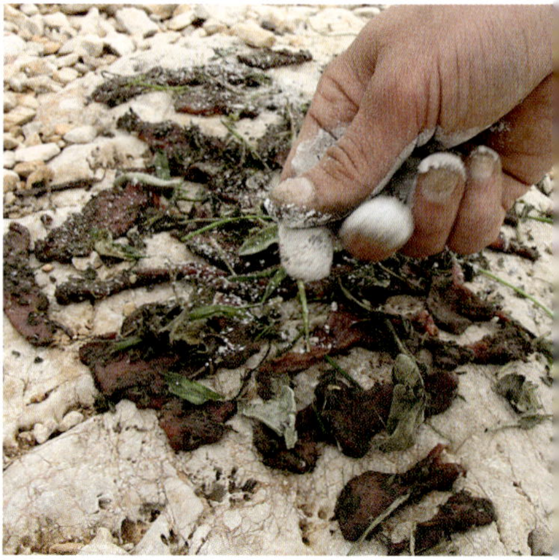

Asche ist auch beim Dörren und Räuchern sehr hilfreich, um Bakterienwachstum zu reduzieren, Insekten wie Fliegen und Ameisen ferzuhalten und das Entwässern des Gewebes deutlich zu beschleunigen.

Wenn Sie das Fleisch zusätzlich mit Salzwasser oder, sofern vorhanden, mit Salz einreiben, spricht man von Pökeln. Beim Pökeln diffundiert die Gewebeflüssigkeit aufgrund des osmotischen Drucks an die Oberfläche und trocknet dort. Nach und nach wird das Gewebe so wasserfrei und zusätzlich durch eine Salzschicht geschützt.

Getrocknetes und Gepökeltes können Sie zerkleinert in luftigen Stofftaschen oder Netzen transportieren und lagern oder zu Flocken zerstampfen. Zum Verzehr bietet sich das Aufweichen in Wasser an. Geräuchertes, Gedörrtes und Gepökeltes ist jedoch auch im trockenen Zustand eine nahrhafte wie leckere Delikatesse.

Äschern

Eine gute, wenngleich nicht immer ganz appetitliche Konservierungsmethode ist das Äschern von Fleisch. Dazu werden die Stücke (diesmal müssen sie tatsächlich nicht so klein geschnitten werden wie beim Räuchern oder Trocknen, dicker als 1–2 Zentimeter sollten sie aber dennoch nicht sein, um ein Wachstum von Chlostridien zu verhindern) schlicht in eine große Menge weißer Holzasche gelegt.

HINWEIS:

Holzasche besteht aus einem Gemisch verschiedener Mineralien, die der Körper nutzen kann. Wegen ins Fleisch eingedrungener Asche muss man sich also keine Gedanken machen.

Wichtig ist, dass es ein Übermaß von Asche ist (Verhältnis etwa 1:10). Sie entzieht dem Gewebe Flüssigkeit und dringt ein. In Asche gelagertes Fleisch braucht etwa eine Woche je Zentimeter, um dauerhaft konserviert zu werden. Ist es fertig, hat es eine schinkenartige Konsistenz. Es kann allerdings auch vorher jederzeit entnommen und genutzt werden. Die Asche enthält Kaliumkarbonat und Soda, deshalb ist sie ist stark alkalisch und verhindert Bakterienwachstum. Nicht ohne Grund wurden die Körperhöhlen einbalsamierter Mumien mit Soda gefüllt.

Und genau das passiert auch mit dem Fleisch: es mumifiziert. Und das schmeckt nicht einmal schlecht. *Wenn das die alten Balsamierer gewusst hätten.*

Blut

Wir erhalten Blut meist als sekundäres Schlachtprodukt. Die meisten Tiere müssen nach dem Schlachten ausbluten, da Blut, das in den Gefäßen des Fleisches verbleibt, eine rasche Zersetzung der Nahrung bewirkt.

Hauptsächlich besteht Blut aus dem Blutplasma. Bei uns Menschen ist das Verhältnis von Blutplasma zu Blutzellen sechs zu vier. Das bedeutet, dass in einem Liter Blut 0,6 Liter Wasser, gelöste Eiweiße, Zucker, Fett sowie Mineralstoffe enthalten sind. 0,4 Liter sind feste Bestandteile wie Blutzellen.

Da wir aus Blut enorme Mengen Energie aufnehmen können, sollte diese Flüssigkeit als Nahrung verwertet werden. Wir müssen dabei jedoch beachten, dass sich darin Krankheitserreger und Parasiten befinden können. Es muss also vor dem Verzehr unbedingt auf über 70° Celsius, besser noch bis zum Siedepunkt erhitzt werden, um uns vor Krankheit und Befall zu schützen.

Blut können wir verschiedenartig zubereiten. Entweder lassen wir es gerinnen, wozu das Blut ruhig gelagert wird, bis es gallertartig fest ist, um es dann zu trocknen und zu grillen, oder wir verdünnen es mit Wasser und kochen diese Lösung unter Rühren zu einer Suppe.

HINWEIS:

Wenn Sie Scheu oder Gewissensprobleme haben, Blut zu sich zu nehmen, denken Sie daran, dass auch Sie zu einem großen Teil aus Blut bestehen, das permanent abgebaut, also aufgenommen (✚ *K9*) und wieder neu gebildet wird.

Gestocktes Blut sieht erst einmal nicht sehr appetitlich aus. Brät oder grillt man den Gallertklumpen (sehr langsam und bei geringer Hitze, um ein durchgängiges Garen zu garantieren), sieht Blut deutlich besser aus und duftet besser als direkt nach dem Auffangen, wo das Nebenprodukt noch mit dem Vorgang des Tötens assoziiert wird.

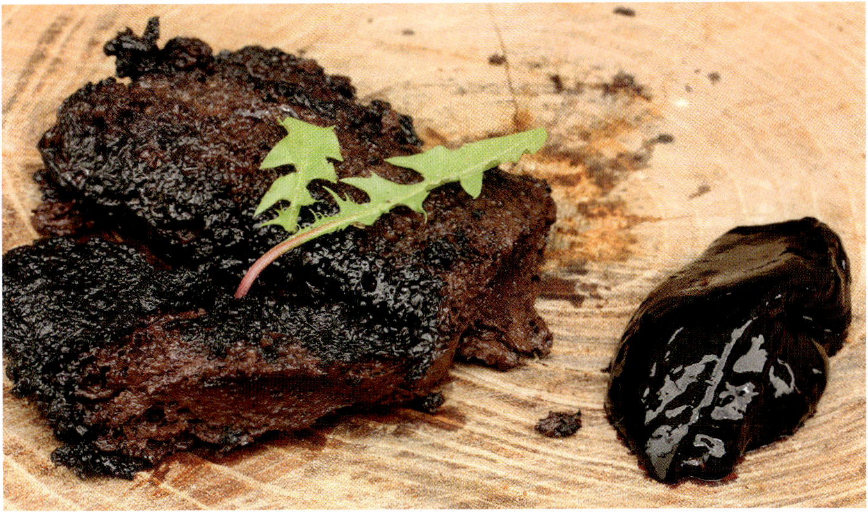

15 Epilog

Ich hoffe, ich konnte Ihnen durch dieses Buch einen Einblick in den Themenkomplex des Survivals und der Risikovorsorge bieten. Die tierische Notnahrung ist ein wichtiger Faktor, der schon vielen Menschen im Notfall das Überleben gesichert hat. Dabei wurde häufig auf Tiere oder Tierbestandteile zurückgegriffen, die von uns normalerweise überhaupt nicht als Nahrung beachtet werden. Sicherlich wird so auch bei Ihnen manche Hemmschwelle sinken, wenn Sie erst ein paar Tage ohne Nahrung ausharren müssen.

Ich hoffe, dass Sie die aufgezeigten Techniken nicht während eines Notfalls austesten müssen. Für mich selbst bietet die tierische Notnahrung beispielsweise eine essentielle Grundlage auf Expeditionen und Extremreisen.

Das Wissen, mich jederzeit vollständig aus der Umgebung versorgen zu können, gibt mir besonders dann eine große Selbstsicherheit, wenn ich auf einer Reise unerwartet an einem fernen Ort festsitze. Manchmal muss ich unfreiwillig warten – sei es, um eine kleine Verletzung abheilen zu lassen, oder zur Reparatur der Ausrüstung. Häufiger halte ich mich jedoch freiwillig an abgelegenen Orten auf, fernab der Zivilisation mit ihrer Infrastruktur und gewohnten Grundversorgung.

Ich freue mich, dass ich auf meinen Outdoortouren noch die Möglichkeit hatte, das hierzu notwendige Wissen jener Menschen zu sammeln, die es in ihrer Jugend noch anzuwenden verstanden. Vielleicht wird dieser kostbare Schatz einmal verloren gehen, wenn die technische Zivilisation endgültig auch in den fernsten Ecken der Erde Einzug gehalten hat. Kurz: Wenn die Zeit der letzten Buschmänner endgültig vorbei ist.

Mit diesem Buch möchte ich einen Teil meiner Erfahrungen und Erkenntnisse weitergeben. Damit möge die Fertigkeit, autark in der Natur zu überleben, an eine andere, möglicherweise völlig neue Art von »Buschmännern« weitergereicht werden. *An Sie.*

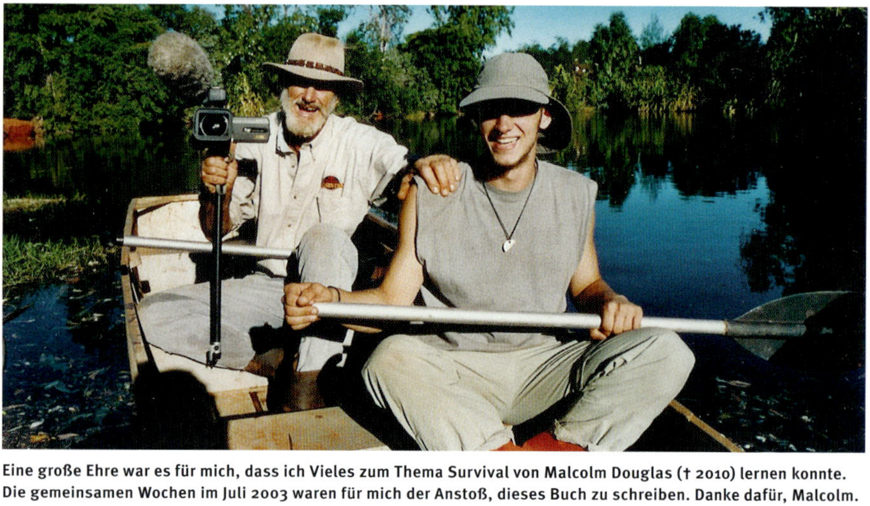

Eine große Ehre war es für mich, dass ich Vieles zum Thema Survival von Malcolm Douglas († 2010) lernen konnte. Die gemeinsamen Wochen im Juli 2003 waren für mich der Anstoß, dieses Buch zu schreiben. Danke dafür, Malcolm.

Dank

- **Patricia Braun** für die grafische Umsetzung, die Unterstützung beim Tierfang und Fotografieren sowie – besonders auch – für ihre große Geduld und Nachsicht, wenn beispielsweise verschiedenste Tiere oder Organe einige Wochen lang im Kühlschrank dem Fototermin bzw. dem Fußboden »entgegenfermentieren«.
- **Prof. Dr. med. Axel Schmidt** für die Hilfe bei der Überarbeitung des Kapitels zu den parasitären Gefahren sowie für die hilfreichen Schriftwechsel zum Thema RSSE.
- **Anja Reumschüssel sowie Frank Bauer** für zur Verfügung gestellte Bilder.
- **Karl-Heinz Weck** für die Jagdausbildung.
- **Heiner Vogel** für die Jagdgelegenheit.
- **Norbert Hillebrand, Thomas Müller, Markus Kron und Daniel Hoffmann** für die hilfreichen Diskussionen zum Thema Tierfang.
- **Miltiadis Roumeliotis und Dimitra Sotiropoulou** für ihre allzeit herzliche Gastfreundschaft und die spannende Jagd auf sehr ungewöhnliche Tiere.
- Revierleiter, Jäger und Wildhüter **Kurt Weiler** für viele lehrreiche und unterhaltsame Gespräche den Themen Ethik, Jagd, Jagdkultur und Fleischverarbeitung. Kurt ist 2019 in seinem geliebten Wald verunglückt. Er war mir ein sehr wichtiger Mentor.

Weitere Bücher von Joe Vogel zum Themenkomplex:

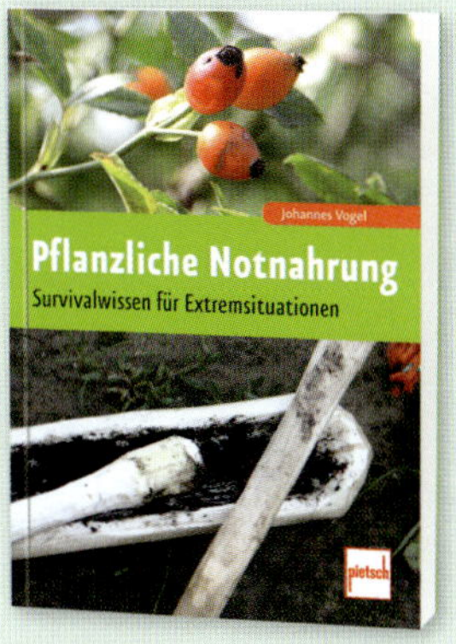

Pflanzliche Notnahrung
Survivalwissen für Extremsituationen
240 Seiten, 225 Abb.
ISBN 978-3-613-50763-0
€ 19,95 [D]

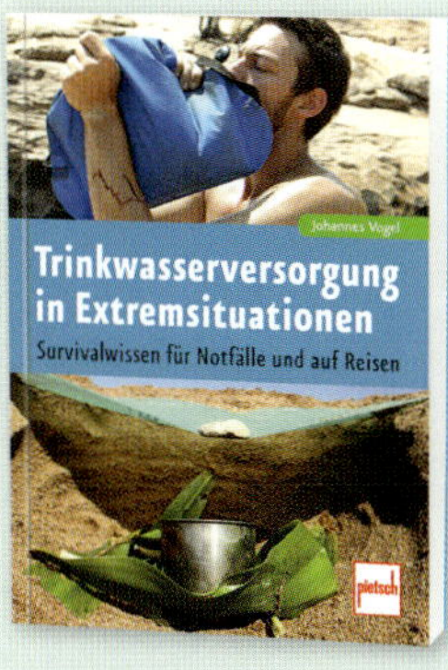

Trinkwasserversorgung in Extremsituationen
Survivalwissen für Notfälle und auf Reisen
176 Seiten, 190 Abb.
ISBN 978-3-613-50852-1
€ 19,95 [D]

16 Stichwortverzeichnis